あをによしの発見　目次

あをによしの発見

作田 正道

東京図書出版

第七章

最終章　藤原王朝による日本支配と筑紫朝廷の天皇復活

第一章

御井とは何か

一、地名としての御井、万葉集に出てくる御井

私の旅は、御井という地名からそのすべてが始まった。

万葉集を読み始めて、御井という言葉に出会い、自分の出身地である福岡県に確か御井という地名があったと思った。そこで、『コンサイス日本地名事典』（三省堂）を開くと次のように出ていた。

「御井　みい　福岡県中西部　①旧郡名　②久留米市東部の旧町。もと三井郡御井町。水縄山地西麓にあたり、高良山（こうらさん）にある筑後一ノ宮高良大社の鳥居前町。」

万葉集に御井という言葉はいくつ出ているのだろう。『万葉集事典』（中西進編、講談社文庫）の地名解説には、御井という地名は出ていない。万葉集を最初から見てゆき、御井という言葉が出ているところを全て拾ってみることにした（中西進『万葉集』〈講談社文庫〉を参照した）。

■万葉集五十二番

藤原宮の御井の歌

やすみしし　わご大王　高照らす　日の御子　荒栲の　藤井が原に　大御門　始め給ひて　埴安の　堤の上に
あり立たし　見し給へば　大和の　青香具山は　日の経の　大御門に　春山と　繁さび立てり　畝火の　この
瑞山は　日の緯の　大御門に　瑞山と　山さびいます　耳成の　青菅山は　背面の　大御門に　宜しなへ　神
さび立てり　名くはし　吉野の山は　影面の　大御門ゆ　雲居にそ　遠くありける　高知るや　天の御陰　天
知るや　日の御陰の　水こそは　常にあらめ　御井の清水

■万葉集八十一番、八十二番、八十三番

和銅五年壬子の夏四月、長田王を伊勢の斎宮に遣はしし時に、

山辺の御井にして作れる歌

山の辺の御井を見がてり神風の伊勢少女ども相見つるかも

うらさぶる情さまねしひさかたの天のしぐれの流らふ見れば

海の底奥つ白波立田山何時か越えなむ妹があたり見む

右の二首は今案ふるに、御井にて作れるに似ず。けだしその時誦する古歌か。

■万葉集百十一番

吉野の宮に幸しし時に、弓削皇子の額田王に贈り与へたる歌一首

古に恋ふる鳥かも弓絃葉の御井の上より鳴き渡り行く

■万葉集三二三四番、三二三五番

やすみしし　わご大君　高照らす　日の皇子の　聞し食す　御饌つ国　神風の　伊勢の国は　国みればしも
山見れば高く貴し　川見れば　さやけく清し　水門なす　海も広し　見渡しの　島も名高し　此をしも　まぐ
はしみかも　掛けまくも　あやに恐し　山辺の五十師の原に　うち日さす　大宮仕え　朝日なす　まぐはしも
夕日なす　うらぐはしも春山の　しなひ栄えて　秋山の　色なつかしき　ももしきの　大宮人は　天地と　日
月と共に　万代にもが

反歌

山辺の五十師の御井はおのづから成れる錦を張れる山かも

■万葉集四四三九番

冬の日に靫負《ゆけひ》の御井に幸しし時に、内の命婦石川朝臣の詔に応へて雪を賦める歌一首

諱《いみな》を邑婆《おほば》といふ

松が枝の地に著くまで降る雪を見ずてや妹が籠り居るらむ

万葉集の歌の中に、題や添書きの部分も含めて、合計八カ所に御井という言葉が出てくる。それでは、それぞれの歌に出てくる御井という言葉は、万葉研究の専門家によってどう解釈されているのだろうか。中西進『万葉集』（講談社文庫）によって、見ていこう。

まず、五十二番「藤原宮の御井の歌」の注釈には、「御井」とは、「藤井が原の呼名の因となった井か。宮居の中心の聖泉とした。」とある。次に、八十一番の歌では、「御井」には特に注釈はなく、訳文の中で「山辺の御井」を「山辺の聖水」としている。次に、百十一番では、注釈の中で「弓弦葉の御井」を「吉野の聖泉があったろう」としている。それでは三二三五番の「御井」については、どう解釈しているのだろうか。

その注釈で、「御井というのは宮の中心ゆえ、長歌の焦点も御井。→五二」としている。「御井」というのはあくまでも五十二番の歌で注釈したように、宮居の中心の聖泉であるとの解釈である。どうしても「御井」を地名とは見たくないようだが、三二三四番の長歌と、三二三五番の反歌とを見比べて「御井」を解釈してみよう。

長歌の中ほどに「山辺の五十師の原……」とあり、反歌には「山辺の五十師の御井」とある。これは明らかに「原」と「御井」が対応する言葉であることを意味している。「原」は一般的に野原など場所をさす普通名詞であるのに対し、「御井」を固有名詞、要するに地名であるとするのはごく自然な解釈と思われるが、これを地名とはしない何か特別な理由でもあるのであろうか。私には、「御井」を地名として捉えるしか他に考えようがない。

それでは地名の「御井」としたとき、それはどのような地名なのかを考えていきたい。三省堂『コンサイス日本地名事典』に出てくる「御井」は、①旧郡名とあるが、御井郡とは和名抄（和名類聚抄）にも出てくる古い郡名であり、②の御井町も含む地域であった。そして②には高良山（こうらさん）にある筑後一ノ宮高良大社の鳥居前町とあるが、高良大社の所在地は、現在でも久留米市御井町一番地となっている。すなわち「御井」とは古

い地名であると同時に、高良大社とは深い関わりのある地名であることがわかる。その高良大社とはどういう神社なのか。

二、高良大社とは

高良大社からいただいた案内書によれば、

御祭神は高良玉垂命、八幡大神、住吉大神の三座であり、社伝によると御鎮座は仁徳天皇五十五年（三六七年）または七十八年（三九〇年）といわれ、履中天皇元年（四〇〇年）に社殿を建てて祀ったとありますが、山内からの出土遺物からは、さらにさかのぼることができます。また、高良大社は標高三一二メートルの高良山にあって、それ程高い山ではないが、筑前・筑後・肥前三国に広がる九州最大の筑紫平野の中央に突出し、地政的に絶好の位置を占め、古代より宗教・政治・文化の中心、軍事・交通の要衝として歴史上極めて大きな役割を果たして来ました。山下には筑後川が悠々と流れ、この大河の造った大穀倉地帯を一望のもとに納めることのできる眺望の雄大さはほかに較べようもありません。古く「肥前風土記」に景行天皇が西狩の際、高良の行宮にまして四隣を経営され、神功皇后も山門征討に当り山麓の旗崎にこられたと伝えられています。また、継体天皇の時、筑紫君磐井の乱にあっては、高良山麓が戦いの最後の舞台となり（日本書紀）、大化改新以後は、山麓の合川町・御井町に筑後国府が置かれ、……

等々書かれている。また、この高良山は、高良山神籠石があることで有名で、約一三〇〇個の巨石が約一・五キロメートルに亘って連なっている。さらに、高良大社の奥の院と呼ばれる奥宮があり、霊水が湧く聖地となっている。また、もみじ谷と呼ばれる紅葉の名所があり、高良山は、ふもとの御手洗池から金明竹付近、社殿まわりなど山内いたるところで紅葉を楽しめるとのことである。

私が自分の車で高良大社を訪れたのは、平成二十一年十二月中旬のあいにくの雨の日であった。山麓にある石

写真1-1　高良大社

の大鳥居をくぐるとすぐに九州自動車道の下を通り、その後は右に左に曲がりくねった山道を登って行く。道の両側は鬱蒼と繁る木々に包まれ、まさに昼なお暗き深山幽谷へ分け入る感がした。天候が悪かったためか対向車はほとんどなく、どこまで山を登るのだろうと思っていたときに、忽然と三ノ鳥居が道路の右側に現れた。下車して長い石段を登りつめると、漸く、壮麗な朱塗りの中門と本殿の前に着くことができたのである。

高良大社と高良山の概要について理解されたと思うが、万葉集に出てくる「御井」との深い関わりのようなものも感じられるのではないだろうか。歌の中で「山辺の御井」と詠まれるとき、高良山奥深く高良大社のある御井がまさにその名にふさわしい。「御井の清水」と詠まれるとき、霊水の湧き出づる聖地である御井をまさに表している。「おのづから成れる錦を張れる山」と詠まれるとき、紅葉の名所の高良山を見事に描いている。

これほど「御井」の地名にふさわしい高良大社の御井を採用すると、どのような不都合が生じるのであろうか。地名の「御井」を基にして万葉集を新たに解釈すると、そこには驚愕の真実が露わとなってくる。

第二章

御井から見える伊勢神宮

一、万葉集八十一番、三二三四番、三二三五番に詠まれる御井

御井に関わる八首の歌のうち、まず八十一番、三二三四番、三二三五番の三首の歌を解釈してみよう。

■万葉集八十一番

和銅五年壬子の夏四月、長田王を伊勢の斎宮に遣はしし時に、
山辺の御井にして作れる歌

山の辺の御井を見がてり神風の伊勢少女ども相見つるかも

［現代語訳］（以下「現代語訳」は著者による）

和銅五年壬子の夏四月、長田王を伊勢の斎宮へ派遣した時に、
山辺の御井にて作った歌

山の辺の御井を見ようとする神風の伊勢の乙女たちとお互いに見合っているかも

この歌の意味は、歌の作者が、御井から伊勢の斎宮の方を眺めていて、あの向こうに見える伊勢の斎宮でも乙女たちがこちらを見ているかもしれないというように解釈できる。

■万葉集三二三四番、三二三五番

やすみしし　わご大君　高照らす　日の皇子《みこ》の　聞《きこ》し食《を》す　御饌《みけ》つ国　神風の　伊勢の国は　国みればしも
山見れば高く貴《たふと》し　川見れば　さやけく清し　水門《みなと》なす　海も広し　見渡しの　島も名高し　此《ここ》をしも　まぐ

はしみかも　掛けまくも　あやに恐《かしこ》し　山辺《やまのべ》の五十師の原に　うち日さす　大宮仕え　朝日なす　まぐはしも
夕日なす　うらぐはしも春山の　しなひ栄えて　秋山の　色なつかしき　ももしきの　大宮人は　天地《あめつち》と　日
月と共に　万代《よろづよ》にもが

反歌

山辺の五十師の御井はおのづから成れる錦を張れる山かも

【現代語訳】

国を治められる我が大君であり高きを照らす日の皇子が、直接統治する国の神風の伊勢の国は、国見をすると、山は高く貴く川は澄んで清らかで、港である海も広く、見渡せる島も有名である。ここ（御井）も美しいと言葉に出して言うのはまことに恐れ多い。山辺の五十師の原にくまなく日があたるような大宮仕えは朝日のように美しく、夕日のようにも美しい。春山が豊かに栄え秋山が趣き深いように、朝廷の大宮人たちは万代までも天地、日月と共に栄えますように。

反歌

山辺の五十師の御井は、自然とできた錦を身にまとう山かも

この長歌と反歌でも伊勢の国の国見をしながらその美しさをほめたたえると同時に、国見をしている場所、御井を大宮人たちのいる美しいところと言っている。

この三首の歌から、御井から伊勢の国が見えるということが明らかである。それでは、高良大社の御井から見える景色とは、そこには伊勢の国があるのであろうか。

二、筑後川河口付近の古代の有明海

高良大社の本殿は高良山の中腹にあって北西の方向を向いており、その方向に真っ直ぐ参道の長い石段が下っている。その下ったところに展望台があり、その展望台から眼下に筑紫平野と筑後川などの眺望を望むことができる。手前に久留米の市街地が広がりその周りを大きく囲むように筑後川が蛇行し、川向こうの佐賀県鳥栖市や、三養基《みやき》郡、神埼郡、佐賀市などの佐賀平野が遥かに望め、さらにその背後に脊振山（せふりさん）などの山々が山脈をなしている。しかし、有明海の対岸にある多良岳は見えても、有明海そのものは遠すぎてほとんど捉えることができない。ここ高良大社から有明海は三十キロメートル近く離れている。それでは万葉集の神風の伊勢の国の景色が見えたのは、ここではなかったのだろうか。

現在の有明海沿岸の地図を見ると、自然の海岸線でないような、直線状で人工的に埋め立てられたような跡を見ることができる。古代の有明海の海岸線はどのような形状をしていたのであろうか。それを知るのに適切な研究が、九州大学大学院地球惑星科学部門の下山正一先生によって行われている。下山先生の「有明海北岸低平地の成因と海岸線の変遷」によれば、弥生時代末期（約一八〇〇年前）の旧海岸線の推定位置は別図のようになっている。

弥生時代末期の海岸線は、現在の海岸線よりかなり内陸へ入っており、特に筑後川の現在の河口の西側に深く湾入した入江があり、高良大社から約十七キロメートル地点にまで達している。さらに下山先生の研究で興味深いことを知ることができた。それは、非海生層の粘土層に葦の地下茎が多数残されていることから、有明海北岸の佐賀地域と筑後地域にかつて広大な葦原が存在していたのではないかとのことである。

古代の人々が有明海を舟で行き来し、そして筑後川河口を遡るとき、その両岸にどこまでも続く葦の原を見たことであろう。高良大社の御井からも、広大な葦原の中に深く入り込んだ紺碧の水門（みなと）を古代人の目は

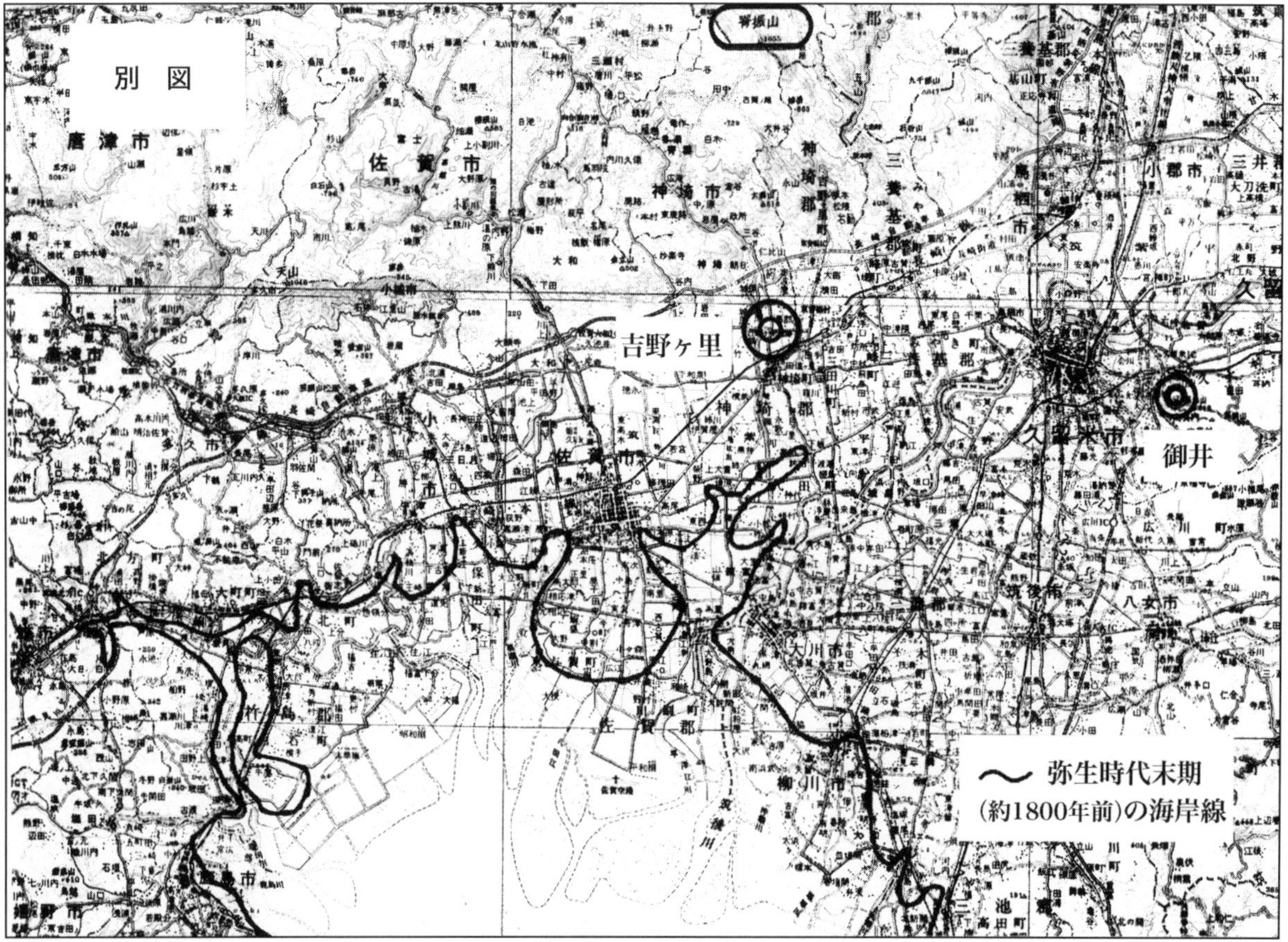

地図2-1　別図

捉えたであろう。
そこには神風の伊勢の海の景色があったのである。

三、吉野ヶ里遺跡

別図の、深く湾入した入江の先端から約五キロメートル北に、吉野ヶ里遺跡がある。高良大社の御井からは、入江の先端と同じく約十七キロメートル離れている。吉野ヶ里遺跡とはどういう特徴を持った遺跡なのであろうか。吉野ヶ里遺跡の展示室には次のような説明文が掲出されている。

［弥生時代の吉野ヶ里遺跡］

弥生時代のはじめ（紀元前五～四世紀）に壕で囲まれた環壕集落を営んだ吉野ヶ里の人々は、前期・中期を経て弥生時代の終りころ（紀元後二世紀以降、邪馬台国時代）に、弥生都市と呼べるような大規模で、様々な施設が整った集落をつくりあげました。その面積は四十ヘクタールと、現在わかっている弥生時代の環壕集落の中では国内最大です。環壕で囲まれた内部の小高い所に環壕や土塁・柵で囲まれ物見櫓で守られた北内郭と南内郭を、南内郭の西側にはさらに壕で囲まれた高床倉庫群を設けました。二重の環壕で厳重に守られた北内郭は、中期の初め（紀元前二世紀）から神聖な場所で一度も墓地がつくられたことがありません。内部には一辺十二・五メートル四方（十六本柱）の祭殿と考えられる強大な高層建物が存在しますが、中期前半（紀元前二世紀）につくられた巨大墳丘墓の南西面にあたります。おそらく墳丘墓に埋葬された吉野ヶ里の王たちの霊を祭るための建物であったと考えられます。内部から出土する中期以降の祭祀土器や後期の銅戈など祭祀遺物の出土もこのことを物語っているようです。（以下省略）

また、北内郭の墳丘墓内に設けられた説明文には、次のことが述べられている。

【当時の思想や死生観　墓地から祭祀の対象に】

弥生時代中期につくられた墳丘墓は、のちに祭祀空間として扱われるようになります。弥生時代後期後半から終末期の吉野ヶ里の集落構造をみると、一番北にある祖先の霊を祀る北墳丘墓と、一番南にある暦に関する祭りを行ったとされる祭壇とを結んだ線上に、祀堂と北内郭内にある主祭殿（祭りの中心施設）とがきれいに並んでいる事がわかります。さらに南軸約六〇㎞先にいくと雲仙岳にあたります。当時の祭りの中心施設と考えられている主祭殿は、この軸線上に建てられていることから、北墳丘墓はクニの社会基盤を構成する重要な施設になっていたことがうかがえます。また、墳丘墓前には、先祖の霊が宿る宗教的シンボルと考えられる立柱、墓道、祀堂（お祈りの場所）が設けられていたことが分かっています。墓道からは、祭祀に使われた筒型器台や高坏などの祭祀用の土器が多数出土しており、この場所が吉野ヶ里の祭祀には特別な場所であったことがうかがえます。ここで行われた祭事は、祖霊の託宣・神託によって社会が導かれるという当時の精神生活を現した興味深い事象といえます。

※北内郭に関しては、この聖なる軸線の他、その形が左右対称であり、その中心線が太陽の運行線（夏至の日の出と冬至の日没を結ぶ線）に合っていると言われています。

さらに吉野ヶ里遺跡の学芸員の説明では、聖なる軸線の北には脊振山（せふりさん）があり、北の脊振山と南の雲仙岳を結んだ線が、聖なる軸線となっているとのことであった。

要するに吉野ヶ里遺跡とは、当初は弥生時代を代表する環壕集落であるが、弥生時代後期には吉野ヶ里遺跡の歴代の王を祀る祭祀施設となっていたとのことである。ただし、吉野ヶ里遺跡の歴代の王といっても、その王たちの統治していたクニとはどの範囲を言っているのであろうか。また、吉野ヶ里遺跡が地上から消滅した原因と時期について説明はなかった。

その他にも説明のつかない何か変と思えることがいくつかあった。まず、古代官道が、吉野ヶ里遺跡の北端をまるで吉野ヶ里遺跡に接するように、東西に通じていることである。古代官道がいつ造られたのか、日本書紀にもなぜか古代官道の設置については記載がないとのことだが、この官道が造られたとき吉野ヶ里遺跡は残っていたのではないか。この官道が、太宰府と吉野ヶ里遺跡とを結ぶ重要な役割を果たしていたのではないか。この官道を造った、時の為政者と吉野ヶ里遺跡の支配者とは同一ではないのか。

さらなる疑問は、吉野ヶ里遺跡の北側に、志波屋地区などの遺跡群があり、多数の大型掘立柱建物跡があって計画的に建設されたと考えられること、辛上廃寺と呼ばれるところから遺構、建物の存在が確認されていること、その辛上廃寺の遺構から瓦、木簡などが発見されている等々。この遺跡群と官道、吉野ヶ里遺跡との関わり、いつ造られ、いつ壊されたのか、疑問が募るばかりである。

四、脊振山

高良大社の御井から見た古代の景色は、眼下を筑後川が大きく蛇行して有明海へ注ぎ込み、有明海は深く湾入して高良山の真西十七キロメートルのところまで来ている。見渡す限り続く葦原の黄褐色と筑後川と入江の紺碧のコントラストが美しく、その背後に並び立つ山々がまた見事である。その入江から北五キロメートルのところに、御井から見るとその入江のすぐそばに吉野ヶ里遺跡があったのである。その周辺は、入江と筑後川を囲むように、見渡す限りの葦原であったろう。その葦原の中に、吉野ヶ里の祭祀施設の建物を古代人の目は捉えることができたであろう。

万葉集八十一番、三二三四番は、まさに吉野ヶ里遺跡が伊勢の斎宮であり、そこが伊勢の国であることを詠っている。

ここで、「山辺の御井にして作れる歌」の八十三番をもう一度見てみよう。

海の底奥つ白波立田山何時か越えなむ妹があたり見む

【現代語訳】
海の底深くから白波を立てる立田山。いつか越えて妹のいるあたりを見たいことだ。

八十二番と八十三番の添書きには、「右の二首は今案ふるに、御井にて作れるに似ず。けだしその時誦する古歌か」とあるが、いつの今なのか、御井をどう捉えていたのか、何故の添書きなのか不明である。ただこの歌から言えることは、御井から立田山が見えたということである。

二項の冒頭で「高良大社の本殿は高良山の中腹にあって北西の方向を向いており」と述べたが、実はその方向は真っ直ぐ脊振山を向いているのである。また、三項で述べた吉野ヶ里遺跡の聖なる軸線の北にあるのは脊振山である。高良大社に照会してみたが、なぜ本殿が脊振山を向いているのか、その理由は分からないとのことであった。古代のこの地域の人々にとって、脊振山は信仰上重要な意味を持つ山であったことが強く感じられる。

脊振山とはどんな山か、『コンサイス日本地名事典』で見てみよう。

脊振山
福岡市早良区と佐賀県神埼郡脊振村の境にある脊振山地の主峰。
標高一〇五五m　交通手段　鹿児島本線博多駅南西二〇km
山体はカコウ岩からなり、那珂川・城原川の水源。山頂に脊振神社の上宮。自衛隊・気象庁のレーダーなどがある。古くは伝教・弘法・慈覚大師らが渡唐に際し、この山に登って祈願したと伝え、一九三六・一一・一九フランス人飛行家アンドレ＝ジャピーがパリ～東京一〇〇時間飛行に失敗した地として知られる。

また、脊振山には、「欽明天皇十三年に紫雲棚引く山の嶽上に弁財天女降臨し、給仕の龍が背を振りしより背振山という」伝説もあるようである（http://www.sefurizan.com/enkaku.html）。

脊振山が立田山であるのか。ここでは断定はしないが、その真偽は徐々に明らかとなってくるであろう。
※八十三番の歌について後日新たな解釈を得ることができた。
ＮＨＫで英国セヴァーン川の海嘯《かいしょう》が白波を立てて遡る様子が放送され、大きな干満差を持つ海と三角形の河口とが組み合わさることにより、大潮の潮が満ちる時に海嘯が発生するとのことであった。御井の高良大社の展望台の眼下に筑後川が大きく蛇行し、その遥か先に聳え立つ脊振山を望む。筑後川の河口は有明海へ

開かれ、有明海は大きな干満差を持つ海である。「海の底奥つ白波」とは海嘯のことを正確に表現している。長田王は、この高良大社の展望台から眼下の筑後川を白波を立てて遡る海嘯を見て、遥かに望む立田山を歌ったのである。

第三章

万葉集五十二番の歌

一、藤原京の歌ではない

御井に関わる八首の歌のうち、ここで五十二番の歌を解釈してみよう。

■万葉集五十二番

藤原宮の御井の歌

やすみしし　わご大王《おほきみ》　高照らす　日の御子　荒栲《あらたへ》の　藤井が原に　大御門《おおみかど》　始め給ひて　埴安《はにやす》の　堤の上に
あり立たし　見し給へば　大和の　青香具山は　日の経《たて》の　大御門に　春山と　繁《しみ》さび立てり　畝火《うねび》の　この
瑞山《みづやま》は　日の緯《よこ》の　大御門に　瑞山と　山さびいます　耳成《みみなし》の　青菅山《あをすがやま》は　背面《そとも》の　大御門に　宜《よろ》しなへ　神
さび立てり　名くはし　吉野の山は　影面《かげとも》の　大御門ゆ　雲居《くもゐ》にそ　遠くありける　高知るや　天《あめ》の御陰《みかげ》　天《あめ》
知るや　日の御陰の　水こそは　常にあらめ　御井の清水《しみず》

【現代語訳】
国を治められる我が大王であり高きを照らす日の御子が、あらたえの（藤の枕詞）藤井が原に都を御開設になり、埴安の堤の上にお立ちになって見られると、大和の青香具山は西の御門に春山としてそれは美しく立っています。畝火のこの瑞山は西の御門に瑞山らしくあります。耳成の青菅山は北の御門にふさわしく神々しく立っています。美しい名前の吉野の山は南の御門より遠く雲の中にあります。天のお陰で高きを知り、日のお陰で天を知る、水こそは常にあってほしい御井の清水よ。

この歌の解釈を進める前に、歌の原文である漢文を見てみよう。

藤原宮御井歌

八隅知之　和期大王　高照　日之皇子　麁妙乃　藤井我原尓　大御門　始賜而　埴安乃　堤上尓　在立之　見之賜者　日本乃　青香具山者　日経乃　大御門尓　春山跡　之美佐備立有　畝火乃　此美豆山者　日緯能　大御門尓　弥豆山跡　山佐備伊座　耳高之　青菅山者　背友乃　大御門尓　宜名倍　神佐備立有　名細　吉野乃山者　影友乃　大御門従　雲居尓曽　遠久有家留　高知也　天之御蔭　天知也　日之御蔭乃　水許曽婆　常尓有米　御井之清水

読み下し文と原文でいくつか違う漢字が用いられているが、その中で問題は、読み下し文で「大和の青香具山」となっているところが、原文では「日本乃　青香具山」となっているところ、「畝火の　この瑞山は　日の緯の　大御門に　瑞山と」となっているところが、「畝火乃　此美豆山者　日緯能　大御門尓　弥豆山跡」となっているところ、さらに「耳成の　青菅山は」となっているところが、「耳高之　青菅山者」となっているところである。なぜ原文が「日本」なのに「大和」と書き換える必要があるのだろうか。原文が「耳高」なのに「耳成」と書き換える必要があるのだろうか。この三カ所を原文どおりの漢字を用いて読み下し文を作成してみよう。

[読み下し文]

やすみしし　わご大王　高照らす　日の御子　荒栲の　藤井が原に　大御門　始め給ひて　埴安の　堤の上に　あり立たし　見し給へば　日本の　青香具山は　日の経の　大御門に　春山と　繁さび立てり　畝火の　この美豆山は　日の緯の　大御門に　弥豆山と　山さびいます　耳高の　青菅山は　背面の　大御門に　宜しなへ　神さび立てり　名くはし　吉野の山は　影面の　大御門ゆ　雲居にそ　遠くありける　高知るや　天の御陰　天知るや　日の御陰の　水こそは　常にあらめ　御井の清水

「この美豆山は日の緯の大御門に弥豆山と山さびいます」この節の中で、単に美豆山を美豆山と繰り返して言っているのではない。作者は美豆山と弥豆山と使い分けていることがわかる。弥豆山としたのは何を意味しているのだろうか。漢字「弥」にはどういう意味があるのであろうか。

［新漢語林より］
弥　ビ（漢）ミ（呉）
①ひさしい。また、遠い。②あまねし（遍）。③わたる。ゆきわたる。④大きい。（以下省略）

などの意味を持っている。また、弥勒菩薩の弥を表している可能性もある。

「この美豆山」を「弥豆山」と呼び直したのは、その姿が崇高で頂からの見晴らしのよい山であることを表していると考えられる。そして、美豆山とは水山を意味しているのではないか。川の水源である山を意味しているのではないだろうか。


「耳高」を「耳成」と書き換えるのは、大和三山の耳成山とするためのことか。これはあくまでも原文どおり「耳高」とすべきである。この青菅山は「耳高」と呼ばれる地域にあったと考えるべきである。

倭国が自らを「日本国」と称するようになったのは、『三国史記　新羅本紀』に、文武王十年（六七〇年）「倭国、更めて日本と号す。自ら言う。日出づる所に近し。以に名と為すと。」とあり、西暦六七〇年から自らを日本と称しているのである。

この歌は一地方の歌ではない。日本国の首都を定めた時、その都の四方にある日本国の名山を大御門に喩えて、日本国とその首都と、それを治める天子を讃えた歌であると解すべきである。

さて、「御井の清水」の御井を、高良大社の御井と解するとき、この歌はどのような意味を持つのであろうか。

その前に、ある一つのことを確認しておかなくてはならない。それは、都を新たに開設するとき、朝廷は尊崇する神社に幣帛を納め祝詞をあげるという習慣があることである。これに関わることで、御井について日本書紀に不思議な記述がある。

天智天皇九年（六七〇年）

「三月の甲戌《かふしゆつ》の朔にして壬午《じんご》に、山御井《やまのみゐ》の傍《ほとり》に、諸神《もろもろのかみ》の座《みまし》を敷《し》きて、幣帛《みてぐら》を班《あか》つ。中臣金連《なかとみのかねのむらじ》、祝詞《のりと》を宣《の》る。」

この文の前後に都を開設するというような記述は見られない。後の右大臣、中臣金連が幣帛を供え祝詞をあげたのである。しかもそれが「山の御井」においてである。まさに山の御井とは、万葉集で山辺の御井は高良大社の御井と解したことと同じと考える。六七〇年頃、どこかに都が開設されたのではと考えるべきであろう。御井からそれほど遠くないところに。この五十二番の歌が、その都を表しているように感じられる。

西暦六七〇年当時の倭国の状況を確認しておこう。

日本書紀によれば、天智天皇二年（六六三年）倭国と百済は白村江の戦で唐、新羅の連合軍に大敗を喫し、天智天皇八年（六六九年）には唐から郭務悰等二千余人が派遣されて来て駐留していた。敗戦後六年を経過し、漸くにして敗戦の痛手から立ち直り、国名を変え新しい首都を建設して再起を図ろうとしていた時期であったろう。この五十二番の歌は、日本国として再起を図り、新しい首都を建設したことを讃えた歌であったであろう。この都の開設は、日本国と名を改めた西暦六七〇年のことと考えられる。

御井からそれほど遠くないところに新しい都が建設されたとするならば、その位置はどこであろうか。その位置を知る大きなヒントは、都の四つの大御門とされる四つの山である。それぞれの山が現在のどの山かがわかれば、その東西と南北との山々を結ぶ線の交点付近に都があったと言える。

この四つの山——東・青香具山、西・畝火の瑞山（美豆山）、北・耳高の青菅山、南・吉野の山。御井から臨めるところに、現在これらの山名は存在しない。しかし、この四つの山のうち青香具山（天香具山）については、先達の研究成果がある。

古田武彦著『古代史の十字路』［第三章　豊後なる「天の香具山」の歌］の中で、

■万葉集第二番　舒明天皇の歌

大和には　群山あれど　とりよろふ　天の香具山　登り立ち　国見をすれば　国原は　煙立つ立つ　海原は
鷗立つ立つ　うまし国そ　蜻蛉島　大和の国は

この歌の解釈にあたって、大和三山の天の香具山では、この歌に出てくる海原や鷗などの説明がつかないこと、「とりよろふ」という語義未詳の言葉をどう解釈しても大和三山の天の香具山を表すには不自然であること、この歌の中の地名「蜻蛉島」から、古事記国生み神話に出てくる大倭豊秋津島が豊国（大分県）の安岐を表しているのではないかとの解釈から別府湾周辺を歌った歌ではないかということ、豊後国の古名が「安萬」（あま）であり「天」に通じること、等々により、別府湾の中心にそそり立つ山、鶴見岳を天の香具山に最もふさわしい山としている。

この鶴見岳を青香具山と考えたとき、うまく東西南北を形成する他の三つの山が見つかるであろうか。御井は北部九州の丁度中心近くにあるのに対し、鶴見岳は御井のある高良山とほぼ同緯度の、要するに真東の北部九州の東端にある。鶴見岳の東側は別府市街と別府湾であり、その東には伊予灘の海が四国との間に広がっている。

東に青香具山としての鶴見岳があるとすれば、その西に畝火の美豆山があるはずである。鶴見岳と高良山とを結ぶ線はほとんど東西の同緯度線である。ほぼこの線上に畝火の美豆山があるということになる。それではこの線上にある山はどのような山か見ていこう。西の高良山から順に挙げてゆく。

高良山《こうらさん》（標高三一二メートル）、耳納山《みのうさん》（標高三六八メートル）、発心山《ほっしんさん》（標高六九八メートル）、鷹取山《たかとりやま》（標高八〇二メートル）、高井岳《たかいだけ》（標高四〇五メートル）、大岩扇山《おおがんせんざん》（標高六九一メートル）、福万山《ふくまやま》（標高一二三六メートル）、由布岳《ゆふだけ》（標高一五八三メートル）といったところがこの線上にある山々である。これらのうち高良山、耳納山、発心山、鷹取山は東西に連なる耳納山地を形成し、その東端に主峰の鷹取山がある。また、大岩扇山から福万山あたりはほぼ山岳地帯と言っていいだろう。そして由布岳はほとんど鶴見岳と接し、その間は猪の瀬戸と呼ばれる山と山との狭い谷となっている。この山々の中で畝火の美豆山の候補となる山はあるであろうか。

その山の東に都となるようなある程度の地域の広がりを持った山ということで、二つの山が候補としてあげられる。それは鷹取山と高井岳である。この二つの山を候補の山とするとき、どちらの山でも、ある一つの山が北の青菅山となるのである。

それは北部九州を代表する名山、古代から修験道の山として名高い英彦山《ひこさん》(標高一二〇〇メートル)が、そこにあるからである。

高井岳は、玖珠川、大山川、高瀬川が合流して三隈川となり、さらに花月川と合流して筑後川となってその山裾に至り、そこで西から北西へと流れを変える。大分県日田市の西端に位置している山である。

鷹取山は高井岳の西方十三キロメートルの位置にあり、福岡県久留米市田主丸町、うきは市、八女郡星野村の境にある山で、耳納山地の最高峰であり、その耳納山地に沿って北側を筑後川が流れている。そして、筑後川の南側を筑後川に沿って流れる巨瀬川の水源の山となっている。

この二つの山のうち、どちらが畝火の美豆山にふさわしいのであろうか。

ここで、なぜこの美豆山には畝火という枕詞が付くのか、考えてみた。畝火とは何か。

まず、畝とは何か調べてみた。

〔明鏡国語辞典〕

畝［うね］

①種をまいたり作物を植えたりするために、一定の間隔をあけて畑の土を細長く盛り上げたもの。

②①のように高低があって線状をなしているもの。

次に火を調べてみた。

〔広辞苑〕

火［ひ］（古形はホ。「日」とは別語）

①熱と光を発して燃えているもの。高温で赤熱したもの。
②ほのお。火焔。（以下省略）

火の古形はホと読まれたようであるが、この場合「ウネホ」とでも読まれたのであろうか。それはさておき、この美豆山には何か「畝」に関わる何かがあったのではないかと考えられる。例えば、棚田のようなものがこの山にあって、それが人々によく知られた山であったのではないかと。この解答は、この二十一世紀でなければとてもすぐには判明しなかったであろうが、インターネットの検索ですぐに出てきた。誰かがブログに載せていた。鷹取山は棚田で有名な山だったのである。ふもとの星野村から見ると、天にも届くような見事な棚田が鑑賞でき、この棚田の起源は地元の人たちにもわからないほど古いとのことであった。そして、美豆山の「みづ」は水を表していると考えられる。即ち水源の山を意味し、巨瀬川の水源ともなっている鷹取山が、畝火の美豆山にほぼ完璧に適合しているのである。

四つの山のうち一応三つの山が判明した。

東・青香具山は、鶴見岳、西・畝火の美豆山は、鷹取山、北・耳高の青菅山は、英彦山。

残りは南の、雲居にそ遠くありける、名くはし吉野山ということになるが、鷹取山や鶴見岳から南の方で、雲の中にあってかつ有名な山はと問われれば、九州の山に多少詳しい人であればすぐにその解答は出てくるのである。九重山《くじゅうさん》である。

九重山は九州本土第一の高峰を誇り、久住山《くじゅうさん》、大船山《だいせんざん》、三俣山《みまたやま》、中岳などの標高一七〇〇メートルを超える峰々が中心となった山群の総称であり、文字通り重なるように山が群をなし、その川は、山々の間を縫う深い渓流が滝となって砕け落ち、それが大河筑後川の源流となる。その裾野は、広大な草原が取り巻いて、遥かに地平線を描いて阿蘇山へと続く……。

九州を代表する四つの山が見事に出揃ったと言っても過言ではない。

ここで、九州の山に詳しい人であればすぐに気がつくことがある。それは、なぜ鶴見岳なのか、東にあるのは秀麗な双頭の山、由布岳とするべきだということである。鶴見岳が標高一三七五メートルであるのに対し、由布岳は一五八三メートル、しかも西側から見たとき、鶴見岳は由布岳の陰になって見ることができない。しかし、このことについても古田武彦氏の研究を、インターネットのホームページで知ることができる。三代実録の記録に、西暦八六七年歴史的な鶴見岳の噴火が存在し、その大爆発で二〇〇〇メートル近くあったと思われる頂上部分が切り取られたとのことである（http://www.furutasigaku.jp/jfuruta/jbeppu/jbeppu1.html）。

市販されている地図立体化ソフト「カシミール３Ｄ」を利用し、鶴見岳の山容を様々な方向から見てみた。現在の鶴見岳は、鶴見岳、内山、大平山の三つの山が複雑に合体したような形をしているが、かつてはこの三つの山が一つの山であったことが想像される。鶴見岳は三つの山の一番南側にあり、かつて三つの山が一つの鐘状火山であったとすれば、その山の頂上は三つの山の中心部分にあったと思われる。その山の山体の大きさは現在の鶴見岳の数倍の大きさであったろう。由布岳よりもはるかに大きく、確かに二〇〇〇メートル近い山であったろう。

さて、それではこの四つの山が示す都の位置はどこであろうか。

別図（地図３－１）に、四つの山の位置と東西、南北の山々を結んだ線を表してみた。鶴見岳と鷹取山が結ぶ線はほとんど正確に東西の線を示しているが、英彦山と九重山を結ぶ線は南北というより北西と南東を表す線となっている。二本の線が交差する交点にある地域は、久大本線北山田駅付近で、大分県玖珠郡玖珠町と日田市天瀬町あたりが該当する。北山田駅付近は、山間を流れる玖珠川に沿って、道路と久大本線の鉄道が並んで山峡を縫うように走っている。この天瀬町から玖珠町にかけては、都が位置できるような広がりはないと思われる。しかし、もし鶴見岳と鷹取山が作るこの東西の線に、英彦山から南北の垂線をおろせば、現在の日田市の中心部あたりが該当する。この付近であれば、十分に都を開設するような広がりを得られるであろう。この四つの山が示す都の候補地としては、大分県日田市の日田盆地が一番に挙げられるということである。

日田盆地が都の位置する所かを検証する前に、四つの山が本当に正しいのかを検証する必要があると思われる。天の香具山については古田武彦氏の研究成果があると言っても、それは大和三山の香具山との比較と、万葉集二番の歌に出てくる蜻蛉島に注目して、別府湾周辺で詠まれた歌ではないかと推論されたことから、鶴見岳が香具

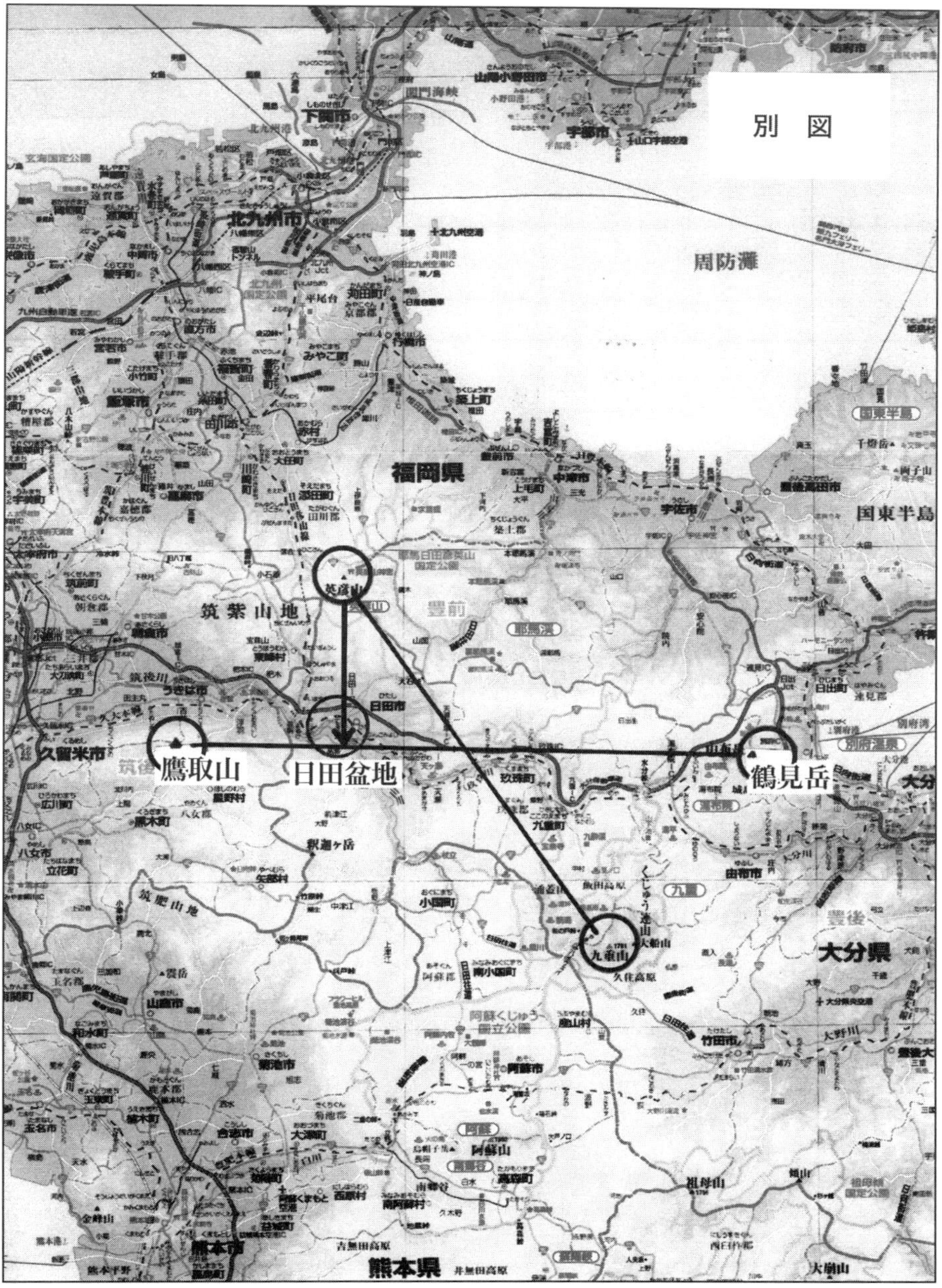

地図3-1　別図

山に最もふさわしいと判断されているのであって、完全な立証がされているわけではない。その鶴見岳を根拠にして四つの山を決めたのである、ということは、他の三つの山も正しいと立証されたわけではないということになる。しかし、四つの山のうち一つでも正しいことが立証できれば、他の三つの山も正しいことが立証されることになる。果たして、その立証は可能であろうか。万葉集の歌の中から、それが立証できるような歌が見つかるのではないだろうか。

四つの山、青香具山、畝火の美豆山、耳高の青菅山、吉野山に関わる地名の、万葉集に出てくる頻度を、前掲の『万葉集事典』地名解説にあげられた箇所の数によって見てみよう。

①青香具山
青香具山として　一回。天の香具山として　四回。香具山として　八回。……合計十三回
②畝火の美豆山
畝傍として　三回。畝傍の山として　三回。畝傍の宮として　一回。……合計七回
③耳高の青菅山
耳成として　二回。耳成山として　一回。耳成の池として　一回。……合計四回
④吉野山
吉野として　三十一回。吉野の国として　一回。吉野の山として　四回。吉野川として　十回。吉野の川として　六回。吉野の川原として　一回。吉野の滝として　八回。吉野の岳として　一回。吉野の宮として　十四回。吉野の離宮として　八回。……合計八十四回

以上であるが、万葉集に出てくる頻度は圧倒的に吉野山関係のものが多い。それでは、吉野山に関わる万葉集の歌から、明らかに九重山を歌ったと考えられる歌が見つかるであろうか。

二、万葉集に出てくる吉野

吉野の山や川が出てくる箇所八十四カ所に関わる歌、明らかに吉野に関わるとわかる歌（第九巻一七二三番絹の歌一首）、そして吉野に関わる歌と一緒に詠まれた歌とを合計すると、全部で八十三首の歌が確認できる。その中から、具体的に吉野の山や川の姿が描かれた歌、その中で人々が活動する様子を描いた歌を抽出してみよう（中西進『万葉集』〈講談社文庫〉を参照した。なお「現代語訳」は著者による）。

■三十六番、三十七番（第一巻）

吉野の宮に幸しし時に、柿本朝臣人麿の作れる歌

やすみしし　わご大君の　聞し食す　天の下に　国はしも　多にあれども　山川の　清き河内と　御心を　吉野の国の　花散らふ　秋津の野辺に　宮柱　太敷きませば　百磯城の　大宮人は　船並めて　朝川渡り　舟競ひ　夕河渡る　この川の　絶ゆることなく　この山の　いや高知らす　水激つ　滝の都は　見れど飽かぬかも

反歌

見れど飽かぬ吉野の河の常滑の絶ゆることなくまた還り見む

■三十八番、三十九番（第一巻）

やすみしし　わご大君　神ながら　神さびせすと　吉野川　激つ河内に　高殿を　高知りまして　登り立ち　国見をせせば　畳はる　青垣山　山神の　奉る御調と　春べは　花かざし持ち　秋立てば　黄葉かざせり［一は云はく　黄葉かざし］　逝き副ふ　川の神も　大御食に　仕へ奉ると　上つ瀬に　鵜川を立ち　下つ瀬に　小網さし渡す　山川も　依りて仕ふる　神の御代かも

反歌
山川も依りて仕ふる神ながらたぎつ河内に船出せすかも

■二四二番（第三巻）
弓削皇子の吉野に遊しし時の御歌一首
滝の上の三船の山に居る雲の常にあらむとわが思はなくに

■二四三番（第三巻）
春日王の和へ奉れる歌一首
王は千歳に座さむ白雲も三船の山に絶ゆる日あらめや

■二四四番（第三巻）
或る本の歌一首
三吉野の御舟の山に立つ雲の常にあらむとわが思はなくに
右の一首は柿本朝臣人麿の歌集に出づ。

■九二三番、九二四番、九二五番（第六巻）
山部宿禰赤人の作れる歌二首　并せて短歌
やすみしし　わご大君の　高知らす　吉野の宮は　畳づく　青垣隠り　川次の　清き河内そ　春べは　花咲きををり　秋されば　霧立ち渡る　その山の　いやますますに　この川の　絶ゆること無く　ももしきの　大宮人は　常に通はむ
反歌二首
み吉野の象山の際の木末にはここだもさわく鳥の声かも

ぬばたまの夜の更けぬれば久木生ふる清き川原に千鳥しば鳴く

■九二六番、九二七番（第六巻）

やすみしし　わご大君は　み吉野の　秋津の小野の　野の上には　跡見すゑ置きて　み山には　射目立て渡し　朝猟に　鹿猪履み起し　夕狩に鳥踏み立て　馬並めて　御猟そ立たす　春の茂野に

反歌一首

あしひきの山にも野にも御猟人得物矢《さつや》手挟み散動きたり見ゆ

一応、この十二首が挙げられる。まずこの中から、三十六番、三十七番、三十八番、三十九番の柿本朝臣人麿の歌を注目してみよう。

■三十六番、三十七番

吉野の宮に幸《いでま》し時に、柿本朝臣人麿の作れる歌

やすみしし　わご大君の　聞《きこ》し食《め》す　天《あめ》の下に　国はしも　多《さは》にあれども　山川の　清き河内《かふち》と　御心を　吉野の国の　花散らふ　秋津の野辺に　宮柱　太敷《ふとし》きませば　百磯城《ももしき》の　大宮人は　船並《ふなな》めて　朝川渡り　舟競《ふなきほ》ひ　夕河渡る　この川の　絶ゆることなく　この山の　いや高知らす　水激《みづたぎ》つ　滝の都は　見れど飽《あ》かぬかも

反歌

見れど飽かぬ吉野の河の常滑《とこなめ》の絶ゆることなくまた還り見む

［現代語訳］

吉野の宮に天皇がお出でになられた時、柿本朝臣人麿が作った歌

国をお治めになる我が大君が、治める天下の国土も多くあるけれど、山川の清い河内と吉野の国の花が散る秋津の野辺に宮殿を立派に建てられ、宮廷人たちが朝は舟を並べて川を渡り、夕には舟で競争しながら川を渡る。

この山のいかに高きことか知れず、水は沸き立っている。滝の都は見ても飽きないことよ。

反歌

見ても飽きない吉野の川の滑らかさが絶えることのないように、また見るとしよう。

■三十八番、三十九番

やすみしし　わご大君　神ながら　神さびせすと　吉野川　激《たぎ》つ河内に　高殿を　高知りまして　登り立ち　国見をせせば　畳《たたな》はる　青垣山《あをかきやま》　山神《やまつみ》の　奉《まつ》る御調《みつき》と　春べは　花かざし持ち　秋立てば　黄葉《もみち》かざせり［一は云はく　黄葉《もみちば》かざし］　逝《ゆ》き副《そ》ふ　川の神も　大御食《おほみけ》に　仕《つか》へ奉《まつ》ると　上つ瀬に　鵜川《うかは》を立ち　下つ瀬に　小網《さで》さし渡す　山川も　依《よ》りて仕ふる　神の御代かも

反歌

山川も依りて仕ふる神ながらたぎつ河内に船出せすかも

［現代語訳］

国をお治めになる我が大君が、神でありながらまさに神のようにされようと、吉野川の水たぎる河内の上に高殿を設けられ、その上に登られて国見をされると、幾重にも重なる緑の山々の山の神の献上する春は花をかざし、秋はもみじ葉をかざします。山々に副い流れる川の神も大君の食事にお仕えになるため、上流に鵜川を設け、下流に小網を渡しています。山川共に仕える神である大君の時代でありますことよ。

反歌

山と川が共に仕える神でありながら、泡立つ河内に船出されることよ。

この四首の歌から、吉野についていくつかわかることがある。

○天皇が吉野の秋津に宮殿を建てたこと。

○吉野川の河内の近くの山か丘に、国見をするための高殿を設けたこと。

○その高殿から展望すると、幾重にも重なるように見える山々があること。
○宮廷人たちは朝は吉野川を下って対岸へ行き、夕方は逆に吉野川を遡って戻ってくること。「船並めて朝川渡り　舟競ひ　夕河渡る」という句はそのことを表している。
○吉野川ではこのときすでに鵜飼が行われていたこと。

宮廷人たちは、なぜ朝対岸に渡り夕方対岸から戻ったのであろうか。その答えは、高殿にある。対岸の山の上にある高殿で、山々や渓谷を見ながらその季節を愛で、歌を詠み、舞を舞い、酒を交わしながら、宮廷人にのみ許される極上の一日を過ごしたのであろう。そして、夕方には高殿から河内へと下り、吉野川を今度は遡って戻り、吉野の宮へと帰って行ったのであろう。

九重山には大きな滝を持つ深い渓谷がある。九酔渓《きゅうすいけい》（あるいは九酔峡《きゅうすいきょう》と呼ぶ）である。筑後川の上流は玖珠《くす》川となり、さらにその上流は玖珠川と鳴子《なるこ》川に分かれる。その鳴子川の両岸が深い断崖をなし九酔渓と呼ばれるのである。その九酔渓の上流に九州一の瀑布、振動の滝がある。雄滝と雌滝があり、雄滝は落差八十三メートル、豊かな水量を誇り滝壺に落ちる水が地響きのような振動を与えることから振動の滝と呼ばれる。雌滝は落差九十三メートル、こちらは女性の曲線美を描くように優雅に流れ落ちる。右に雄滝、左に雌滝と並んで、その対照的な姿を見せる様は他に較べようもない。しかし、この風景もかつては間近に見ることができなかった。鳴子川沿いの細い山道を下り、漸く下り降りたところから、水音鳴り響く振動の滝雄滝を見上げることができたが、雌滝は見ることができなかった。だが現在は、九重夢大吊橋から誰もがこの風景を楽しむことができる。

もしこの九重山に吉野の宮や高殿があったとすれば、この玖珠川、鳴子川の両岸以外に適地はないと考えられる。深い渓谷と清らかに激つ流れる玖珠川と鳴子川、二つの大きな滝の風景、周辺の青垣なす九重の山々、そこにはまさに人麿、赤人たちが歌った風景がある。

三、柿本人麿作歌場所の発見

玖珠川と鳴子川の両岸付近が吉野の宮と高殿の適地であるとしても、どうすればその所在地を明確に知ることができるのであろうか。万葉集三十六番から三十九番までの歌の解釈からわかることは、吉野の宮から吉野川へ至り川を下って対岸へ渡る、その対岸の高台に高殿があるということである。もし玖珠川もしくは鳴子川が吉野川であるとすれば、両川とも南から北へ流れ下っており、吉野の宮と高殿はそれぞれが、川の東側と西側のどちらかの対岸同士にあることになる。しかしこれだけではなんの手がかりにもならない。現地を徹底的に踏査し建物の礎石などを見つけるしか方法はないのかと、遂に暗礁に乗り上げたかと思わずため息をつくしかなかった。しかし万が一ということもあると思い直して、朝廷の宮殿跡が神社として残されている可能性があると考え、「吉野神社」が大分県の中にあるか否かをインターネットで検索してみた。そして、自分の目の前でまさに奇跡が起こった。「大分県、吉野神社」とグーグル検索に入力し出てきた結果は、「吉野社、大分県玖珠郡九重町大字後野上二一九九番」とあった。大分県に唯《ただ》一社、吉野神社があり、それも九重町《ここのえまち》にあることがわかった。しかし九重町《ここのえまち》後野上《うしろのがみ》二一九九番とはどの付近か、それがインターネット検索ではよくわからなかった。国土地理院の地形図では地番表示がなく、鳥居の記号は記載されていても神社名も出ていないため、どこに吉野神社があるのかわからなかった。すぐに近くの書店に行き、大分県が出ている地図を調べてみた。大分県道路地図にそれはあった。九重町猪牟田《ししむた》というところに吉野神社はあった。それは玖珠川の東側にあたり、国土地理院の地形図と照合すると、吉野神社の近くを流れる玖珠川の対岸に「河内」の地名まで残っていた。自分の想定していた、玖珠川もしくは鳴子川の付近に吉野神社があり吉野神社付近から川の対岸へ渡るところが河内となっている、その想定が地図上に現実となって現れたのである。玖珠川付近に神社がある可能性は高いであろう、しかしその神社が吉野神社である確率は極めて低い。インターネット検索では、大分県では唯一の吉野神社であった。川の東側に神社があり、そこから道を下ったところに川の寄洲があって対岸に渡ることができるような場所があり、その対岸に河内という地名が残っている、さらにその河内の上の山上が高殿の適地となっている。人麿の歌う吉野の宮に該当する条件を絶妙に満たしている神社が存在し、その神社が吉野神社であることが偶然に起きる確率は、一÷〔大分県の神社の総数〕よりもはるかに低いと考えられる。これはもはや偶然ではない、真実に突き当たったのである。

久大本線豊後中村駅付近で国道二一〇号線から枝分かれした飯田《はんだ》高原中村線を南へ向かうと、やがて南から流れ下ってくる玖珠川と出会い、左側に川を見ながら深い渓谷へと入っていく。そして、国土地理院の地形図に河内という地名が出ているところに着く。南から北へ流れる本流に西側の山から支流が流れ込み、文字通り激つ河内を作り出している。川の両側に寄洲があって、現在は上流から流れてきた多くの岩が邪魔をしているが、ここであれば人麿の歌の舞台にふさわしく、東側の寄洲から西側の寄洲へと舟で下りながら渡ることができたであろう。また、西側の寄洲から東側の寄洲へと川を上りながら渡ることもできたであろう（写真及び地形図参照）。

河内の西側は急峻な断崖となっており、その頂上部分を地形図で見ると四角形の台座のような形である。高殿を建てるとすれば、ここが適地であると考えられる。

それでは吉野の宮はどこか。河内の対岸の山道を登りきったところに、山の中腹に張り付くように、戸数十数戸かの猪牟田《ししむた》という小さな集落がある。地形図に鳥居の記号が記されているが、集落の最上部の高い石段を登りつめた丘の上に神社がある。この神社が吉野神社である。大分県にある唯一の吉野神社であり、ここが、かつての吉野の宮のあった所と考えられる。猪牟田の神社の氏子の方に話を聞くと、この神社の由来はよくわからないが、近年六百年祭を迎えたばかりとのことであった。

人麿の歌の内容が全部出揃ったと言ってもいいだろう。

大宮人たちは、朝、現在の吉野神社付近にあった吉野の宮を出発し、山を下り現在の玖珠川である吉野川のほとりに降り、その洲から数隻の舟に分乗して、川の流れに乗って対岸の河内に渡り、山道を登って高殿に上がり、眼下の現在の玖珠川である吉野川の渓谷や青垣なす現在の九重である吉野の山々の四季折々の景色を見ながら極上の一日を過ごし、夕方には高殿から山を下り河内へと降りて、再び川を今度は流れを遡って渡り、山道を登っ

小岩扇山
岩室
宝山
大祖山
横山
青野山
右田
九重町
玖珠川
野上
城山
引治
粟野
町田
小倉岳
鹿伏岳
宝泉寺
菅原
後野上
松木
恵良

地図3-2　九重地形図

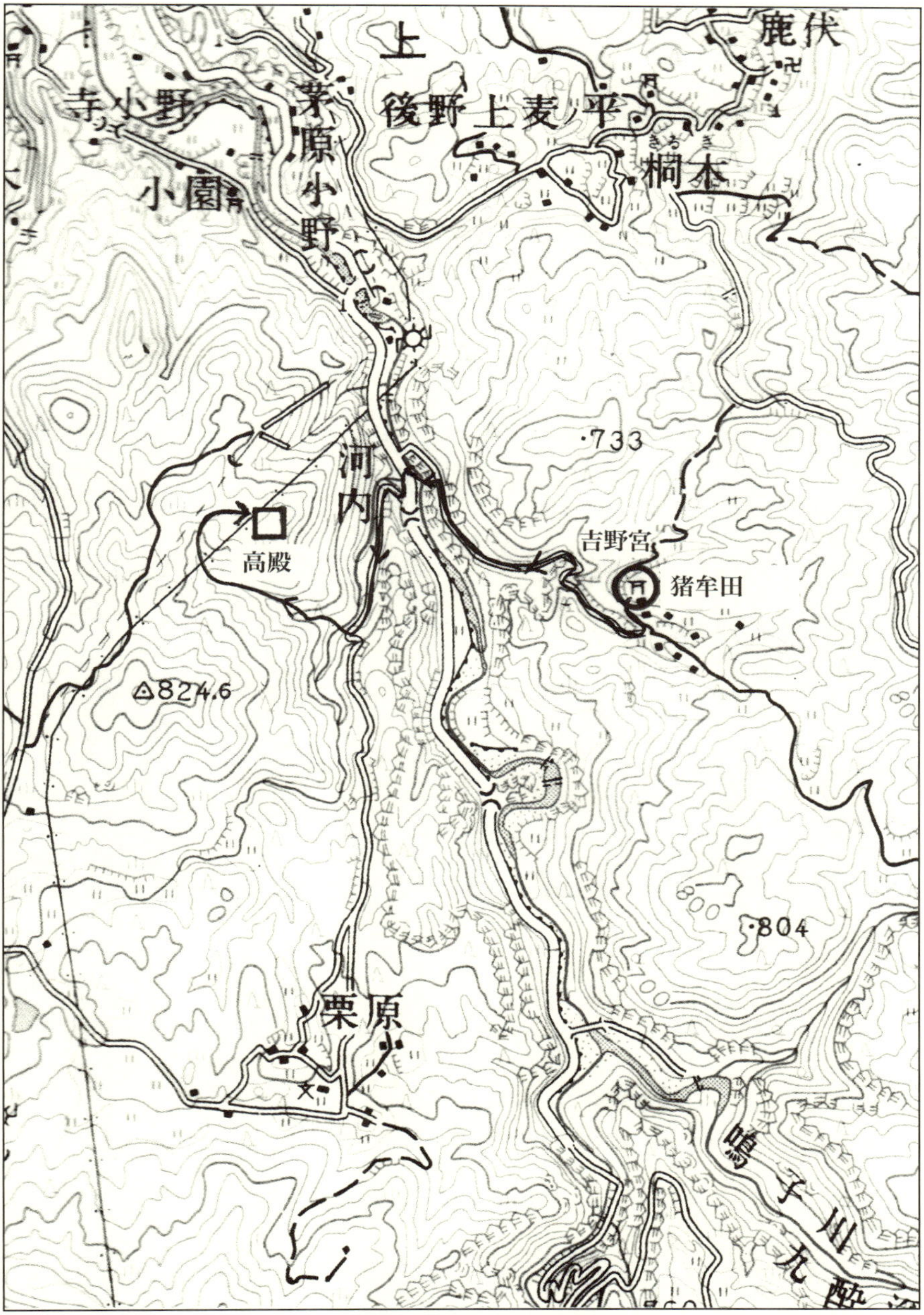

地図3-3　吉野宮、高殿

写真3-1　玖珠川河内

写真3-2　吉野神社全景

写真3-3　吉野社と表示されている

て現在の吉野神社である吉野の宮へと帰って行ったのである。

しかし、もう一点高殿からの景色が確認されていない。私は河内の断崖の頂上へは登らなかった。おそらく頂上部分は植林されていて、周囲を展望することができないであろう。そこで地図立体化ソフト「カシミール３Ｄ」を使って、先ほどの高殿の適地からの展望を再現してみよう。

別図（写真３－４）のとおりである。高殿の真下を流れる玖珠川が深い渓谷を刻み、その上流で玖珠川と鳴子川の二手に分かれ、左側の渓谷の九酔渓の奥に振動の滝がある。その渓谷の上に見えるのが九重を代表する山々の三俣山、大船山、久住山などである。九重の名のとおり山々が重なり合い群れをなしている。渓谷と山々との間に飯田高原が広がり、高殿からは見えないが、山々の向こう側にはさらに広大な久住高原があって、九重牧ノ戸峠を越えると久住高原の先遥かに、釈迦涅槃像と言われる阿蘇五岳を望むことができる。実物の映像ではないが、高殿からの景色がどのようなものであったか、知ることができる。

さてここで、先ほどの吉野に関わる十二首の歌の中で、二四二番、二四三番、二四四番の歌について検証してみたい。

■二四二番

弓削皇子の吉野に遊しし時の御歌一首

滝の上の三船の山に居る雲の常にあらむとわが思はなくに

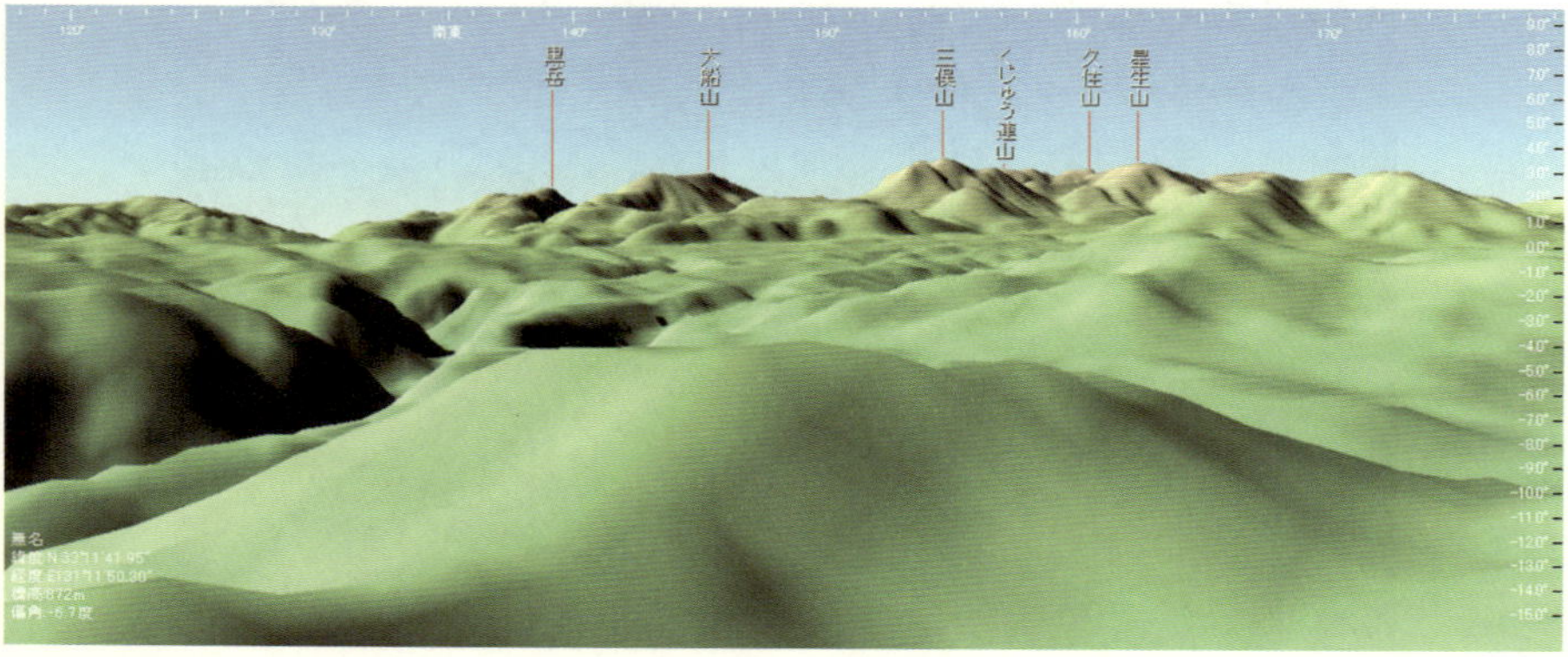

写真3-4　別図：高殿を見る

■二四三番

春日王の和へ奉れる歌一首

王は千歳に座さむ白雲も三船の山に絶ゆる日あらめや

■二四四番

或る本の歌一首

三吉野の御舟の山に立つ雲の常にあらむとわが思はなくに

右の一首は柿本朝臣人麿の歌集に出づ。

いずれの歌も三船（御舟）の山について歌われている。三船の山は滝の上にあっていつも雲がかかっていると歌われている。振動の滝を近くの山の上から眺めると滝の上に九重の山々を望むことができる。その山々は三俣山《みまたやま》、久住山《くじゅうさん》、星生山《ほっしょうやま》などである。その中で三俣山はどの方向から見ても峰が三つあるように見える山である。歌に歌われている三船山とは、この三俣山のことを言っているのではないだろうか。そこで気になるのは、二四四番で、「御舟の山に立つ雲」と歌われているところである。実は三俣山のすぐそばに硫黄山と呼ばれるところがあって、九重山が活火山であることを証する噴気孔がここにはいくつもあるのである。噴気孔からいつも噴煙が立ち上がり、常に三俣山の脇に白雲が立つような状態になっているのである。

九州横断道路やまなみハイウェイを別府から阿蘇へと走るとき、飯田《はんだ》高原へ入ると真っ直ぐに進む道路の正面に堂々とそびえる三俣山が迫ってくる。その三俣山の右側の山の稜線近くから噴煙が上がっているのを見ることができる。

この三首の歌から、三船山とは三俣山である可能性が極めて高いということになる。

これで、吉野神社と河内がある九重山の玖珠川流域が柿本朝臣人麿の作歌場所であり、そして九重山こそ吉野山であるということが立証できたと言える。これから吉野神社周辺や高殿と考えられるところの発掘調査をすれば完璧な証明ができるであろう。

四、雄略天皇と吉野

吉野に関わる歌十二首のうち、最後の九二六番、九二七番の歌について見てみよう。

■九二六番、九二七番

やすみしし　わご大君は　み吉野の　秋津の小野の　野の上には　跡見《とみ》する置きて　み山には　射目《いめ》立て渡し
朝猟《あさかり》に　鹿猪《しし》履み起し　夕狩に鳥踏み立て　馬並めて　御猟《みかり》そ立たす　春の茂野に

反歌一首

あしひきの山にも野にも御猟人《みかりびと》得物矢《さつや》手挟《たばさ》み散動《さわ》きたり見ゆ

【現代語訳】

国をお治めになる我が大君は、吉野の秋津の小野の野原の上に鳥獣を追跡する者を置き、山には鳥獣を射る場所を設け、朝の狩に鹿や猪を追い立て、夕の狩には鳥を追い立てて、馬を並べて狩をなされます、春の茂った野原で。

反歌一首

あしひきの山も野も、御狩の人たちが獲物を狙う矢を持って、動き回っているのが見えることよ

吉野の秋津の野で大宮人たちが狩をする様が描かれているが、これと符合するようなことが日本書紀と古事記の雄略天皇の条に描かれている。

■**日本書紀第十四巻　雄略天皇　四年**（『日本古典文学全集「日本書紀②」』〈小学館〉を参照）

秋八月の辛卯《しんばう》の朔《つきたち》にして戊申《ぼしん》に、吉野宮《よしののみや》に行幸《いでま》す。庚戌《かうしゅつ》に、河上《かはかみ》の小野《をの》に幸《いでま》す。虞人《やまのつかさ》に命せて、獣《しし》を駆《か》らしめ、躬《みづか》ら射《い》むと欲《おもほ》して待ちたまふに、虻《あむ》、疾《と》く飛び来て、天皇の臂《みただむき》を噆《く》ふ。是《ここ》に蜻蛉《あきづ》、忽然《たちまち》に飛び来て、虻を齧《く》ひて将《も》ち去《い》ぬ。天皇、厥《そ》の心有ることを嘉《よみ》したまひ、群臣《まへつきみたち》に詔《みことのり》して曰《のたま》はく、「朕《わ》が為に、蜻蛉を讃《ほ》めて歌賦《うたよみ》せよ」とのたまふ。群臣、能《よ》く敢《あ》へて賦者《よむもの》莫《な》し。天皇、乃《すなは》ち口号《くちつうた》して曰《のたま》はく、

倭《やまと》の　鳴武羅《をむら》の岳《たけ》に　鹿猪《しし》伏《ふ》すと　誰かこの事　大前《おおまへ》に奏《まを》す　（挿入文略す）大君は　そこを聞かして
玉纏《たままき》の　胡坐《あごら》に立たし　（挿入文略す）　倭文纏《しつまき》の　胡坐に立たし　鹿猪《しし》待つと　我《わ》がいませば　さ猪《ゐ》待つと
我が立たせば　手腓《たくぶら》に　虻かきつきつ　その虻を　蜻蛉《あきづ》はや噆《く》ひ　昆虫《はふむし》も　大君にまつらふ　汝《な》が形《かた》は置
かむ　蜻蛉島倭《あきづしまやまと》（挿入文略す）　とのたまふ。因《よ》りて蜻蛉を讃《ほ》めて、此《こ》の地《ところ》を名《なづ》けて蜻蛉野《あきづの》とす。

■**古事記下巻　雄略天皇　阿岐豆野《あきづの》**（『日本古典文学全集「古事記」』〈小学館〉を参照）

即《すなは》ち、阿岐豆野に幸して、御猟《みかり》せし時に、天皇、御呉床《みあぐら》に坐《いま》しき。爾《しか》くして、蝈《あむ》、御腕《みただむき》を咋《く》ひしに、即ち蜻蛉《あきづ》、来て、其《そ》の蝈《あむ》を咋《く》ひて飛びき。是《ここ》に、御歌《みうた》を作りき。其の歌に曰《い》はく、

み吉野の　小室《をむろ》が岳《たけ》に　猪鹿《しし》伏《ふ》すと　誰《たれ》そ　大前《おおまへ》に奏《まを》す　やすみしし　我が大君の　猪鹿《しし》待つと　呉床《あぐら》に
坐《いま》し　白栲《しろたへ》の　袖着《そでき》そなふ　手腓《たこむら》に　蝈《あむ》掻《か》き着《つ》き　其の蝈《あむ》を　蜻蛉早咋《あきづはやぐ》ひ　斯《か》くの如《ごと》　名に負はむと　そ
らみつ　倭《やまと》の国《くに》を　蜻蛉島《あきづしま》とふ故《かれ》、其《そ》の時より、其の野を号《なづ》けて阿岐豆野《あきづの》と謂《い》ふ。

日本書紀も古事記も、内容的にはほとんど同じことが書かれている。雄略天皇が、吉野に猪や鹿などの狩にやって来て、猪や鹿が追い立てられ出てくるのを射るために呉床（胡坐）に座って待っていると、腕を虻に刺されそうになった。ところがそこへ、突然トンボが飛んできてその虻を捕らえ飛び去っていった。そこで、天皇がトンボを讃える歌を自らお作りになり、その野をトンボに因んで蜻蛉野（阿岐豆野）と名付けたとの内容である。

ここで、吉野神社や河内のある大分県玖珠《くす》郡九重町《ここのえまち》周辺の地図（地図3－4）をよく見てみよう。

鹿伏岳《かぶしたけ》、鹿伏《かぶし》、猪伏《いぶし》そして玖珠川の流域に入小野、茅原小野、寺小野などの小野を示す地名があり、先に述べた吉野神社のある猪牟田《ししむた》もある。まさにこれらの地名が、古《いにしえ》の御狩の場であった秋津の野とはここであることを示している。

万葉集一六六四番の歌は雄略天皇の御製歌と言われる。この一六六四番の添書きには「或る本に云はく崗本天皇の御製なりといへり。正指を審らかにせず。」とも書かれている歌である。

■**万葉集一六六四番**

泊瀬朝倉宮《はつせのあさくらのみや》に天《あめ》の下知らしめしし大泊瀬《おほはつせ》幼武天皇《わかたけのすめらみこと》の御製歌《おほみうた》一首

夕《ゆふ》されば小倉《をぐら》の山に臥《ふ》す鹿の今夜《こよひ》は鳴かず寝《い》ねにけらしも

［現代語訳］

夕方になって小倉の山にいる鹿が今夜は鳴かない、寝てしまったのかも。

この歌も九重町周辺図を見れば、どこで歌われたのかよく理解できる。周辺図の左側に小倉岳《おぐらだけ》がある。吉野に御狩に訪れた雄略天皇が小倉岳の近くに泊まり、その時に詠んだ歌と考えれば極めて自然である。雄略天皇の時代に吉野の宮がどこにあったかはわからないが、この小倉岳の近くに天皇の宿泊されるところがあって、そこをベースキャンプとし、玖珠川流域を遡り、小野から鹿伏岳周辺を御狩場としていたのであろう。また、「崗本天皇の御製なりといへり」と書かれている崗本天皇も、吉野宮を造ったとされる（書紀斉明天皇二年）吉野に深い関わりを持つ天皇であり、万葉集一五一一番の崗本天皇の御製歌とされる歌は、この雄略天皇の歌にそっくりの歌である。

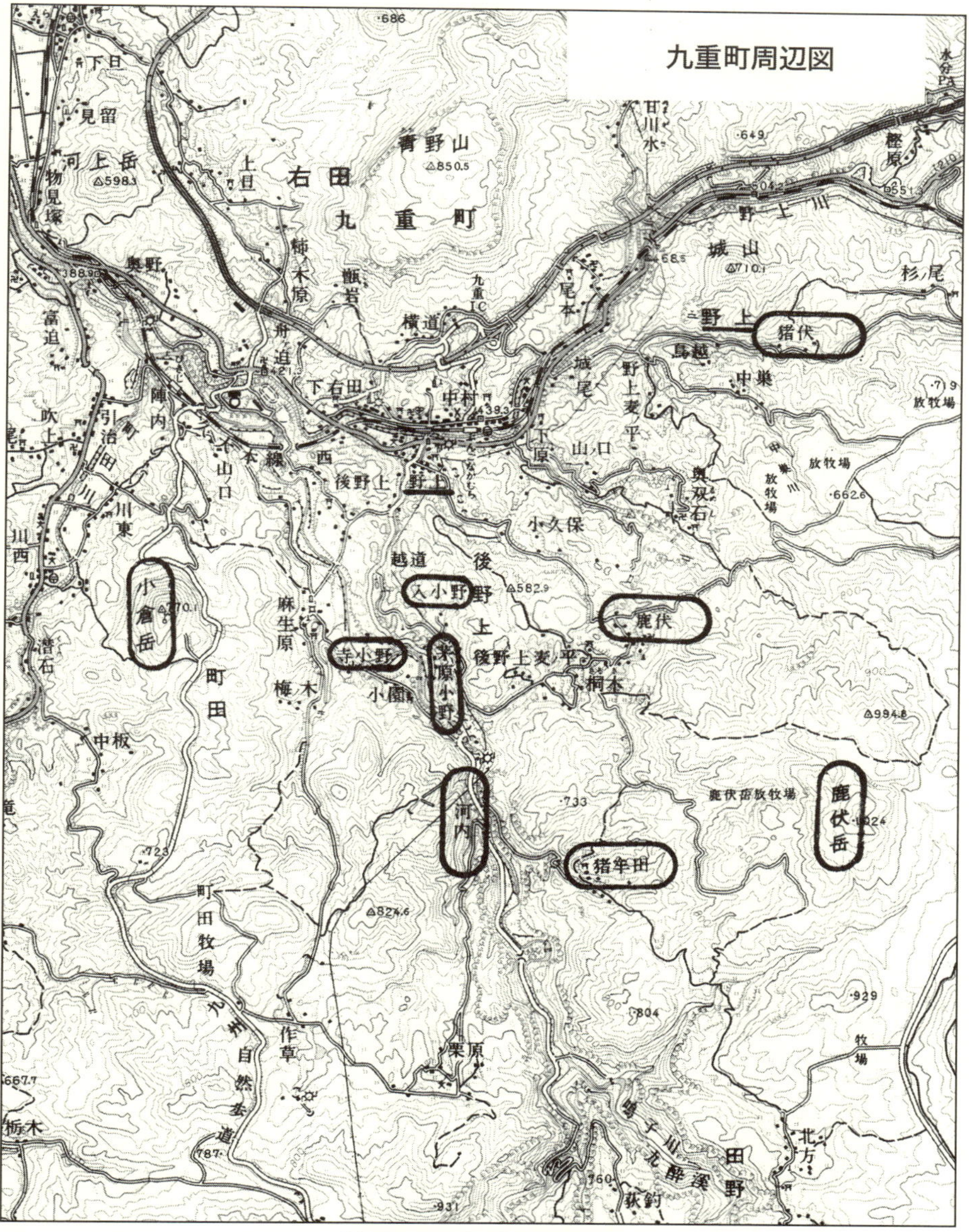
九重町周辺図
青野山
右田
九重町
野上川
城山
杉尾
猪伏
鳥越
中巣
放牧場
野上
後野上
小久保
奥双石
入小野
後野上
鹿伏
寺小野
栗原小野
後野上麦平
桐本
小倉岳
麻生原
梅木
町田
中板
河内
猪牟田
鹿伏岳
鹿伏岳放牧場
町田牧場
作草
栗原
九州自然歩道
北方
田野
下右田
中村
陣内
引治
吹上
河上岳
見留
下日
物見塚
奥野
富迫
柿木原
甑岩
横道
尾本
川西
潜石
栃木
荻釣
町田川
川東
山口
西

地図3-4　九重町周辺図

■万葉集一五一一番

崗本天皇《をかもとのすめらみこと》の御製歌一首

夕されば小倉の山に鳴く鹿は今夜《こよい》は鳴かず寝《ね》にけらしも

書紀に云う「鳴武羅《をむら》の岳《たけ》」、古事記に云う「小室《をむろ》が岳《たけ》」とはこの小倉岳を指しているのかもしれない。あるいは、現在の鹿伏岳がそう呼ばれていたのかもしれない。

五、この都は何と呼ばれたのか

九重が吉野であることを立証できた。しかし、ではなぜ今の吉野は関西紀伊半島にあるのか。その謎を解く一つの鍵となることが、歴代天皇の吉野行幸の歴史にある。

日本書紀で雄略天皇の次に吉野が出てくるのは斉明天皇のところである。斉明二年（六五六年）に、「是の歳に、飛鳥の岡本に更に宮地を定む。」そして、「遂に宮室を起つ。天皇、乃ち遷りたまひ、号けて後飛鳥岡本宮と曰ふ。」と岡本宮に遷宮したことを述べ、さらに田身嶺《たむのみね》の上に両槻宮《ふたつきのみや》を建てたことを述べた後に、斉明天皇はやたらと土木工事を好んで時の人から誹《そし》りを受けたことを言い、その次に付け加えるようにして、「又吉野宮を作る。」と書かれているのである。この書紀の記載からは斉明二年に吉野宮が造られたのか、土木工事を好んだ一例として最後に挙げたのかよくわからないが、この頃に吉野宮が造られたと解釈して大きな間違いはないだろう。

ただ、斉明天皇は二代前の皇極《こうぎょく》天皇が重祚《ちょうそ》した同一人物の女性天皇であり、さらに皇極天皇の前の舒明《じょめい》天皇が最初に岡本に宮を定めたため、斉明天皇の岡本宮は後岡本宮と呼ばれている。それではここで、推古天皇から斉明天皇までの、天皇と年号を示してみよう。

推古天皇　推古一年〜三十六年（五九三年〜六二八年）
舒明天皇　舒明一年〜十三年（六二九年〜六四一年）
皇極天皇　皇極一年〜四年（六四二年〜六四五年）
孝徳天皇　大化一年〜四年、白雉一年〜五年（六四五年〜六五四年）
斉明天皇　斉明一年〜七年（六五五年〜六六一年）

この中で舒明天皇は天智と天武の父親であり、皇極天皇（斉明天皇）は同じく母親であり、舒明天皇の皇后である。斉明天皇がやたら土木工事を好んで人から誇られたというのは、斉明天皇の時であろうか。その土木工事の内容は、治水工事の技術者に香山の西から石上山まで溝を掘らせ、舟二百隻に石上山の石を積ませて宮の東の山に引かせ、石を重ねて石垣を造らせた。溝を掘るのに三万人、石垣を造るのに七万人を要したと書紀では言っている。土木工事の内容から言って、斉明二年ではとても誇られるような事を行う時間はないように思われるし、皇極天皇の時では、期間が短すぎる（四年未満）。その斉明天皇が斉明五年（六五九年）三月に吉野に行幸し、宴を催している。万葉集三十六番柿本朝臣人麿の歌はその時の歌ではないだろうか。しかし、なぜ女性天皇が吉野宮を造ったのか理解できない。万葉集九二六番、九二七番の歌にあったように、雄略天皇を始め、天皇にとって吉野行幸の最大の楽しみは御狩にあったはずである。万葉集一五一一番崗本天皇の御製歌の崗本天皇とは、私にはとても斉明天皇とは思えない。可能性が強いといえば舒明天皇である。舒明天皇の後に本当に皇極、孝徳、斉明が継いだのであろうか。万葉集に崗本天皇とあるのは、そう呼べる天皇はただ一人であることを表しているのではないだろうか。斉明天皇の治世期間は、半島における国際情勢が極めて緊迫度を高めていた時である。唐と高句麗が戦い、新羅と百済の関係も悪化し、斉明六年（六六〇年）には百済が唐から渡海攻撃を受け滅亡してしまう。百済と親しかった倭国にとってそれは対岸の火事ではない。斉明天皇の治世期間、倭国は徹底的な開戦準備を行っていた期間のはずである。太宰府に水城《みずき》を造り、各地に山城を築き、主要施設間を結ぶ官道を張りめぐらせたのはこの時しかない。それを行った中心人物こそ崗本天皇（舒明天皇）であると、私には思える。その崗本天皇の皇子が天智天皇であり、天武天皇である。もし、崗本天皇の治世期間が、皇極、孝徳、斉明の期間まで含まれるとすると、六二九年〜六六一年で都合三十三年間ということになるが、けっして天皇の治世期間として長すぎることはない。前の推古天皇は三十六年間である。

ここで再び吉野の行幸に話を戻そう。

これも日本書紀によると、斉明天皇が斉明五年（六五九年）に吉野へ行幸した後、天智十年（六七一年）十月、これは天皇ではなく大海人皇子（後の天武天皇）が、天智天皇が十二月に亡くなる前に、吉野へと入っている。翌年天武元年（六七二年）六月に壬申の乱が勃発、近江の大友皇子と吉野に入っていた大海人皇子との戦いで、同年七月には大海人皇子の勝利で終結した。

天武天皇が吉野へ行幸したのは、壬申の乱から七年後の天武八年（六七九年）五月のことである。この時、皇后、六人の皇子（草壁皇子、大津皇子、高市皇子、河島皇子、忍壁皇子、芝基皇子）を伴い、各々の皇子がそれぞれ生母を異にしても天皇の詔に従い協力し合っていくことを誓う「吉野の盟約」を行っている。

その後、天武天皇については吉野行幸の記載はない。次の持統天皇になると、前回の天武天皇の吉野行幸から十年後の持統三年（六八九年）正月に行幸し、その後は持統天皇が退位するまで九年間毎年数回ずつ合計三十一回も吉野行幸を行っている。これほど回数を重ねた理由について様々な解釈がされているようであるが、これも天皇の吉野行幸の最大の目的を御狩とすると、行幸の時期や回数について何ら問題はないと考えられる。

万葉集には一首も阿蘇に関わる歌が残されていない。隋書俀國《たいこく》伝には「阿蘇山あり。その石、故なくして火起り天に接する者、俗以て異となし、因って禱祭《とうさい》を行う。」という一文があり、倭国を代表する山が阿蘇山である。その阿蘇山が万葉集に一首も歌われていない。このようなことがどうしてあり得るのか。万葉集は倭国の歌集ではないか。どうしてこんなことが今まで疑われてこなかったのであろうか。私は、阿蘇の名が出るとその歌の作歌場所が否定しようもなく特定されてしまい、あまりに有名すぎて阿蘇の名を変えることも消すこともできないため、阿蘇が少しでも出ている歌は全て抹殺されてしまったものと考えている。阿蘇の外輪山は径三十キロメートルにも達し、さらにその外周には阿蘇の裾野が広がり、その裾野が九重の裾野へと連なり地平線を描く広大な久住高原を生み出している。この地域は古くから巻狩の最先進地域であり、源頼朝が富士の裾野で初めて巻狩を行ったとき、その方法を学ぶためこの地域から専門家を呼んで巻狩を行ったと言われている。吉野とは、御狩を目的と考えたときその範囲は九重にとどまらず、阿蘇までも含まれる実に広大な地域を指しているのではないだろうか。そうであればこそ、これほど吉野行幸の回数を重ねても何ら不思議はない。しかし女性天皇である持統天皇が、なぜそれほどまで御狩を好んだのかと問われれば、私はその天皇が女性天皇であることを疑う。

日本書紀では、歴史の大きな転換点となるところで不思議と女性天皇（推古、皇極、斉明、持統）が現れる。このことについては、歴史の改竄について考察するときに詳しく考えることにしよう。

持統天皇の次の文武天皇は、持統天皇が吉野行幸した持統十一年（六九七年）四月から四年後の大宝元年

（七〇一年）二月に吉野行幸し、さらに翌年七月に行幸している。しかし、その後二十一年間吉野行幸は途絶えるのである。大宝三年（七〇三年）から養老六年（七二二年）まで続日本紀には吉野行幸の記事はない。そして漸く、養老七年五月、元正天皇が芳野宮に行幸し、さらに翌年神亀元年（七二四年）三月には、聖武天皇が芳野宮行幸し、万葉集によればその翌年の神亀二年五月にも行幸している。さらにその十一年後の天平八年（七三六年）六月に聖武天皇が芳野離宮に行幸した後、吉野行幸は歴史から消えるのである。

再開された七二三年、七二四年、七二五年、七三六年の行幸はいずれも万葉集で歌われ、その題に年代などが記載され他の吉野行幸の歌とは趣が異なっている。ここにそれらの歌を掲出する（中西進『万葉集』〈講談社文庫〉を参照した）。

▪九〇七番、九〇八番、九〇九番、九一〇番（第六巻）

養老七年癸亥の夏五月、吉野の離宮に幸しし時に、

笠朝臣金村の作れる歌一首　并せて短歌

滝の上の　御舟の山に　瑞枝さし　繁に生ひたる　栂の樹の　いやつぎつぎに　万代に　かくし知らさむ　み吉野の　蜻蛉の宮は　神柄か　貴くあらむ　国柄か　見が欲しからむ　山川を　清み清けみ　うべし神代ゆ　定めけらしも

反歌二首

毎年にかくも見てしかみ吉野の清き河内の激つ白波

山高み白木綿花に落ち激つ滝の河内は見れど飽かぬかも

或る本の反歌に曰はく

神柄か見が欲しからむみ吉野の滝の河内は見れど飽かぬかも

■三一五番、三一六番（第三巻）

暮春[※1]の月に芳野の離宮に幸しし時に、中納言大伴卿[※2]の勅を奉りて作れる歌一首

み吉野の　芳野の宮は　山柄し　貴くあらし　川柄し　清けくあらし　天地と　長く久しく変らずあらむ　行幸の宮

反歌

昔見し象の小河を今見ればいよよ清けくなりにけるかも

※１：三月。

※２：続日本紀では大伴旅人は養老二年（七一八年）中納言、天平二年（七三〇年）大納言となっているところから、これが神亀元年（七二四年）三月の芳野宮行幸のときの歌と解釈されるように導かれるのである。

■九二〇番、九二一番、九二二番（第六巻）

神亀二年乙丑の夏五月、吉野の離宮に幸しし時に、笠朝臣金村の作れる歌一首　并せて短歌

あしひきの　み山もさやに　落ち激つ　吉野の川の　川の瀬の　清きを見れば　上辺には千鳥数鳴き　下辺にはかはづ妻呼ぶ　ももしきの　大宮人も　をちこちに　繁にしあれば　見るごとに　あやに羨しみ　玉かづら　絶ゆること無く　万代に　かくしもがもと　天地の　神をそ祈る　畏くあれども

反歌二首

万代に見とも飽かめやみ吉野の激つ河内の大宮所

皆人の命もわれもみ吉野の滝の常磐の常ならぬかも

■一〇〇五番、一〇〇六番（第六巻）

八年丙子の夏六月、吉野の離宮に幸しし時に、山部宿禰赤人の、詔に応へて作れる歌一首　并せて短歌

やすみしし　わご大君の　見し給ふ　吉野の宮は　山高み　雲そたな引く　川速み　瀬の音そ清き　神さびて

見れば貴く　宜しなへ　見れば清けし　この山の　尽きばのみこそ　この川の　絶えばのみこそ　ももしきの
大宮所　止む時もあらめ

反歌一首

神代より吉野の宮にあり通ひ高知らせるは山川をよみ

万葉集の歌の題に年代を載せることにより、その歌の内容がその時に存在し、その歌人もそのとき活躍していたように思わせることができる。歴史改竄の手段方法について後で詳述するが、古事記、日本書紀、万葉集そして続日本紀の全てが、このように歴史改竄の手段となっている。吉野行幸の二十一年間の空白、この間に吉野は移された可能性が大きい。その後の吉野行幸を証拠付けるため本物の吉野行幸の歌の題に年代を付け、いかにも本物の吉野に行幸したように見せかけ、その歌人もすでに存在していないのにもかかわらず活躍しているように見せかけている。歌われている吉野は本物の九重吉野である。歌っている歌人も本物であろう。ただ、その題に歴史改竄者の手が加えられている。

いかに本物の吉野行幸を装ってもすぐに馬脚は現れる。吉野が本物でなくては、吉野行幸は全く価値を失い、忘れ去られたのである。

さて、そろそろ本題に戻ろう。

吉野が九重（阿蘇も含まれる可能性あり）であり、吉野が移されたことがわかった。そうすると、他の三山、青香具山、畝火の美豆山、青菅山は、それぞれ鶴見岳、鷹取山、英彦山であるということである。そして、四つの山が示す都の位置は、大分県日田市の日田盆地が最も有力であるということである。

それでは、日田盆地とはどういうところか、都であったことを示す何か証拠でもあるのかを見てみよう。

日田盆地は、九州本土を北半分と南半分の二つに分けたとき、北半分のほとんど中心部分にある東西八キロメートル、南北六キロメートルの小盆地で、盆地の中央で玖珠川と大山川が合流して三隈川となり、さらに花月川が合流して筑後川となって流れ下っていく。日田盆地でいくつかの支流が合流して川幅が広く水量も多いので、水郷（すいきょう）と呼ばれている。そして、大分県日田市の中心市街地がこの盆地の中央部にある。

インターネットで日田盆地を紹介する丁度よいホームページが見つかったので、その概略の一部をここに紹介しておこう（http://www3.koutaro.name/machi/hita.htm）。

歴史的には戦国時代末期に城下町として開かれ、寛永十六年（一六三九年）に天領（幕府直轄地）に組み入れられ、一旦は日田藩松平領となるが、すぐに再び天領となって宝暦九年（一七五九年）には九州の天領を統括する西国筋郡代が置かれて、日田は九州の政治経済の中心地となった。これにより、九州各地から日田に向かう街道は「日田街道」と呼ばれるようになり、幕府役人や代官所を訪れる者の往来が多く、江戸期を通して日田陣屋町は大いに繁栄した。全国の天領で郡代が置かれたのは、飛騨高山、美濃、日田の三ヶ所のみで、いかに日田が九州の拠点として重要視されていたかが分かる。日田は、筑後川水運のみならず陸運の要所にもあたり、九州北部の交通拠点に位置していたのである。

千三百四十年前の倭国朝廷においても江戸幕府と全く同じ判断をしていただろう。九州全土を統治し、かつ唐、新羅との戦いを想定するとき、白村江で唐の海軍力の前に惨敗せざるを得なかったことを反省すれば、都を海岸付近から遠ざけ、自然の要害と交通の要衝の地であるこの日田盆地こそ倭国の都の最適地である。陸路によって九州の各地とを結び、水路によって有明海とを結ぶ。守るに易く攻めるに難く、誰が決めたのか、戦略的天才による決断であったと理解できる。

さてそれでは、都であったことを示す何か証拠でもあるのだろうか。四つの山が想定できたとき、日田がその都であるとは思ったが、どうしても決定的な証拠となるものに思い至らなかった。何か古代の大きな建物の遺構が見つかったなどの情報が欲しいと思っていた。日田市の歴史資料館のようなところに照会しようと、インターネット検索で調べているうちに「金銀錯嵌珠龍紋鉄鏡《きんぎんさくがんしゅりゅうもんてつきょう》」と出会ったのである。

金銀錯嵌珠龍紋鉄鏡とは、フリー百科事典「ウィキペディア」には次のように説明されている。

金銀錯嵌珠龍紋鉄鏡《きんぎんさくがんしゅりゅうもんてつきょう》は、大分県日田市日高町にあったダンワラ古墳から出土したとされる弥生時代中期の鉄鏡。国の重要文化財に指定されている。

概要

一九三三年（昭和八年）、国鉄久大本線豊後三芳駅付近で、久大本線の敷設工事のために線路の盛土を採集している際に出土した石棺の中から発見された。

直径二一・一㎝、厚さ二・五㎜で、反りはなく平面である。装飾は、腐食のために剥落した部分が多いが、約三分の一が残存しており、原状をうかがうことができる。背面全面に金で竜文が象嵌されており、角や爪は銀で象嵌されている。また、眼や体の所々には赤や緑の玉が嵌められている。中心のつまみ付近には漢代の書体で「長宜子孫」（子は欠落）の四文字が金で刻まれている。この鉄鏡は漢代のものと考えられているが、前漢か後漢かについては両論がある。

金銀を象嵌した鉄鏡は、日本国内ではこの金銀錯嵌珠龍紋鉄鏡しか出土していない。また、中国の三国時代に書かれた「曹操集訳注」には、魏の曹操が金錯鉄鏡を持っていたと記されており、この種の鉄鏡は高位の支配層の所持物であったと考えられる。このような希少な鉄鏡がなぜ日田で出土したのかは不明であり、様々な仮説が唱えられている。例えば、九州国立博物館の河野一隆・文化交流展示室長は、伊都国との争いに敗れた奴国の王族が持ち込んだとする仮設を提唱している。また、一般には受け入れられている説ではないが、邪馬台国の卑弥呼または台与の所持品であるとする説や、この鏡が八咫鏡であるとする説もある。

東京国立博物館が所有しているが、二〇〇七年現在は福岡県太宰府市の九州国立博物館で常設展示されている。（以下略）

出土したところに近い久大本線豊後三芳駅は中心部の日田駅の隣の駅で、日高町は日田盆地の東部で玖珠川の沿岸流域にある。倭国朝廷が保有していた宝物の一つと考えれば、倭国朝廷のあったこの日田盆地から出土して何の不思議もないのである。

いよいよこの章を締めくくる時がきた。

ここで、この章の題となっている万葉集五十二番の歌に戻ろう。最初にこの歌を解釈したときに、「この歌は一地方の歌ではない。日本国の首都を定めた時、その都の四方にある日本国の名山を大御門に喩えて、日本国とその首都と、それを治める天子を讃えた歌であると解すべきである」と述べた。これは藤原京の歌ではない。それでは何京の歌なのか。題を取り、歌だけを掲出してみよう。

やすみしし　わご大王　高照らす　日の御子　荒栲の　藤井が原に　大御門　始め給ひて　埴安の　堤の上に　あり立たし　見し給へば　日本の　青香具山は　日の経の　大御門に　春山と　繁さび立てり　畝火のこの美豆山は　日の緯の　大御門に　弥豆山と　山さびいます　耳高の　青菅山は　背面の　大御門に　宜しなへ　神さび立てり　名くはし　吉野の山は　影面の　大御門ゆ　雲居にそ　遠くありける　高知るや　天の御陰　天知るや　日の御陰の　水こそは　常にあらめ　御井の清水

この歌は万葉集の最初に置かれ、かつ中心となる歌である。なぜなら万葉集が最初に編纂されたのはこの都においてであるからである。※そしてこの歌が歌われた後、この都が歌われるとき必ずこの枕詞が使われることとなった。この都を象徴する四つの山、青香具山、耳高の青菅山、畝火の美豆山、吉野山、これが枕詞となったのである。即ち、青香具山から吉野山までを「あをによし」と言ったのである。そう、この日田にあった都こそ、あをによし奈良の都である。

※古今和歌集第九九七番
貞観御時《ぢやうぐわんのおほんとき》、「万葉集はいつばかり作れるぞ」と
問はせ給ひければ、よみて奉《たてまつ》りける
文屋有季《ぶんやのありすゑ》
神無月《かんなづき》時雨《しぐれ》降りおける楢《なら》の葉の名におふ宮の古言《ふること》ぞこれ

〔現代語訳〕

十月の時雨は色づいた楢の葉に降り注ぐということでありますが、万葉集はその木と同じ名をもった奈良の宮の時代の古歌であります。

（『日本古典文学全集「古今和歌集」』〈小学館〉より）

第四章

天孫降臨

一、舒明天皇の謎を解く

前章で推古天皇から、舒明、皇極、孝徳、斉明の治世期間を示し、舒明天皇が舒明から斉明までの期間を治世期間としても決して長くはない旨のことを述べた。その舒明天皇について、書紀の記す事績と崗本天皇とも呼ばれた万葉集の歌の向こうにかすかに見える姿との間には、何か大きな違い、謎が隠されているように私には思える。

まず、舒明天皇について事典に記載されている一般的に知られていること、万葉集に出てくる舒明天皇に関わる歌、そして日本書紀に記された舒明天皇の事跡を見た上で、その人物の真の姿を描き出してみたいと思う。

①ブリタニカ国際大百科事典

舒明天皇［ジョメイテンノウ］

［生］推古一（五九三）。大和　［没］舒明十三（六四一）・一〇・九

第三十四代の天皇（在位六二九～六四一）。名は息長足日広額尊（おきながたらしひひろぬかのみこと）、また田村。敏達天皇の皇孫にあたる。押坂彦人大兄皇子の子、母は糠手姫皇女。舒明一（六二九）年即位。翌年宝皇女（のちの皇極天皇、さらに重祚して斉明天皇）を皇后に立て、都を大和の飛鳥岡本宮に遷した。その治世中は蘇我蝦夷、入鹿が絶大な権力を有していた。陵墓は奈良県桜井市大字忍坂の忍坂内陵。

②万葉集事典人名解説

［舒明天皇《じょめいてんのう》］（天皇・岡本天皇・飛鳥岡本宮御宇天皇《あすかのをかもとのみやにあめのしたしらしめししすめらみこと》・高市岡本宮御宇天皇・息長足日広額天皇《おきながたらしひひろぬかのすめらみこと》）

敏達天皇孫、押坂彦人大兄皇子の子、母は糠手姫皇女（紀）。天智・天武天皇などの父、皇后は皇極（斉

明）女帝（紀・紹）。[※1] 諱《いみな》は田村皇子。舒明元（六二九）一即位。同二・一宝皇女を皇后とする。同十月飛鳥岡本宮遷都、同三・九有馬温泉行幸。同八・六岡本宮失火、田中宮へ遷る。同十・十有馬温湯宮行幸、同十一・七大宮・大寺造作の詔及び百済川の側を宮処となす詔。同十二月伊予温湯宮行幸、同十三・十百済宮に崩（紀）。歳四十九（紹）。①三題・六左・八左　○①＊二　④＊四八五〜七⑧一五一一⑨一六六四）

※１：本朝皇胤紹運録。

③舒明天皇に関わる歌（中西進『万葉集』〈講談社文庫〉より）

（万葉集巻第一）

高市岡本宮《たけちのをかもとのみや》　御　宇　天皇代《あめのしたしらしめししすめらみことのみよ》　［息長足《おきながたらし》日《ひ》廣額《ひろぬか》天皇《すめらみこと》］

■万葉集二番

天皇の、香具山に登りて望国《くにみ》したまひし時の御製歌

大和《やまと》には　群山《むらやま》あれど　とりよろふ　天《あま》の香具山《かぐやま》　登り立ち　国見《くにみ》をすれば　国原《くにはら》は　煙《けぶり》立ち立つ　海原《うなはら》
は　鷗《かまめ》立ち立つ　うまし国そ　蜻蛉島《あきづしま》　大和の国は

■万葉集三番、四番

天皇の、宇智《うち》の野に遊猟《みかり》しましし時に、中皇命《なかつすめらみこと》の間人連老《はしひとのむらじおゆ》をして献《たてまつ》らしめたまへる歌

やすみしし　わご大君の　朝《あした》には　とり撫でたまひ　夕《ゆふへ》には　い縁《よ》せ立たしし　御執《みと》らしの　梓《あづさ》の弓の　中弭《なかはず》
の　音すなり　朝猟《あさかり》に　今立たすらし　暮猟《ゆふかり》に　今立たすらし　御執《みと》らしの　梓の弓の　中弭《なかはず》の　音すなり

反歌

たまきはる宇智の大野《おほの》に馬並《な》めて朝踏《ふ》ますらむその草深野《くさふかの》

（万葉集巻第四）

■万葉集四八五番、四八六番、四八七番

崗本天皇《をかもとのすめらみこと》の御製《つくりませるみうた》一首　并《あは》せて短歌

神代《かみよ》より　生《あ》れ継《つ》ぎ来《く》れば　人多《さは》に　国には満《み》ちて　あぢ群《むら》の　去来《かよひ》は行けど　わが恋ふる　君にしあらねば
昼《ひる》は　日の暮るるまで　夜《よる》は　夜《よ》の明くる極《きは》み　思ひつつ　眠《い》も寝《ね》がてにと　明《あか》しつらくも　長きこの夜《よ》を

反歌

山の端《は》にあぢ群騒《むらさわ》き行くなれどわれはさぶしゑ君にしあらねば
淡海路《あふみぢ》の鳥籠《とこ》の山なる不知哉《いさや》川日《け》のころごろは恋ひつつもあらむ

右は、今案《かむが》ふるに、高市崗本宮《たけちのをかもとのみや》と、後《のちの》崗本宮と、二代二帝、各々異《こと》なれり。ただ崗本天皇といへるは、いまだその指《さ》すところを審《つばひ》らかにせず。

（万葉集巻第八）

■万葉集一五一一番

崗本天皇《をかもとのすめらみこと》の御製歌《おほみうた》一首

夕されば小倉《をぐら》の山に鳴く鹿は今夜《こよひ》は鳴かずい寝《ね》にけらしも

■万葉集一六六四番

泊瀬朝倉宮《はつせのあさくらのみや》に天《あめ》の下《した》知らしめしし大泊瀬幼武天皇《おほはつせわかたけのすめらみこと》※の御製歌《おほみうた》一首

夕《ゆふ》されば小倉《をぐら》の山に臥《ふ》す鹿の今夜《こよひ》は鳴かず寝《い》ねにけらしも

右は、或る本に云はく「崗本《をかもとの》天皇の御製なり」といへり。正指《せいし》を審《つばひ》らかにせず。これに因《よ》りて以《も》ちて累《かさ》ねて載す。

※著者注、雄略天皇。

■万葉集一六六五番、一六六六番

岡本宮《をかもとのみや》に天の下知らしめしし天皇の紀伊国《きのくに》に幸《いでま》しし時の歌二首

妹《いも》がためわれ玉拾《ひり》ふ沖辺《おきへ》なる玉寄《よ》せ持ち来《こ》沖つ白波

朝霧《あさぎり》に濡《ぬ》れにし衣《ころも》干《ほ》さずして独《ひと》りか君が山道《やまぢ》越ゆらむ

右の二首は、作者いまだ詳《つばひ》らかならず。

④日本書紀に書かれた舒明天皇

■日本書紀巻第二十三

息長足日広額天皇《おきながたらしひひろぬかのすめらみこと》　舒明天皇

（即位前紀の概略）

田村皇子は渟中倉太珠敷天皇《ぬなかくらふとたましきのすめらみこと》（敏達天皇《びだつてんのう》）の孫で、彦人大兄皇子の子であり、母は糠手姫皇女である。

推古三十六年三月推古天皇（豊御食炊屋姫天皇）が亡くなったが、皇太子を決めていなかったため、田村皇子と山背大兄王のどちらを天皇に即位させるか、大臣蘇我蝦夷と群臣が決定することができず、群臣の中で山背大兄王を推す者と田村皇子を推す者との間で争いとなったが、山背大兄王を推す境部摩理勢が倒れ、田村皇子を天皇として即位させることとなった。

（即位後）

舒明元年（六二九年）正月、息長足日広額天皇《おきながたらしひひろぬかのすめらみこと》（舒明天皇）即位する。

舒明二年正月、宝皇女を皇后とする。二男一女を生み、一は葛城皇子（近江大津宮御宇天皇）、二は間人皇女、三は大海皇子（浄御原宮御宇天皇）である。夫人蘇我島大臣の娘法提郎媛《ほてのいらつめ》との間に古人皇子（又の名を大兄皇子）、吉備の国の蚊屋采女との間に蚊屋皇子を生む。

ここで、舒明天皇即位後の日本書紀に記載された事跡を、時系列で全て挙げてみよう。

舒明元年
　正月四日　舒明天皇即位。
　四月一日　田部連を掖玖《やく》に派遣。
舒明二年
　正月十二日　宝皇女を皇后とする。
　三月一日　高麗と百済の使いが共に朝貢に来訪。
　八月五日　犬上三田耜《いぬかみのみたすき》等を唐に派遣。
　八月八日　高麗と百済の客を饗応。
　十月十二日　飛鳥岡のそばの岡本宮に遷宮。
舒明三年
　三月一日　百済の王子豊章を人質とする。
　九月十九日　有馬温湯宮へ行幸。
　十二月十三日　有馬温湯宮より帰る。
舒明四年
　十月四日　犬上三田耜を送って唐より高表仁が難波津に到着。
舒明五年
　正月二十六日　高表仁、唐へ帰国。
舒明七年
　六月十日　百済より朝貢。
　七月七日　百済の客を饗応。
舒明八年
　三月　采女を犯した者を悉く罰した。
　五月　長雨で大水が出た。

六月　岡本宮が火災になり、天皇が田中宮に移られた。
この年大旱魃で国中が飢饉となった。
舒明九年
二月二十三日　流星落下。
三月二日　日蝕。
この年に蝦夷の反乱があり、上毛野君形名を将軍として鎮圧した。
舒明十年
七月十九日　大風。
十月　有馬温湯宮行幸。
この年に、百済・新羅・任那がそろって朝貢した。
舒明十一年
正月八日　有馬温湯宮より帰る。
正月十一日　新嘗祭を行う。
正月二十日　大風、大雨。
正月二十五日　彗星が見える。
七月に、今年大宮と大寺を造り、百済川の畔を宮とするとの詔。
九月に、唐の学問僧が新羅の使いと共に京に来訪。
十一月一日　新羅の使いを饗応。
十二月十四日　伊予温湯宮行幸。
この年に、百済川の畔に九重塔を建てる。
舒明十二年
四月十六日　伊予温湯宮より帰る。
五月五日　設斎を行う。

十月十一日　唐に留学した学問僧が、新羅を経て百済・新羅の使いを伴って帰国した。
舒明十三年
十月九日　舒明天皇、百済宮で崩御。
十月十八日　宮の北で殯《もがり》する。これを百済の大殯《おおもがり》という。この時に、東宮《とうぐう》開別皇子《ひらかすわけのみこ》が十六歳で誄《しのびごと》を申し述べた。

そして、皇極天皇の条に、舒明天皇が葬られたことが述べられている。

皇極二年
九月の丁丑の朔にして壬午に、息長足日広額天皇を押坂陵に葬りまつる。或本に云はく広額天皇を呼して高市天皇とすといふ。

日本書紀の舒明天皇の条には、舒明天皇と天の香具山との関わりや吉野との関わりは一切出てこない。天皇としての業績も業績と言えるほどのものはなにもない。万葉集三番、四番の歌からは舒明天皇が御狩を好んだことがうかがわれるし、このことからも万葉集一五一一番の小倉の山を歌った崗本天皇が舒明天皇であり、吉野と深い関わりを持った天皇であることを強く示唆している。そしてその舒明天皇が、現在の鶴見岳である当時標高二〇〇〇メートルもの天の香具山の頂上に登り国見をしたのである。万葉集では、優れた歌を詠み、御狩を好み、極めて強健で勇猛果敢であったと考えられる舒明天皇が、日本書紀では何の行動も示さず、病の床に臥したとの記述もなく突然百済宮という場所不明の所で亡くなっている。その後、十六歳の皇太子がいながら、なぜ皇后が後見役ではなく、皇極天皇として即位するのか意味不明である。また、孝徳天皇の条に、皇極天皇が退位して皇太子中大兄に位を譲ろうとし、中大兄が中臣鎌足の助言を受け入れ孝徳天皇に位を譲る経緯が、皇位の譲り合いとして語られるが、あまりにお粗末な安物の美談に仕立てられた作り話としか考えられないものとなっている。しかもその孝徳天皇が亡くなって、再度皇極天皇が今度は何の理由も示さずに斉明天皇になるなどとは、まさに言語道断である。この日本書紀の表している朝廷には皇位継承のルールというものが全くないことを証明している。否、この書紀という書物が日本の朝廷を愚弄しているのである。要するに、書紀を造作し歴史を改竄した人物のおぞましい自己本位、改竄のためには手段を選ばない恐るべき傲慢さが極めてよく表れている。しかもこの許しがたい改竄によって、歴代天皇の中でもおそらく最高の業績を残し、強いリーダーシップを発揮して倭国を導いた偉大な天皇の歴史を消し去ったのである。

書紀が消した舒明天皇の真実の、その一部でも明らかにするため、舒明天皇の三代後の斉明天皇の条にその痕跡を求めてみよう。

斉明六年（六六〇年）九月、百済より使者があり、七月に新羅が唐の協力を得て百済を攻め、百済は倒され、ほとんどの者が捕虜になった。残った西部恩率鬼室福信は任射岐山に陣取り、達率余自進は中部久麻怒利城に陣取って王城を保っているとの報告であった。さらに十月、福信から、唐の捕虜百人を献じるとともに百済救援と王子豊璋（豊章）の送還の要請があった。それで斉明天皇が百済救援のため筑紫へ遠征することとなったが、ここで斉明天皇が筑紫へと遠征し、筑紫にて崩御したときのことを書紀はどのように記述したかを見てみよう（『日本古典文学全集「日本書紀③」』〈小学館〉を参照。「現代語訳」は著者による）。

（斉明）七年の春正月の丁酉《ていいう》の朔にして壬寅《じんいん》、御船西に征きて、始めて海路に就く。甲辰《かふしん》に、御船、大伯海《おほくのうみ》に到る。時に大田姫皇女《おほたのひめみこ》、女《ひめみこ》を産む。仍《よ》りて是の女を名けて、大伯皇女《おほくのひめみこ》と曰ふ。庚戌《かうしゅつ》に、伊予の熟田津《にきたつ》の石湯行宮《いはゆのかりみや》に泊《は》つ。三月の丙申《へいしん》の朔にして庚申《かうしん》に、御船、還《かへ》りて娜大津《なのおほつ》に至る。磐瀬行宮に居します。天皇、此《これ》を改め、名《なづ》けて長津と曰《のたま》ふ。夏四月に、百済の福信、使を遣して上表《ふみたてまつ》り、其の王子糺解《くげ》迎へむと乞ふ。（途中略）五月の乙未《いつび》の朔にして癸卯《きばう》に、天皇、朝倉 橘 広庭宮《あさくらのたちばなのひろにはのみや》に遷り居します。是《こ》の時《とき》に、朝倉社《あさくらのやしろ》の木《き》を斮《き》り除《はら》ひて、此《こ》の宮《みや》を作《つく》りし故《ゆゑ》に、神忿《かみいか》りて殿《おほとの》を壊《こほ》つ。亦《また》、宮中《みやのうち》に鬼火《おにび》を見《み》る。是《これ》に由《よ》りて、大舎人《おほとねり》と諸《もろもろ》の近侍《ちかくはべるひと》、病《や》みて死《し》ぬる者衆《ものおほ》し。（途中略）秋七月の甲午《かふご》の朔《つきたち》にして丁巳《ていし》に、天皇、朝倉宮《あさくらのみや》に崩《かむあが》りましぬ。八月の甲子《かふし》の朔に、皇太子《ひつぎのみこ》、天皇の喪《みも》を奉徙《うつしまつ》りて、還《かへ》りて磐瀬宮《いはせのみや》に至《いた》る。是《こ》の夕《ゆふへ》に、朝倉山《あさくらのやま》の上《へ》に、鬼有《おにあ》りて大笠《おほかさ》を著《き》て、喪《みも》の儀を臨《のぞ》み視《み》る。衆《ひとびと》、皆嗟怪《みなあやし》ぶ。冬十月の癸亥《きがい》の朔《つきたち》にして己巳《きし》に、天皇《すめらみこと》の喪、帰《かへ》りて海《うみ》に就《つ》く。是《ここ》に皇太子《ひつぎのみこ》、一所《あるところ》に泊《は》てて、天皇を哀慕《しの》ひ

たてまつりたまひ、乃《すなは》ち口号《こうがう》して曰《のたま》はく、
　君《きみ》が目《め》の、恋《こほ》しきからに　泊《は》てて居《い》て　かくや恋《こ》ひむも　君《きみ》が目《め》を欲《ほ》り
とのたまふ。
乙酉《いついう》に、天皇の喪、還《かへ》りて難波《なには》に泊《は》つ。
十一月の壬辰《じんしん》の朔《つきたち》にして戊戌《ぼじゅつ》に、天皇の喪を以《も》ちて、飛鳥川原《あすかのかはら》に殯《もがり》す。此《これ》より発哀《めね》たてまつること九日に至《いた》る。

［現代語訳］

（斉明）七年の正月の丁酉の朔の壬寅（六日）に御船は西に向かって航海を始めた。（途中略）八日に、御船は大伯海に到った。その時大田姫皇女が女の子を生んだ。よって大伯皇女と名付けた。十四日に御船は伊予の熟田津の石湯行宮に停泊した。三月の丙申の朔の庚申（二十五日）に御船は娜大津に還り至った。磐瀬行宮に滞在された。天皇、この地を長津と改名された。夏四月に、百済の福信が使いを派遣して上表し、百済の王子糺解※を迎えたいと請うてきた。（途中略）五月の乙未の朔の癸卯（九日）に、天皇、朝倉橘広庭宮に移っておられた。此の時に朝倉社の木を切り払ってこの宮を造ったために、神が怒って宮殿を壊した。また、宮中に鬼火が現れた。そのため大舎人と近侍の者が病気になって死ぬ者が多く出た。（途中略）秋七月の甲午の朔の丁巳（二十四日）に、天皇が朝倉宮にて崩御された。八月の甲子の朔（一日）に皇太子が天皇の棺に付き添って、磐瀬宮に還り至った。その夕、朝倉山の上に鬼が現れ大笠を着て葬儀を見守っていた。人々は皆怪しく思った。（途中略）冬十月の癸亥の朔の己巳（七日）に、天皇の棺が帰途の海路についた。ここに皇太子は、ある所に停泊され、天皇を偲ばれて口ずさみ言われた、
　あなたの目が恋しいから停泊しています、このように恋い慕うのも、あなたの目を見たいからです
と仰せられた。
　二十三日に、天皇の棺が難波に還ってきて停泊した。十一月の壬辰の朔の戊戌（七日）に、天皇の棺を飛鳥川の川原に運んで殯をした。これより九日まで喪の礼を行った。

※百済の王子豊璋のこと。

斉明七年（六六一年）正月六日に、斉明天皇は筑紫への航海を始め、十四日に熟田津の石湯の行宮に泊まり、三月二十五日に娜大津に到着している。途中大田姫皇女の出産があったとは言え、百済救援のための筑紫遠征にしてはずいぶんと長い旅路である。特に正月十四日に熟田津に泊まり三月二十五日に娜大津に到着したということは、船の航程から言えば一週間程度のものであり、熟田津に二カ月近くに亘って滞在したのではないかと考えられ、この熟田津から娜大津への船旅は、「御船、還りて娜大津に至る」と誤記とも取れる記述から、舒明天皇が舒明十二年に伊予温湯宮行幸から帰った時の記録をそのまま利用したのではないかと疑わさせられる。その後、斉明天皇は、五月九日に朝倉橘広庭宮に移り、皇太子への譲位もなく七月二十四日には崩御してしまう。書紀には病に臥したとの記述はなく、崩御する前に、朝倉橘広庭宮を造営した時に朝倉社の木を切り倒したことが、神の怒りを受け宮殿が壊れ、鬼火が現れ、近習の者が多く死んだとの記述があって、その予兆として表そうとしているのかもしれない。八月一日には棺に皇太子が付き添って磐瀬宮へ行ったとあるが、斉明天皇の筑紫遠征の中で皇太子はここで初めて登場する。そして、斉明天皇の崩御後、皇太子は素服して称制を執ったと書紀は言う。称制とは天子の後継者が即位の式を挙げずに政務を執ることとされる。半島の情勢は緊迫を極め、七月皇太子は長津宮へ移って軍政を執った。八月に阿曇比邏夫連等を百済に派遣して救援した。九月に皇太子は、長津宮で百済の王子豊璋へ織冠を授け、多臣蔣敷の妹を王子の妻とされた。狭井連檳榔等に軍五千余を率いさせ、豊璋を百済へ護送させた。さらに翌年の天智元年（六六二年）五月阿曇比邏夫連等に船師百七十隻を率いさせて豊璋等を百済に送り勅を出して位を継がせたとあるが、前年に豊璋を百済へ送った記事と重複し内容が相違している。天智二年（六六三年）三月、将軍上毛野君稚子等に二万七千人を率いさせて新羅を撃たせた。※六月、百済王豊璋は福信に謀反の疑いがあるとして殺した（百済本紀第六義慈王、竜朔二年〈六六二年〉六月条にこの記事はあるが年次が異なる）。そしてその後、八月の白村江の戦へと突入していくのである。

以上が斉明七年から天智二年半ばまでの書紀の記述の概略であるが、緊迫した情勢とは思えない遠征途中の長期滞在があり、記事の重複と内容の相違があり、三国史記百済本紀と相違するところもある。

それでは、半島の情勢が緊迫したこの時期の書紀の記事の概要を把握したところで、緊迫した情勢の当事国である倭国の真相について、万葉集から探ってみたい。

古田武彦氏が著書『壬申大乱』で、万葉集一九九番「高市皇子尊の城上の殯宮の時、柿本朝臣人麿の作る歌一首」は、定説とされる壬申の乱での高市皇子を歌った歌ではなく、白村江の戦の前の陸戦での歌であることを立証した。そして、古田氏は高市皇子でなく日本書紀には出てこない明日香皇子を歌った歌だとした。しかし、この歌の内容から新たな歴史事実が浮かび上がってくる。それでは、一九九番、二〇〇番、二〇一番、二〇二番の歌を掲出し、書紀の斉明天皇の崩御との関わりを考えてみよう。

※書紀には次のとおり書かれている。

（天智二年）三月に、前将軍上毛野君稚子・間人連大蓋、中将軍巨勢神前臣訳語・三輪君根麻呂、後将軍阿倍引田臣比邏夫・大宅臣鎌柄を遣して、二万七千人を率て、新羅を打たしむ。

■万葉集一九九番、二〇〇番、二〇一番、二〇二番

（『日本古典文学全集「万葉集①」』〈小学館〉を参照した。「現代語訳」は著者による）

高市皇子尊《たけちのみこのみこと》の城上《きのへ》の殯宮《あらきのみや》の時、柿本朝臣《かきのもとのあそみ》人麻呂《ひとまろ》が作る歌一首　并せて短歌

かけまくも　ゆゆしきかも〔一に云ふ、「ゆゆしけれども」〕言はまくも　あやに恐《かしこ》き　明日香の　真神《まかみ》の原に
ひさかたの　天《あま》つ御門《みかど》を　恐くも　定めたまひて　神さぶと　岩隠《いはがく》ります　やすみしし　我が大君の　聞こ
しめす　背面《そとも》の国の　真木《まき》立つ　不破山《ふはやま》越えて　高麗剣《こまつるぎ》　和射見《わざみ》が原の　行宮《かりみや》に　天降《あも》りいまして　天《あめ》の下
治《をさ》めたまひ〔一に云《い》ふ、「払《はら》ひたまひて」〕食《を》す国を　定めたまふと　鶏《とり》が鳴く　東《あづま》の国の　御軍士《みいくさ》を　召《め》した
まひて　ちはやぶる　人を和《やは》せと　まつろはぬ　国を治《をさ》めと〔一に云ふ、「払へと」〕皇子《みこ》ながら　※任《ま》けたまへ
ば　大御身《おほみみ》に　大刀《たち》取り佩《は》かし　大御手《おほみて》に　弓取り持たし　御軍士《みいくさ》を　率《あども》ひたまひ　整《ととの》ふる　鼓《つづみ》の音《おと》は　雷《いかづち》
の　声《こゑ》と聞くまで　吹き鳴《な》せる　小角《くだ》の音も〔一に云ふ、「笛《ふえ》の音《をと》は」〕あたみたる　虎《とら》か吼《ほ》ゆると　諸人《もろひと》の
おびゆるまでに〔一に云ふ、「聞き惑《まど》ふまで」〕ささげたる　旗《はた》のまねきは　冬ごもり　春さり来《く》れば　野ごと
に　付きてある火の〔一に云ふ、「冬ごもり　春野焼く火の」〕風のむた　なびかふごとく　取り持てる　弓《ゆ》

弭《はず》の騒《さわ》き　み雪降る　冬の林に〔一に云ふ、「木綿《ゆふ》の林」〕つむじかも　い巻き渡ると　思ふまで　聞きの恐《かしこ》く〔一に云ふ、「諸人《もろひと》の　見惑《みまと》ふまでに」〕引き放つ　矢の繁《しげ》けく　大雪の　乱れて来《きた》れ〔一に云ふ、「霰《あられ》なすそちより来《く》れば」〕まつろはず　立ち向かひしも　露霜《つゆしも》の　消《け》なば消《け》ぬべく　行《ゆ》く鳥の　争《あらそ》ふはしに〔一に云ふ、「朝霜《あさしも》の　消《け》なば消《け》と言ふに　うつせみと　争ふはしに」〕渡会《わたらひ》の　斎宮《いつきのみや》ゆ　神風《かむかぜ》に　い吹き惑《まと》はし　天《あま》雲《くも》を　日の目も見せず　常闇《とこやみ》に　覆《おほ》ひたまひて　定めてし　瑞穂《みづほ》の国を　神《かむ》ながら　太敷《ふとし》きまして　やすみしし　我が大君の　天《あめ》の下《した》　奏《まう》したまへば　万代《よろづよ》に　然《しか》しもあらむと〔一に云《い》ふ、「かくしもあらむと」〕木綿《ゆふ》花《はな》の　栄ゆる時に　我が大君　皇子《みこ》の御門《みかど》を〔一に云ふ、「さす竹の　皇子の御門を」〕神宮《かむみや》に　装《よそ》ひまつりて　使はしし　御門の人も　白たへの　麻衣《あさごろも》着て　埴安《はにやす》の　御門の原に　あかねさす　日のことごと　鹿《しし》じもの　い這《は》ひ伏《ふ》しつつ　ぬばたまの　夕《ゆふへ》に至《いた》れば　大殿《おほとの》を　振り放《さ》け見つつ　鶉《うづら》なす　い這ひもとほり　侍《さもら》へど　侍ひ得《え》ねば　春鳥《はるとり》の　さまよひぬれば　嘆きも　いまだ過ぎぬに　思ひも　いまだ尽きねば　言《こと》さへく　百済《くだら》の原ゆ　神葬《かむはぶ》り　葬《はぶ》りいませて　あさもよし　城上《きのへ》の宮を　常宮《とこみや》と　高くしたてて　神《かむ》ながら　鎮《しづ》まりましぬ　然《しか》れども　我が大君の　万代《よろづよ》と　思ほしめして　作らしし　香具山《かぐやま》の宮　万代に　過ぎむと思へや　天《あめ》のごと　振り放け見つつ　玉だすきかけて偲《しの》はむ　恐《かしこ》くありとも

短歌二首

ひさかたの　天《あめ》知らしぬる　君故《きみゆゑ》に　日月《ひつき》も　知らず　恋ひ渡るかも

埴安《はにやす》の　池の堤《つつみ》の　隠《こも》り沼《ぬ》の　行《ゆ》くへを知らに　舎人《とねり》は惑《まと》ふ

或《ある》書の反歌一首

泣沢《なきさは》の　神社《もり》に神酒《みわ》据《す》ゑ　祈《いの》れども　我《わ》が大君《おほきみ》は　高日《たかひ》知らしぬ

右の一首は、類聚歌林《るいじうかりん》に曰《いは》く、「檜隈女王《ひのくまのおほきみ》、泣沢神社《なきさはのもり》を怨《うら》むる歌なり」といふ。日本紀《にほんぎ》を案《かむが》ふるに云《い》はく、「十年丙申《へいしん》の秋七月、辛丑《しんちう》の朔《つきたち》の庚戌《かうしゆつ》、後皇子尊《のちのみこのみことこう》薨ず」といふ。

□原文

高市皇子尊城上殯宮之時、柿本朝臣人麻呂作歌一首　并短歌

挂文　忌之伎鴨　一云、由遊志計礼杼母　言久母　綾尓畏伎　明日香乃　真神之原尓　久堅能　天都御門乎懼母　定賜而　神佐扶跡　磐隠座　八隅知之　吾大王乃　所聞見為　背友乃国之　真木立　不破山越而　狛剣和射見我原乃　行宮尓　安母理座而　天下　治賜　一云、掃賜而　食国乎　定賜等　鶏之鳴　吾妻乃国之　御軍士乎　喚賜而　千磐破　人乎和為跡　不奉仕　国乎治跡　一云、掃部等　皇子随　任賜者　大御身尓　大刀取帯之　大御手尓　弓取持之　御軍士乎　安騰毛比賜　斉流　鼓之音者　雷之　声登聞麻弖　吹響流　小角乃音母　一云、笛乃音波　敵見有　虎可叫吼登　諸人之　恊流麻弖尓　一云、聞或麻泥　指挙有　幡之靡者冬木成　春去来者　野毎著而有火之　一云、冬木成春野焼火乃　風之共　靡如久　取持流　弓波受乃騒　三雪落　冬乃林尓　一云、由布乃林　飄可毛　伊巻渡等　念麻弖　聞之恐久　一云、諸人見或麻弖尓　引放箭之繁計久　大雪乃　乱而来礼　一云、霰成曾知余理久礼婆　不奉仕　立向之毛　露霜之　消者消倍久　去鳥乃相競端尓　一云、朝霜之消者消言尓打蟬等安良蘇布波之尓　渡会之　斎宮従　神風尓　伊吹或之　天雲乎　日之目毛不令見　常闇尓　覆賜而　定之　水穂之国乎　神髄　太敷座而　八隅知之　吾大王之　天下申賜者　万代尓　然之毛将有登　一云、如是毛安良無等　木綿花乃　栄時尓　吾大王　皇子之御門乎　一云、刺竹皇子御門乎　神宮尓　装束奉而　遣使　御門之人毛　白妙乃　麻衣著埴安乃　御門之原尓　赤根刺　日之尽　鹿自物伊波比伏管　烏玉能　暮尓至者　大殿乎　振放見乍　鶉成　伊波比廻　雖侍候　佐母良比不得者　春鳥之　佐麻欲比奴礼者　嘆毛　未過尓　憶毛　未不尽者　言左敝久　百済之原従　神葬　葬伊座而　朝毛吉　木上宮乎常宮等　高之奉而　神随　安定座奴　雖然　吾大王之　万代跡　所念食而　作良志之　香来山之宮　万代尓過牟登念哉　天之如　振放見乍　玉手次　懸而将偲　恐有騰文

短歌二首

久堅之　天所知流　君故尓　日月毛不知　恋渡鴨

埴安乃　池之堤之　隠沼乃　去方乎不知　舎人者迷惑

哭沢之　神社尓三輪須恵　雖禱祈　我王者　高日所知奴

【現代語訳】〔　〕内の訳は省略する

高市皇子尊《たけちのみこのみこと》の城上《きのへ》の殯宮《あらきのみや》の時、柿本朝臣人麻呂の作る歌一首　并せて短歌

心に思うことも畏れ多く、ことばに出して言うことも言いようもなく畏れ多いことだが、明日香の真神の原に、永遠の天の御門を尊くも定められまして、神のようにお隠れになられます。天下をお治めになる我が大君が、お治めになる北の国の真木立つ不破山を越えて、高麗剣和射見が原の行宮に天降りされまして、天下をお治めになられようと、支配する国をお定めになられようと、（鶏が鳴く）東《あずま》の国の軍を召集されて、荒んだ人たちを恭順させ従わぬ国を治めようと、皇子でありながら※出征されたならば、御自身は、太刀を腰に帯び、御手には弓を取り持って、軍を率いられ、進軍の調子を整える太鼓の音は雷鳴のように聞こえ、吹き鳴らす角笛はたけり狂った虎が吼えると人々が怯えるほどである。掲げた旗は冬ごもりの後の春の野に点けた野火が風になびくようになびき、持っている弓の弭《はず》の唸りは雪の降る冬の林に竜巻が吹き荒れると思われるほどに恐ろしく聞こえる。引き放つ矢も間断なく、大雪も乱れ降ったが、従わず立ち向かってくる敵も、露や霜が消えるべくして消えるように、飛び立つ鳥が争っているようなその最中に、伊勢の斎宮からの神風が天雲を吹き惑わし日を覆い隠して常闇とし、戦いは鎮められた。

水穂の国を神のようにお治めになる我が大君が天下をお治めになれば万代までこのようであろうと、木綿の花が盛りのときに我が大君が皇子の御門を神宮として装い祭りまして、お仕えする御門の人たちも白妙の麻衣を着て埴安の御門の原に（あかねさす）一日中鹿のように這い伏して、（ぬばたまの）夕べになると宮殿を振り仰ぎ見て鶉のように這い回る。御仕えしようにも御仕えできず春鳥がさ迷い鳴くように泣いている。嘆きも思いもまだ尽きないのに、百済の原から、神として亡くなられ、葬られます。（あさもよし）城上の宮を永遠の宮殿として高く祭り神として鎮座されます。しかし、我が大君の万代までと思し召しになられて作られた香具山の宮は万代まで続かれると思われます。天を仰ぎ見るように（玉だすき）心にかけてお偲びもうしあげます。畏れ多いことではありますが。

短歌二首

永遠の天を治める君ゆえに　日月の過ぎ行くことも知らず　恋し続けるかも

埴安の池の堤にある隠れ沼　行方を知らず　舎人は戸惑う
　或る書の反歌一首
泣沢の神社に　お神酒を供え祈れども　我が大君は天に昇られてしまった
右の一首は、類聚歌林では「檜隈女王が泣沢神社を怨む歌である」と言っている。日本書紀では「（持統）十年秋七月（一日は庚戌）二十五日に後皇子尊（高市皇子を指す）が薨去された」と言っている。
※原文の漢文は「皇子随」となっている。これを「皇子ながら」ではなく、「皇子を従え」あるいは「皇子が従い」と訳すことが可能ではないだろうか。

この一九九番に出てくる城上《きのへ》の宮とはどこなのか、『和名類聚抄』の筑前国下座郡（しもつくらぐん）の郷名に出てくる城邊（きのべ）付近にあったと考えられる（古田武彦著『壬申大乱』八十八ページ）。下座郡とは、上座郡（かみつくらぐん）が「かみつあさくらぐん」と呼ばれるのと同じく、「しもつあさくらぐん」と呼ばれたもので、共に朝倉の地を表していた。この朝倉において斉明七年（六六一年）斉明天皇は亡くなったとされているのである。斉明天皇が亡くなり、書紀ではその喪《みも》を、皇太子（後の天智天皇）が飛鳥へ持ち帰り、飛鳥川の川原にて殯をしたことになっている。現在、筑後川北岸の福岡県朝倉市山田字恵蘇宿の恵蘇八幡宮には、皇太子中大兄皇子によって、斉明天皇が朝倉橘広庭宮（朝倉町大字須川）で亡くなった後この地に天皇の遺骸を移し、丸木の殿（木《こ》の丸殿《まるでん》）を建て喪に服したと伝えられている。そしてここの御陵山には、斉明天皇の御陵とされる前方後円墳（あるいは円墳）があるのである。しかし書紀では、天智六年（六六七年）に斉明天皇と間人皇女とを小市岡上陵《をちのをかへのみささぎ》に合葬したとある。それではこの恵蘇八幡宮の前方後円墳に葬られた天皇とは誰なのか。中大兄皇子が、その棺を船に乗せ難波に到着し、飛鳥川の川原にて殯をし、恵蘇八幡宮の前方後円墳に葬られた天皇とは誰なのか。そして皇太子中大兄皇子はどこから天皇の棺を船に乗せたのであろうか。それを示す歌が、万葉集一九九番である。高市皇子尊ではなく高市天皇が歌の主人公であり、高市天皇御自身が半島へと渡ったのである。一九九番の歌の題は正しくは、「高市天皇の城上《きのへ》の殯宮《あらきのみや》の時、柿本朝臣人麿の作る歌」としなくてはならない。歌の中の神宮《かみみや》を祭るのが皇子の中大兄皇子であり、祭られるのがその父である高市天皇としなくてはならない。高市天皇とは書紀皇極天皇の条で、「皇極二年、九月の丁丑の朔にして壬午に、息長足日広額天皇を押坂陵に葬りまつる。或本に云はく広額天皇を呼して高市天皇とすといふ」とされた高市岡本宮御宇天皇であり息長足日広額天皇である、舒明天皇のことである。

書紀は歴史を改竄するが、歴史の真実以上のものを創造する能力は持ち合わせていない。真実の歴史をなぞる低次元の作り話を仕立て上げる。その作り話の中から、なぞられた真実を拾い出す。皇太子中大兄皇子が天皇の棺を持ち帰り飛鳥川の川原にて殯をしたことを真実と捉えれば、強大な唐帝国を眼前の敵として戦う小国の真実がその姿を現し、天皇と皇太子が朝鮮半島へと渡り倭国存亡の戦いを共に戦ったとの確信に到る。そして、異国の地で天皇が戦い倒れるその壮絶な姿を、天才歌人柿本朝臣人麿が今日に伝えていることを知るのである。

舒明三年（六三一年）三月一日、百済の王子豊璋を人質とした舒明天皇は、六六〇年新羅と連携した唐からの渡海攻撃によって百済が滅亡した後、百済の福信の依頼を受けて王子豊璋を百済へ返した。王子豊璋を人質にしてから三十年近く経過し、舒明天皇の、常におそば近くにいた王子への気持ちは、自分の皇子への愛情と同じようなものを持っていたであろう。万葉集三番に出てくる中皇命とは、百済の王子豊璋と考えるのが極めて自然である。百済へ帰った王子豊璋は、やがて自分を裏切った福信を殺し、倭国へ救援を求めた（百済本紀第六義慈王、竜朔二年〈六六二年〉七月条）。天皇は直ちに軍を招集し、皇太子中大兄皇子と共に大軍を率いて半島へと渡ったのであろう。柿本朝臣人麿の描くこの戦いは、書紀の天智二年（六六三年）三月、将軍上毛野君稚子等に二万七千人を率いさせて新羅を撃たせた、との記事が示す戦いであろう。「鶏が鳴く　東の国の　御軍士を　召したまひて」との表現が、遠く現在の群馬付近からも古代官道を使って将軍上毛野君稚子の率いる軍勢を呼び寄せ朝鮮半島へ遠征したことを表し、亡くなった大君が、木綿の花が盛りのとき即ち春に、葬られたことがこの戦いであったことを示している。柿本朝臣人麿もこの遠征に参加している可能性は高い。この歌の舒明天皇の、天皇にして勇猛果敢に軍を率い敵と戦う様は臨場感に溢れ、この偉大な天皇を失った大きな絶望感は、舎人たちの戸惑う姿に人麿自身の姿も重ね、写し出されている。おそらく柿本朝臣人麿は舒明天皇に常に同行し、この白村江前の陸上戦にも天皇の付き人として従軍していたのであろう。万葉集三十六番から三十九番の吉野の歌も、常に舒明天皇のおそばにあった柿本朝臣人麿であればこそ詠んだ歌と言える。また、人麿の他の歌にも舒明天皇を偲んだと思われる歌※がある。その舒明天皇が百済の地で倒れ（一九九番の歌の内容から戦死の可能性が強い）、共にあった皇太子がその棺を半島から持ち帰り、筑後川（飛鳥川）の川原で殯をし、この朝倉の地の城上と呼ばれた、現在の恵蘇八幡宮の前方後円墳に葬られたのである。

※万葉集二三九番、二四〇番、二四一番の「長皇子、猟路の池に遊でませる時に、柿本朝臣人麿が作る歌」も、人麿が舒明天皇を偲んで吉野の御狩の時のことを思い出しながら詠んだものと考えられる。古田武彦氏が著書『古代史の十字路』で、長皇子の御狩を歌った歌ではなく、亡くなった大王の挽歌であることを喝破された歌である。確かにその通り大王の挽歌ではあるが、この歌に出てくる猟路の小野というところに注目すると、吉野で御狩を行った雄略天皇が吉野川を遡り狩場に行く途中にあるのが小野であり、この歌はかつて吉野において御狩を行った舒明天皇を偲び、日月の過ぎ行くことも知らず、人麿が恋い慕い歌っていることがわかる。

長皇子《ながのみこ》、猟路《かりぢ》の池に遊《い》でませる時に、柿本朝臣人麻呂《かきのもとのあそみひとまろ》が作る歌一首　并せて短歌

（『日本古典文学全集「万葉集①」』〈小学館〉を参照した）

やすみしし　我《わ》が大君《おほきみ》　高光る　我が日《ひ》の皇子《みこ》の　馬並《な》めて　み狩《かり》立たせる　若薦《わかこも》を　猟路の小野《をの》に　鹿《しし》こそ
ば　い這《は》ひ拝《おろが》め　鶉《うづら》こそ　い這ひもとほれ　鹿《しし》じもの　い這ひ拝み　鶉なす　い這ひもとほり　恐《かしこ》みと　仕《つか》へ奉《まつ》
りて　ひさかたの　天《あめ》見るごとく　まそ鏡　仰《あふ》ぎて見れど　春草の　いやめづらしき　我が大君かも

反歌一首

ひさかたの　天行《あまゆ》く月を　網《あみ》に刺《さ》し　我《わ》が大君《おほきみ》は　蓋《きぬがさ》にせり

或本《ある》の反歌一首

大君は　神にしませば　真木《まき》の立つ　荒山中《あらやまなか》に　海をなすかも

この歴史改竄者の目的の一つは、日本書紀、古事記の原典に書かれた本来の歴史をうまく利用しながら、その歴史を作った主体と場所を改竄者のところに持ってくることにある。舒明天皇を舒明、皇極、孝徳、斉明に分断し、舒明の最初の部分と最後の百済（百済宮と表記）で亡くなったことのみを残してその偉大な業績を消し、その業績の一部に手を加えて自らの歴史としている。即ち、舒明天皇がその生涯を懸けて山城、官道、太宰府の水城等々を整備して、対唐、新羅戦に備えた業績を抹消し、舒明天皇が自ら半島へ遠征した事実を歪曲、矮小化して、斉明天皇が関西より九州へ遠征したことを造作している。そしてその遠征先で死亡し、その棺を皇太子が持ち帰り喪に服した歴史事実に手を加えそのまま利用している。万葉集に出てくる崗本天皇の存在を取り繕うため、あたかも岡本天皇が二人いたように、斉明天皇を造作し岡本宮を置いた後の岡本天皇のように見せかけ、さらに吉野宮も斉明天皇が作ったように改竄している。

ここで、この書紀の歴史改竄が万葉集に与えた影響を万葉集の中に見ておこう。

■万葉集七番（中西進『万葉集』〈講談社文庫〉より参照・引用）

明日香川原宮御宇天皇代《あすかのかはらのみやにあめのしたしろしめししすめらみことのみよ》※1〔天豊財重日足姫天皇《あめとよたからいかしひたらしひめのすめらみこと》※2〕

額田王《ぬかたのおほきみ》の歌　いまだ詳らかならず

秋の野のみ草刈り葺《ふ》き宿《やど》れりし宇治の京《みやこ》の仮廬《かりほ》し思ほゆ

右は、山上憶良大夫の類聚歌林を検《かむが》ふるに曰はく「一書《あるふみ》に戊申《ぼしん》の年※3比良《ひら》の宮に幸すときの大御歌」といへり。ただ、紀に曰はく「五年の春、正月己卯《きばう》の朔《つきたち》の辛巳《しんし》、天皇、紀の温湯《ゆ》より至《かへ》ります。三月戊寅《ぼいん》の朔、天皇吉野の宮に幸して肆宴《とよのあかり》す。庚辰《かうしん》の日、天皇近江の平《ひら》の浦に幸す」といへり。

※1：奈良県高市郡明日香村川原の川原寺は宮居を後に寺としたか。書紀によれば斉明元年（六五五）冬、飛鳥板蓋（いたぶき）宮の火災によってここを宮居とし、翌二年に後岡本宮を起こしている。皇極天皇は板蓋宮にあり、川原宮の天皇は存在しないが、次の「後岡本宮云々」の標と考え合わせると、皇極期をさすと思われる（六四二―六四四年）。

※2：皇極天皇。

※3：皇極期にこれに当る年はない。孝徳帝大化四年（六四八年）か。

万葉集七番に見られる混乱、明日香川原宮御宇天皇代は皇極天皇の代ではなく斉明天皇の代となり、戊申の年は孝徳天皇の時代となってしまう。舒明天皇を舒明、皇極、孝徳、斉明に引き裂いた書紀の改竄が、万葉集の改竄に混乱を引き起こした格好の事例である。明日香川原宮御宇天皇代《あすかのかはらのみやにあめのしたしろしめしすめらみことのみよ》とは、舒明天皇が岡本宮の火災後に明日香の川原の宮に移っていた時期を表していると考えられる。そして戊申の年に天皇が行幸した比良の宮とはどこか。（朝倉市）朝倉町比良松付近ではないか。そのそばに長安寺、須川、宮野、恵蘇宿があり、麻底良山の西側である。

また、この七番の歌は天智天皇の歌を思い起こさせる。

秋の田のかりほの庵《いほ》の苫をあらみ我が衣手は露にぬれつつ（百人一首）

太宰府から日田往還を甘木へと向かい小石原川を渡るところが宇治の渡であり、さらに日田往還を東南東に進むと比良松に至る。この付近が比良の宮あるいは宇治の京とよばれていた時期があったのであろう。ここに舒明天皇と皇太子中大兄皇子が共に来て、宇治（宇智、宇陀）の大野で御狩を楽しみ、その夜仮廬（刈穂）の庵で一夜を過ごしたのであろうか。

この項の最後に、柿本朝臣人麿が書紀に全く姿を現さない理由を述べておかなくてはならない。常に舒明天皇のおそばにあった柿本朝臣人麿の存在は、歴史改竄者にとって非常に都合の悪いものである。なぜなら倭国を代表する宮廷天才歌人が、もし孝徳天皇、斉明天皇が実在したとすれば、孝徳天皇、斉明天皇の挽歌を歌わないはずがないからであり、誰も人麿に代わって詠むことあたわず、それゆえに人麿の存在そのものを書紀から完全に消し去ったのである。また、万葉集の人麿の天皇への挽歌を改竄し、皇子への挽歌としたのである。

これらのことから改竄者の意図を知り、改竄された歴史書・日本書紀をよく読み解けば、ある程度の歴史事実を復元し浮かび上がらせることが可能であるということが分かってくる。

二、古事記、日本書紀を読み直す

吉野が九州の九重であり、奈良の都が九州の日田であることがわかった今、日本の歴史の原点である古事記、日本書紀に立ち戻って詳しく再検証をする必要が出てきた。天孫降臨した地が九州であり、そこを出発点として神武天皇が東征し大和へ行ったのではなかったか、それが大和朝廷の始まりとなったのではなかったか。古事記、日本書紀を読み直し、記紀に書かれた歴史を再検証してみよう。

それでは、古事記、日本書紀の具体的な内容に入る前に、記紀の最初から神代とされるところの構成を見ておこう。

■**古事記**（『日本古典文学全集「古事記」』〈小学館〉より）

上つ巻　序を并せたり

太安万侶の序文（一　古代の回想　二　古事記撰録の発端　三　古事記撰録の完成）

初発の神々

伊耶那岐命と伊耶那美命

一　淤能碁呂島　二　神の結婚　三　国生み・神生み　四　伊耶那美命の死

五　黄泉の国　六　みそぎ　七　三貴子の分治

天照大御神と須佐之男命

一　須佐之男命の昇天　二　うけい　三　天の石屋　四　須佐之男命の追放

五　八俣の大蛇退治　六　須賀の宮

大国主神

一　稲羽の素兎　二　根の堅州国訪問　三　八千矛の神　四　大国主神の系譜
五　大国主神の国作り　六　大年神の系譜
忍穂耳命と邇々芸命
一　葦原中国の平定　二　天若日子の派遣　三　建御雷神の派遣
四　大国主神の国譲り　五　天孫降臨　六　猿女の君　七　邇々芸命の結婚
日子穂々手見命と鵜葺草葺不合命
一　海神の国訪問　二　鵜葺草葺不合命の誕生　三　鵜葺草葺不合命の系譜

■**日本書紀**（『日本古典文学全集「日本書紀①」』〈小学館〉より）
巻第一　神代　上
一　天地開闢と三柱の神　二　四対偶の八神　三　神世七代
四　磤馭慮島での聖婚と大八洲国の誕生　五　天照大神、月夜見尊、素戔嗚尊の誕生
六　素戔嗚尊と天照大神の誓約　七　素戔嗚尊の乱行と追放　八　素戔嗚尊の八岐大蛇退治
巻第二　神代　下
九　葦原中国の平定、皇孫降臨と木花之開耶姫
一〇　海幸・山幸説話と鸕鷀草不合尊の誕生
一一　神日本磐余彦尊ら四男神の誕生

古事記には最初に太安万侶の序文が掲載され、古事記撰録の発端として飛鳥清原大宮で大八州を治めた天皇（天武天皇）の御世に、天皇が、諸家に伝わる帝紀と旧辞には誤りが多く、帝紀と旧辞は国の根本となるものであり、修正しておかなくてはならない旨の詔を出され、稗田阿礼に帝皇の日継と先代の旧辞を学習させたが撰録までに至らなかった。そこで、今上天皇（元明天皇）が自分に撰録して献上せよとお命じになったので、稗田阿礼が学習した旧辞を調査・撰録し、和銅五年正月に天皇に献上した旨を述べている。

日本書紀には古事記のような序文はなく、最初に天地開闢が述べられる。古事記は本文のみで語られるのに対し、書紀はまず正文が記述された後に、「一書に曰く」として正文とは異なることや正文にないことなどが述べられる。

古事記と書紀との神代の構成を比較すると、古事記の「初発の神々」と、書紀の「天地開闢、四対偶の八神、神代七代」が対応し、その後も大体においては古事記と書紀の構成が対応しあっているものの、大きく違っているのは、古事記には大国主神の項目があるのに対し、書紀にはそれに該当する項目がないことである。

古事記初発の神々では、天地が初めて現れた時に高天原に成った神として、天之御中主神《あめのみなかぬしのかみ》、高御産巣日神《たかみむすひのかみ》、神産巣日神《かむむすひのかみ》の三柱を挙げ、次に地上がまだ若く水に浮かぶ脂のごとくくらげのように漂っていた時に成った神として、宇摩志阿斯訶備比古遅神《うましあしかびひこぢのかみ》、天之常立神《あめのとこたちのかみ》の二柱を挙げ、この五柱の神は特別な天の神であることを告げる。

次に成った神として、国常立神《くにのとこたちのかみ》、豊雲野神《とよくものかみ》の二柱を挙げる。そして次に成った神として、宇比地邇神《うひぢにのかみ》、妹須比《いもすひ》智邇神《ちにのかみ》、角杙神《つのぐいのかみ》、妹活杙神《いもいきぐいのかみ》、意富斗能地神《おおとのぢのかみ》、妹大斗乃弁神《いもおおとのべのかみ》、於母陀流神《おもだるのかみ》、妹阿夜訶志古泥神《いもあやかしこねのかみ》、そして伊耶那岐《いざなきの》神《かみ》、伊耶那美神《いざなみのかみ》の五代五組の男女の神々を挙げるが、その最後の一組が伊耶那岐神と伊耶那美神である。そして国常立神から伊耶那岐神と伊耶那美神までを神世七代とする。

書紀ではその正文で、最初、天地、陰陽が分かれず混沌とした中から、天と地が分かれその後に神聖がその中に生まれた。そして、国常立尊《くにのとこたちのみこと》、国狭槌尊《くにのさつちのみこと》、豊斟渟尊《とよくむぬのみこと》の三柱の神が成ったと説くが、「一書に曰く」を六つ挙げて、正文とは異なる六つの書の内容を示す。そしてその後、四組八柱の神が順に生まれその最後の一組が伊奘《いざ》諾尊《なきのみこと》と伊奘冉尊《いざなみのみこと》であり、国常立尊《くにのとこたちのみこと》から伊奘諾尊と伊奘冉尊までを神世七代とする。

それでは次に、古事記の伊耶那岐命と伊耶那美命の結婚と国生み・神生み、伊耶那美命の死、黄泉の国、みそぎ、三貴子の分治までを見ていこう。

■**古事記**（以下、『日本古典文学全集「古事記」』〈小学館〉を参考にして要約した）

伊耶那岐命と伊耶那美命

一　淤能碁呂島

天つ神一同の命令で、伊耶那岐命と伊耶那美命の二神が、ただよえる国を整え固めることとなった。天の浮橋に立って天の沼矛を潮にさしおろして引き上げたら、矛の先からたらした潮が積もって淤能碁呂島《おのごろしま》となった。

二　神の結婚

二神は淤能碁呂島に天降りして結婚し、最初に生まれた子は水蛭子であったので葦船に乗せて流し、次の子は淡島であったがこれは子とはしない。うまくいかないので天つ神に相談すると、天の御柱を回って最初に声をかけたのが女であったのが原因で、男が先に声をかけなければいけないとのことでやり直すこととした。

三　国生み・神生み

天の御柱を回って今度は伊耶那岐命が先に声をかけた後に国生みしたが、最初に淡道之穂之狭別島《あわぢのほのさわけのしま》を生み、次に伊予之二名島《いよのふたなのしま》を生み、この島は身体が一つで顔が四つあり、顔ごとに名前があって、伊予国は愛比売《えひめ》と言い、讃岐国は飯依比古《いいよりひこ》と言い、粟国は大宜都比売《おほげつひめ》と言い、土左国は建依別《たけよりわけ》と言う。次に隠伎之三子島を生んだ。またの名は天之忍許呂別《あめのおしころわけ》。次に筑紫島を生んだ。この島も身体が一つで顔が四つあり、顔ごとに名前があって、筑紫国は白日別《しらひわけ》と言い、豊国は豊日別《とよひわけ》と言い、肥国は建日向日豊久士比泥別《たけひむかひとよくじひねわけ》と言い、熊曾国は建日別《たけひわけ》と言う。次に伊岐島を生み、またの名を天比登都柱《あまひとつはしら》と言う。次に津島を生み、またの名を天之狭手依比売《あめのさでよりひめ》と言う。次に佐度島を生んだ。次に大倭豊秋津島を生み、またの名を天御虚空豊秋津根別《あめのみそらとよあきづねわけ》と言う。この八つの島を先に生んだので大八島国と言う。その後に、吉備児島を生み、またの名を建日方別《たけひかたわけ》と言う。次に小豆島を生み、またの名を大野手比売《おほのてひめ》と言う。次に大島を生み、またの名を大多麻流別《おほたまるわけ》と言う。次に女島を生み、またの名を天一根《あまひとつね》と言う。次に知訶島を生み、またの名を天之忍男《あめのおしを》と言う。次に両児島《ふたごのしま》を生み、またの名を天両屋《あめのふたや》と言う。

国を生み終わってさらに神を生んだ。大事忍男神、石土毘古神、石巣比売神、大戸日別神、天之吹男神、大屋毘古神、風木津別之忍男神、海の神大綿津見神、水戸の神速秋津日子神、妹速秋津比売神の十柱の神を生んだ。この速秋津日子神と速秋津比売神が河と海を分け持って生んだ神が、沫那芸神、沫那美神、頬那芸神、頬那美神、天之水分神、国之水分神、天之久比奢母智神、国之久比奢母智神の八柱の神。伊耶那岐命と伊耶那美命が次に生んだ神は、風の神志那都比古神、木の神久々能智神、山の神大山津見神、野の神鹿屋野比売神、またの名を野椎神と言い、并せて四柱の神。この神大山津見神と野椎神が山と野を分け持って生んだ神が、天之狭土神、国之狭土神、天之狭霧神、国之狭霧神、天之闇戸神、国之闇戸神、大戸或子神、大戸或女神の八柱の神。伊耶那岐命と伊耶那美命が次に生んだ神は、鳥之石楠船神、またの名を天鳥船と言う。次に大宜都比売神を生む。次に火之夜芸速男神を生む、またの名を火之炫毘古神、またの名を火之迦具土神と言う。この子を生んでほとを焼かれて伊耶那美命は病に臥した。嘔吐したものに成った神は、金山毘古神、金山毘売神。糞に成った神は、波邇夜須毘古神、波邇夜須毘売神。尿に成った神は、弥都波能売神、和久産巣日神。この神の子は豊宇気毘売神と言う。そして、伊耶那美神は火の神を生んだため、ついに神避《かむさ》られた。

四　伊耶那美命の死

子一人に代わって亡くなった伊耶那美命の死を伊耶那岐命は悲しみ、その涙に成った神は香山の畝尾の木本に坐している泣沢女神である。神避った伊耶那美神は、出雲国と伯伎国との境の比婆之山に葬られた。伊耶那岐命は十《と》拳《つか》の剣でその子迦具土神の首を斬った。刀の先の血が湯津石村に走りついて成った神は石析神、根析神、石筒之男神。刀の本の血が湯津石村に走りついて成った神は、甕速日神、樋速日神、建御雷之男神、またの名を建布都神、またの名を豊布都神。刀の柄の血が指の間から漏れ出て成った神は、闇淤加美神、闇御津羽神。殺された迦具土神の頭に成った神は、正鹿山津見神。胸に成った神は淤縢山津見神。腹に成った神は奥山津見神。男陰に成った神は闇山津見神。左手に成った神は志芸山津見神。右手に成った神は羽山津見神。左足に成った神は原山津見神。右足に成った神は戸山津見神。斬った刀の名は天之尾羽張、またの名を伊都之尾羽張と言う。

五　黄泉の国

伊耶那岐命は、亡くなった妻の伊耶那美命に会いたいと思い黄泉の国へ行った。御殿の戸の外から伊耶那岐命が、国作りはまだ終わっていない、共に帰ろうと声をかけた。伊耶那美命は、自分はすでにこの国で食事を摂ってしまった。帰りたいと思うが、黄泉神《よもつかみ》と相談してみる、決して私の姿を見るなとの返事をして、奥へ入っていった。伊耶那岐命が待ちくたびれて御殿の中に入り、左のみずらに刺した櫛を取り出して火をともして見ると、伊耶那美命の身体には蛆がたかり、頭には大雷、胸には火雷、腹には黒雷、女陰には析雷、左手には若雷、右手には土雷、左足には鳴雷、右足には伏雷がいて、并せて八種の雷の神が成っていた。その姿を見た伊耶那岐命が恐れ逃げ帰ろうとした時、伊耶那美命はよくも私に恥をかかせたと、予母都志許売《よもつしこめ》を遣わして追わせた。伊耶那岐命は黒い蔓《かずら》を投げ捨てるとすぐに山ぶどうの実が生り、これを予母都志許売が食べている間に逃げ、なお追ってくると、右のみずらに刺した櫛を引き抜いて投げ捨てるとすぐに竹の子が生え、これを抜いて食べている間に逃げる。そしてその後、伊耶那美命は八種の雷《いかづち》の神に千五百の黄泉の軍勢を副えて追わせた。腰に帯びた十拳《とつか》の剣を抜いて後手に振りながら逃げて、黄泉《よもつ》ひら坂の坂本にたどり着いた伊耶那岐命は、その坂本にある桃の実を三個投げつけたら、追っ手は全部坂を帰っていった。伊耶那岐命は、葦原中国の人々が苦しみ悩む時には助けよと、この桃の実に意富加牟豆美命《おほかむづみのみこと》と名付けた。最後に伊耶那美命自身が追いかけてきたが、伊耶那岐命は黄泉ひら坂に千引《ちびき》の石《いは》を引いてきて塞いだ。その石を挟んで、伊耶那美命が、愛しい我が夫よ、あなたがこのようなことをするので、あなたの国の民を一日千人殺しましょうと言うと、伊耶那岐命は、愛しい我が妻よ、あなたがそうするのなら私は一日千五百の産屋を建てようと答えた。その伊耶那美命を名付けて黄泉津大神《よもつおほかみ》と言う。また、追ってきたことから道敷大神《ちしきのおほかみ》と名付けた。その黄泉坂を塞いだ石を道反之大神《ちがへしのおほかみ》、また塞がります黄泉戸大神《よもつとのおほかみ》と言う。その黄泉ひら坂は、今は出雲国の伊賦夜坂《いふやさか》と言う。

六　みそぎ

黄泉の国から脱出した伊耶那岐命は、その穢れを落とすため、竺紫の日向の橘の小門《をど》のあはき原（阿波岐原）に至ってそこで禊《みそぎ》をしようとする。それで、持っていた杖を投げ捨てその杖に成った神は衝立船戸神。

次に投げ捨てた帯に成った神は道之長乳歯神。次に投げ捨てた袋に成った神は時量師神。次に投げ捨てた服に成った神は和豆良比能宇斯能神。次に投げ捨てた褌に成った神は道俣神。次に投げ捨てた冠に成った神は飽咋之宇斯能神。次に投げ捨てた左手の手纏《たまき》に成った神は奥疎神、奥津那芸佐毘古神、奥津甲斐弁羅神。次に投げ捨てた右手の手纏に成った神は辺疎神、辺津那芸佐毘古神、辺津甲斐弁羅神。以上十二柱の神は身につけた物を脱いだことで生まれた神である。そして伊耶那岐命は、上つ瀬は流れが速く、下つ瀬は流れが弱いと言われ、それで中つ瀬で禊をするが、漱いだ時に、最初に二柱、八十禍津日神と大禍津日神を生んだ。次に三柱、神直毘神、大直毘神、伊豆能売を生んだ。水底で漱いだ時に成った神は、底津綿津見神、底筒之男命。中で漱いだ時に成った神は、中津綿津見神、中筒之男命。水の上で漱いだ時に成った神は、上津綿津見神、上筒之男命。この三柱の綿津見の神は、阿曇連らが祖神として祭り仕える神である。この底筒之男命、中筒之男命、上筒之男命は、墨江《すみのえ》の三前の大神である。そして、左の目を洗う時に成った神は天照大御神《あまてらすおほみかみ》、右の目を洗う時に成った神は月読命《つくよみのみこと》、鼻を洗う時に成った神は建速須佐之男命《たけはやすさのをのみこと》の三柱の神を生んだ。

七　三貴子の分治

伊耶那岐命が、三柱の貴き子にそれぞれが治める所を定める。天照大御神には自らの首飾り御倉板挙之神を渡して、高天原を治めよと言われ、月読命には夜之食国を治めよと言われ、建速須佐之男命には海原を治めよと言われた。それぞれが委任された任務を果たしている中で、建速須佐之男命のみが何もせず泣いているばかりで、母の国の根之堅州国へ行きたいと言うので、怒った伊耶那岐命は建速須佐之男命を追放した。そして、伊耶那岐命は淡海の多賀に鎮座している。

以上が古事記の伊耶那岐命と伊耶那美命の結婚と国生み・神生み、伊耶那美命の死、黄泉の国、みそぎ、三貴子の分治の要約であるが、この中で新たな事実を発見することができる。「六　みそぎ」のところで、黄泉の国を脱出した伊耶那岐命が、竺紫の日向の橘の小門《をど》のあはき原（阿波岐原）に至って禊をしようとする。この竺紫の日向の橘の小門《をど》のあはき原とはどこなのか。

島根県から船で岸に沿って日本海を南西へ向かえば、九州北岸にある福岡市へ達する。その博多湾の岸辺に小《お》戸《ど》はある。この福岡市西区小戸《おど》が、竺紫の日向の橘の小門《をど》と考えられる。そのすぐ近くに（今宿）青木がある。そしてそこから南方の山に近いところに日向川《ひなたがわ》が流れその上流に日向峠《ひなたとうげ》がある。

そして、底筒之男命、中筒之男命、上筒之男命を祭る住吉神社は、福岡市西区小戸の真東約九キロメートルのところ、博多区住吉にある。上津綿津見神（表津綿津見神）、中津綿津見神（仲津綿津見神）、底津綿津見神を祭る、綿津見神社の総本社である志賀海《しかうみ》神社は、福岡市東区志賀島《しかのしま》にあって西区小戸から正確に真北約八キロメートルに位置する。

また、最後に伊耶那岐命が鎮座したとされる淡海の多賀とは、滋賀県の近江の多賀であろうか。淡海とは滋賀県の琵琶湖を指すというのが通説であるが、万葉集一五三番をここで見てみよう。

大后《おほきさき》の御歌一首（中西進『万葉集』〈講談社文庫〉より。「現代語訳」は著者による）

鯨魚《いさな》取り　淡海《あふみ》の海《うみ》を　沖放《さ》けて　漕《こ》ぎ来る船　辺《へ》附きて　漕ぎ来る船　沖つ櫂《かい》　いたくな撥《は》ねそ　辺《へ》つ櫂　いたくな撥ねそ　若草の　夫《つま》の　思ふ鳥立つ

【現代語訳】

鯨取りの　淡海の海の　離れた沖から漕ぎ来る船よ　岸近くの漕ぎ来る船よ　沖の櫂を激しく撥ねるな　岸近くの櫂を激しく撥ねるな　若草の夫が想う鳥が飛び立ってしまう

この歌にあるとおり、淡海の海を鯨取りの船が走っていることから、淡海は琵琶湖ではないことを証明している。伊耶那岐命の到着地点である筑紫の小戸の近くに淡海の多賀[※1]があったと考えられ、淡海とは博多湾とその周辺を指すのではないかということが考えられる。ここで淡海の読み方について考えてみよう。淡海を「あふみ、おうみ」という読み方について、古事記では仲哀天皇の忍熊王の反乱のところで、「淡海の海」について原文の漢字表記が「阿布美能宇美」とされている。また、日本書紀第九巻神功皇后摂政元年のこれも古事記と同じく忍熊二王の謀反のところで、「淡海の海」について原文の漢字表記が「阿布弥能弥」及び「阿布瀰能瀰」とされていて、これらが「あふみ」と読む根拠とされていると考えられる。この読み方について私は疑問に思う。「淡海」は「あま」と読まれるべきではないかと考える。なぜそう考えたかというと、古事記の国生みの中で、生み出された島々のうち、別名で「天」が付く島と付かない島がある。ここで、「天」の付く島を掲出してみよう。

島の名称	別名（またの名）
隠岐之三子島	天之忍許呂別
伊岐島	天比登都柱
津島	天之狭手依比売
女島	天一根
知訶島	天之忍男
両児島	天両屋

※大倭豊秋津島も天の付く島（天御虚空豊秋津根別）であるが、第三章で見たように九重の吉野神社周辺が秋津野であることから、この島は通説では本州とされていることに疑問がある。ここでは検討の対象から外す。

以上の六つの島である。この中で女島とは通説では大分県国東半島沖の姫島とされるが、私は福岡県糸島半島の西の海上にある、豊玉姫誕生の地の伝説のある姫島であると考える。また両児島については、福岡県北九州市の洞海湾《どうかいわん》にあって、大正八年に埋め立てられた二子島《ふたごじま》※2がこの島に該当すると考える。かつて洞《くき》の海※3と呼ばれた洞海湾は、関門海峡を制するための戦略上非常に重要な湾であり、古代において倭国を制する者は関門海峡を制し、関門海峡を制する者は洞海湾を制していたと考えられる。二子島は、その湾内に二つの丸い島が並んだ特長のある島であった。また、別名は天両屋と屋が付いているが、この洞海湾周辺は芦屋、岩屋、安屋《あんや》などの屋の付く地名が多く集まっているところである。そして、洞の海は遠賀川の河口から関門海峡方面へと抜ける重要な航路にもなっていたと考えられ、古代から船で行き交う多くの人に親しまれたであろうこの二子島を両児島《ふたごのじま》とするのは、

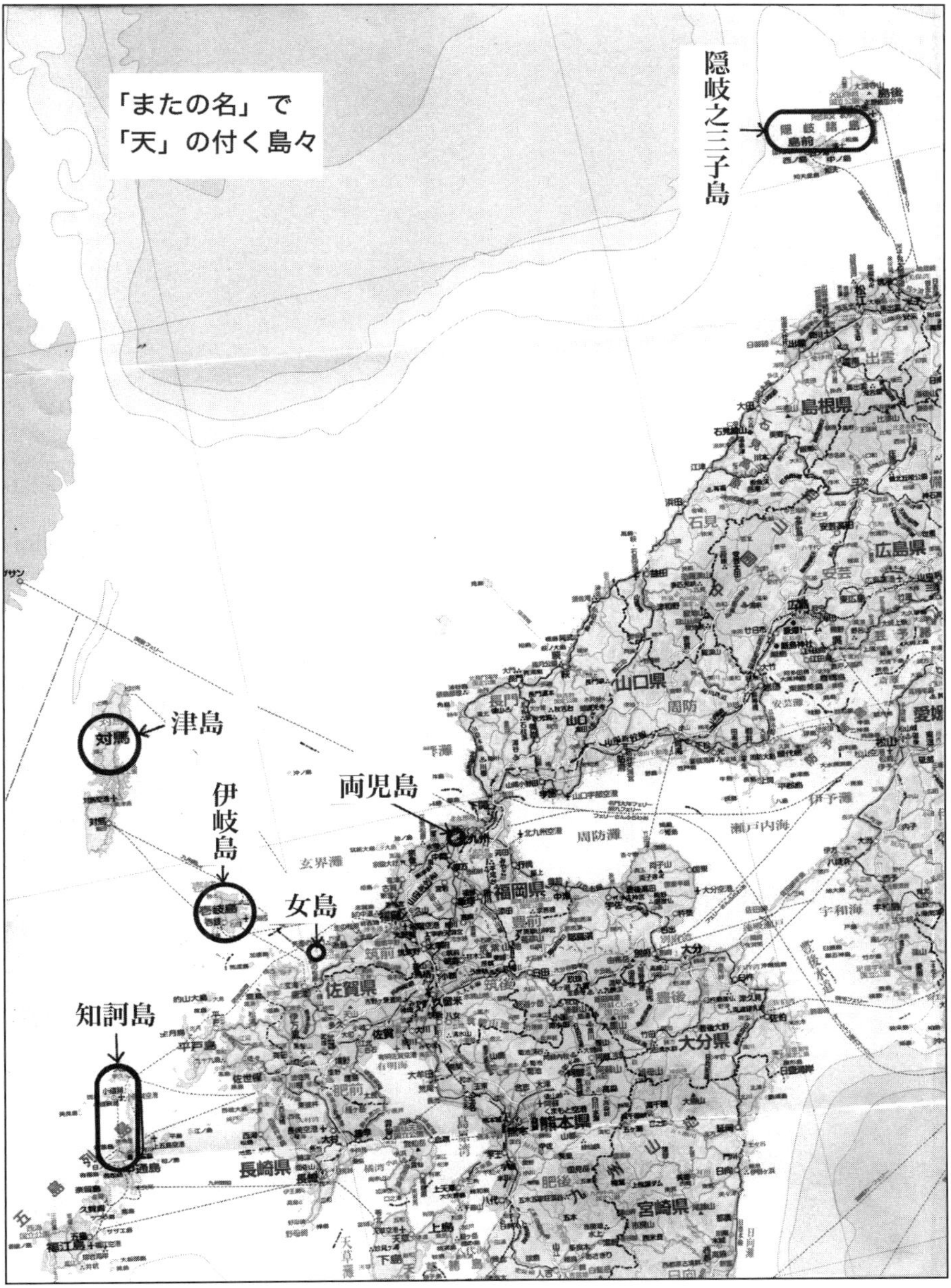
「またの名」で
「天」の付く島々
隠岐之三子島
津島
伊岐島
両児島
女島
知訶島
島根県
広島県
山口県
福岡県
佐賀県
長崎県
熊本県
大分県
宮崎県
玄界灘
周防灘
瀬戸内海
宇和海

地図4-1　天の付く島々

極めて客観性が高いと考える。

これらの島に「天」が付いていることは何を意味するか、「天」を表す地域（海域）を示していると考えられる。出雲から九州北岸に至る日本海と玄界灘から東シナ海の海域にある島がここに挙げられている。即ちその範囲が「天」とされる海域（地域）であり、そしてそのまさに中心地域（海域）に位置しているのが博多湾であり、「淡海」と呼ばれていた。「淡海」とは「あま」と読みそれが「天」へと転化していったと考える所以である。

※1：福岡市南区に多賀という町名がある。西区小戸から直線距離で東南東約九キロメートルのところであるが、福岡市南区民俗文化財保存会が平成四年十月に発行した「南区ふるさと」には、昭和十五年出版の「野間多賀町の沿革誌」からの抜粋として「福岡市大字野間多賀町は大正十五年（昭和元年）四月以来の名称にして、其以前は筑紫郡八幡村大字野間字野添及び畠田の一地区にして、当時はまだ人家らしき住宅もなく、荒涼たる田畑及び山林原野たりしが我が同志、此の地の地勢、文化的、衛生的住宅地として、最も好適の地たると認め、相共同して、付近一帯の土地を購入し、整地を行い或は道路を開通し、橋梁を架し、以て集団的文化住宅地を開拓し、事業完成の後、大正十四年三月十五日、整地組合を解散し……」、「斯くに整地組合の業務首尾よく完成を告げ次で住宅組合も直に家屋の建築に着手して大正十三年五月建築工事の完了せるを以て、此地区の地名改称の要あり一同考究凝議の後、楢崎広之助氏の発議を採択して、字『多賀』と命名せり」との記述があって、大正十四年頃に完成した宅地造成に伴って地名変更が行われ、その時「多賀」という地名が設定されたことが分かる。しかし、「博多往古図」を現在の地形図に重ねてみると、冷泉津と草香江とを分ける現在の福岡城址あたりまで延びる半島の、丁度根元の陸地部分に「多賀」があることが判る。冷泉津と草香江の二つの湾の最奥部を結ぶ、古代博多湾の中枢であったと言えるところではないだろうか。冷泉津を隔ててほとんどその真北約二・五キロメートルのところに住吉神社を臨み、草香江からは小戸、能古島さらに志賀海神社のある志賀島へと通じる絶好の位置である。住吉神社と志賀海神社の祭神を生んだ、淡海（あま）の中心的神である伊耶那岐命の鎮座する場所としてこれほど相応しいところはないと言える。この地域の人々が「多賀」の地名を付けたとき、「淡海の多賀」に関わる何らかの記憶が人々の間に残っていたのではないだろうか。

※2：『コンサイス日本地名事典』（三省堂）
ふたじま　二島
北九州市若松区の集落。交通　筑豊本線二島駅
洞海（どうかい）湾奥にあった二子島（ふたごじま）が地名の起源。島は一九一九（大正八）の埋立てにより消滅。
※3：日本書紀巻第八　仲哀天皇八年正月に「洞海」の記述あり。

次に日本書紀の神代上の、磤馭慮島《おのごろしま》での結婚と大八州国の誕生及び天照大神、月夜見尊、素戔鳴尊の誕生のところを読んでいこう（以下、『日本古典文学全集「日本書紀①」』〈小学館〉を参考にした）。

■磤馭慮島での聖婚と大八洲国の誕生

〔正文〕
伊奘諾尊と伊奘冉尊は、天浮橋の上から天之瓊矛《あめのぬほこ》を指し下ろして探ると青海原があり、その矛の先から滴り落ちた潮が固まって磤馭慮島ができた。そして、天浮橋から磤馭慮島に降りて夫婦となって国を生もうとする。磤馭慮島を国中の御柱として陽神は左より回り陰神は右より回り、出会ったところで先に陰神が声をかけると、陽神は先に男から声をかけるのが道理であると言い、もう一度回り直して陽神から声をかけ、陰陽の交わりをして夫婦となった。まず淡路洲を以って胞として生んだが、心にうれしくないところがあった。すぐに大日本《おほやまと》豊秋津洲を生む（日本はやまとと読む）。次に伊予二名洲を生む。次に筑紫洲を生む。次に億岐洲と佐度洲の双子を生む。次に越洲を生む。次に大洲を生む。次に吉備子洲を生む。これで初めて大八洲国の名が起こった。対馬島や壱岐島や所々の小島はみな潮の泡が凝り固まってできたものである。
〔第一の〕一書に曰く
天神が、伊奘諾尊・伊奘冉尊に豊葦原千五百秋瑞穂の地があるので行って治めよと言われ、天瓊戈を賜った。二神が天上浮橋から滄海へ戈を降ろして引き上げると戈の先から落ちた潮が島となって磤馭慮島ができ

た。二神はその島に降りて八尋の殿を建て、天御柱を建てた。陽元と陰元の交わりをするため、天御柱をそれぞれが左右から回り出会ったところで、先に陰神が声をかけ陽神が応えた。そして夫婦となって最初に蛭児を生んだ。それを葦船に乗せて流した。次に淡洲を生んだが、これも児の数には入れない。天神にありのままを報告すると、先に女が声をかけたからであろうか、もう一度帰りなさいと、事を行う日時を占いで定め、お降しになった。よって、二神は改めて御柱を回り先に陽神が声をかけ、陰神が応えた。そして共に宮に住んで児を生んだ。大日本豊秋津洲と名付けた。次に淡路洲、次に伊予二名洲、次に筑紫洲、次に億岐三子洲、次に佐度洲、次に越洲、次に吉備子洲、これを大八洲国と言う。

〔第二の〕一書に曰く

伊奘諾尊・伊奘冉尊の二神が天霧の中で私は国が欲しいと言い、天瓊矛を指し降ろして探ると磤馭慮島を得ることができた。矛を抜いて喜び、良いことよ、国があったと言った。

〔第三の〕一書に曰く

伊奘諾尊・伊奘冉尊の二神は高天原にいて、きっと国があるだろうと言い、すぐに天瓊矛で磤馭慮島をかき探り造られた。

〔第四の〕一書に曰く

伊奘諾・伊奘冉の二神が相談し、物があって、それは浮かんでいる脂のようだ。その中にきっと国があるであろうと言い。すぐに天瓊矛で探り、一つの島を造られた。名付けて磤馭慮島と言う。

〔第五の〕一書に曰く

まず陰神が声をかけたが、これをよくないとして改めて回り直し、陽神が先に声をかけた。性交しようとしたがその方法を知らず、そこへ鶺鴒《せきれい》が飛んできて、その首と尾を動かしたのを二神が見て性交の方法を知った。

〔第六の〕一書に曰く

二神が性交して夫婦となり、まず淡路洲・淡洲を胞として大日本豊秋津洲を生んだ。次に伊予洲、次に筑紫洲、次に億岐洲と佐度洲の双子を生んだ。次に越洲、次に大洲、次に子洲を生んだ。

〔第七の〕一書に曰く

まず淡路洲を生む。次に大日本豊秋津洲、次に伊予二名洲、次に億岐洲、次に佐度洲、次に筑紫洲、次に壱岐洲、次に対馬洲を生んだ。

〔第八の〕一書に曰く

磤馭慮島を以って胞とし、淡路洲を生む。次に大日本豊秋津洲、次に伊予二名洲、次に筑紫洲、次に吉備子洲、次に億岐洲と佐度洲の双子を生み、次に越洲を生んだ。

〔第九の〕一書に曰く

淡路洲を以って胞とし、大日本豊秋津洲を生む。次に淡洲、次に伊予二名洲、次に億岐三子洲、次に佐度洲、次に筑紫洲、次に吉備子洲、次に大洲を生んだ。

〔第十の〕一書に曰く

陰神が最初に声をかけ、陽神の手を取り夫婦となり、淡路洲を生み、次に蛭児を生んだ。

書紀神代上「磤馭慮島《おのごろしま》での結婚と大八州国の誕生」を読んで、ここまでの古事記と書紀の比較をしておこう。
古事記と書紀の大きな違いは、国生みで生まれた島が相当異なることである。その一覧を挙げてみよう。

■古事記

淡道之穂之狭別島《あわぢのほのさわけのしま》、伊予之二名島《いよのふたなのしま》、隠伎之三子島またの名は天之忍許呂別《あめのおしころわけ》、筑紫島、伊岐島またの名を天《あま》比登都柱《ひとつはしら》、津島またの名を天之狭手依比売《あめのさでよりひめ》、佐度島、大倭豊秋津島またの名を天御虚空豊秋津根別《あめのみそらとよあきづねわけ》（以上を大八島国）、吉備児島またの名を建日方別《たけひかたわけ》、小豆島またの名を大野手比売《おほのてひめ》、大島またの名を大多麻流別《おほたまるわけ》、女島またの名を天一根《あまひとつね》、知訶島またの名を天之忍男《あめのおしを》、両児島《ふたごのしま》またの名を天両屋《あめのふたや》

以上　十四島

■日本書紀

〔正文〕

淡路洲（胞として生んだ）

大日本《おほやまと》豊秋津洲、伊予二名洲、筑紫洲、億岐洲と佐度洲の双子、越洲、大洲、吉備子洲（大八洲国）

対馬島や壱岐島や所々の小島はみな潮の泡が凝り固まってできたものである。

以上　淡路洲を含めないと八島、含めると九島

〔第一の〕一書に曰く

大日本豊秋津洲、淡路洲、伊予二名洲、筑紫洲、億岐三子洲、佐度洲、越洲、吉備子洲（大八洲国）

以上　八島

〔第六の〕一書に曰く

淡路洲・淡洲を胞として大日本豊秋津洲、伊予洲、筑紫洲、億岐洲と佐度洲の双子、越洲、大洲、子洲

淡路洲・淡洲を入れなければ八島

〔第七の〕一書に曰く

淡路洲、大日本豊秋津洲、伊予二名洲、億岐洲、佐度洲、筑紫洲、壱岐洲、対馬洲

以上　八島

〔第八の〕一書に曰く

磤馭慮島を胞とし淡路洲、大日本秋津洲、伊予二名洲、筑紫洲、吉備子洲、億岐洲と佐度洲の双子、越洲

以上　八島

〔第九の〕一書に曰く

淡路洲を胞とし大日本秋津洲、淡洲、伊予二名洲、億岐三子洲、佐度洲、筑紫洲、吉備子洲、大洲

以上　八島

書紀の「正文」および「第一の一書に曰く」、「第六の一書に曰く」、「第八の一書に曰く」の越洲は古事記には

含まれていない。古事記の小豆島、女島、両児島は書紀に全く出てこないどころか、「正文」では、対馬島や壱岐島や所々の小島はみな潮の泡が凝り固まってできたものである、として対馬や壱岐までも国生みの対象とはされていないのである。古事記の内容は島の別名まで挙げて、歴史事実の真相を探る大きな手がかりともなる。それに対し書紀の内容は「一書に曰く」としていくつかの原典があるように見せてはいても、歴史事実の深みへと入っていけるものとはなっていない。七一四年から七二〇年にかけて書紀が編纂されたとき、その直前（七一二年）に撰録された古事記を参考にしているはずであるし、また古事記撰録の調査対象となった原典も手に入ったはずである。それらを意識して、あるいは改竄して編纂が行われたのではないか。古事記に記載された「天」の付いた別名を持つ島々、これは何を意味するものか。「天」とは倭国朝廷の天子の苗字ではないか。※そのような特別な名を持つ島々を、書紀では「対馬島や壱岐島や所々の小島はみな潮の泡が凝り固まってできたものである」として国生みの対象から切り捨てている。これは明らかに、古事記の元となった原典を意識しながら歴史の真相を隠し、かつ倭国朝廷を侮辱するための一文であるとしか考えられない。古事記では日本古代の真相を伝えるものがそのままの形で残されているのに対して、書紀では歴史の真相を隠すことに、その編纂の主眼が置かれていることの一つの実例であると考える。

※隋書東夷伝俀国「隋代に入って、開王二十年（六〇〇年）俀王の姓は阿毎、字は多利思比孤、号を阿輩鷄弥という者が使者を遣わし、朝廷に詣った。」（いき一郎編訳『中国正史の古代日本記録』より）。

それでは書紀を読み続けよう。

■天照大神、月夜見尊、素戔嗚尊の誕生

〔正文〕

（伊奘諾尊と伊奘冉尊が）次に海を生む。次に川を生む。次に山を生む。次に木の祖句句廼馳を生む。次に草の祖草野姫を生む、または野槌と申す。伊奘諾尊と伊奘冉尊が相談して、「すでに大八洲国と山川草木を生んだ。何か天下の主たる者を生もうではないか」と言われた。そこで共に日神《ひのかみ》をお生みになった。大日孁《おおひるめの》

貴《むち》と申す。一書に、天照大神《あまてらすおおみかみ》という。一書に、天照大日孁尊《あまてらすおおひるめのみこと》という。この子は麗しく光り輝き、天地四方に照り輝いた。二神は喜んで言われた。「わが子が多いといってもこれほど神秘的で霊妙な子はいない。すぐに天上に送って天上のことを授けるべきだ」と言われて、天の御柱を使って天上へお上げになった。次に月神をお生みになった。一書に、月弓尊、月夜見尊、月読尊という。その光は日の神に次ぐものであった。よって日に並べて治めるのがいいだろうと、また天に送られた。次に蛭児をお生みになった。三歳になっても脚が立たず、それで天磐櫲樟船《あまのいはくすぶね》に乗せて風のまにまに捨ててしまわれた。次に素戔嗚尊をお生みになった。一書に、神素戔嗚尊、速素戔嗚尊という。この神は勇ましくも猛々しく、残忍な性格であった。また、常に泣き喚いてばかりいた。そのため国内の人々を多く早死にさせ、青山を枯山に変えてしまった。それで父母の二神は「お前は無法者であるため、この天下に君臨することは許されない。必ず遠く根国へ行ってしまえ」と、追放された。

〔第一の〕一書に曰く

伊奘諾尊が、天下を治める貴い子を生もうと欲し、左手で白銅鏡《ますみのかがみ》を持った時に自然に生まれた神を大日《おおひる》孁尊《めのみこと》と言い、右手に白銅鏡を持った時に自然に生まれた神を月弓尊《つくゆみのみこと》と言い、首を回して振り返ったその時に生まれた神を素戔嗚尊と言う。大日孁尊と月弓尊は性質が明るく麗しかった。よって天地を治めさせられた。素戔嗚尊は性質が破壊することを好み、よって天から下らせて根国《ねのくに》を治めさせられた。

〔第二の〕一書に曰く

日月は既にお生みになられており、次に蛭児を生まれた。三歳になっても脚が立たず、最初に伊奘諾尊、伊奘冉尊が柱を巡った時に、まず伊奘冉尊が喜びの声を上げたのが陰陽の理に反し、それが原因で蛭児を生まれた。次に素戔嗚尊を生まれた。この神は性質が悪く常に泣き憤ることを好む。国民が多く死に、青山を枯山にしてしまう。よってその父母が詔《みことのり》して「もしお前がこの国を治めたなら必ず害を与えるところが多いであろう。よって、お前は遠い根国へ行って治めよ」と言われた。次に鳥磐櫲樟船《とりのいはくすぶね》を生まれて、蛭児を乗せ流れのままに捨てられた。次に火神軻遇突智《ひのかみかぐつち》を生まれた。その時伊奘冉尊が軻遇突智のために焼かれて亡くなられた。その亡くなられようとする間に、臥しながら土神埴山姫と水神罔象女《みづのかみみつはのめ》を生まれた。軻遇突智は埴山姫を娶って稚産霊を生んだ。この稚産霊の神の頭の上に蚕と桑ができ、臍の中に五穀ができた。

〔第三の〕一書に曰く

伊奘冉尊は火産霊《ほむすひ》を生まれた時、子のために焼かれて神退《かむさ》られた。また神避《かむさ》られたという。その神退ろうとする時に、水神罔象女と土神埴山姫を生み、また天吉葛《あまのよさづら》を生まれた。

〔第四の〕一書に曰く

伊奘冉尊は火神軻遇突智を生もうとされた時に、熱に苦しまれて嘔吐された。これが神に成り、金山彦と言う。次に小便をされた。神に成り、罔象女と言う。次に大便をされた。神に成り、埴山媛と言う。

〔第五の〕一書に曰く

伊奘冉尊は火神を生まれた時に焼かれて亡くなられた。それで、紀伊国の熊野の有馬村に葬り申し上げた。この土地の人々はこの神の御霊を祭る時は、花の時期には花を供えて祭る。また、鼓、笛、幡旗を用いて歌い舞って祭る。

〔第六の〕一書に曰く

伊奘諾尊と伊奘冉尊は共に大八洲国を生まれた。その後に「我々が生んだ国は朝霧だけがあってどこまでも霞んでいるよ」と言われ、息を吹き払われてそれが神と成った。級長戸辺命《しなとべのみこと》と言う。または級長津彦《しなつひこの》命《みこと》と言う。これは風の神である。また飢えた時に御子を生まれ、倉稲魂命《うかのみたまのみこと》と言う。また海神たちを生まれ、少童命《わたつみのみこと》と言う。山神たちを山祇《やまつみ》と言う。水門神《みなとのかみ》たちを速秋津日命《はやあきつひのみこと》と言う。木神たちを句句廼馳《くくのち》と言う。土神を埴安神《はにやすのかみ》と言う。そうしてその後に万物を残らずお生みになった。火神軻遇突智を生まれるに至って、その母伊奘冉尊が焼かれて亡くなられた。伊奘諾尊がお恨みになって「たった一人の子と我が愛しい妻とを取り替えてしまった」と言われ、枕元に腹這い、足元に腹這い、号泣して涙を流された。その涙が神と成った。畝丘の樹下に居られる神、啼沢女命《なきさはめのみこと》と言う。十握剣を抜いて軻遇突智を三つに斬られた。剣の刃より滴り落ちた血が、天安河辺にある五百筒磐石《いほついはむら》になった。経津主神《ふつぬしのかみ》の祖である。剣の鍔から滴り落ちた血がほとばしって神となり、甕速日神《みかはやひのかみ》と言う。次に熯速日神《ひのはやひのかみ》、これは武甕槌神《たけみかづちのかみ》の祖である。剣の先より滴り落ちた血がほとばしって神となり、磐裂神《いはさくのかみ》と言う。次に根裂神《ねさくのかみ》。次に磐筒男命《いはつつをのみこと》。あるいは磐筒男命と磐筒女《いはつつめの》命《みこと》と言う。剣の柄より滴り落ちた血がほとばしって神となり、闇龗《くらおかみ》と言う。次に闇山祇《くらやまつみ》。次に闇罔象《くらみつは》。そして後に、伊奘諾尊は伊奘冉尊を追って黄泉国に入り、共に語られた。伊奘冉尊が言うには、「我が夫の君よ、なぜ来るのが遅かった。すでに黄泉の国で食事をしてしまった。私はこれから寝るが、私を見ないでください」。伊奘諾尊はこれを聞かず、松明を点けて見ると、膿が出て蛆が湧いていた。伊奘諾尊は驚いて、自分は思いもよらず何ともいやな汚らわしい国へ来てしまったと言って、急いで逃げ帰られた。それで伊奘冉尊は恨んで、「何で約束を破り、私に恥をかかせた」と言われ、泉津醜女《よもつしこめ》八人を追いかけさせた。伊奘諾尊は、醜女の追跡を様々な方法でかわしながら逃げていると、最後には伊奘冉尊自らも追いかけてきたが、その時すでに伊奘諾尊は泉津平坂《よもつひらさか》に至っていた。そこで、伊奘諾尊は、千人所引の磐石でその坂道を塞ぎ、伊奘冉尊へ離縁の誓言を言い渡された。その時伊奘冉尊は「愛しい我が夫よ、そのようなことを言うのであれば、貴方の治める国の民を一日千人縊り殺しましょう」と言われた。伊奘諾尊は応えて、「愛しい我が妻よ、お前がそのように言うのであれば、私は一日千五百人を生もう」と言われた。続いて「ここより出てはならぬ」と言われ、その杖を投げられた。この杖を岐神《ふなとのかみ》と言う。またその帯を投げられた。これを長道磐《ながちはの》神《かみ》と言う。またその衣を投げられた。これを煩神《わづらひのかみ》と言う。またその袴を投げられた。これを開齧神《あきぐひのかみ》と言う。またその履物を投げられた。これを道敷神《ちしきのかみ》と言う。泉津平坂を塞ぐ磐石を泉門塞之大神《よみどにさやりますおほかみ》と言う、または道返大神《ちかへしのおほかみ》と言う。伊奘諾尊は、還ってきて悔やんで言われた。「私は今まで何とも汚い所に行っていた。よって身の穢れをすすぎ取りたい」と言われ、すぐに行かれて筑紫の日向の小戸の橘の檍原《あはきはら》に至り、禊をされた。ようやく身の穢れをすすごうとして言われた。「上の瀬は流れがとても速い、下の瀬は流れがとても弱い」と言われ、中の瀬ですすがれた。これによって神をお生みになられ、八十枉津日神《やそまがつひのかみ》と名付けられた。その曲がったのを直そうとして神をお生みになり、神直日神《かむなほひのかみ》と言う。次に大直日神《おほなほひのかみ》。また海の底に沈んですすがれ、これによって神をお生みになり、底津少童命《そこつわたつみのみこと》と名付けられた。次に底筒男命《そこつつをのみこと》。また潮の中に潜ってすすがれ、これによって神をお生みになり、中津少童命《なかつわたつみのみこと》と名付けられた。次に中筒男命《なかつつをのみこと》。また潮の上に浮いてすすがれ、これによって神をお生みになり、表津少童命《うはつわたつみのみこと》と名付けられた。次に表筒男命《うはつつをのみこと》。全部で九柱である。そのうち底筒男命・中筒男命・表筒男命は住吉大神である。底津少童命・中津少童命・表津少童命は阿曇連《あづみのむらじ》等が祭る神である。そうして後に、左の目を洗われて神をお生みになり、天照大神と名付けられた。また右の目を洗われて神をお生みになり、月読尊と名付けられた。また鼻を洗われて神をお生みになり、素戔嗚尊と名付けられた。合せて三柱の神である。伊奘諾尊は三人の御子にお命じになり、天照大神は高天原を治めなさい、月読尊は青海原の潮の八百重《やほへ》を治めなさい、素戔嗚尊は天の下を治めなさいと言われた。この時素戔嗚尊はすでに年を取っていて、八握鬚髯《やつかひげ》を生やしていた。ところが天の下を治めず常に泣き憤っていた。それで伊奘諾尊が「なぜお前はそのように泣いているのだ」と聞くと、「私は母に従い根国へ行きたいと欲し泣いている」と答えた。伊奘諾尊はそれを憎んで、「勝手に好きなところへ行け」と言われ、追放された。

〔第七の〕一書に曰く

伊奘諾尊は剣を抜き、軻遇突智を三つに斬られた。その一つは雷神に成り、一つは大山祇神に成り、一つは高龗《たかおかみ》に成った。また、軻遇突智を斬られた時に、その血がほとばしって天八十河中にある五百箇磐石を染め、それが神と成って磐裂神と名付けられた。次に根裂神、その児磐筒男神。次に磐筒女神、その児経津主神。

〔第八の〕一書に曰く

伊奘諾尊は軻遇突智を五つに斬られた。それぞれが五つの山祇《やまつみ》に成った。一つは首で大山祇《おおやまつみ》に成り、二つ目は胴体で中山祇《なかやまつみ》に成り、三つ目は手で麓山祇《はやまつみ》に成り、四つ目は腰で正勝山祇《まさかやまつみ》に成り、五つ目は足で䨄山祇《しぎやまつみ》に成った。この時斬った血がほとばしり注いで砂石、草木を染めた。これが草木、砂石が自然に火を含んでいる由縁である。

〔第九の〕一書に曰く

伊奘諾尊はその妻に会いたいと思って、殯の場所に行った。この時伊奘冉尊は生前のようにして出迎え、共に話し合った。伊奘冉尊は「我が夫の尊よ、お願いだから私を見ないでください」と言われた。その言葉が終わると忽然と見えなくなった。その時暗闇だったので、伊奘諾尊は一つ火を灯してご覧になった。すると伊奘冉尊は身体が膨れ上がり、その上に八色の雷公がいた。伊奘諾尊は驚いて逃げ帰られた。この時雷たちが皆起きて追いかけてきた。道のそばに大きな桃の木があり、伊奘諾尊はその木の下に隠れそしてその木の実を雷に投げつけると雷たちは皆逃げていった。これが桃を用いて鬼を追い払う由縁である。伊奘諾尊は、すぐに持っていた杖を投げて「ここより雷はあえて来るまい」と言われた。この杖を岐神《ふなとのかみ》と言う。これの本の名は来名戸之祖神と言う。所謂八雷は、首にあるものを大雷と言い、胸にあるものを火雷と言い、腹にあるものを土雷と言い、背にあるものを稚雷と言い、尻にあるものを黒雷と言い、手にあるものを山雷と言い、足の上にあるものを野雷と言い、陰部の上にあるものを裂雷と言う。

〔第十の〕一書に曰く

伊奘諾尊は追って、伊奘冉尊の居られる所にこられた。そして語って「お前に対し悲しむが故に来た」と言われた。それに答えて「親族よ、私を見ないでください」と言われた。伊奘諾尊はそれに従わずなおご覧になった。それで伊奘冉尊は恥じ恨んで、「お前は私の様子を見てしまった。私もまたお前の様子を見よう」と言われた。それで伊奘諾尊も恥じ入られ、そのため出て帰ろうとされたが、ただ黙って帰らずに、誓って「離縁しよう」と言われた。また、「親族であるお前には負けぬ」とも言われたという。この時唾を吐かれたことが神と成り、速玉之男と名付けられた。次に邪悪を掃われたことが神と成り、泉津事解之男《よもつことさかのを》と名付けられた。合せて二柱である。その妻と泉平坂で相戦うことになって伊奘諾尊は「初め親族のために悲しみ偲んだのは、自分が弱いためだ」と言われた。その時、泉守道者が「伊奘冉尊の言葉があります。『私は、あなたとすでに国を生みました。どうしてさらに生きる必要がありましょうか。私はこの国に留まります。共に行くことはできません』と言われました」と言った。この時、菊理媛神《くくりひめのかみ》が申すことがあった。伊奘諾尊はそれを聞かれ、褒めて、去って行かれた。しかし、自ら泉国を見てしまったことは良いことではない。それで、その穢れをすすぎ掃おうと思われて、すぐに行って、粟門と速吸名門《はやすひなのと》を見た。しかしこの二つの門は潮が非常に速いため、橘之小門に還り向かわれて、すすぎ掃われた。その時、水に入って磐土命を吹き生《な》し、水を出て大直日神を吹き生された。また水に入って赤土命を吹き生し、水を出て大地海原の諸神を吹き生された。

〔第十一の〕一書に曰く

伊奘諾尊は、三柱の御子に命じられて、「天照大神は高天之原を治めよ。月夜見尊は日と並んで天の事を治めよ。素戔嗚尊は青海原を治めよ」と言われた。すでに天照大神は天上におられて、「葦原中国に保食神《うけもちのかみ》がいると聞く。月夜見尊よ、行って見てください」と言われた。月夜見尊は勅命を受けて降り、すでに保食神のところに来られていた。保食神は首を廻らして、陸へ向かうと口から飯が出て、また海へ向かうと魚の大きいもの、小さいものも口から出て、山へ向かうと毛の荒いもの、毛の柔らかいものも口から出てきた。その種々の物を悉くそろえて、机の上に積み上げられて饗応して奉った。この時、月夜見尊は怒って顔色を変え、「汚らわしいこと、卑しいことだ。どうして口から出したもので私にご馳走できるのだ」と言われ、すぐさま剣を抜き撃ち殺してしまわれた。そうして後に復命して詳細にそのことを申し上げられた。すると天照大神は怒ること甚だしく「お前は悪い神である。もう会うことはない」と言われ、すなわち月夜見尊と昼夜の距離を隔てて住まわれることになった。この後に、天照大神はまた天熊人を遣わして、看護させられた。この時すでに保食神は死んでいた。しかし、その神の頭に牛馬が自然にでき、額の上に粟が生え、眉の上に蠒が生え、眼の中に稗が生え、腹の中に稲が生え、陰部に麦と大豆、小豆が生えていた。天熊人はその全てを持ち帰って奉られた。すると天照大神は喜ばれて「これは現実に地上で生きる人々の食べて生きるためのものである」と言われ、さっそく粟、稗、麦、豆をもって畑の種とし、稲を水田の種とされた。またこれによって天の村長を定めた。すぐにその稲の種を、初めて天の狭田と長田に植えた。その秋の垂れた穂は、握りこぶし八つほどのものがしなって、とても心地よい。また、口の中に蠒を含んですぐに糸を引きだすことができた。これにより初めて養蚕の道ができた。

書紀の正文だけを読むと、「磤馭慮島での結婚と大八州国の誕生」から「天照大神、月夜見尊、素戔嗚尊の誕生」までの話は極めて簡略で、伊奘冉尊が亡くなる話は出てこない。古事記及び正文以外の「一書」が、軻遇突智を生んだために伊奘冉尊が亡くなる話が含まれているものと、伊奘諾尊のみが三柱の御子を生んだものと、伊奘諾尊が伊奘冉尊のいる黄泉の国へ行ったものとの、いずれかあるいはその複数に分類されるが、書紀の正文はそれとは全く異なっている。書紀を編纂するときにいくつの原典を参照したのかわからないが、ここに出てくる十一の「一書に曰く」のうち同じ「一書」の可能性のあるものをまとめると、正文に採用された原典以外に少なくとも四種類の原典※があったことになる。正文に採用された、「軻遇突智を生んだために伊奘冉尊が亡くなる話」などが出てこない原典は、はたしていくつあったのであろうか。

「第六」の一書は、他の一書とは一線を画し一つの原典の存在を主張している。その内容は古事記の内容に近く、古事記では少なくともこの「第六」の原典となっている書を重要な資料として採用し、撰録が行われたのではないかと考えられる。しかしなぜ古事記で採用された原典が、書紀では正文ではなく「一書」として扱われているのか。そこに再び書紀編纂者の一貫した方針が現れてくる。古事記と「第六」ではその舞台となる場所が明確に表されている。筑紫と根国（出雲）であり、まさに古事記の国生みで天の付く別名を持った島々の示す地域（海域）である。そしてそこが天照大神、月夜見尊、素戔嗚尊の生まれた場所であり、活躍する場所でもある。書紀編纂の時期（七一四～七二〇年）の政権にとって、これを正式な国家の歴史として認めるわけにはいかなかったのである。できればこの部分を削除したかったであろう。しかし、真実をすべてなくすと書紀全体の信憑性を失う。嘘だけを並べても誰も騙せないが、虚実を綯《な》い混ぜることによって人は騙せるという法則は現在も全く変わっていないし、そのことを書紀編纂者や時の権力者は十分に承知していたと考えざるを得ない。

※一例として、「第一」「第四」「第五」「第七」「第九」「第十一」を一つの書と考えることができ、さらに「第二」「第八」を一つの書として考え、「第三」「第十」を一つの書として考えることができる。そうすると以上で三つの原典があったことになり、残りは「第六」の書のみである。「第六」の書は一つの原典と捉えることができる。よって合計すると四つの原典が少なくともあったことが確認できるのである。

しかし、「一書に曰く」は重要な情報を私たちに与えてくれる。

「第六」では、伊奘諾尊が伊奘冉尊のいる黄泉の国から逃げ帰った場面で、書紀は「伊奘諾尊既に還りたまひ、云々」という表現がされ、「則ち往きて筑紫の日向の小戸の橘の檍原《あはきはら》に至りて、云々」と続き、黄泉の国から還ってきた場所からその先に筑紫の日向の小戸があることが判るのである。要するに逆に考えると、筑紫の日向の小戸の近くから出発したということになる。「第十」では、「故、其の穢悪を濯ぎ除はむと欲し、乃ち往きて粟門と速吸名門とを見す。然るに此の二門、潮既に太だ急し。故、橘之小門に還ってきたと表現されている。この小戸のある博多湾周辺が、伊奘諾尊と伊奘冉尊が降臨し、国生みと神生みを行った最初の場所であることを書紀のこの二つの「一書」は伝えているのである。

「第五」では、伊奘冉尊は火神を生まれた時に焼かれて亡くなられ、紀伊国の熊野の有馬村に葬られたとされている。これは古事記にも他の一書にも出てこない記述である。舒明天皇が有馬の温湯に行幸されたことが書紀に出てくるが、この有馬の温湯とは紀伊国の熊野にあったのかもしれない。紀伊国の熊野とは現在のその地名の場所ではない。それについては、後述することになる。

「第十一」では、高天原にいる天照大神が、葦原中国にいる保食神の作り出した稲、粟、稗、麦、豆の種と蚕の繭を手に入れ、それを高天原で作り始める話である。高天原はどこか、葦原中国はどこか、これはいつの時代話なのか、単なる神話とは思えない。日本の農業の歴史、養蚕の歴史をこの話は伝えているのではないか。歴史上の事実と対応する話ではないのか。魏志倭人伝では、邪馬台国女王卑弥呼は正始四年（二四三年）に倭錦と絳《こう》青縑《せいけん》という絹織物を魏に献上している。高天原の天照大神も邪馬台国の卑弥呼も養蚕を行い絹を織っていたのである。そして筑紫の小戸である福岡市西区小戸の南方に位置する有田遺跡や吉武高木遺跡から実際に絹が出土しているのである。伊奘諾尊が黄泉の国から帰還し禊をした筑紫（竺紫）の小戸（小門）で天照大神は生まれ、高天原を治めたと記紀は云う。天照大神が生まれたのは天《あま》（淡海）の国であり、高天原とは天国《あまくに》を見晴るかす高台にあったということであろう。小戸の南方、日向《ひなた》川が流れ日向《ひなた》峠があって山裾の高台となっている地域、福岡市西区金武《かなたけ》、吉武《よしたけ》付近に高天原があったのではないかと考えられる。この金武から真北にある小戸を臨むと、その先に能古島《のこのしま》、志賀島《しかのしま》が直列に並び、右手から延びる海の中道と志賀島とを結ぶ、かつては海峡であった志賀島橋に視線は達し、さらにその北には玄界灘の孤島、宗像大社の沖津宮のある沖ノ島へと通じ、その先は対馬から韓国へと向かうのである。そして日向峠に立つと、東は福岡市街から博多湾、西は糸島半島から唐津、呼子や玄界灘に浮かぶ姫島などを見渡すことができる。すなわちここが、「韓国に向かい、笠沙の御前を真来通りて、朝日の直刺す国、夕日の日照る国である甚吉《いとよ》き地《ところ》※」高天原であることがわかるのである。

邪馬台国（邪馬壹国）の所在について未だに未解決のように新聞・テレビでは報道されているが、古田武彦氏

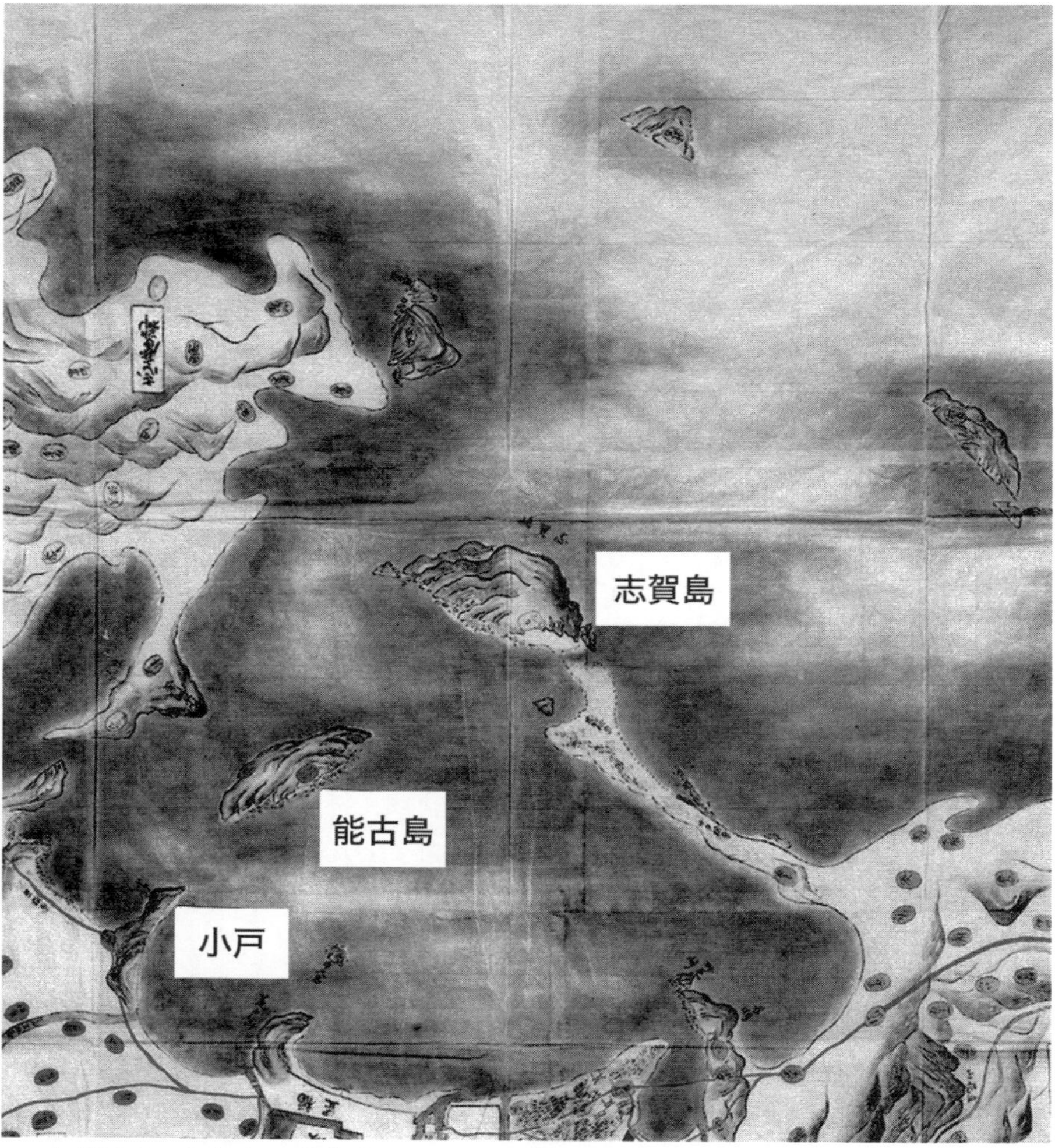

写真4-1　志賀島、能古島、小戸（筑前国中図より。福岡県立図書館所蔵）

によって帯方郡治から邪馬壹国に至る総計が水行十日陸行一月であり、魏志倭人伝に記載された一里は七十五メートルから九十メートルほどの短里であるという説が発表された（一九七一年発行『「邪馬台国」はなかった』）。その後、谷本茂氏によって『周《しゅう》髀《ひ》算経《さんけい》』という周代の天文算術の資料を漢末（魏の直前）にまとめて注釈を付けたものから、そこで使われている里をストレートな計算で一里は約七六ないし七七メートルであると割り出しました」（古田武彦著『倭人伝を徹底して読む』）。このように短里が魏において使われていた可能性が高いことが証明され、一里は約七十六メートルないし七十七メートルであるという正確な数値が提示されたのである。今や邪馬台国の所在を云々する者は、この古田説の検証を経ずして異説を唱えることは許されない。その古田説によって女王国邪馬壹国の所在は、不弥国が姪浜《めいのはま》付近（「生の松原―西新町」間）で、その南の室見川の流域と周辺山地としている。小戸付近に不弥国があったことになり、まさにその南に位置する邪馬台国と高天原の位置が一致するのである。また、魏志倭人伝では不弥国の記述の後に「南至投馬國、水行二十日、官曰彌彌、副曰彌彌那利、可五萬餘戸」の記述があり、不弥国から海路により南の投馬国へ至ることができることを表していると考えられるが、伊奘諾尊が出発し帰還した小戸が不弥国の港であったと捉えれば、それが魏志倭人伝の合理的な解釈であることがわかるのである。

卑弥呼とは日の巫女とも考えられ日の神である天照大神に通じる。共に養蚕を行い絹を織る。そして邪馬台国と高天原の位置が同じである。記紀は、天照大神が卑弥呼であることを計らずも示しているのである。

※古事記で、天津日子番能邇々芸命が竺紫の日向の高千穂の久志布流多気に天降りしたときに詔した言葉で、降臨した地を良き所と表すために、高天原を象徴的に表す言葉を用いて表現したと考えられる。筑前国中図（写真４－１）を見ると小戸の岬が海の中道と志賀島との間の海峡へ向かって（まだ海の中道と志賀島は陸続きになっていなかった）博多湾へ突き出すように出ており、この小戸から出航して北上し、そのまま博多湾を縦断して真っ直ぐに海峡を抜け（その時左手の志賀島の志賀海神社の前を通って）北上を続けると、やがて船の右手に宗像大社の中津宮のある大島が見えてくる。さらに北上を続けると左手前方に沖津宮のある沖ノ島が見えてきて、針路を北西に変更し、船の後方に大島、前方に沖ノ島が見える針路で進むと沖ノ島から対馬へ、そしてさらにその針路を進むと韓国へ達するのである。この小戸から韓国への針路上にある海の正

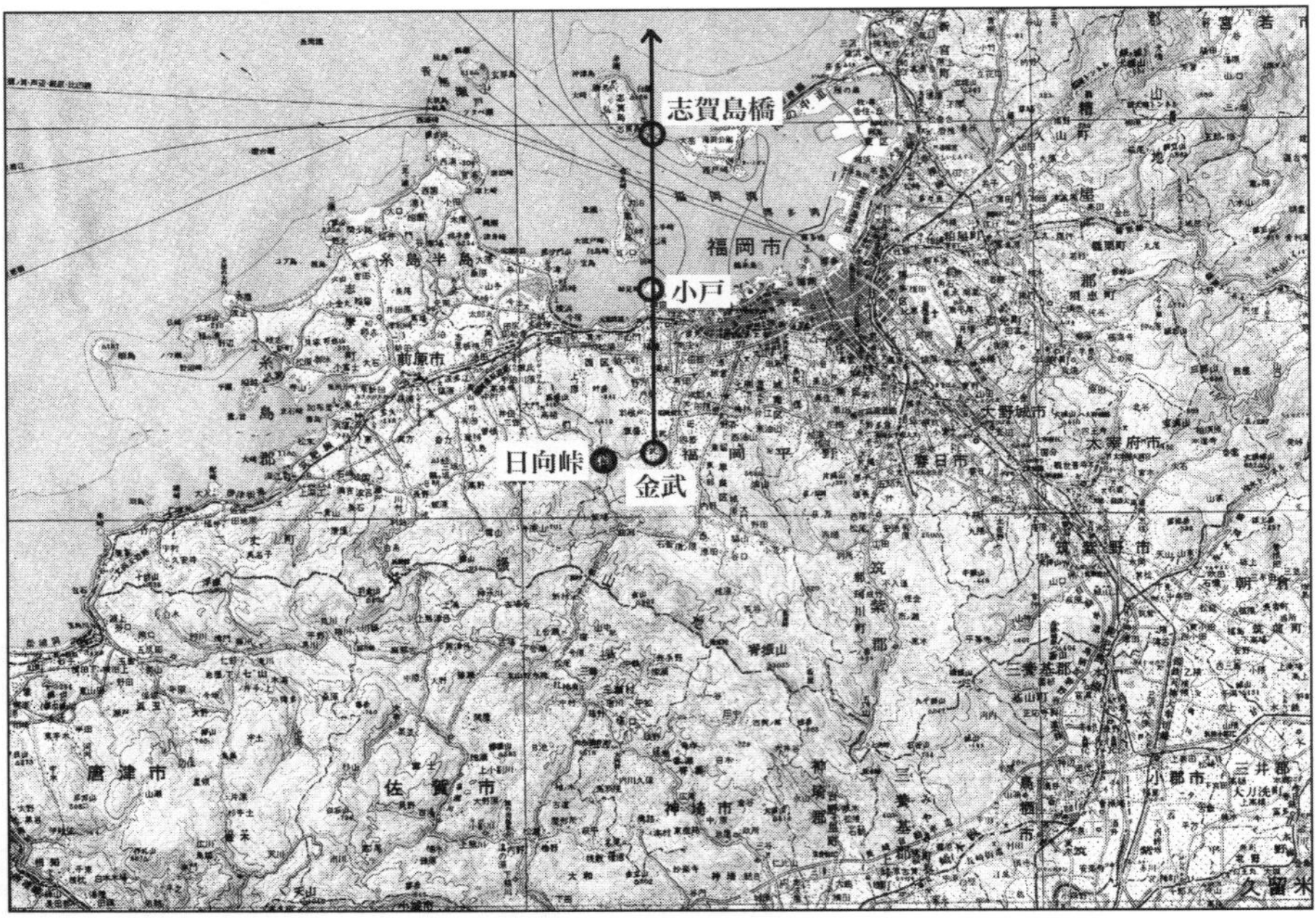

地図4-2　金武 ― 小戸 ― 志賀島

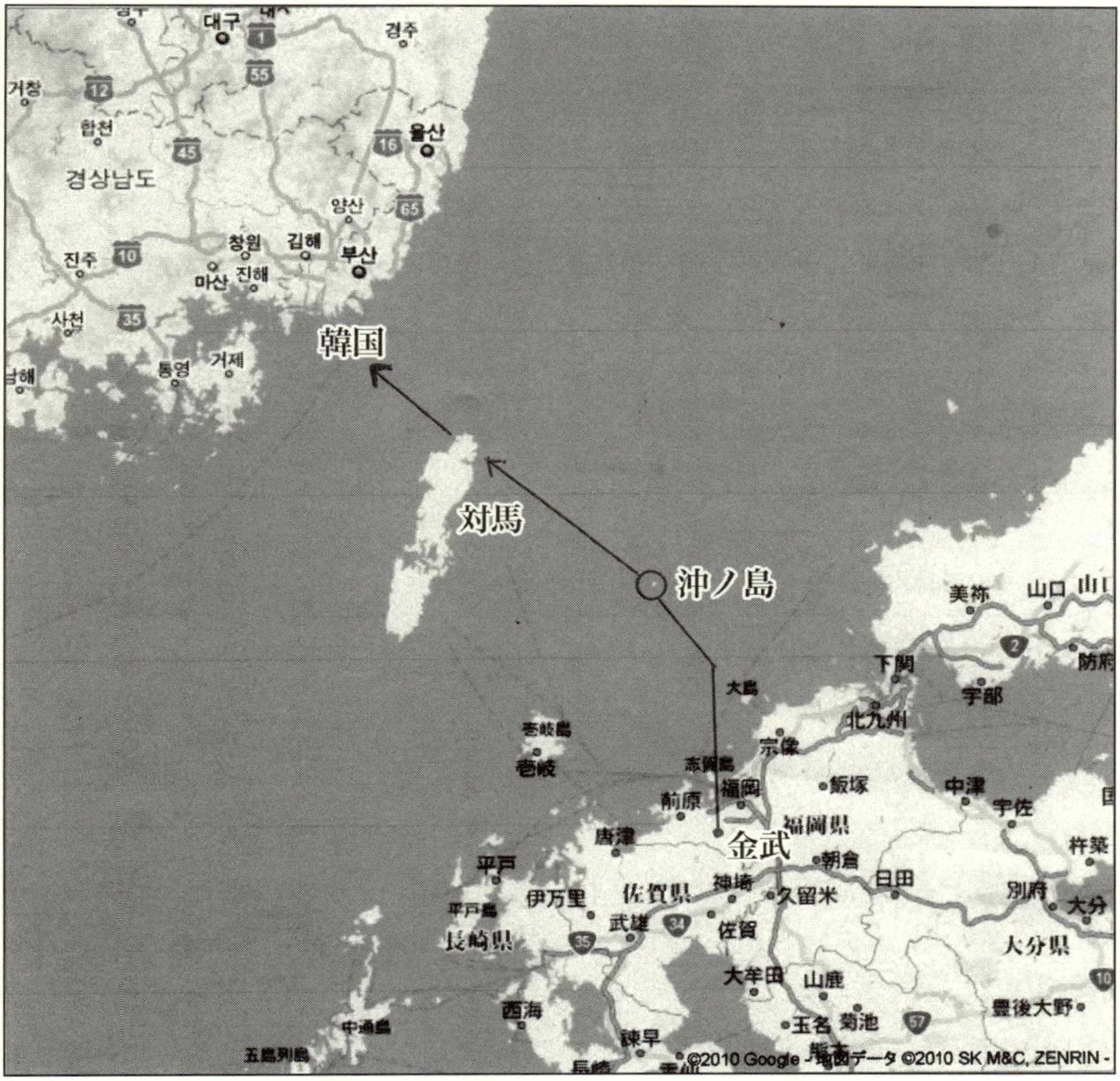

地図4-3　金武 — 沖ノ島 — 対馬 — 韓国

倉院とも呼ばれる沖ノ島が大事な航路の道標となっていたであろうし、これが古代の倭国と韓国を結ぶ重要な航路となっていたであろう。

笠沙の御前とはおそらく小戸を指していただろう。この小戸が魏志倭人伝にある不弥国の港で、南の投馬国へ水行二十日行程の出発港であったとすれば、現在の鹿児島県野間半島に笠沙《かささ》があり、不弥国を出発した船は平戸《ひらど》の瀬戸を通過し南下して真っ直ぐに甑島《こしきじま》を目指して進むと、甑島の先に薩摩半島の南端から東シナ海へ大きく張り出した野間半島の笠沙へと到る。即ち、唐《から》へ到る港を唐津《からつ》と呼ぶように、投馬国の笠沙へ到る港、小戸を笠沙の御前と呼んだのではないだろうか。

三、天孫降臨

■「うけい」と天の岩屋

古事記では、伊耶那岐命に追放された須佐之男命が、根之堅州国へ行く前に、天照大御神へ申すことがあるとして高天原へやってくる。須佐之男命は自らの心の清明さを証明するために、天照大御神と須佐之男命との間で、うけい（祈請）を行ってそれぞれが神生みを行うことを申し出る。それぞれが天の安の河を挟んでうけいをすることとなり、まず天照大御神が須佐之男命が腰に帯びている十拳の剣を受け取り三つに打ち折って天の真名井でふりすすいで噛みに噛んで吹きつける息の霧に成れる神は、多紀理毘売命、またの名を奥津島比売命という。次に、市寸島比売命、またの名を狭依毘売命という。次に、多岐都比売命。次に須佐之男命が、天照大御神の左のみずらに巻いた多くの八尺の勾玉を長い緒で通した髪飾りを受け取り、天の真名井でふりすすいで噛みに噛んで吹きつける息の霧に成れる神は、正勝吾勝々速日天之忍穂耳命。また、右のみずらに巻いた玉を受け取り、噛みに噛んで吹きつける息の霧に成れる神は、天之菩卑能命。また、かずらに巻いた玉を受け取り、噛みに噛んで吹きつける息の霧に成れる神は、天津彦根命。また、左の手に巻いた玉を受け取り、噛みに噛んで吹きつける息の霧に成れる神は、活津日子根命。また、右の手に巻いた玉を受け取り、噛みに噛んで吹きつける息の霧に成れる神は、熊野久須毘命。合せて五柱である。ここで天照大御神は須佐之男命に告げて「この、後から生んだ五柱の男子は私の持ち物からできた子であるから私の子であり、先に生んだ三柱の女子はお前の持ち物から生んだ子であるからお前の子である」と言い、御子の所属を分けられた。このようにして、先に生んだ神、多紀理毘売命は胸形の奥津宮におられ、市寸島比売命は胸形の中津宮におられ、多岐都比売命は胸形の辺津宮におられる。

そして須佐之男命は、私の心が清く明らかなので女子を得た。よって私の勝ちであると勝ち驕って、天照大御神の田の畦を壊しその溝を埋め、天照大御神の大嘗を行う御殿に糞を撒き散らしたが、天照大御神は弟のしたことを怒らず、咎めなかった。しかし悪行は止まらず、天照大御神が神御衣を織らせるため服屋に居られるときに、その服屋の天井に穴をあけ天の斑馬を逆剝ぎにして投げ込み、それに驚いた天の機織女が梭《ひ》で女陰を突いて死んでしまった。それを見て天照大御神は天の岩屋に籠られ、高天原と葦原中国はことごとく暗くなり、夜がずっと続いてしまう。そこで天の安の河原に八百万の神が集まり高御産巣日神の子の思金神に考えさせて、常世の長鳴鳥を集めて鳴かせ、天の香山の牡鹿の骨を焼いて占い、天の香山で根こそぎ掘り取ってきた榊に八尺の勾玉の玉飾り、八尺の鏡、白と青の幣を付けたものを布刀玉命が捧げ持ち、天児屋命が祝詞を上げ、天手力男神が岩屋戸の脇に隠れ立ち、天宇受命が天の香山の日陰蔓《ひかげかずら》をたすきにかけ、真析蔓《まさきかずら》を髪飾りにして、天の香山の笹の葉を束にして手に持ち、岩屋戸の前に桶を伏せて踏み鳴らし、神懸りして胸の乳を露にして裳の紐を女陰までおし垂らした。そこで高天原が鳴り響くほど八百万の神々がどっと笑った。天照大御神は、自分が隠れて高天原も葦原中国も暗いと思うのになぜ天宇受命が踊り八百万の神は笑うのかと言われ、天宇受命が貴方様より貴い神がおられるので喜び笑い楽しんでいると言い、怪しく思った天照大御神が岩屋戸より少し出て天児屋命と布刀玉命が差し出す鏡に映った姿を見ようとしたときに、隠れていた天手力男神がその御手を取られ外へ引き出し、布刀玉命がすぐに注連縄を天照大御神の後に引き渡して岩屋へ戻られないようにした。このようにして天照大御神が出てこられたため、高天原と葦原中国は自然と明るくなった。

　この事件の後、八百万の神が話し合い、須佐之男命に罪を償わせて、須佐之男命は根之堅州国（出雲）に追放される。そして、追放先における八俣の大蛇退治が語られ、出雲に須賀の宮を作りそこで櫛名田比売との間で子を生み、その子八島士奴美神から第六世の孫が大国主神（大穴牟遅神）であることが語られる。

　古事記のここまでの天照大御神と須佐之男命の話の中に出てくる地名等について、そのいくつかをここで検証しておきたい。その対象は、高天原と葦原中国、天の香山、天の安の河、天の真名井、そしてうけいで生まれた三柱の女神である。

　まず高天原と葦原中国について考えます。

高天原はすでに福岡市西区金武付近としました。高天原と邪馬台国とは同じであり、天照大御神と卑弥呼とは同一人物であるともしました。しかし天の地域は高天原だけに止まりません。天の別名の付く島々の所在が証明しているように島根県の日本海から長崎県の東シナ海までの海域が天の範囲であり、それに隣接する地域も天の範囲であると考えられます。そして高天原の周辺も天の範囲であるはずです。葦原中国は天の範囲内でしょうか。今まで読んできた古事記、日本書紀では高天原と葦原中国とはいつも同じ世界にあるように表現されています。天照大御神が天の岩屋に隠れると高天原も葦原中国も共に闇に閉ざされます。書紀では天照大神が月読尊を葦原中国に派遣し、さらに天熊人を派遣して保食神から粟、稗、麦、豆、稲、蚕の繭を手に入れます。葦原中国の方が高天原よりも先進的で豊かな地域であることを表していると言えるかもしれません。そしてこの後天孫が降臨する先が葦原中国なのです。これらのことから葦原中国は天照大御神の勢力（あるいは影響力）、同一文化圏の範囲内にあり、高天原と隣接しているか、かなり近いところにあり、同じ世界である天の地域にあると考えられます。

次に、天の香山について考えます。

「天の香山」とはどう読むのでしょうか。古事記、日本書紀の参考書のほとんどがこれを「あまのかぐやま」と読むように振り仮名を入れています。「天の香具山」も同じく「あまのかぐやま」と読み、同じ山であるようにどの参考書も解釈していると思います。第三章において、「天の香具山」は現在の鶴見岳であることが立証できました。しかし、「天の香具山」と「天の香山」とは同一の山なのでしょうか。それを検証するために、ここで万葉集の歌で香具山が題材になっている歌を取り上げてみましょう。それは万葉集第十三番、十四番の歌です。

中大兄　近江宮に天の下治めたまひし天皇　**の三山の歌一首**

香具山は　畝傍雄雄しと　耳梨と　相争ひき　神代より　かくにあるらし　古も　然にあれこそ　うつせみも　妻を　争ふらしき

反歌

香具山と　耳梨山と　あひし時　立ちて見に来し　印南国原

この歌は、小学館『日本古典文学全集「万葉集①」』の解説によれば、「歌詞の解釈によって三山の性別が異なり、おおむね、(A)香具山（女）が畝傍（男）を雄雄しと思ってそれまで親しかった耳梨（男）ともめるに至った、(B)香具山（男）が畝傍（女）を『愛をし』と思って耳梨（男）と妻争いをした、(C)香具山（女）が畝傍（男）を雄々しと思って耳梨（女）と男を取りあった、の三説があり、それぞれ一長一短がある。作者中大兄が弟大海子皇子と額田王をめぐって妻争いをしたことと関連させて、仮に(A)説に従ったが、問題はなお今後に残されている」とされている歌である。そしてこの三山のうちの二山は、第三章第一節で検討した四山のうちの耳高の青菅山、畝火の美豆山の二山に該当する山であると考えられます。その二山を第三章で英彦山と鷹取山に確定しました。しかし残りの一山は天の香具山、現在の鶴見岳でしょうか。ここでこの歌の原文を見てみましょう。

中大兄　近江宮御宇天皇　三山歌一首

高山波　雲根火雄男志等　耳梨与　相諍競伎　神代従　如此尓有良之　古昔母　然尓有許曾虚蟬毛　嬬乎　相挌良思吉

反歌

高山与　耳梨山与　相之時　立見尓来之　伊奈美国波良

原文では香具山を高山と表しています。高山をどうして「かぐやま」と読めるのでしょうか。香具山とは、軻《か》遇《ぐ》突《つ》智《ち》によって女陰を焼かれ亡くなった伊奘冉尊が示すように、「かぐ」は火を意味し火山を表していると考えられます。しかし、高山は「たかやま」と読むか「こうやま」と読むしかないと考えられます。火山を表してはいないと考えられます。そして決定的なことは、「高山」が実際に英彦山と鷹取山との中間に存在するのです。福岡県朝倉市杷木志波にある標高一九〇・三メートルの山で、麻底良山の南東約二キロメートル、筑後川北岸に接するように位置し、高山を「こうやま」と読む。貝原益軒の著した『筑前国続風土記』巻十一には志波村香山（こうやま）との記述があり、「こうやま」を「高山」とも「香山」とも表してきたことがわかります。三山の位置関係からもこの高山こそ、「天の香山」にもっともふさわしいと考えられます。また、「香具山」と「香山」は全く別の山であると断定できると考えます。天の岩屋に出てくる「天の香山」の原文も「天香山」となっています。ですから、朝倉市杷木志波の高山に間違いないでしょう。この高山と高天原と考えられる福岡市西区金武とは直線距離で約四十八キロメートル離れています。高山の位置する筑後川流域も天の地域ということになります。

次に、天の安の河について考えてみましょう。

現在の福岡県筑前町は太宰府の南東に位置し、夜須《やす》町と三輪《みわ》町が合併してできた町で、かつてここは和名称に出てくる夜須郡があったところです。書紀の神功皇后記にも仲哀天皇九年三月に、神功皇后が羽白熊鷲を撃ち滅ぼして「其処を号けて安と曰ふ」という記述が出てきます。また、夜須郡にあった安野という平原が貝原益軒の『筑前国続風土記』に出てきますが、万葉集五五五番の大伴旅人の歌を併せて掲載しています。

大宰帥大伴卿、大弐丹比県守卿の民部卿に遷任するに贈る歌一首

君がため　醸《か》みし待ち酒　安《やす》の野に　ひとりや飲まむ　友なしにして

「安」という地名を神功皇后が名付けたというのは、単なる地名譚でしょう。もっとも日本書紀は神功皇后を魏志倭人伝の卑弥呼に比定させようという魂胆が明白ですから、※何らかの作為があってのことかもしれません。しかし、現在まで夜須という名称で「安」が残っていることは明らかです。古代「安」の地域はどの程度の広がりを持っていたかはわかりません。しかし「天の安の河」というとき、高天原の人々も天の地域の人々も誰もが、改めて説明されなくてもよく知っていた河ではないでしょうか。夜須の近くを流れる川を地図上で探せば宝満川や小石原川が挙げられるかもしれません。私はそのような川ではないと思います。私は福岡県八幡《やはたし》市で生まれ育ちました。福岡県のほとんど東北端に位置し、福岡県中西部に位置する夜須とは大きく離れています。しかし、かつての八幡市もおそらく古代の天の地域であると思います。そのような所の人々にとって、宝満川や小石原川などは知らないのが当たり前で、福岡県南西部に流れる有名な川はと問われれば、誰もが答えられる川は一つしかありません。そうです、筑後川です。九州一の大河です。阿蘇九重にその源を発し、筑紫平野を潤し、人々に豊穣と文化をもたらしてきた九州の母なる大河です。八百万の神々がその河原に集まり、天照大御神と須佐之男命がその河を挟んで対峙したのは、筑後川以外に考えられません。筑紫次郎とも呼ばれ日本三大暴れ川の一つでもあります。柿本朝臣人麿が、その上流域を吉野川として歌った川です。その下流域の大河についても人麿は歌っていますが、ここでは、この川が古今和歌集ではどのように歌われているかだけを見ておきましょう。

読人知らず

世の中は　なにか常なる　あすか河　昨日の淵ぞ　今日は瀬になる

まさに、世の無常を筑紫次郎の暴れ川振りに見事に詠み込んだ名歌であります。

次に、天の真名井について考えてみましょう。

天照大御神と須佐之男命が、天の安の河を挟んで対峙し、それぞれが相手の持物を使って神生みを行います。その時、相手の持物を天の真名井でふりすすいで息を吹きかけ神を生むのですが、天の真名井とは何を意味するのでしょうか。天を高天原と解釈するのが一般的でしょうが、今まで見てきたように、高天原に限らずその周辺の天の地域も含めて考えるべきでしょう。天の地域にあってかつ天の安の河、すなわち筑後川に近いところにある聖なる泉あるいは井戸と解釈できると考えられます。ここで、第一章で述べた御井の高良大社を思い起こします。高良大社には奥の院と呼ばれる奥宮があり、霊水が湧く聖地となっている。その御井という地名は、まさに真名井と同じく聖なる泉を意味しているのではないでしょうか。その霊水が湧く高良山、その北側のほとんど真下と言ってもいい所を筑後川が流れているのです。天の真名井と御井とは限りなく近く、同一の泉を意味しているのではないでしょうか。万葉集の歌われた時代よりも卑弥呼の時代よりもさらに古い歴史を御井は持っていると思われます。その古い歴史と天照大御神と須佐之男命の故事と御井との深い関わりを知っていればこそ、万葉集百十一番の歌が歌われたのではないでしょうか。

吉野の宮に幸しし時に、弓削皇子の額田王に贈り与へたる歌一首

古に恋ふる鳥かも弓絃葉の御井の上より鳴き渡り行く

御井の聖なる泉は、日本における最古にして最高の聖地を表しているのではないかと、私は思います。

また、天照大御神と須佐之男命の対立は、魏志倭人伝に記述された歴史事実を想起させます。女王卑弥呼の支配する国々の南には女王に服属しない狗奴国があり、女王卑弥呼は狗奴国の男王卑弥弓呼と戦っている様子を帯方郡へ報告したとの記述が魏志倭人伝にあります。邪馬台国は高天原と同じ福岡市西区金武付近にあったと考えますから、その南側に聳える脊振山系を越えて狗奴国と戦ったことになりますが、地政学的に言って狗奴国は筑後川の南側にあったと考えられます。卑弥呼と卑弥弓呼は、まさに天照大御神と須佐之男命のように筑後川を挟んで対峙し、高良山及びその周辺が戦場となったことでしょう。ここに記紀の伝える天照大御神の神話は、明らかに歴史事実から生まれたものとなります。

最後に、うけいで生まれた三柱の女神について考えてみましょう。

天照大御神が須佐之男命の十拳の剣を使って生んだ神は、多紀理毘売命、またの名を奥津島比売命、次に市寸島比売命、またの名を狭依毘売命、次に多岐都比売命、以上三柱の女神である。天照大御神は、この三柱の女神は須佐之男命の持物を使って生まれたので、須佐之男命の子である旨を告げる。古事記はこの後に、この三柱の女神は胸形の奥津宮、中津宮、辺津宮に坐す神であることを述べる。現在の福岡県宗像市にある宗像大社に祀られる三柱の女神である。この記事は何かを暗示していると思われます。天の岩屋事件の後、須佐之男命は根之堅州国（出雲）へと追放されるが、須佐之男命の六世の孫とされる大国主命（古事記では大国主神と表記）は出雲より倭国へ出発し、胸形の奥津宮の多紀理毘売命と結婚するのである。このことは、須佐之男命に象徴される部族集団もしくは勢力があって、筑後川流域を主な勢力範囲としていたが、宗像などの九州の北東部や出雲地域もその勢力範囲としていたことを示しているのではないか。大国主命の所在の解明がその謎を解く一つの鍵となるのかもしれない、と思われるのです。

日本書紀でも古事記と同じように天照大神と素戔嗚尊との間で誓約（うけい）による神生みが行われ、天の岩屋の事件が語られますが、ここからはさらに進んでいよいよ天孫降臨の話へといきたいと思います。

※書紀神功皇后三十九年、四十年、四十三年の条で、「魏志に云はく」として魏志倭人伝に記載された卑弥呼に関わることが神功皇后の事跡のように語られる。

■天孫降臨の目的地葦原中国とはどこか

天孫降臨とは簡単に言えば、「天照大神の一族が、葦原中国《あしはらのなかつくに》という地域を、自らの支配する勢力圏とするために起こした侵略行為」ということになります。天照大神のいる高天原の所在地についてはすでに考察し、高天原と邪馬台国は同じであり、現在の福岡市西区金武付近であるとしました。また、天照大神と卑弥呼とは同一人物であるともしました。しかし、天孫降臨とは何かを知るために最も重要なことは、葦原中国がどこにあるのかを知ることです。前項の考察の中で、「葦原中国は天照大御神の勢力（あるいは影響力）、同一文化圏の範囲内にあり、高天原と隣接しているか、かなり近いところにあり、同じ世界である天の地域にあると考えられます」としました。天照大神は天熊人を葦原中国に派遣し保食神から穀物の種と蚕の繭を手に入れました。卑弥呼は魏への貢物として、正始四年（二四三年）に倭錦と絳青縑《こうせいけん》という絹織物を献上しました。景初二年（二三八年）に大夫難升米を派遣したときは、絹織物ではなく班布という織物を贈っています。二三八年から二四三年の五年の間に繭を手に入れ絹織物を開発したということになります。その繭は葦原中国と呼ばれる地域にあったということになります。葦原中国は高天原より経済的文化的に先進地域であり、古くより大陸（中国）との交流が行われていたことを、このことは示しているのではないでしょうか。このことを念頭において、古事記、日本書紀の中に葦原中国とはどこか、天孫降臨とは具体的に何を意味しているのかを探っていきたいと思います。

まず古事記の「忍穂耳命と邇々芸命　（二）葦原中国の平定」（『日本古典文学全集「古事記」』〈小学館〉を参照した）を読んでみましょう。

ここでは、葦原中国を豊葦原千秋長五百秋水穂国と呼び、天照大御神はこの国は自分の息子である正勝吾勝勝々速日天忍穂耳命が治める国であるとして、天忍穂耳命に天から降るように命じられた。天忍穂耳命は天の浮橋に立って見て、豊葦原千秋長五百秋水穂国は大変騒がしい状態であるとして、そのことを天照大御神へ報告した。そこで、高御産巣日神・天照大御神は、天の安の河原に八百万の神を集め思金神に思案させて、「この葦原中国は我が御子の治める国として与えたものであるが、この国にはひどく荒んだ国つ神たちが大勢いることを思うと、いずれの神を派遣して恭順させればいいだろうか」と言われた。思金神と八百万の神は協議して、天菩比神を派遣しましょうと答えた。それで天菩比神を派遣したが、大国主神に媚びついて三年になるまで復命しなかった。

この「葦原中国の平定」の中で二点ほど注目すべきことがあります。まず、天の安の河原に八百万の神と思金神を集めて協議させますが、そこで「この葦原中国」という表現がされています。原文でも「此葦原中国」となっており、「此」はその時八百万の神たちがいる所を「この葦原中国」と表現しているように思われます。天の安の河は筑後川ではないかと考察しました。天の香山が筑後川流域であったように、八百万の神たちが集合した天の安の河原は筑後川の河原の可能性が非常に高いと考えられます。筑後川の流域は九州の穀倉地帯筑紫平野です。筑後川の流れ着く先は有明海です。先史時代より黒潮に乗って多くの人間たちが大陸から渡ってきたことでしょう。大陸の先進文化が海を渡り有明海へ到達し筑後川を遡ったのではないでしょうか。現在の日本の国土全体を見渡しても、有明海及び筑後川流域以上に古代中国など大陸の先進文化を受け入れる適地があるでしょうか。エジプトはナイルの賜物と言われます。中国は黄河及び揚子江流域を中心に栄えました。温暖な気候、豊かな水源と肥沃な大地があり、そこに古代社会の最先端を行く文化を持ち込む人々がいたとすれば、そこに古代における有数の文明社会が築かれないはずがありません。また、第二章第二項「筑後川河口付近の古代の有明海」で述べたように、有明海北岸の佐賀地域と筑後地域にかつて広大な葦原が存在していたのではないかという研究がされています。長い航海を経て漸くたどり着いた大きく穏やかな丸い海、その湾の奥へ進むと大きな川の河口があり、見渡す限りの葦原を両側に見ながらその川を遡っていく。このような古代の情景が目に浮かぶようです。豊かな葦原の水穂の国、大河を遡ると青垣なす山間に清冽な水が滝となって降る九州の中央部へと到達します。この有明海北岸から筑後川を遡った筑後川流域、これ以上に豊葦原千秋長五百秋水穂国である葦原中国にふさわしいところがあるでしょうか。

次に、葦原中国へ派遣された天菩比神が大国主神に媚びて三年も復命をしなかったとの記述です。葦原中国に大国主神が住んでいたと受け取れます。このことから葦原中国とは出雲のある山陰にあったのではないかとの解釈も生まれます。古事記では大国主神は、須佐之男命と櫛名田比売との間に生まれた八島士奴美神から数えて六世の孫であるとしています。須佐之男命は、天照大御神と天の安の河を挟んで対峙したように、筑後川流域とは深い関わりを持っていると考えられ、その子孫の一族が筑後川流域をその後も支配し続けていたとも考えられます。前にも述べたように、古事記では出雲から倭国へ向けて出発した大国主神が胸形の奥津宮の多紀理毘売命と結婚するのです。大国主神は九州へ来ていたことになります。これらのことから須佐之男命の出発点と考えられる筑後川流域と須佐之男命に所属する三柱の女神がいる宗像と須佐之男命の到着点である出雲は、須佐之男命に代表される勢力、部族集団によって支配されていた地域といえるのではないでしょうか。筑後川流域に大国主命がいたとしても何ら不思議ではないと考えられるのではないでしょうか。このことを裏付ける神社が、福岡県朝倉郡筑前町（夜須町と三輪町の合併前は三輪町）にある大己貴《おおなむち》神社です。古事記に「大国主神、またの名は大穴牟遅神と謂い」とあるように大国主命を祭る神社です。日本書紀仲哀天皇九年神功皇后摂政前紀の条に、神功皇后が新羅征討にあたって大三輪社《おおみわのやしろ》を立てたとの記述があり、それがこの大己貴神社であるとされている。奈良県桜井市にある大神《おおみわ》神社は日本最古の神社とされ三輪山を神体とし拝殿のみで本殿を持たないが、この大己貴神社も山を神体として本殿を持っておらず同じ名称（おおみわ）と形態を持った神社である。大神神社の祭神は大物主神で、大己貴神と少名彦神を配祀しているが、大物主神とは、古事記では神武天皇の皇后伊須気余理比売の父親が美和の大物主神とされている。また古事記崇神天皇の条では、疫病が流行り天皇が悩み苦しんでいるときに夢に現れ、自分の子孫である意富多々泥古《おおたたねこ》に自分を祭らせるようにと言われ、その結果、意富多々泥古を神主にして三諸山（三輪山）で意富美和之大神《おおみわのおおかみ》を祭ったとされる。書紀においても崇神天皇の条で、国内に疫病が流行り八百万神に占い問われたところ、倭迹迹日百襲姫命《やまとととひももそひめのみこと》が神懸りして、大物主神が現れ自分を敬い祭れと言われ、教えのままに祭ったが効果はなく、さらに天皇が沐浴物忌みして祈ったところ、天皇の夢に大物主神が現れ、国が治まらないのは自分の祟りであり自分の子大田田根子《おおたたねこ》をもって自分を祭らせるようにと言われ、大田田根子に大神《おおみわ》を祭らせたとある。このとき神懸りした倭迹迹日百襲姫命は後に大物主神の妻となるが、大物主神は昼には来ないで夜のみ来る。倭迹迹日百襲姫命が姿がよく見えないので明朝まで留まってほしいと言ったところ、櫛《くし》笥《げ》（櫛を入れる箱）に入っているからどうか驚かないでほしいと答えた。翌朝、倭迹迹日百襲姫命が櫛笥の中を見ると美しい小さな蛇が入っていた。倭迹迹日百襲姫命が驚き叫ぶとたちまち人の姿になり、お前は我慢できず私に恥をかかせたと言って三諸山に登っていった。倭迹迹日百襲姫命は去り行く神を見て後悔し、尻餅をついたときに箸が陰部を突いて死んでしまった。その墓を名付けて箸墓《はしはか》というとある。

書紀巻第一神代第八段の「一書に曰く」の第六の一書では、「大国主神、亦は大物主神と名《まを》し」と記載され、大国主神と大物主神とは同一の神とされています。奈良県桜井市周辺が須佐之男命の勢力や大国主神の縁の地である、といえる何ものかがあるのでしょうか。そこには地名として三輪山があり、大神神社があるため、それが絶対的なこととして今まで信じられてきたことではないでしょうか。福岡県筑前町の大己貴神社は神功皇后が立てたと書紀は言います。しかし書紀には不審なことがいくつもあります。神功皇后を卑弥呼に仕立て上げようとしていること、天照大神の頃からあった地名と考えられる「安」をあたかも神功皇后が名付けたようにしていること、そして北部九州各地に神功皇后伝説が残っているにもかかわらず神功皇后の出身地を関西としていること等です。吉野山の地名は西暦七〇三年から七二二年の間に移されたと考えられます。この大神神社もその頃に移されたと考えることができるでしょう。しかし本当は大神神社は遷すことができなかった。それはなぜか、書紀が伝えるように大物主神は祟りの神であるからです。現代日本は唯物論の支配する世界です。神仏を畏れぬ人ばかりの現代日本からは、古代の人々がいかに神仏を畏れたかは理解をはるかに超えるものでありましょう。情け容赦なく根こそぎに世界に誇るべき文化と文明を破壊し持ち去った、時の権力者・歴史改竄者も、その根底には個人の信仰を持っていたはずです。どうしてこの恐るべき大物主神を遷すことができるでしょうか。それに代わる方法を考えるしかなかった。その手段として神功皇后を利用し、筑前町の大己貴神社は神功皇后によって立てられたこととし、八世紀の前半に建てた大神神社を記紀の伝える本物の神社に偽装したと考えられます。

その恐るべき祟り神の故に、ほとんど唯一と言っていい明白な証拠となる歴史的施設が、権力者による破壊と略奪を免れ、福岡県筑前町に残されていたということになります。倭国朝廷を苦しめた神が、倭国の文化と文明がどこを中心にして栄えていたかを証明する神になるとは、何という歴史の皮肉でしょうか。さらに、この大己貴神社が本物の大神神社であり、大己貴神社のご神体の山が本物の三輪山であると考えられることから、その周辺にあるはずの隠口の泊瀬や泊瀬川とは現在のどこなのか等々明らかになってきますが、それについては後で述べたいと思います。とにかくこの大己貴神社の存在が、旧三輪町周辺にかつて大国主神とその部族集団の拠点があったことを明らかにしていると考えられます。

古事記の「葦原中国の平定」の部分を読みましたが、それでは書紀ではその部分はどうなっているでしょうか。古事記では天照大御神が、葦原中国は自分の息子正勝吾勝勝々速日天忍穂耳命が治めるべき国であるとして天降りさせようとしますが、書紀では高皇産霊尊《たかみむすひのみこと》が皇孫天津彦彦火瓊瓊杵尊《あまつひこひこほのににぎのみこと》を葦原中国の主としようとします。天照大神の子正哉《まさか》吾勝勝速日《あかつかちはやひ》天忍穂耳尊《あまのおしほみみのみこと》が、高皇産霊尊の娘栲幡千千姫《たくはたちぢひめ》を娶って生まれたのが天津彦彦火瓊瓊杵尊です。しかし葦原中国は、蛍火のように怪しく光る神と蝿のように騒ぐ邪神がいて草木も口をきくような不気味なところであるので、高皇産霊尊は多くの神々を集め、葦原中国の邪神を除き平定させたいが誰を派遣するべきかを問います。神々は、天穂日命が傑出した神であるので試されればいいと答え、それで天穂日命を派遣し平定させようとしますが、大己貴神に媚びて三年たっても報告しなかった。よってその子大背飯三熊之大人《おおせいみくまのうし》も派遣しますが、その父に従って終に報告しなかった。

古事記では高御産巣日神・天照大御神が八百万の神を天の安の河の河原に集めて協議するのに対し、書紀では高皇産霊尊が「八十諸神」を集めて協議しますが、どこで協議したのかは記述がありません。

それでは古事記の次の「忍穂耳命と邇々芸命〔二〕天若日子の派遣」（『日本古典文学全集「古事記」』〈小学館〉より）に入りましょう。

高御産巣日神・天照大御神はまた諸々の神を集めて、天菩比神が復命しないが誰をまた派遣すればいいかを問う。思金神が答えて、天津国玉の神の子天若日子《あめわかひこ》を派遣すべきと言う。それで天若日子に天のまかこ弓と天のはは矢を与えて派遣したが、天若日子は天降って大国主神の娘下照比売※を娶り、その国を手に入れようと八年に至るまで復命しなかった。それでまた天照大御神・高御産巣日神は諸々の神に問い、天若日子が長い間復命しないが、どの神を派遣してその理由を問わせるかと言うと、諸神と思金神が答えて、雉の鳴女《なきめ》を派遣すればいいと言った。そこで天照大御神・高御産巣日神は雉の鳴女に、「お前が行って天若日子へ「お前を葦原中国へ派遣した理由はその国の荒ぶる神々を恭順させるためである。何故に八年も復命しない」と問えと言われた。それで鳴女は天降って天若日子の門の木にとまって、天つ神の言われたとおりの言葉を伝えた。ところが天佐具売《あめのさぐめ》がその言葉を聞いて、この鳥は鳴き声がとても悪い、射殺すようにと天若日子に言い進めた。天若日子はすぐに天つ神から賜った弓矢でその雉を射殺した。ところがその矢は雉の胸を貫いて射上がり、天の安の河の河原に居られる天照大御神・高木神（高木神は高御産巣日神の別名）のところへ至った。高木神はその矢に血がついているのを見て、これは天若日子へ与えた矢であると諸神へ示して、もし天若日子が命令に従い邪神を射ようとした矢であるなら矢に当たるな、もし邪心あらばこの矢の災いを受けよと、矢の開けた穴から突き返した。すると、朝まだ寝ている天若日子の胸に命中して亡くなった。下照比売の泣く声が天に届き、天若日子の父天津国玉神と天若日子の妻子がその声を聞いて降り来て、泣き悲しんでそこに喪屋を作り、八日八夜の間歌舞音曲を奏した。この時阿遅志貴高日子根神《あじしきたかひこねのかみ》が来て天若日子の喪を弔ったところ、天より降ってきた天若日子の父と妻が「我が子、我が夫は死んでいなかった」と言って、手足に取りすがって泣き悲しんだ。これは二柱の神の容姿がよく似ていたための過ちであった。阿遅志貴高日子根神は大変怒り、「私は親しい友人であったから弔いに来ただけだ。どうして私を汚い死人に見立てるのか」と言って、十掬《とつか》の剣を抜いてその喪屋を切り倒し、足で蹴飛ばしてしまった。

※大国主神と胸形の奥津宮に坐す神多紀理毘売命との間に生まれた子。

書紀でもここのところは、天若日子が天稚彦《あめわかひこ》、阿遅志貴高日子根神が味耜高彦根神《あじすきたかひこねのかみ》と表され、話の内容も古事記とほとんど同じです。

それでは古事記の次の「忍穂耳命と邇々芸命　〔三〕建御雷神の派遣　及び〔四〕大国主神の国譲り」（『日本古典文学全集「古事記」』〈小学館〉を参考）に入ります。

そこで天照大御神は、またどの神を派遣すればよいかと言われた。それで思金神と諸神は、「天の安の河の川上の天の岩屋にいる伊都之尾羽張神《いつのおはばりのかみ》を派遣すべき、またもしこの神でなければその子建御雷之男神《たけみかずちのおのかみ》を派遣するべきである。その天尾羽張神《あまのおはばりのかみ》は天の安の河の水を塞き上げて道を塞いでいるため、別に天迦久《あめのかくの》神《かみ》を派遣して問うべきである」と答えた。このようにして天迦久神を派遣して天尾羽張神に問うたところ、「恐れ多いこと、お仕えしましょう。しかしこの任務は我が子建御雷之男神を派遣すべき」と答え、建御雷之男神を差し出した。それで建御雷之男神に天鳥船神《あめのとりふねのかみ》を随伴させて派遣した。こうして二柱の神は出雲国の伊耶佐の小浜に降り、十掬《とつか》の剣を抜いて波の穂に逆さまに刺し立て、その剣先に胡坐をかいて、大国主神に「天照大御神・高木神の命で問いにきた。『お前が領有する葦原中国は我が御子の支配する国であると委任し与えた。よってお前の心はどうか』」と言った。それに対し答えて、「私は申し上げることができません。我が子八《や》重《え》事代主神《ことしろぬしのかみ》が申し上げることです。しかし鳥の狩猟、魚とりのため御大之前に行ってまだ帰りません」と言った。それで天鳥船神を遣わして、八重事代主神を召し出して尋ねたところ、八重事代主神は大国主神へ「恐れ多いこと、この国は天つ神の御子へ差し上げます」と言って、乗っている船を踏み傾け、天の逆手を青柴垣《あおふしかき》に打ち成して隠れた。その結果を受けて建御雷神は大国主神に「今お前の子事代主神はこのように申し終えた。他に申すべき子はいるか」と問うた。ここでまた「また、我が子建御名方神がいる。この他にはなし」と言っている間にその建御名方神が千引の石を手先にささげて来て、「誰だ、わが国に来てひそひそとものを言っているのは。それならば力比べをしたい。よって、私がまずその手を取ろうと思う」と言った。それでその手を取らせれば、たちまち氷柱に変え、また剣の刃に変えた。そのため建御名方神は恐れ引き下がった。そして今度は建御雷神が、その建御名方神の手を取ろうと、求め寄せて、若い葦を取るように、取って投げ放つとたちまち逃げ出した。それで追って行き信濃国の諏訪湖に追い詰めて殺そうとした時に、建御名方神が「恐れ多いこと。私を殺さないでください。ここ以外他の場所には行きません。また、我が父大国主神の命に背きません。八重事代主神の言葉に背きません。この葦原中国は天つ神御子の命に従い奉ります」と申しました。それで、建御雷神は再び大国主のところに還ってきて「お前の子、事代主神・建御名方神の二柱の神は、天つ神の御子の命に背くことはないと申し終わった。それでお前の心はどうか」と問うた。それに答えて「私の子、二柱の神が申しますように私も背きはしません。この葦原中国は命に従い奉ります。ただ、私の住処だけは天つ御子が天津日継を示す天の住居のように磐石の基礎の上に宮柱を太く立て、高天原に千木高くそびえさせお祭りくだされば、私は百足らず八《や》十《そ》坰手《くまて》に隠れておりましょう。また、私の子達百八十の神は、八重事代主神が神の先頭や後尾に立ってお仕えすれば背く神はおりません」と言いました。

よって、建御雷神は帰り上って、葦原中国を平定した状況を復命した。

それでは次に書紀の同じところを読みます。

この後に高皇産霊尊はさらに諸神を集め、葦原中国に派遣する者を選んだ。皆は「磐裂根《いわさくね》裂神《さくのかみ》の子磐筒《いわつつ》男《のお》・磐筒女《いわつつのめ》が生んだ子経津主神《ふつぬしのかみ》がよい」と答えた。その時天石窟《あまのいわや》に住む、稜威雄走神《いつのおはしりのかみ》の子甕速日神《みかはやひのかみ》、その甕速日神の子熯速日神《ひのはやひのかみ》、その熯速日神の子武甕槌神《たけみかづちのかみ》が進み出て、「何故経津主神だけが丈夫《ますらお》で自分は丈夫でないのか」と申した。その語気が激しかったため、経津主神に添えて葦原中国平定へ向かわせた。二柱の神は出雲国の五十田狭の小汀に降ってきて、十握剣を抜き逆さまに土へ刺しその剣先の上に胡坐をかいて大己貴神に「高皇産霊尊が皇孫を降してこの土地に君臨させようと望んでおられる。それゆえにまず我ら二神を派遣して平定させようということだ。お前の考えはどうだ。譲るか否か」と問われた。それに大己貴神が答えて「我が子に聞いてその後にご返事します」と言った。この時その子事代主神は遊びに出ており、出雲国の三穂の碕にあって釣りを楽しんでいた。あるいは鳥の遊びを楽しんでいたともいわれている。よって熊野の諸手船に稲背脛《いなせはぎ》を乗せて使いとし、高皇産霊尊の勅を事代主神に伝え、返事を問わせた。その時事代主神は使いに「今天つ神のこの問いの勅がありました。我が父はお譲りするべきでしょう。私も違いはございません」と語った。そして海中に幾重もの蒼柴籬《あおふしかき》を造り、船を踏み傾けて去っていった。使者は帰還してそのことを報告した。それで大己貴神は我が子の言葉をもって二柱の神へ「私が頼りにしていた子はすでにお譲りしました。よって私もお譲りします。もし私が抵抗すれば国内の諸神も同じく抵抗するでしょう。今私がお譲り奉れば誰か敢えて従わぬ者がいるでしょうか」と申し上げた。そして国を平定した時に杖としていた広矛を二柱の神へお授けして「私はこの矛で国の平定を成し遂げました。天孫がこの矛を使って国を治めれば必ず平安に治めることができるでしょう。今私は百足らず八十隈に隠れます」と言われた。言い終えて遂に隠れてしまった。ここに二柱の神は従わぬ諸々の鬼神たちを成敗し、その結果を復命された。

古事記では天照大御神が建御雷之男神と天鳥船神の二柱の神を派遣するのに対し、書紀では高皇産霊尊が経津主神と武甕槌神の二柱の神を派遣しました。また、古事記では大国主神が意見を聞く必要があると答えた大国主神の子が、八重事代主神と建御名方神の二柱の神であったのに対し、書紀では大己貴神の子は事代主神の一柱のみであったなどの違いはありますが、古事記も書紀も内容的には非常によく似ています。古事記も書紀も葦原中国に派遣された神が出雲へと向かいます。それでは今まで考察してきた葦原中国とは現在の筑後川流域という考えは間違っているのでしょうか。ここでもう一度葦原中国とはどういうところかを再確認してみましょう。

天照大神は天熊人を葦原中国に派遣し保食神から穀物の種と蚕の繭を手に入れました。高天原は現在の福岡市西区金武付近と考えられます。天照大神が天の岩屋へ隠れると高天原も葦原中国も共に暗くなってしまうほど近いところにあります。また、天上にも葦原中国にも居てはならぬ（書紀神代上一書第三）として根之国へ追放された素戔嗚尊はどういうわけか出雲国へ行ってしまいます。また、筑後川流域は、気候温暖で豊富な水資源と肥沃で広大な筑紫平野があり、海産物が豊かで中国、琉球列島、インド、東南アジア方面からの古代最先進文化を受け入れる基地となる有明海へとつながっています。それに対し高天原のあった福岡市西区付近は、筑後川流域ほど肥沃な大地に恵まれているとはいえません。現在の福岡市でも同じような状況があります。人口百万人を超える大都市ですが、北部九州北岸地域にはある共通の問題点がありました。梅雨時に十分な雨が降らないとその後の渇水期に深刻な水不足に苦しめられるということです。福岡市も三十年ほど前までは毎年のように水不足に苦しめられてきました。人口の増加に水資源の供給が追いつかなかったのです。近年それが解決とまではいかなくとも改善されたのは、筑後川のお陰でもあります。筑後川の水を採取し福岡市へ供給するということが現在行われているのです。このことからも判るように、脊振山地、筑紫山地を境とした山の北側と南側とを比較すると、水資源や気候、肥沃な土地の広さなど、山の南側の方が豊かで多くの人々を養うことができるということです。その違いを生み出した最も大きなものは九州の屋根とも言うべき阿蘇・九重に源を発する筑後川にあったということができます。高天原の人々にとって自分たちの今後の繁栄を考えるならば、より豊かで多くの人間たちの豊かな営みが行える環境への進出が必要でした。その理想とする環境が筑後川流域であり、聖書の言葉を借りて言うならば、葦原中国は天孫族の約束の地「乳と蜜の流れるカナンの地」であったということです。

しかし、それではなぜ古事記も書紀も、出雲国があたかも葦原中国であるような記述がされているのでしょうか。ここで、古事記がいつ撰録されたか、書紀がいつ編纂されたかを思い出してください。古事記は西暦七一二年に撰録され、書紀は七一四年から七二〇年にかけて編纂されています。既に述べたように吉野の地名は西暦七〇三年から七二二年の間に移された可能性が高い。古事記撰録の時期と書紀編纂の時期が丁度この中に納まります。古事記も書紀も吉野山を九重の吉野山ではなく、現在の地名の吉野山として解釈されるように記述しているると思われます。このことは、古事記もまた歴史改竄のための手段となっていたことを示しており、その記述の中で出雲国を葦原中国としているのも古事記による歴史改竄の結果であると考えられるのです。

そして、葦原中国の位置が正しく知られると、改竄者にとって記紀と地名移転によって行われた歴史改竄の成果が全て失われてしまいます。記紀は葦原中国に居た大国主神をうまく利用して出雲国が葦原中国であるように記述し、正しい位置から目をそむけさせると同時に葦原中国の位置について読者に混乱を与え、その後の話を歴史改竄者にとって都合のいい方向へと持っていこうとしていると考えられます。

また、高天原から葦原中国平定のために戦力が派遣された先は、必ずしも葦原中国だけではなく、同時かあるいは前後してか、出雲国へも派遣されたと考えることもできると思われます。今まで考察してきたように、須佐之男命に代表される勢力・部族集団による支配地域は、少なくとも筑後川流域、宗像など九州北東部そして出雲国が考えられ、それらの地域が水路、陸路を使って連携していたのではないかとも想像されます。※筑後川流域の葦原中国を治めるためには、大已貴神社の神南備山を拠点とする大国主の部族を平定しなくてはならないが、そのためにはその背後にいる出雲国の拠点を襲い、その連携を絶つ必要があったということを、記紀の葦原中国の平定の記事は示していると考えられます。

それではいよいよ天孫降臨とは、いったいどこでどのように行われたのかを、歴史改竄の手段とも言える古事記と書紀の中に探ってみましょう。

※大已貴神社からその北にある秋月を通り山越えの道を行くと遠賀《おんが》川の上流域に達し、遠賀川を下ると北九州

の芦屋へと至る。芦屋からは、宗像は西方に隣接し、出雲は海路で対馬海流に乗り五日程度の行程と考えられる。

■天孫降臨

それでは、まず古事記の「忍穂耳命と邇々芸命〔五〕天孫降臨」（『日本古典文学全集「古事記」』〈小学館〉を参考）のところを読んでまいります。

こうして天照大御神・高木神が太子正勝吾勝々速日天忍穂耳命《まさかつあかつかつはやひあめのおしほみみのみこと》に「今、葦原中国を平定し終えたと言っておる。よって、委任賜ったように降って統治せよ」と命令された。それに対し正勝吾勝々速日天忍穂耳命が「私が降ろうとして準備をしている間に、子が生まれました。名は天邇岐志国邇岐志天津日高日子番能邇々芸命《あめにきしくににきしあまつひたかひこほのににぎのみこと》、この子を降すのがいいでしょう」と答えた。高木神の娘万幡豊秋津師比売命《よろずはたとよあきつしひめのみこと》と結婚して生まれた子が天火明命《あめのほあかりのみこと》、次に日子番能邇々芸命《ひこほのににぎのみこと》の二柱であり、そこで申したままに、日子番能邇々芸命に「この豊葦原水穂国はお前が統治する国として委任する。命に従い天降るべし」と命令された。こうして日子番能邇々芸命が天降りをしようとしたときに、天の八衢《やちまた》に居て上は高天原を照らし下は葦原中国を照らす神がいた。そこで天照大御神・高木神が天宇受売神《あめのうずめのかみ》に命じて「お前はか弱い女とはいえ敵対する神に向かってにらみ勝つ神である。よって、お前一人行って『我が御子が天降ろうとするときに誰がこのようにして居る』と問え」と仰せられた。それで天宇受売神が行って問われると「私は国つ神、名は猿田毘古神《さるたびこのかみ》である。出てきたわけは天つ神の御子が天降りますと聞いたためで、先頭に立ってお仕え申し上げたく、参ってお待ちしている」と申しました。

このようにして、天児屋命《あめのこやのみこと》・布刀玉命《ふとたまのみこと》・天受売神・伊斯許理度売命《いしこりどめのみこと》・玉祖命《たまのおやのみこと》の合わせて五人の部族の長の神を分け加えて天降した。ここに天照大御神を招きよせた八尺《やさか》の勾玉・鏡と草なぎの剣、そして常世思金神《とこよのおもひかねのかみ》、手力男神《たぢからおのかみ》、天石門別神《あめのいはとわけのかみ》を添えられて、「この鏡はひたすら私の御魂として私を拝むように祭りなさい」と仰せられ、次に「思金神は今言ったことを行って祭りごとを行いなさい」と仰せられた。この二柱の神（邇々芸命と思金神）は〈さくくしろ〉伊須受能宮《いすずのみや》をあがめ祭った。次に登由宇気神《とゆうけのかみ》、これは外宮の度相《わたらい》に鎮座される神である。次に天石戸別神《あめのいはとわけのかみ》またの名は櫛石窓神《くしいはまとのかみ》と言い、またの名を豊石窓神《とよいはまとのかみ》と言う、この神は御門《みかど》の神である。次に手力男神は佐那々県《さななあがた》に鎮座している。さて、この天児屋命は中臣連《なかとみのむらじ》たちの祖先である。布刀玉命は忌部首《いみべのおびと》たちの祖先である。天宇受売命は猿女君《さるめのきみ》たちの祖先である。伊斯許理度売命《いしこりどめのみこと》は作《かがみ》鏡　連《つくりのむらじ》たちの祖先である。玉祖命は玉祖連《たまのおやのむらじ》たちの祖先である。

そこで、〈天照大御神・高木神は〉天津日子番能邇々芸命に命令を下し、邇々芸命は高天原の神座を離れ天空に八重にたなびく雲を押し分けて、厳かに道を選びに選んで、天の浮橋から竺紫《ちくし》の日向の高千穂の久士《くじ》布流多気《ふるたけ》に天降りされた。そこで、天忍日命《あめのおしひのみこと》、天津久米命《あまつくめのみこと》の二人は堅固な靫《ゆき》を背負い、頭椎《かぶつち》の太刀を腰に下げ、天のはじ弓を持ち、天の真鹿児矢を手に挟み持って、邇々芸命の御前に立って先導された。天忍日命は大伴連《おおとものむらじ》たちの祖先である。天津久米命は久米直《くめのあたい》たちの祖先である。

ここに邇々芸命は「ここは、韓国に向かい、笠沙の御前をまっすぐに通って、朝日のじかに射す国、夕日の照らす国である。よってここはとてもよい地である」と仰せられ、磐石の基礎の上に宮柱を太く立て、高天原に千木高くそびえさせてお住まいになった。

次に、書紀の同じく天孫（皇孫）降臨のところ（『日本古典文学全集「日本書紀①」』〈小学館〉を参考）を読んでまいります。書紀では天孫降臨に関わるところは「一書に曰く」の第一から第八までありますが、「天孫降臨」に直接関わる部分は、「正文」と「第一」、「第二」、「第四」、「第六」の「一書に曰く」に書かれています。

〔正文〕

さて、高皇産霊尊は真床追衾《まことおうふすま》で皇孫天津彦彦火瓊瓊杵尊《あまつひこひこほのににぎのみこと》を覆って降臨させられた。皇孫は天磐座《あまのいわくら》を押し離し、また天八重雲を押し分け、厳かに道を選びに選んで、日向の襲の高千穂峰に天降りました。このようにして皇孫のお出でになる様子は、槵日《くしひ》の二上の天浮橋より浮島の平らなところに降り立たれて、痩せて不毛の国から丘続きによい国を求めて行かれ、吾田の長屋の笠狭の碕に至りました。その地に一人の人がいて、自らを事勝国勝長狭と名乗った。皇孫が尋ねて「国があるかどうか」と言われると、答えて「ここに国があります。どうぞ御心のままにごゆっくりなさいませ」と申し上げた。それで皇孫は滞在された。

〔第一の〕一書に曰く

その時、天照大神は勅《みことのり》を下して「もしそうであるなら、まさに我が子を降臨させましょう」と仰せられた。まさに降臨しようとした間に、皇孫がお生まれになった。天津彦彦火瓊瓊杵尊《あまつひこひこほのににぎのみこと》と名付けられた。その時天忍穂耳尊が奏上されて「この皇孫を代わりに降臨させたいと思う」と言われた。それで天照大神は天津彦彦火瓊瓊杵尊に八坂瓊曲玉《やさかにのまがたま》と八《や》咫《た》鏡《かがみ》と草薙剣《くさなぎのつるぎ》の三種の宝物を賜れた。また、中臣《なかとみ》の先祖天児屋根命《あまのこやねのみこと》、忌《いみ》部《べ》の先祖太玉命《ふとたまのみこと》、猨女《さるめ》の先祖天鈿女命《あまのうずめのみこと》、鏡作《かがみつくり》の先祖石凝姥命《いしこりどめのみこと》、玉作《たますり》の先祖玉屋命《たまのやのみこと》の合わせて五部神《いつとものおのかみたち》をお伴として添え従わせられた。そして皇孫に勅《みことのり》して「葦原千五百秋瑞穂国《あしはらのちいほあきのみずほのくに》は、我が子孫が王たるべき地である。汝皇孫よ、行って治めよ。さあ、行きなさい。宝祚《あまつひつぎ》の栄えることは天地のごとく極まることはないであろう」と仰せられた。このようにしてまさに降られようとする間に、先に行った者が還ってきて言うには「一人の神が、天八達之衢《あまのやちまた》に居り、その鼻の長さ七咫《ななあた》、座高は七尺あまりで背の高さは七尋《ななひろ》と言うべきでしょう。また、口や尻は明るく光っています。眼は八《や》咫《た》鏡《かがみ》のようにして、照り輝くこと赤いほおずきのようです」と申し上げた。それでお供の神を遣わして尋ねさせた。それは八十万の神たちであったが、誰も皆眼力で圧倒して尋ねるということができなかった。よって、特別に天鈿女命に勅《みことのり》して「お前は眼力で人に優れる者である。行って問うように」と言われた。天鈿女命は胸の乳房を露にし、裳の紐を臍の下まで押し垂らして笑いながら向かい立った。この時衢神《ちまたのかみ》が問うには「天鈿女よ、お前はなぜそのようなことをするのか」と言った。それに答えて「天照大神の御子の幸《いでま》す道路に、このようにしているのは誰だ。敢えて問う」と言った。衢神が答えて「天照大神の御子が今降りますと聞きました。よってお迎えするため待っております。私の名は猨田彦大神《さるたひこのおおかみ》」と言った。それでまた天鈿女が「お前が私の前に行くか、それとも私がお前の前を行くか」と問うた。それに答えて「私が先に立って案内しましょう」と言った。天鈿女がまた「お前はどこに行こうとするのか、皇孫はどこに行かれることになるのか」と問うた。それに答えて「天神の御子は、筑紫の日向の高千穂の槵触峰《くしふるのたけ》に至りますでしょう」と言い、そうして「私を世に顕《あらわ》にしたのはお前である。よってお前は私を送り届けるべきである」と言った。天鈿女は還って以上のことを報告した。ここに皇孫は、天磐座《あまのいわくら》を押し離し、天八重雲《あまのやえくも》を押し分け、厳かに道を選びに選んで天降られた。そして遂に先の約束どおり、皇孫は筑紫の日向の高千穂の槵触峰《くしふるのたけ》に至りました。その猨田彦神《さるたひこのかみ》は、伊勢の狭長田の五十鈴の川上に至った。そして天鈿女命は猨田彦神の願いどおりに、猨田彦神を送って行った。その時皇孫が天鈿女命に勅して「お前が世に顕にした神の名を以って姓氏とするように」と仰せられ、猨女君《さるめのきみ》の名を賜った。よって猨女君の男女は皆、君と呼ばれる。これがその由縁である。

〔第二の〕一書に曰く

　高皇産霊尊は、そこで勅《みことのり》して「私は天津神籬《あまつひもろき》と天津磐境《あまついわさか》とを起こし建て、我が子孫のためにお祭りすることとしよう。お前たち天児屋命《あまのこやねのみこと》と太玉命《ふとたまのみこと》よ、天津神籬《あまつひもろき》を持って葦原中国へ降り我が子孫のためにお祭り申し上げよ」と仰せられ、この二柱の神を天忍穂耳尊《あまのおしほみみのみこと》のお供として天降らせた。この時天照大神は、手に宝鏡を持って天忍穂耳尊に授け、祝福して「我が子よ、この宝鏡を見ることは私を見ることと同じと考えよ。この鏡と床を同じくし殿を同じくして、お祭り申し上げる鏡とせよ」と仰せられた。また、天児屋命と太玉命に勅され「お前たち二柱の神も、同じく殿の内にお仕えしてよく防ぎ守ることをするように」と仰せられた。また勅して「我が高天原に作る神聖な田の稲穂を我が御子に授けよう」と仰せられた。そして、高皇産霊尊の娘の万幡姫という姫を天忍穂耳尊に娶わせ妃として天降らさせた。ところが、中空に居られる間に御子をお生みになられた。天津彦火瓊瓊杵尊と申し上げる。よって、この皇孫を親に代えて降らせようとお思いになられた。そこで天児屋命、太玉命と多くの部族の神たちをすべて授けられ、またお召し物なども天忍穂耳尊と同じように授けられ、そうして後に天忍穂耳尊は天へお戻りになられた。それで、天津彦火瓊瓊杵尊は日向の槵日《くしひ》の高千穂峰に天降られて、痩せて不毛の国から丘続きによい国を求めて行かれ、浮島の平らな所に立たれその国の事勝国勝長狭を召してお尋ねになった。それに答えて「ここに国があります。ともかく勅のままになさってください」と申し上げた。そこで皇孫は宮殿を建ててその地に滞在された。

〔第四の〕一書に曰く

高皇産霊尊は真床覆衾《まとこおうふすま》を天津彦国光彦火瓊瓊杵尊《あまつひこくにてるひこほのににぎのみこと》にお着せになり、天磐戸を引き開け、天八重雲を押し分けて、天降らせられた。その時、大伴連の遠祖天忍日命は来目部の遠祖天槵津大来目を率いて、背には天磐靫を負い、腕には稜威の高鞆を着け、手には天梔弓・天羽羽矢を取り、八目鳴鏑を添え持ち、また頭槌剣を帯びて、天孫の前を進んだ。行き降って日向の襲の高千穂の槵日《くしひ》の二上峰の天浮橋に至り、浮島の平らな所に立たれ、痩せた不毛の国から丘続きに良い国を求めて行かれ、吾田の長屋の笠狭の御碕に到着された。その時そこに一柱の神がいて、名を事勝国勝長狭と云った。それで天孫はその神に「国はあるか」と問われた。それに答えて「あります」と申し上げた。そして「勅のままに献上いたします」と申し上げた。それで、天孫はそこに留まられた。その事勝国勝神は伊奘諾尊の子である。またの名を塩土老翁という。

〔第六の〕一書に曰く

この時に、高皇産霊尊は真床覆衾《まとこおうふすま》を皇孫天津彦根火瓊瓊杵根尊《あまつひこねほのににぎねのみこと》にお着せして、天八重雲を押し開いて天降らせられた。よって、この神を讃えて天国饒石瓊瓊杵尊《あめくににぎしににぎのみこと》と申します。その時降り至りました所を日向の襲の高千穂の添山峰《そほりのやまのたけ》という。その出歩かれる時に及んで云々。吾田の笠狭の御碕に至りまして、ついに長屋の竹島に登ります。そしてその地を巡りご覧になられるとそこに人がおり、名は事勝国勝長狭という。それで天孫が「ここは誰の国か」と問うと、答えて「ここは長狭が住む国である。しかし今天孫に献上いたします」と申しました。

以上が、古事記及び日本書紀に記述された天孫降臨の内容です。古事記では、天照大御神が八尺の勾玉、鏡、草薙の剣を授け、常世思金神、手力男神、天岩門別神をお付けになられ、日子番能邇々芸命《ひこほのににぎのみこと》が、その途中の天の八衢《やちまた》に待ち受けた猿田毘古神《さるたびこのかみ》の案内で降臨します。この時古事記はなぜか「この二柱の神（邇々芸命と思金神）は〈さくくしろ〉伊須受能宮《いすずのみや》をあがめ祭った。次に登由宇気神《とゆうけのかみ》、これは外宮の度相《わたらい》に鎮座される神である」と述べるのです。伊須受能宮《いすずのみや》とは伊勢神宮内宮のことであり、外宮とは同じく伊勢神宮外宮のことを表します。これは邇々芸命が葦原中国へ降臨した後に、天照大御神の命を守り伊勢神宮を祭ったと解釈できます。書紀では、「第一の一書に曰く」でこの古事記の記述を裏付けるようなことが述べられます。猨田彦神《さるたひこのかみ》は瓊瓊杵尊《ににぎのみこと》を案内し、「皇孫は筑紫の日向の高千穂の槵触峰《くしふるのたけ》に至りました。その猨田《さるた》彦神《ひこのかみ》は、伊勢の狭長田の五十鈴の川上に至った」と書かれています。瓊瓊杵尊が伊勢神宮を祭ったとは書紀には書かれていませんが、降臨した先の筑紫の日向の高千穂の槵触峰《くしふるのたけ》と猨田彦神《さるたひこのかみ》が至った伊勢の五十鈴川の川上とは極めて近接したところにあることをこの一文は示しています。瓊瓊杵尊は伊勢に行ったとは書かれていませんが、古事記の記述と併せて解釈すれば瓊瓊杵尊の目的地は葦原中国にある伊勢であったと考えられます。

ここに至ってようやく、天孫降臨とは具体的に何を意味していたのかを知る、十分な証拠を集めることができました。整理してみましょう。

①第四章の二において、福岡市西区金武付近が邪馬台国であり高天原であるとしました。
②同じく第四章の二において、卑弥呼と天照大御神とは同一人物であるとしました。
③この第四章の三において、邇々芸命（瓊瓊杵尊）は降臨し葦原中国にある伊勢に行ったと解釈いたしました。
④古事記と書紀の〔第一の〕一書に曰くでは、天照大御神（天照大神）が邇々芸命（瓊瓊杵尊）に勾玉、鏡、剣のいわゆる三種の神器を授けています。
⑤そして「第二章　御井から見える伊勢神宮」で、吉野ヶ里遺跡が伊勢の斎宮であり、そこが伊勢の国であることを述べました。

ここで、高天原であり邪馬台国である福岡市西区金武と吉野ヶ里遺跡の位置を地形図とカシミール３Ｄの図上に落とし、その位置関係を詳しく見てみましょう。地形図を見ると、金武から見た吉野ヶ里遺跡の位置は南南東約十二キロメートルにあり、その中間地点付近から東北東約一キロメートルのところに脊振山山頂があります。要するに脊振山山頂を頂点とし金武と脊振山を結ぶ線及び脊振山と吉野ヶ里遺跡を結ぶ線を二辺とする二等辺三角形が図上に現れるのです。この二等辺三角形が何を意味するかはわかりませんが、金武と吉野ヶ里遺跡とは、

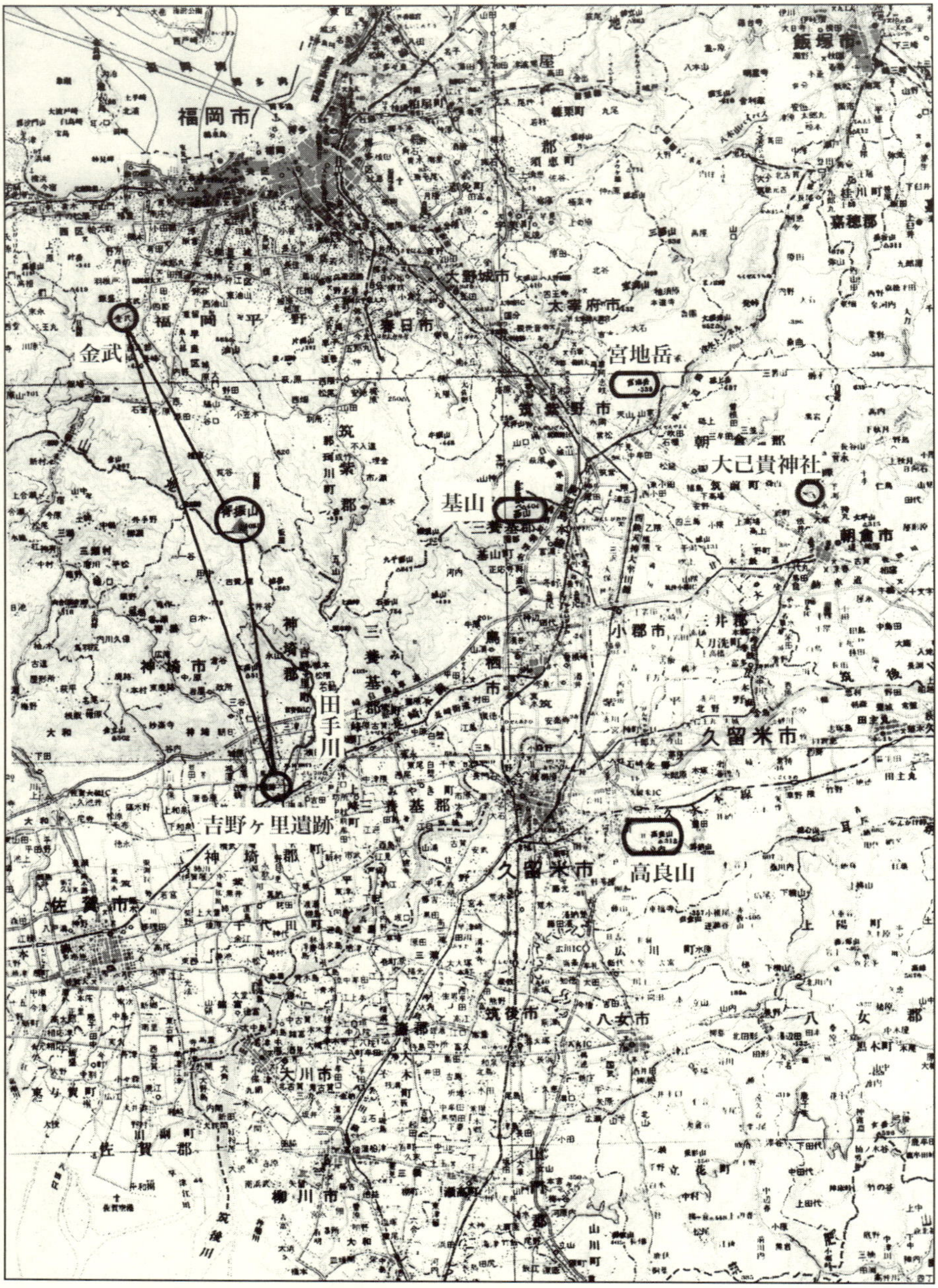

地図4-4　天孫降臨：金武、吉野ヶ里、三輪位置図

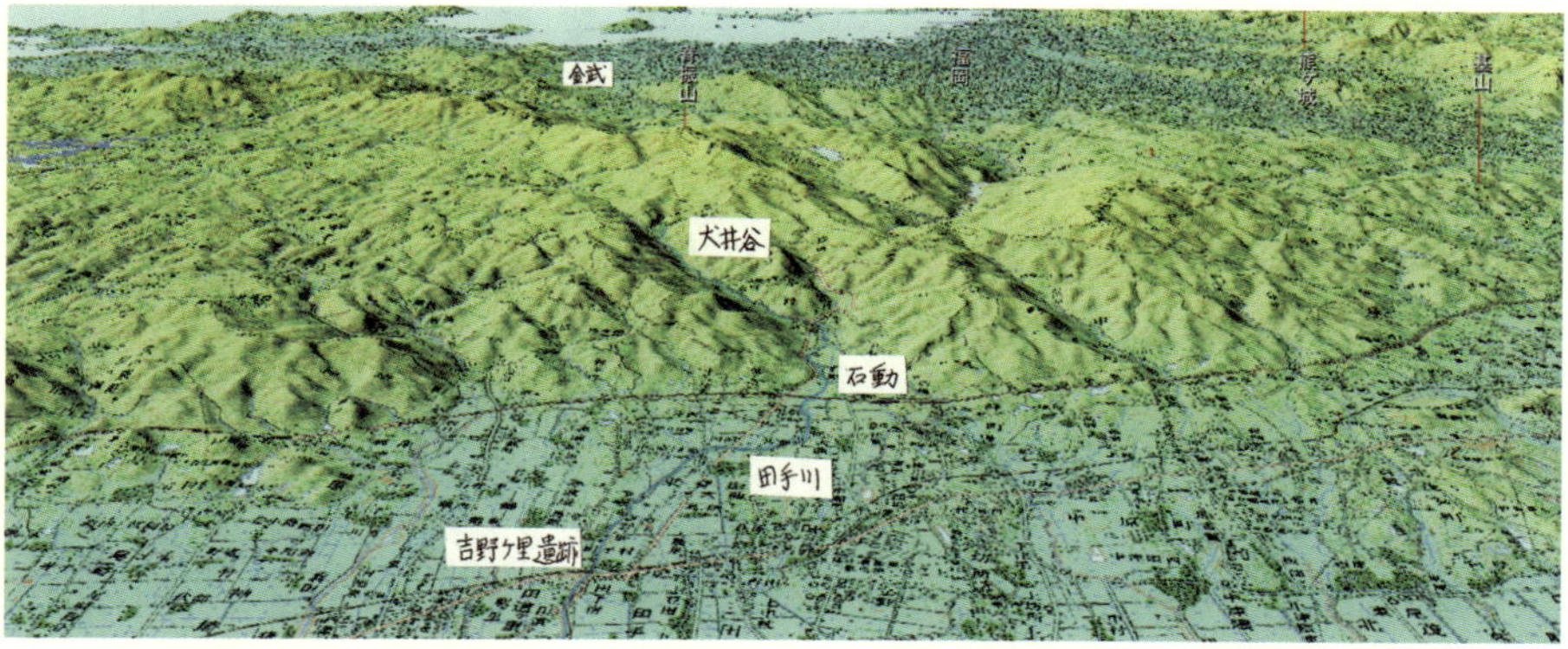

写真4-2　天孫降臨ルート：金武、脊振山、田手川、吉野ヶ里俯瞰図

脊振山を軸としてほとんど対称的（シンメトリー）な位置関係にあると言えます。次に、書紀の「第一の一書に曰く」で「猨田彦神《さるたひこのかみ》は、伊勢の狭長田の五十鈴の川上に至った」とあります。五十鈴川は伊勢神宮のそばを流れる川ですが、吉野ヶ里遺跡のそばには田手川が流れています。ここでカシミール３Ｄ図面を見ると、田手川は吉野ヶ里遺跡の上流は石動《いしなり》に至り、その上流は犬井谷に至ります。ここが田手川の源流であり、そこは脊振山の頂上直下にあたります。そして、吉野ヶ里遺跡からは勾玉、鏡、剣の三種の神器にあたるものが発見されています。

以上のことから次のことが明確になったと言えます。

天孫降臨とは、高天原（福岡市西区金武）を出発した邇々芸命（瓊瓊杵尊）が、猿田毘古神《さるたびこのかみ》（猨田彦神《さるたひこのかみ》）の案内により筑紫の日向の高千穂の槵《くし》触峰《ふるのたけ》（脊振山）の頂上から五十鈴川（田手川）の上流を経て川沿いに山を降り、葦原中国にある伊勢へ至ったことをいう。そして伊勢において高天原（邪馬台国）をモデルにした前進基地を造り、それが魏志倭人伝の伝える邪馬台国の要件を備えた環壕集落（吉野ヶ里遺跡）であり、それが後に倭国の宗教的聖地である伊勢神宮へと変貌していったということである。

ここで一つ確認しておきたいことがあります。古事記も書紀も葦原中国を平定した後に天孫降臨したことになっているが、決してそのようなことはないということです。吉野ヶ里遺跡から矢を射られた遺体が見つかっているように須佐之男命（大国主神）勢力との争いは天孫降臨後も続いていたと考えられます。また、なぜこのような天孫降臨のルートを選んだのかを検証すれば、葦原中国が十分に平定されていなかったことがすぐにわかります。太宰府の南に宮地岳という標高三三九メートルの神籠石《こうごいし》を持った山があり、その南西に基山《きざん》という標高四〇四メートルの古代山城の基肄城《きいじょう》のある山があります。その二つの山の山間が脊振山地、筑紫山地のほとんど唯一と言ってもいい、北部と南部を結ぶ交通の要衝となっています。すなわちここを通れば、何も脊振山の山越えなど必要ないのです。しかしこの二つの山がそれぞれに神籠石があったり、山城が古代からあったように、ここが古代から戦略上、軍事上の重要拠点であったことがわかります。そして大国主神の拠点である大已貴神社の山は、この重要拠点を制するためのまさに絶好の位置にあるのです。高天原の勢力にとって、大国主神の勢力によって制せられたこの関所あるいは要塞とも呼ぶべきところを通り抜けることは到底できなかったということになります。それで、伊勢を治める猿田毘古神《さるたびこのかみ》の助けを受け、脊振山の山越えの道から五十鈴川（田手川）沿いに降り、伊勢（吉野ヶ里）に至り、そこに高天原（邪馬台国）の前進基地を築いて葦原中国平定のために大国主神勢力と争い、さらに出雲まで遠征して出雲、宗像などとの大国主神勢力の連携を分断して葦原中国を平定していったというのが歴史の真相であると考えられます。

第五章

神武東征

一、天孫降臨その後

前章で、魏志倭人伝から導かれる邪馬台国と記紀から読み解いた高天原は同一で、現在の福岡市西区金武付近にあって、天孫降臨とは邇々芸命（瓊瓊杵尊）が高天原を出発して猿田毘古神の案内により筑紫の日向の高千穂の槵触峰《くしふるのたけ》（脊振山）の頂上から五十鈴川（田手川）沿いに山を降り葦原中国にある伊勢（現在の吉野ヶ里）へ至ったことをいうと述べた。また記紀では葦原中国が高天原の勢力によってすでに平定された後に邇々芸命は降臨したように記述されているが、実際は降臨後も大国主勢力との戦いは続けられたはずであるとも述べた。しかし記紀には天孫降臨後のことについて、邇々芸命が降臨した所が葦原中国であるとも、邇々芸命が天照大神から授けられた三種の神器を祭りそして降臨した所を治めたとも一切述べられていない。共に降臨したはずの神々のその後の消息についても全く記載がない。降臨によって邇々芸命は突然異次元空間へ迷い込んだかのように、それまでの高天原の神々の織り成す神話世界の物語や葦原中国にあると思われた多様な人間世界の造り出す喧騒とは遠くかけ離れた、どこか海岸近くの寂しい里にいつの間にか来ているのである。そこを書紀の正文では吾田の長屋の笠狭の碕と言い、古事記では笠沙の御前と言っている。ここで邇々芸命は木花之佐久夜毘売（木花之開耶姫）と出会い、結婚するのであるが、天孫降臨までの話と天孫降臨後との話には明らかな断絶がある。天孫降臨の目的地は葦原中国であったはずだが、天孫降臨後の話の舞台は葦原中国ではないことは記紀を読み進めることで明らかとなる。なぜこのような断絶が生まれたのか、この著書で今まで考察してきたように歴史改竄者による記紀の編纂による歴史改竄が原因であるとも考えられるが、もう一つのケースも考えられる。それは、倭国の歴史がもともとこのような二重構造を持っていた、即ちある王朝の天孫降臨の歴史が最初にあって、それを継いだあるいは最初の王朝を滅ぼした次の王朝が自分の歴史をそれに継ぎ足したのではないかという可能性である。しかしその可能性を追求、解明するためには、まず記紀による歴史改竄を究明し真実の歴史の概要を把握した上で、考古学的資料を検証すること等が必要となってくるだろう。

邇々芸命の天孫降臨後から神武天皇までの話は古事記をもとに概略に留めよう。

古事記では、天津日高子番能邇々芸能命《あまつひたかこほのににぎのみこと》（邇々芸命）は笠沙の御前で、大山津見神の娘神阿多都比売（またの名を木花之佐久夜毘売《このはなさくやびめ》）に出会い結婚を申し込む。それを聞いて大山津見神はとても喜び、姉の石長比売《いわながひめ》を副えて多くの結納の品とともに奉る。しかし邇々芸命は姉の石長比売のとても醜いのに恐れをなして送り返し、妹の木花之佐久夜毘売と一夜の交わりを持つ。姉の石長比売が送り返されたことを大山津見神はとても恥じて、「二人の娘を一緒に奉った訳は、石長比売をお使いになれば天神の御子の命はいつまでも堅く動かずにおられるようにとのことであり、また木花之佐久夜毘売をお使いになれば木の花が栄えるように栄えるとのことであったのに、石長比売をお返しになったことで天神の御子の命は木の花のように短くあられるでしょう」と邇々芸命へ申し送られた。木花之佐久夜毘売は一夜で妊娠しそのことを邇々芸命に伝えるが、邇々芸命はそれを信じず国つ神の子であろうと言われる。木花之佐久夜毘売は、もし国つ神の子であれば無事に生まれることはないが、天つ神の子であれば無事に生まれるであろうと、戸のない八尋《やひろ》の建物を作りその中に入って土で塗り塞いで、まさに生もうとするときにその建物に火をつけ、そして生んだ。火の燃え盛る中で生まれた子は、火照命《ほでりのみこと》と火須勢理《ほすせりの》命《みこと》と火遠理命《ほおりのみこと》またの名を天津日高日子穂々手見命《あまつひたかひこほほでみのみこと》の三柱であった。

次に、この三柱の御子のうち、火照命は海幸彦（海佐知毘古）、火遠理命は山幸彦（山佐知毘古）として、よく知られた「海幸彦と山幸彦」の話に入っていく。弟の火遠理命は兄の火照命へ互いの道具を取り替えて、兄は山の獲物を獲り弟は海の獲物を獲ろうと提案する。兄はなかなか同意しなかったが最後には弟の求めに応じ道具を交換する。そして、弟火遠理命は海の道具で魚を釣ろうとするがどうしてもうまく釣れず、しかも釣針を失ってしまう。そのことを兄に告げ、償って許しを受けようとするが、兄はそれを許さず失った釣針を返すように求めた。困り果てた火遠理命が海辺で泣いていると塩椎神《しおつちのかみ》が現れ、小船を造ってくれて綿津見神《わたつみのかみ》の宮へ行くように教えられる。綿津見神の宮を訪れた火遠理命は、そこで綿津見神の娘の豊玉毘売と出会い、三年間そこで暮らすが、釣針を失ったことを思い出し大きなため息をつく。それに気付いた豊玉毘売が父綿津見神に伝え、綿津見神が火遠理命から事情を聴いて、釣針を喉に刺した鯛を見つけ出し、火遠理命へ釣針をお渡しすることができた。

その時綿津見神は、この釣針を兄に渡すときに「この釣針は、ぼんやりの針、猛り狂う針、貧しい針、役立たずの針」と言って後ろ手にお渡しなさいと言い、兄が高田を作れば貴方は下田を作り、兄が下田を作れば貴方は高田を作りなさい。自分は水を掌るので三年の間に兄は貧しくなるであろう。兄が恨んで攻めてきたら塩盈珠《しおみちのたま》と塩乾珠《しおひのたま》を使って苦しめなさいと、二つの珠を授けた。そして綿津見神によって送り返された火遠理命は、その教えを守り兄を従わせることに成功する。そしてある日、火遠理命を豊玉毘売が訪れ、「自分は今妊娠している。出産間近であるが天つ神の御子は海原で生むわけにはいかないのでやって参りました」と言って、海辺の渚に鵜の羽で屋根を葺き産屋を造った。まさに子を生もうとした時に、豊玉毘売が言うには、「自分は今、本当の姿に戻って生むのでどうか自分を見ないでください」。その言葉を不思議に思った火遠理命が密かに覗いて見ると、大きなわにが腹這いになって身をくねらせていた。これを見た火遠理命は恐れ驚いて逃げ去り、それを知った豊玉毘売は恥ずかしく思い、生んだ子を置いて自分の国へ帰ってしまった。その生まれた御子を天津日高日子波限《あまつひたかひこなぎさ》建鵜葺草葺不合命《たけうかやふきあえずのみこと》という。その後、豊玉毘売はその御子を養育するために妹の玉依毘売《たまよりびめ》を差し向けた。

日子穂々手見命（火遠理命）は高千穂の宮に五百八十年お住まいになり、御陵は高千穂の山の西にある。

天津日高日子波限建鵜葺草葺不合命《あまつひたかひこなぎさたけうかやふきあえずのみこと》が叔母の玉依毘売を娶って生んだ子は、五瀬命《いつせのみこと》、稲氷命《いなひのみこと》、御毛沼命《みけぬのみこと》、若御毛沼命《わかみけぬのみこと》またの名を豊御毛沼命《とよみけぬのみこと》またの名を神倭伊波礼毘古命《かむやまといわれびこのみこと》の四柱である。この若御毛沼命またの名を豊御毛沼命またの名を神倭伊波礼毘古命こそ神武天皇である。

二、神武東征

神武東征には歴史改竄の核心となる最大の秘密が隠されている。古事記を中心に読み続けることによりその秘密を解くことができる。

神倭伊波礼毘古命《かむやまといわれびこのみこと》（古事記における神武天皇の表記、以下簡明にするため主に神武天皇もしくは神武で表す）とその兄の五瀬命《いつせのみこと》は高千穂宮で、どこに行けば天下を治める政治を行うことができるだろうかと相談し、東へ行こうと決心する。そして、日向を発って筑紫へと幸《いでま》して、豊国の宇沙に到達する。そこでその土地の人、宇沙津比古と宇沙都比売の二人が御食事を奉った。そこから移って竺紫の岡田宮に一年間滞在した。さらにその国から上り幸して阿岐国の多祁理宮《たけりのみや》に七年間滞在した。また、その国から上り幸して吉備の高島宮に八年間滞在した。そしてその国から上り幸す時に、亀の甲に乗って釣りをしながら袖を振ってくる人と早吸門《はやすいのと》で出会った。それは海の道をよく知っている国つ神であったので、自分たちに従うことを承諾させ槁根津日子《さおねつひこ》と名付けた。

神武天皇とその兄五瀬命は、天下を治める政治を行うのに適した土地を求め東へ行こうとする。ここではなぜ東なのかその説明はない。ただ漠然と東へ行くのが目的となっている。出発地は日向となっているが、これが現在の宮崎県の日向だとすると第四章で考察した天孫降臨の目的地である葦原中国には全く該当しない所である。さらに伊耶那岐命が禊をした小戸（小門）にある竺紫の日向とは何の関係もない日向である。神武兄弟は宇沙から竺紫の岡田宮へと行く、これは現在の大分県宇佐市から福岡県北九州市八幡西区へと行ったことを示している。岡田神社は八幡西区黒崎にある、すなわち洞海湾奥の南岸である。これは神武兄弟が、宇佐から関門海峡を通過し洞海湾へ入ったことを意味している。古事記では、宇佐から岡田宮へ、岡田宮から阿岐国の多祁理宮へ、阿岐国の多祁理宮から吉備の高島宮へ、そして早吸門へと行ったことになっている。早吸門とは現在のどこを意味しているのであろうか。古事記の記事をそのまま信じると、それは現在の明石海峡ということになるのであろうか。しかしこの記事は変である。行程では二回も通過しなくてはならない関門海峡を全く無視している。狭い海峡（最狭部六〇〇メートル）を速い潮流が日に何回も流れを変え、今でも小型船が潮流に逆らって進むのに苦しんでいる様を見ることができる。現代のような内燃機関による動力を持たない古代の船にとって、関門海峡は他と比較にならないほどのまさに難関であったはずである。その海峡通過が書かれていない、しかし明石海峡と思われる早吸門については書かれている。現在の明石海峡は関門海峡以上の早吸門なのであろうか。

関門海峡の歴史上の重要性をここで考えておく必要がある。関門海峡を制することによって瀬戸内海及び豊後水道を制することができる。即ち古代において関門海峡を制する者が倭国（日本）を制していたと考えられる。なぜか。九州北岸を支配する勢力が関門海峡を制していた場合どういうことになるか。例えば関門海峡を制する九州北岸を支配する勢力と瀬戸内海を支配する勢力が争った場合、瀬戸内海勢力が九州北岸を攻略しようとすれば、関門海峡通過ができないのでどこか九州東岸に上陸し、十分な兵糧の補給を受けながら大軍をもって敵地の中を進軍しかつ九州北岸から西岸そして有明海までの敵の根拠地を撃破しなくてはならない。日本史上それが可能になったのは豊臣秀吉による天下統一の時代以降である。逆に関門海峡を制する九州北岸の勢力が瀬戸内海勢力を攻略しようとすればどうなるか。自分たちに有利な時を選び関門海峡を通過した船団は、攻撃する場所と時間を自由に選択し敵を攻撃することができる。相手の隙を狙って自分たちの好きな時に好きな場所を攻撃侵略することができるのである。瀬戸内海周辺の高地性集落群という遺跡が、そういう攻撃を受け続けてきたことを如実に物語っている。しかしそれでは、瀬戸内海勢力が関門海峡を抑えればいいではないかとの反論が出てくるだろう。それは不可能なのである。それを不可能にしているのが、洞海湾の存在である。関門海峡周辺で、深く湾入したこれ以上の天然の良港は他にはない。しかも洞海湾の関門海峡側の出入口とは反対の芦屋へと抜ける水路が存在し、博多湾方面から関門海峡へと続く航路となっていた。そして洞海湾を玄界灘の荒波から守る防波堤となっている若松半島の山は狼煙《のろし》台となっていた。ここが多数の軍船を待機させる水軍の基地となっていたことは間違いないだろう。関門海峡に近付く船あるいは関門海峡を通過してくる船を監視し、現代の戦闘機が侵入機に対してスクランブルをかけるように狼煙台からの合図で軍船を出動させたことであろう。この関門海峡と洞海湾の存在によって、古代日本における九州北岸は、日本全体を支配する絶対的優位な位置にあったと考えられるのである。

この洞海湾の南岸にある岡田宮に神武天皇は一年間滞在したと古事記は云う。その岡田宮から丁度対岸にある現在の北九州市若松区二島《ふたじま》の沖合いに大正八年に埋め立てられた二子島《ふたごじま》があったのである。神武は一年間この二子島を眺めながら過ごしたということになる。

古事記に従えば、その神武がここから東へ向かい再度関門海峡を通過したことになる。宇佐から東へ行くのであれば難所である関門海峡を通過する必要はない。直接阿岐国の多祁理宮へ向かえばいいではないか、なぜ岡田宮へ寄る必要があるのか、なぜ二回も通過したはずの関門海峡について何も記さないのか、倭国において最も重要な海峡である関門海峡は当時何と呼ばれていたのか、次々と疑問が湧いてくる。

岡田宮から東へ向かったとする古事記の記述に疑問を投げかける伝承が残っている。岡田宮から西へ、現在の福岡県宗像市に八所宮（はっしょぐう）という神社がある。その神社の由来に、神武天皇が東遷の折にここに滞在し、その時赤い馬に乗った神が現れ神武天皇の道案内をしたと記されているのである。※八所宮の祭神は古事記の初発の神々に出てくる神々である。また、日本書紀の天地開闢の三柱の神の次に出てくる四対偶の八神である。ここで古事記の最初の部分を振り返ってみよう。

古事記初発の神々では、天地が初めて現れた時に高天原に成った神として、天之御中主神《あめのみなかぬしのかみ》、高御産巣日《たかみむすひの》神《かみ》、神産巣日神《かむむすひのかみ》の三柱を挙げ、次に地上がまだ若く水に浮かぶ脂のごとくくらげのように漂っていた時に成った神として、宇摩志阿斯訶備比古遅神《うましあしかびひこぢのかみ》、天之常立神《あめのとこたちのがみ》の二柱を挙げ、この五柱の神は特別な天の神であることを告げる。次に成った神として、国常立神《くにのとこたちのかみ》、豊雲野神《とよくものかみ》の二柱を挙げる。そして次に成った神として、宇比地邇神《うひぢにのかみ》、妹須比智邇神《いもすひちにのかみ》、角杙神《つのぐいのかみ》、妹活杙神《いもいきぐいのかみ》、意富斗能地神《おおとのぢのかみ》、妹大斗乃弁神《いもおおとのべのかみ》、於母陀流神《おもだるのかみ》、妹阿夜訶志《いもあやかし》古泥神《こねのかみ》、そして伊耶那岐神《いざなきのかみ》、伊耶那美神《いざなみのかみ》の五代五組の男女の神々を挙げるが、その最後の一組が伊耶那岐神と伊耶那美神である。そして国常立神から伊耶那岐神と伊耶那美神までを神世七代という。

この神代七代のうち宇比地邇神《うひぢにのかみ》、妹須比智邇神《いもすひちにのかみ》、意富斗能地神《おおとのぢのかみ》、妹大斗乃弁神《いもおおとのべのかみ》、於母陀流神《おもだるのかみ》、妹阿夜訶志古泥《いもあやかしこねの》神《かみ》、伊耶那岐神《いざなきのかみ》、伊耶那美神《いざなみのかみ》の八柱の神が祭神となっている。このような祭神を持つ神社が他にあるだろうか。

古代倭国・日本の淵源と深い関わりを持った神社ではないかと考えさせられる。そして神社の由来にある、神武天皇が東遷の折に立ち寄ったとすることを根拠なく否定することはできないと考える。神武天皇は岡田宮からさらに西へ進んだのではないかという疑問が湧いてくるのである。

※「ひもろぎ逍遥　八所宮」(http://lunabura.exblog.jp/13232015/)。

古事記を読み続けよう。

早吸門より上り行き、波速《なみはや》の渡《わたり》を経て、青雲《あおくも》の白肩津《しらかたのつ》に停泊する。この時に、登美能那賀須泥毘古《とみのながすねびこ》が軍《いくさ》を起こして戦いとなる。(神武側は)船にあった楯を取って下船した。よってそこを楯津《たてつ》と名付けた。今は日下《くさか》の蓼津《たでつ》と云う。ここで登美毘古と戦った時に五瀬命はその御手に矢が当たり、「自分は日の神の御子として日に向かって戦うことは良くなかった。それで卑しい敵からの痛手を受けた。今からは迂回して背に日を受けて敵を撃とう」と誓い、南の方より迂回して血沼海に到り、その御手の血を洗った。よってそこを血沼海と云う。そこから迂回して紀国《きのくに》の男之水門《おのみなと》に到って、「卑しい敵に手傷を負って死ぬ」と雄叫びして、五瀬命は亡くなられた。その陵《はか》は紀国の竈山《かまやま》にある。

神倭伊波礼毘古命《かむやまといわれびこのみこと》(神武天皇)は、その地より迂回して熊野の村に到った時に、大きな熊が見え隠れし姿を消した。すると神倭伊波礼毘古命はたちまち気を失い、軍勢も皆気を失って倒れた。その時、熊野の高《たか》倉下《くらじ》という者が、一振りの太刀を持って天つ神の御子の伏せるところにやってきて太刀を献上すると、御子はすぐに目覚め起き上がった。そしてその太刀を受け取ったときに熊野の荒ぶる神は皆切り倒され、気を失っていた軍勢も皆目覚め起き上がった。それで天つ神の御子(神武天皇)がその太刀を手に入れた事情を問うと、高倉下は「自分が夢を見て『天照大神・高木神の二柱の神が建御雷神を召して、葦原中国はとても騒がしいようである。我が御子たちは困っているようである。その葦原中国はお前たちが平定した国である。よってお前が降るべきである、と仰せられた。それに建御雷神が答えられ、私が降らずともその国を平らげた太刀があります。この太刀を降すべきであり、その方法は高倉下の倉の屋根を穿ちそこから落とし入れます、と答えました』、そして建御雷神は私に『太刀を天つ神の御子へ献上するよう』にと言われる夢であった。それで夢の教えに従い、翌朝自分の倉を見てみると、本当に太刀がありました。よってこの太刀を献上するものです」と答えた。また、高木大神の命で教えさとされたことは、「天つ神の御子はこれより奥へすぐにお入りになってはなりません。荒ぶる神がとても多く、今天より八咫烏《やあたからす》を遣わし導かせるので、その後を進まれるように」とのことであった。その教えさとしのとおり八咫烏の後をついて行かれると、吉野河の河尻に到った時に、筌《うえ》を作って魚を獲っている人がいた。それで天つ神の御子が「お前は誰だ」と問うと、「私は国つ神、名は贄持之子《にえもつのこ》と言います」と答えた。そこからさらに進むと、尾の生えた人が井戸から出てきた。その井戸が光っている。それで「お前は誰だ」と問うと、「私は国つ神、名は井氷鹿《いひか》と言います」と答えた。そこから山に入ると、また尾の生えた人に出会った。この人は岩を押し開けて出てきた。それで「お前は誰だ」と問うと、「私は国つ神、名は石押分之子《いわおしわくのこ》と言います。今、天つ神の御子がお出でになると聞き、お迎えに参りました」と答えた。そこより道のないところを踏み穿《うが》ちて宇陀《うだ》へ越えて来られた。よってそこを宇陀の穿《うがち》と云う。

古事記をここまで読み進んで漸く神武天皇（神倭伊波礼毘古命）の目的地が明らかとなる。熊野の村にまで到ったとき、熊野の荒ぶる神により神武とその軍勢は気を失う。それを知った天照大神と高木神は建御雷神を呼び、葦原中国が騒がしいのでお前が葦原中国へ降って鎮めるように云う。この熊野は葦原中国にあるということであり、神武天皇の目的地は葦原中国であったということになる。さらに神武の一行が八咫烏の案内で進むと、吉野河の河尻に到着する。即ち玖珠川（吉野川）の下流、有明海沿岸の筑後川の河口付近に到着したということである。葦原中国については第四章で筑後川流域及び有明海沿岸であることを確認したが、神武天皇の目的地はその葦原中国であることがここで判明し、そのとおり筑後川の河口へと到着したのである。

ここで、神武天皇が日向を出発してからこの吉野河の河尻に到着するまでの行程をよく検証しなくてはならない。重大な地名や行程の改竄が隠されているはずである。

日向↓宇沙（大分県宇佐市）↓岡田宮（福岡県北九州市八幡西区）↓阿岐国の多祁理宮↓吉備の高島宮↓早吸

門→波速の渡→青雲《あおくも》の白肩津《しらかたのつ》→日下《くさか》の蓼津《たでつ》→血沼海→紀国《きのくに》の男之水門《おのみなと》・紀国の竈山→熊野→吉野河の河尻

この中で日下《くさか》の蓼津《たでつ》という地名が出てくる。福岡市中央区に草香江《くさかえ》という町名がある。そのそばに大濠公園があり、博多往古図を見ると博多湾の奥にさらに草香江という入江があって、現在の大濠公園はその草香江の名残であることがわかる。草香江については、大伴旅人の歌がある。

■**万葉集五七五番**（『日本古典文学全集「万葉集①」』〈小学館〉より）
草香江の　入江にあさる　葦鶴《あしたづ》の　あなたづたづし　友なしにして

波速の渡→青雲《あおくも》の白肩津《しらかたのつ》→日下《くさか》の蓼津《たでつ》、この部分は博多湾周辺の行程であると考えられる。波速の渡で博多湾へ入り、白肩津へ停泊したとすれば、波速の渡とはどこだろうか。渡と言う以上、そこに海峡のような状態があって舟で陸から陸へ人を渡している場所を表していると考えられる。さらに波速とは速い潮流が湾と外海との間を流れていることが考えられる。該当する場所は一カ所しかない。現在志賀島橋が架けられている、海の中道と志賀島とを隔てる海峡こそ波速の渡である。志賀島には志賀海神社があり、金印が埋められていたように古代から倭国にとって重要な島であったと考えられる。まだ陸続きではなかった当時は、舟で海の中道と志賀島は結ばれ、多くの人の往来があったであろう。そして、波速の渡から青雲の白肩津へ至る、白肩津とは現在のどこか。インターネットのブログ（『神武東征』と「魏志倭人伝」３「古代日本史への情熱」）にその解答は出ていた。白肩津を「しらかたのつ」と読むのではなく、音読みで「はくかたのつ」、それが音便で「はかたのつ」になるとの指摘であった。現在の「博多《はかた》」の地名はいつごろから使われたのであろうか。公の歴史書に登場するのは、続日本紀に天平宝字八年（西暦七六四年）七月新羅使が博多津に到着したとの記事が載っている。これが最も古いと考えられる。八世紀の半ばにはすでに公に博多の地名は使われていたのである、ということはもっと古くから「はかた」の地名はあったということになる。白肩津は、博多往古図に出てくる二つの入江のうち草香江ではない、住吉神社と蓑島のあるもう一つの入江（後に冷泉津と呼ばれた）のことを表しているのでは

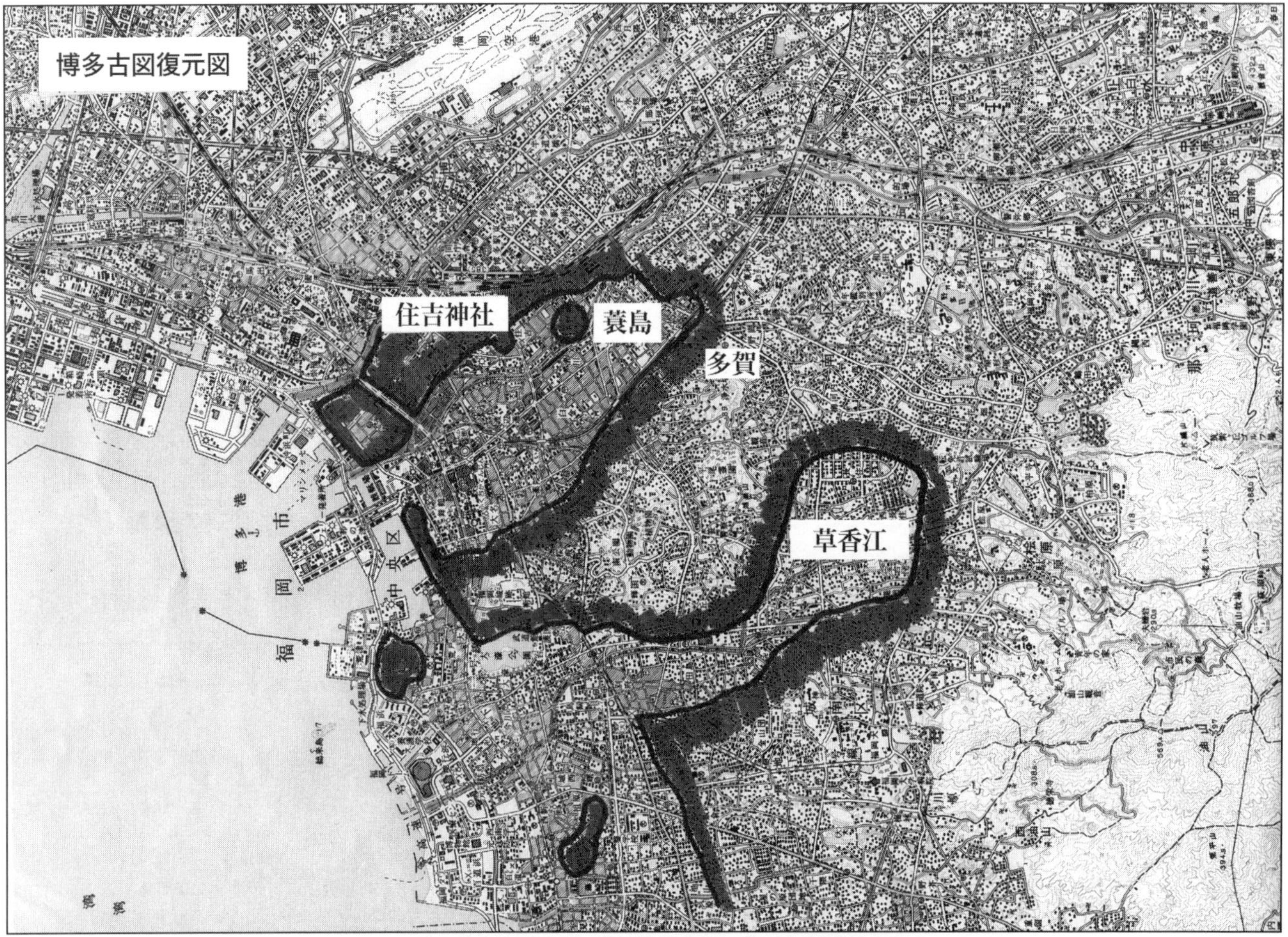

地図5-1　博多古図復元図　地形図上に博多住古図を復元したもの

ないだろうか。

神武天皇と五瀬命は日下の蓼津で登美毘古と戦い、五瀬命は手を負傷し太陽に向かって戦ったのが悪かったと反省するが、これを東に向かって戦ったと解釈するのは間違っている。南を影面《かげとも》というように、昼間太陽は南の空にある。北から南へ向かって戦ったと解釈すべきである。草香江から上陸し南へ進軍したのである。なぜ南へ進軍したのか、その理由は古事記の記述ではわからない。しかし日本書紀の記述を併せ読むとその訳は明らかとなる。

日本書紀による神武東征の行程は古事記のものと多少異なる。

日向国→速吸之門→宇佐→岡水門→安芸国の埃宮→吉備国の高島宮→波速国→河内国の草香邑の青雲の白肩津→草香津（蓼津）→茅渟の山城水門（雄水門）→紀国の竈山→熊野の神邑→熊野の荒坂津

大きく異なるのは、速吸之門が古事記では明石海峡と捉えられたのに、書紀では豊予海峡と考えられることである。また、古事記では岡田宮となっているところが、岡水門となっていてこれは現在の福岡県芦屋町に該当すると考えられている。それ以外は大きく異なってはいない。しかし白肩津に至った後について、古事記には書かれていない書紀の記述を見てみよう。

歩いて竜田に趣《おもむ》く。しかしその道は狭く険しく、隊列を組んで進むことができなかった。それで引き返して東の胆駒山《いこまやま》を越えて中洲《うちつくに》に入ろうとした。その時、長髄彦《ながすねびこ》がそれを聞いて、天つ神の子等の来る目的は我が国を奪うつもりであるとして、全軍を率いて孔舎衛坂《くさえのさか》で迎え撃ち、会戦となった。

「歩いて竜田に趣く」とは、何を意味しているのか。「中洲に入ろうとした」の中洲とは何を意味しているのか。ここでこの著書の「第二章　御井から見える伊勢神宮」を思い出していただきたい。

■万葉集八十三番

海の底奥つ白波立田山何時か越えなむ妹があたり見む

御井から見える立田山は、脊振山ではないかと考察した。また第四章で天孫降臨の高千穂の峰は脊振山であることを立証した。神武天皇の目的地は葦原中国であることはすでに判明しているので、この中洲とは葦原中国のことである。古事記では草香江から南へ進軍している。「博多古図と地勢図との複合図」を見ると草香江のすぐ南に油山が迫り、油山の西側の山間を通って南下し脊振山へと登る道がある。神武はこの道を登り高千穂の峰から葦原中国へ降ろうとしたことが推定できる。天孫降臨を再現しようとしたのである。即ち、神武天皇は出発時点から東征など全く考えていないことが明らかとなる。実行しようとしたことは、自分たちが天つ神の御子であることを証明し天下を治めようと、まだ騒々しいと噂される葦原中国を、高千穂の峰である立田山から天孫降臨し、平定しようとしたのである。

日本書紀では神武天皇（書紀では神日本磐余彦天皇《かむやまといわれびこのすめらみこと》とも表記する）が東征する理由として、神武天皇が親族に対して、高皇産霊尊《たかみむすひのみこと》と大日孁尊《おおひるめのみこと》が豊葦原瑞穂国《とよあしはらのみずほのくに》をすべて先祖の瓊瓊杵尊《ににぎのみこと》にお与えになり、瓊瓊杵尊は天から降臨され、国の西端を治めそれから百七十九万二千四百七十余年が経過したが、未だ国全体を治めるに到っていない。東方に美しい土地があって四方を青山が囲み天磐船で飛び降る饒速日《にぎはやひ》という者もいるというが、そこが国の中央であろう。そこに行って都を造りたいと述べたとある。古事記では特に理由も述べず東へ行こうとしたのに、書紀ではまさに施政方針を述べるように、東方へ行く理由を大仰に掲げる。この理由の中に書紀編纂の動機がそのまま表されている。そして、九州を中心とした倭国の歴史を、偽造した都、藤原京と平城京を中心とする歴史へと書き換えるとの歴史改竄者の野心・魂胆がそこに隠されているのである。

吉野河の河尻までの真実の行程は、どのような行程が想定されるであろうか。出発地点の日向について、現状では現在の宮崎県日向市であるのか断定できないと考えられる。出発地は、少なくとも次の到着地である大分県宇佐市よりは南にあったと考えられるであろう。神武遠征とともに神武の出身地にあった文化が遠征地にもたらされた可能性はある。例えば装飾古墳の文化・様式の伝播の経路であるとか、そのようなことが神武遠征により

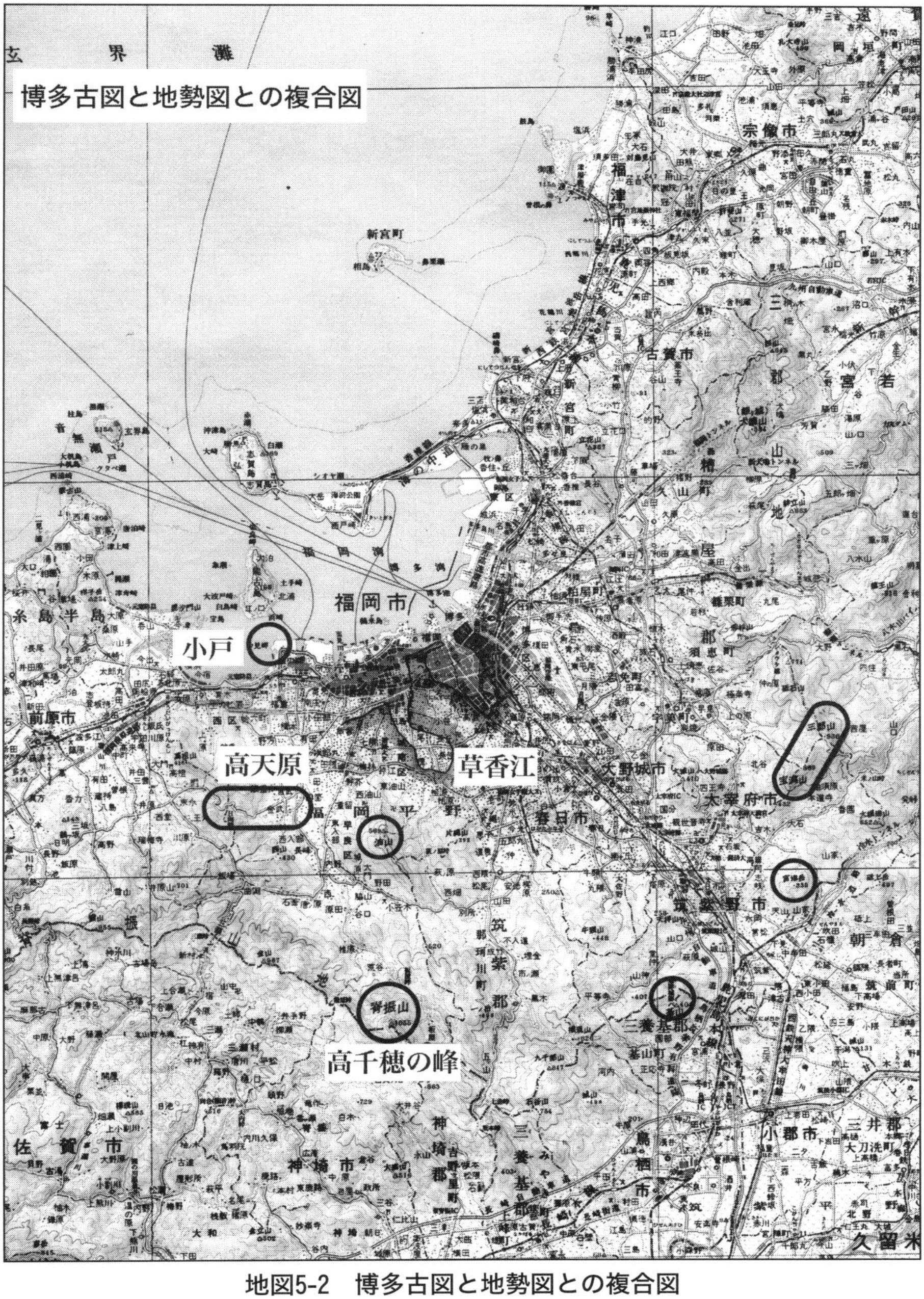

地図5-2　博多古図と地勢図との複合図

生じているのではないだろうか。神武遠征の途中経路と到着地点を正確に再現し、さらに考古学的研究が進められた時に出発地点の解明が可能となるであろう。

宇佐から関門海峡を通過して岡田宮へ到り、そこから再度関門海峡を通過して安芸（広島県）、吉備（岡山県）へと行ったとする古事記の経路は、最終目的地が有明海沿岸及び筑後川流域であるとすればありえない経路である。宇佐から岡田宮そして岡田宮から波速の渡という経路でなくてはならない。古事記と書紀で速吸門（速吸之門）をどこにするか混乱の生じていることが示すように、速吸門とは関門海峡以外にはありえない。要するに、宇佐→速吸門→岡田宮→波速の渡が正しい経路であると考えられる。ただしこの場合、安芸や吉備という地名が歴史改竄者によって移された地名ではない、ということが前提である。

書紀では、竜田に趣くが道が狭く険しいため進軍することが難しく引き返して東の胆駒山を越えて中洲へ入ろうとしたとあるが、「東の胆駒山」とは現在の何山を指すのであろうか。最初立田山である脊振山へ登ろうとした道は、草香江から油山の西側の山間を進む道であったと考えられるが、途中引き返し東にある胆駒山を越え中洲国へ入ろうとしたとあるので、その胆駒山とは油山である可能性が強いと思われる。油山の東側へと抜け、宮地岳と基山の山間の関所となっている交通の要衝を、強行突破しようとしたのではないだろうか。しかし、長髄彦の抵抗に遭遇し天孫降臨の再現に失敗するのである。

日下《くさか》の蓼津《たでつ》から血沼海、紀国《きのくに》の男之水門《おのみなと》、熊野、吉野河の河尻へと到る行程は、博多湾から西へ九州北岸を唐津、松浦、平戸へと巡り、そこから南下し、長崎の野母崎を回って東へ橘湾から島原湾へと入り、そして北上して有明海へと入ったということになる。血沼海と紀国の男之水門は現在のどこかよくわからない。しかし、佐賀県には紀国との関わりを示す話や伝承が残されている。佐賀県基山《きやま》町あたりは昔は木の国と呼ばれ、そこにある荒穂神社は標高四〇四メートルの基山《きざん》をご神体としている。その基山には古代の山城基肄城《きいじょう》があり、荒穂神社の祭神は瓊瓊杵尊《ににぎのみこと》と五十猛命《いそたけるのみこと》で、須佐之男命の御子である五十猛命は父子で朝鮮から樹の種を持ち帰り、初めてここで種を蒔いたとの伝説がある。※まさに紀（木）の国である。また、書紀によると、景行天皇が紀伊に行幸した折に屋主忍男武雄心命《やぬしおしおたけおこころのみこと》に神祇を祭らせ、そこで屋主忍男武雄心命が紀直《きのあたい》の祖先菟道彦《うぢひこ》の娘影媛を娶り武内宿禰《たけうちのすくね》を生んだとあるが、武内宿禰の誕生地を祭る武雄神社が佐賀県武雄市にある。このように伝承は、紀国とは現在の佐賀県（同じ肥前である長崎県も含まれる）にあったことを示している。

※「神奈備　肥の国の五十猛神」(http://kamnavi.jp/it/tukusi/hinokuni.htm)。

さて、それでは熊野とはどこであろうか。熊野には黄泉《よみ》の国あるいは常世郷《とこよのくに》との関わりがある。書紀の神代上の一書に曰くで、伊奘冉尊が火神を生んで亡くなり紀伊国の熊野の有馬村に葬ったとの記述がある。また、同じく書紀の神代上の一書に曰くで、少彦名命《すくなひこなのみこと》が熊野の御碕に行き至り、遂に常世郷に適《ゆ》きますとの記述がある。ここで第二章の三、吉野ヶ里遺跡で述べたことを振り返ってみよう。

弥生時代後期後半から終末期の吉野ヶ里の集落構造をみると、一番北にある祖先の霊を祀る北墳丘墓と、一番南にある暦に関する祭りを行ったとされる祭壇とを結んだ線上に、祀堂と北内郭内にある主祭殿（祭りの中心施設）とがきれいに並んでいる事がわかります。さらに南軸約六〇㎞先にいくと雲仙岳にあたります。（中略）聖なる軸線の北には脊振山（せふりさん）があり、北の脊振山と南の雲仙岳を結んだ線が、聖なる軸線となっているとのことであった。

吉野ヶ里遺跡とは本来の伊勢斎宮であり、北と南を結ぶ聖なる軸線を持っていたことがわかる。北は脊振山を指しているということは、脊振山はその北にある高天原を象徴し、これは倭国発祥の聖地、高天原に向かって祈りを捧げることを意味している。それでは南の雲仙岳は何を意味しているのだろうか。これは伊勢斎宮に祭られている倭国歴代の天子を始めとして死者の行くところを意味しているのではないか、即ち黄泉の国、常世郷ではないだろうか。

書紀の神武東征の行程で、神武軍が名草邑に至りそこで名草戸畔《なぐさとべ》という者を討ち、遂に狭野《さの》を越え、熊野の神《みわ》邑《むら》に到り、また天磐盾《あまのいわたて》に登り、徐々に進軍するが、海上で急に暴風に会って漂流し、神武兄弟の稲飯命《いないのみこと》は剣を抜いて海に入り鋤持神《さいもちのかみ》となり、三毛入野命《みけいりのみこと》は波頭を踏んで常世郷へ行ってしまった。神武は皇子手研耳命《たぎしみみのみこと》と軍を率いて熊野の荒坂津に到り、そこで丹敷戸畔《にしきとべ》という者を討った時に、悪神が毒気を吐いて将兵は皆倒れててしまったとある。熊野で悪神が毒気を吐いて将兵が皆倒れたということは、亜硫酸ガスか何か火山性の有毒ガスで倒れたということではないだろうか。熊野が雲仙岳付近であれば十分にありうる話である。

五瀬命は、古事記では紀国の男之水門で亡くなり、陵は紀国の竈山にあると書かれ、書紀では雄水門から紀国の竈山に到って亡くなり、竈山に葬られたと書かれている。記紀で五瀬命が亡くなった場所は異なっているが、どちらも葬られた場所は同じ紀国の竈山となっている。この竈山とは現在のどこであろうか。現在の表記では、竈山は釜山か釜岳となっていると考えられるが、その釜岳が長崎県雲仙市千々石町乙に存在するのである。島原半島と長崎半島の間にある橘湾の北東部にあり、島原半島から半円状に橘湾に突き出した形の山である。神武遠征の行程から見ると竈山の次に熊野に到っており、熊野が雲仙岳周辺にあったとすれば、釜岳は最適の位置にあるのである（地図5－3～5参照）。

以上のことから、熊野は島原半島の雲仙岳及びその周辺であるという結論となる。

さて古事記では、熊野から八咫烏の導きにより吉野河の河尻へ到った神武一行は、そこから道なきところを越え宇陀《うだ》へ達する。書紀では、神武一行は、熊野の荒坂津から頭八《や》咫《た》烏《からす》の先導を受け、大久米を率いて将軍として大きな兵車に乗った日臣命《ひのおみのみこと》が、山道を踏み開いて菟田《うだ》の下県《しもつあがた》に到る。竈山から熊野までは、古事記では海路を行ったのか陸路を行ったのかはよくわからないが、書紀では竈山から熊野の神邑、天磐盾と陸路を進みその後海路に入り漂流するが熊野の荒坂津へ着いている。そして、古事記では八咫烏の導きにより熊野から吉野河の河尻へ、さらに道なきところを踏み越えて宇陀へと達している。書紀では熊野の荒坂津から山道を踏み開いて菟田へと達している。これは記紀を併せて解釈すると、島原半島から有明海沿岸の陸路を進み、筑後川の河口へ達し、さらにその奥へと進んだことを示している。しかしここで、記紀双方ともこの間の重大な中継地点をわざと隠している。古事記ではこの後に登場する道臣命《みちのおみのみこと》や大久米命《おおくめのみこと》はどこで神武一行に合流したのであろうか。また書紀では大久米を率いた日臣命《ひのおみのみこと》（後の道臣命）はどこで神武軍に加わったのであろうか。記紀双方とも歴史改竄のためには決して表してはならない地点がある。それは天孫降臨の目的地であった伊勢（吉野ヶ里）である。二重環壕に守られた要塞が築かれ、神武が到着した時点でも天つ神の子孫たちの一大拠点となっていたであろう。そこで神武は自ら天つ神の子孫であることを示し、葦原中国の奥へ侵入するための伊勢や伊勢周辺からの援軍を要請したのであろう。その援軍がどこから来たのか、その後に歌われる久米歌の中に表されている。

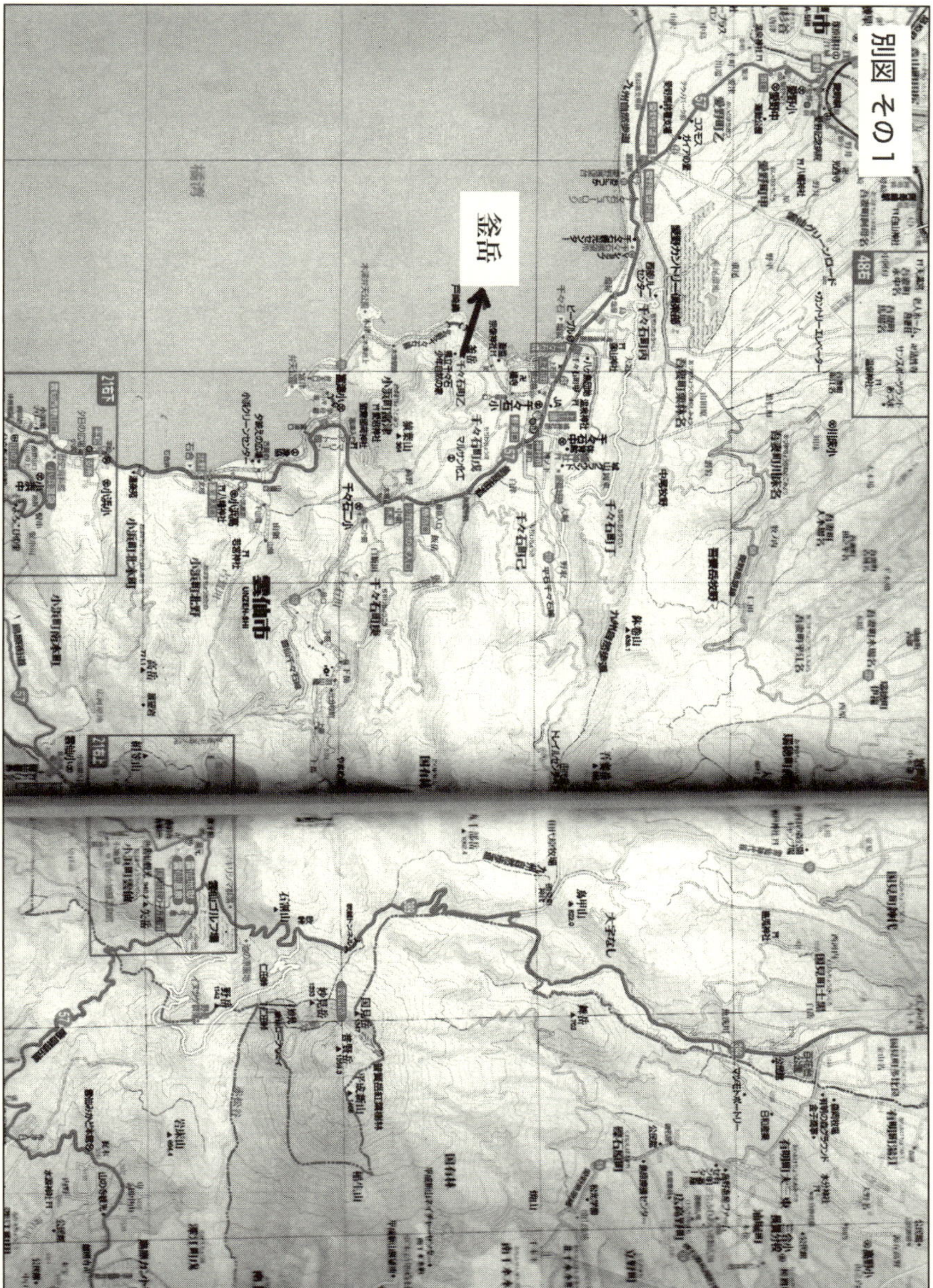

地図5-3　別図　その1

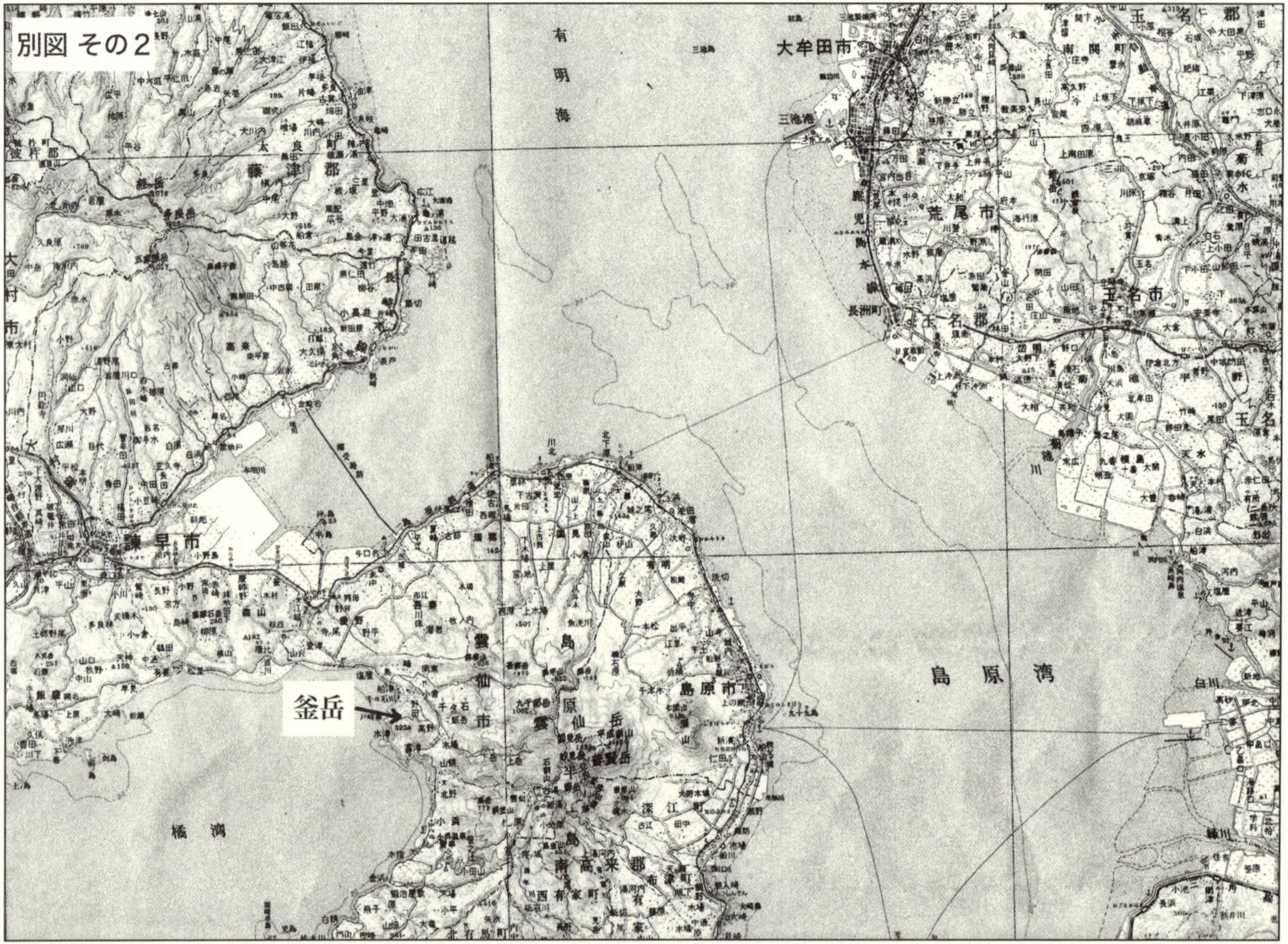
別図 その2
有明海
大牟田市
三池港
荒尾市
玉名郡
玉名市
長洲町
藤津郡
太良町
多良岳
諫早市
大村市
島原市
雲仙市
島原湾
橘湾
釜岳
雲仙岳
南高来郡
地図5-4　別図　その2

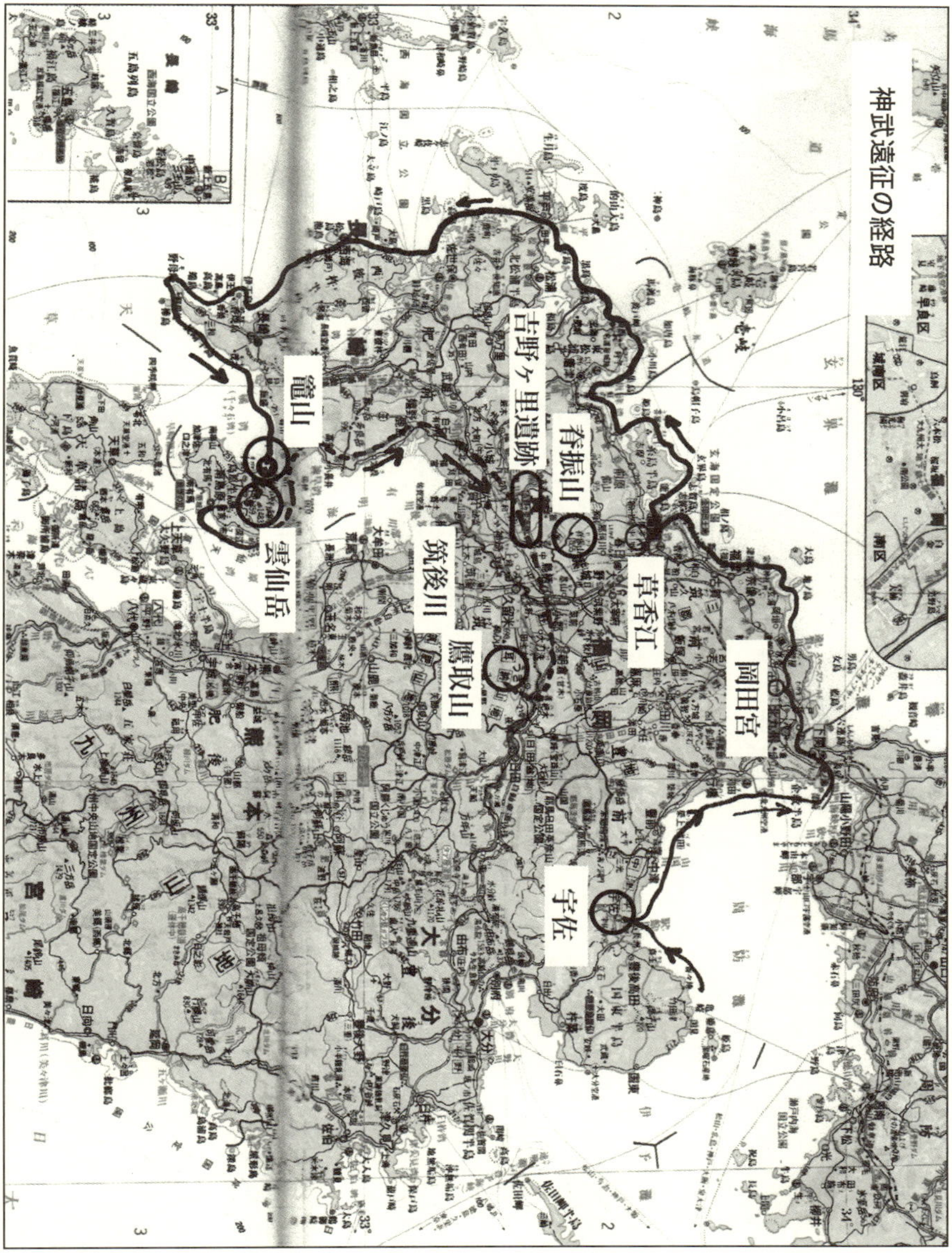

地図5-5　神武遠征経路

「神風の　伊勢の海に　大石に　這《は》ひ廻《もとほ》ろふ　細螺《しただみ》の　い這ひ廻《もとほ》り　撃ちてし止まむ」

「楯並《な》めて　伊那佐の山の　木の間よりも　い行き目守《まも》らひ　戦へば　吾はや飢《ゑ》ぬ　島つ鳥　鵜養《うかひ》が伴《とも》　今助《す》け
に来《こ》ね」

伊勢（吉野ヶ里）の目の前に広がる有明海が伊勢の海であり、その有明海沿岸の島原半島から吉野ヶ里への途中経路にある佐賀県杵島郡白石町に稲佐神社があり、その稲佐神社の鎮座する山が稲佐山である。そして久米歌を歌った久米の子とはどこに住んでいた者たちを言っているのであろうか。現在の福岡県久留米市は、吉野ヶ里とは筑後川の対岸、指呼の間にあるのである。

宇陀に兄宇迦斯《えうかし》、弟宇迦斯《おとうかし》の兄弟がいて、兄は神武一行に対し抵抗しようとするが、弟は協力的で、兄が罠を仕掛けた大きな御殿を造って、神武をそこに誘い殺そうとしていることを告げる。それで道臣命と大久米命は兄宇迦斯を襲い、その仕掛けを使って殺し、死骸をばらばらにする。そのためそこを宇陀の血原と云うと古事記は記述し、その後、弟宇迦斯の献上したご馳走を食べながら神武軍が歌った歌は、

宇陀の　高城に　鴫罠張る　我が待つや　鴫は障らず　いすくはし　鯨障る　前妻が　肴乞はさば　立ち柧
棱の　実の無けくを　こきし削ゑね　後妻が　肴乞はさば　厳榊　実の多けくを　こきだ削ゑね　ええしや
ごしや　ああしやごしや

この宇陀には高城がある、即ち高く構えた砦があるということである。鴫は水鳥であり、その砦は水辺の近くにあるということをこの歌は表している。鴫の代わりに鯨が罠にかかったというのは冗談であろうが、鯨が遡るような大河、筑後川がこの砦の近くを流れているのではと思わせる。そして、神武軍が筑後川北岸流域を遡ったときに間違いなく遭遇しなくてはならない大きな砦がある。一九九二年十二月に発掘された平塚川添遺跡である。場所は福岡県朝倉市平塚にあって、筑後川の支流小石原川の氾濫原に営まれた、弥生時代中期から古墳時代初頭

の大規模な低地性の多重環壕集落とされている。付近に小田という地名があり、「宇陀」との関わりがあるのかもしれないが確認はできない。しかしこの付近が宇陀ではないかということをここで検証してみよう。

書紀でも古事記と同じく、菟田《うだ》に兄猾《えうかし》と弟猾《おとうかし》の兄弟がいて、道臣命が兄に反逆の考えがあることを知り、それを惨殺する。書紀では古事記と異なり、その後に天皇が吉野へ出かけ、そこで光って尾のある国つ神井光《いひか》に出会い、さらに進むと尾があって磐石を押し分けて出てきた磐排別《いわおしわく》の子と出会い、川に沿って西に進むと魚を獲っている苞苴《にえもつ》担の子と出会う。古事記では吉野河の河尻で起きたことが、書紀ではわざわざ神武天皇が吉野へと出かけそこでこの三人に出会っている。そして九月、神武天皇は菟田の高倉山の頂に登りその地域を望まれる。高倉山とは現在の何山であろうか。万葉集に高座《たかくら》の枕詞を持った山が歌われている。

■万葉集三七二番、三七三番（『古典文学全集「万葉集①」』〈小学館〉より）

山部宿禰赤人《やまべのすくねあかひと》が春日野《かすがの》に登りて作る歌一首　并《あは》せて短歌

春日《はるひ》を　春日《かすが》の山の　高座《たかくら》の　三笠《みかさ》の山に　朝去らず　雲居《くもゐ》たなびき　容鳥《かほとり》の　間《ま》なくしば鳴く　雲居なす

心いさよひ　その鳥の　片恋《かたこひ》のみに　昼《ひる》はも　日のことごと　夜《よる》はも　夜《よ》のことごと　立ちて居《ゐ》て　思ひぞ我《あ》

がする　逢《あ》はぬ児故《こゆゑ》に

反歌

高座《たかくら》の　三笠《みかさ》の山に　鳴く鳥の　止《や》めば継《つ》がるる　恋《こひ》もするかも

ここで、平塚川添遺跡の西北西約六キロメートルのところにある標高一三一メートルの城山から周辺の山をカシミール３Ｄの画面で見てみよう。なお、この城山は貝原益軒の書いた『筑前国続風土記』によれば山隈山と呼ばれ、その周辺に方二里余りの山隈原と呼ばれる平原が広がっていたとのことである。

筑後川北岸のこの筑紫平野の北側に東から西へ、馬見山《うまみやま》、古処山《こしょさん》、砥上岳《とがみだけ》、大根地山《おおねちやま》、三郡山《さんぐんさん》、宝満山《ほうまんざん》、宮地岳《みやぢたけ》、基山《きざん》、九千部山《くせんぶやま》、脊振山《せふりさん》などが並ぶが、どのように見えるのであろうか。城山から東、北東、北、北西、西の五枚の図面の中で、最も特徴のある山は北にある山であろう。その中央に見える山は、高い台座のような形を

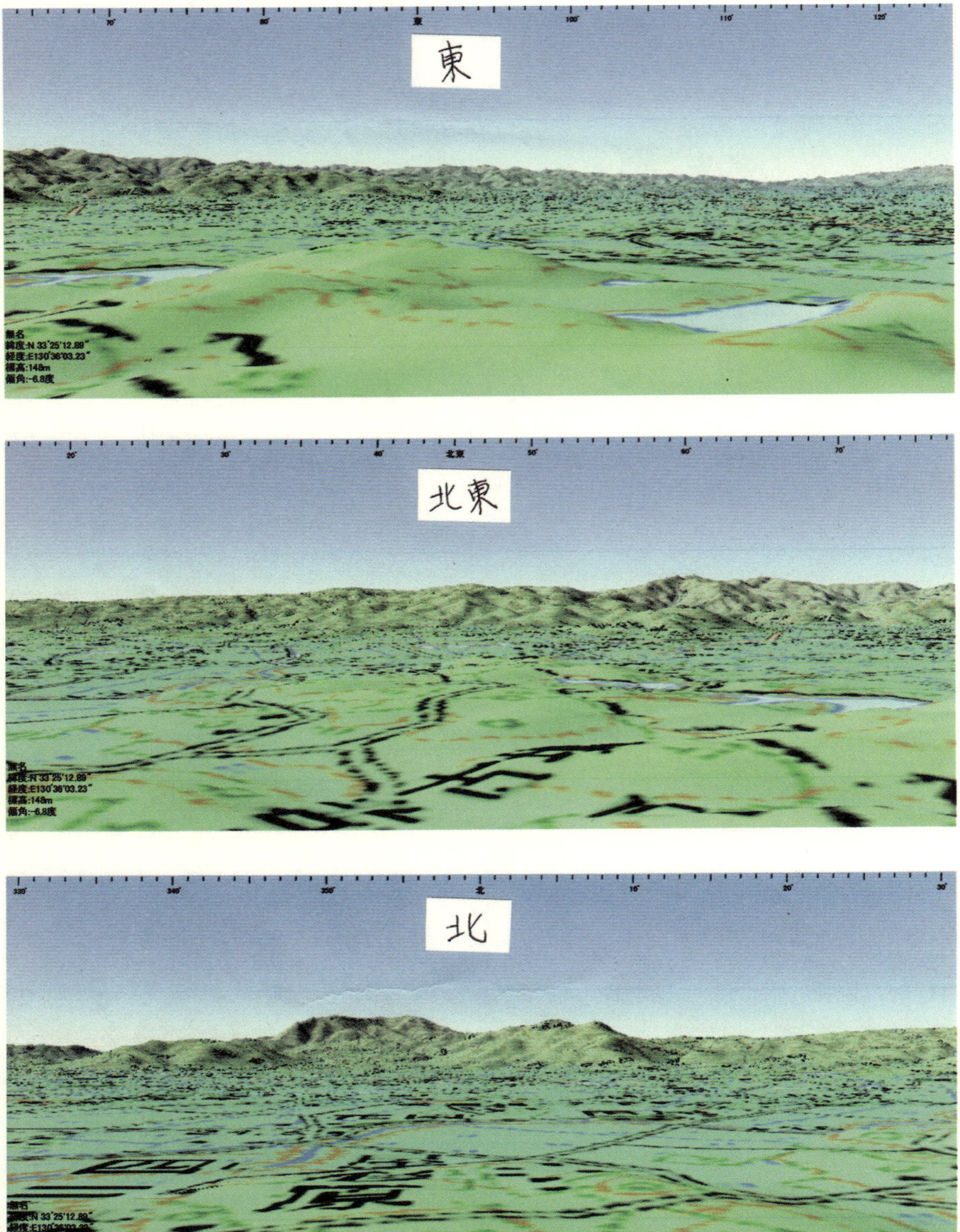

写真5-1　城山の東から北

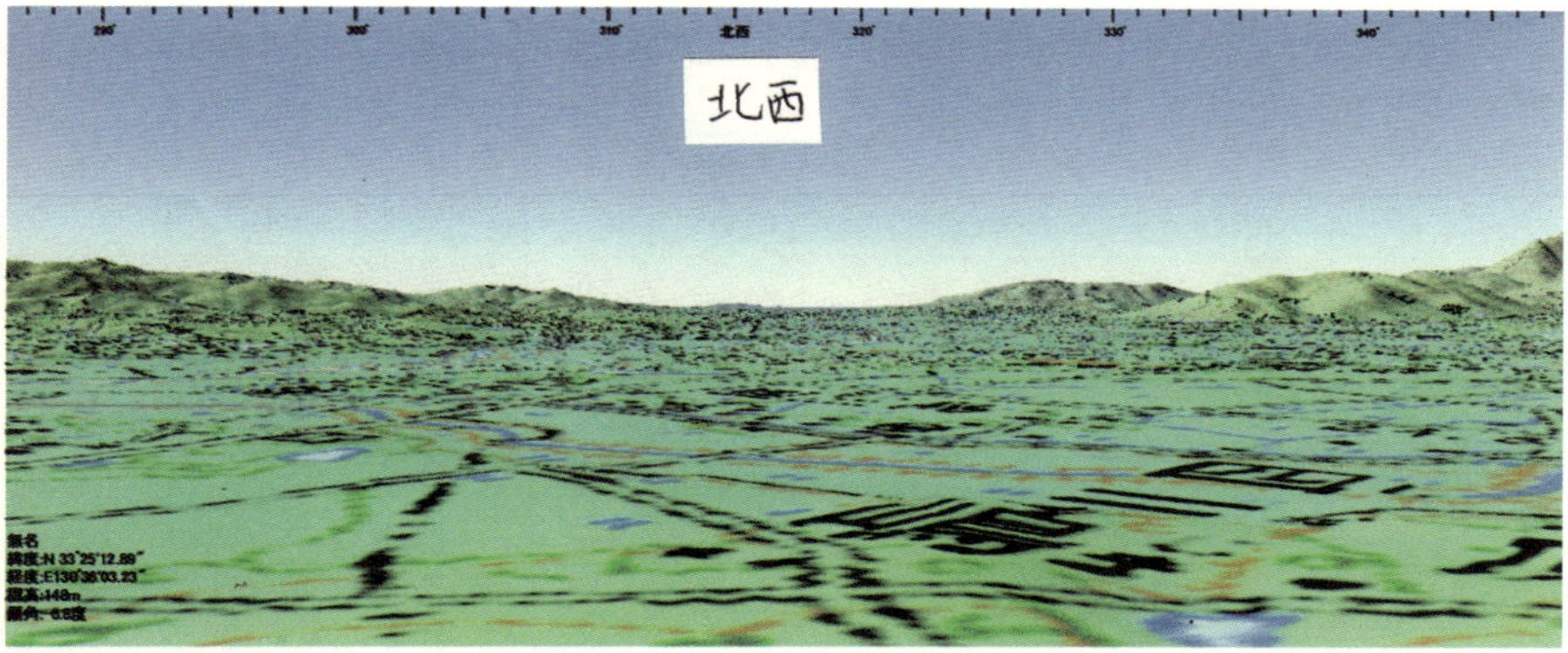

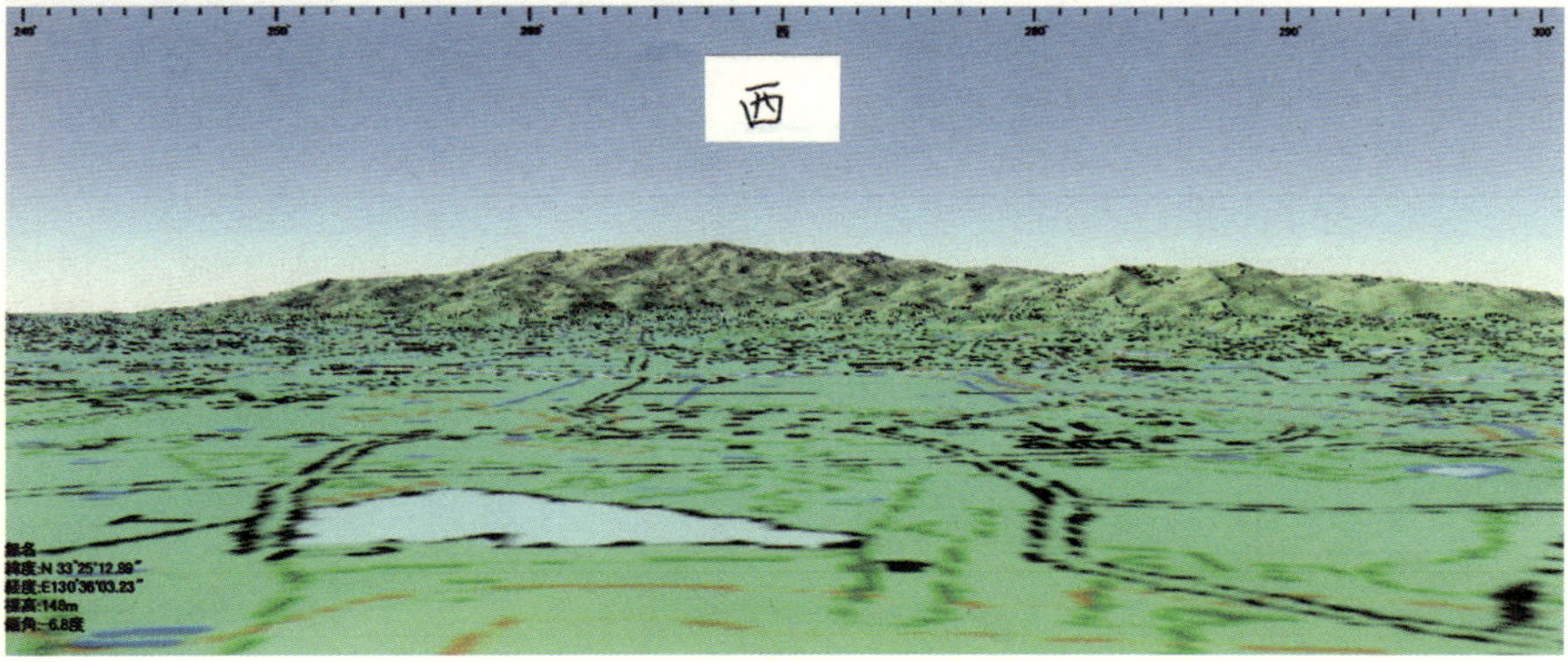

写真5-2　城山の北西と西

していて周辺の山より抜きんでている。もしもこれらの中に高倉山あるいは高座山と呼ばれる山があるとすれば、この山を措いては考えられない。この山は何山であろうか。実はこの山は二つの山が連なっていて、二つのピークがそれぞれの名を持っている。台座の右端が三郡山、左端が宝満山である。太宰府の北東に聳えるこの宝満山こそ、古名を御笠山《みかさやま》と呼ばれた山である。※山部赤人が高座《たかくら》の三笠山と歌ったのは、この山を措いて他にない。神武天皇の時代から高倉山と呼ばれていたことが記憶されていて、それが枕詞の「高座」として残ったのであろう。

※貝原益軒著『筑前国続風土記』に宝満山について「此山は峯高くそびへ、雲霧ふかくおほひ、烟氣つねに絶えず。故に竈門山と云。また御笠山とも云。太宰府は此山下にある故、御笠の里と云。此山を或は寶滿とも號す。」と記され、竈門山（かまどやま）あるいは御笠山と呼ばれたことがわかる。

神武天皇はこの高倉山の頂上から菟田の地域を望まれる。そうすると、国見丘に八十梟帥《やそたける》が居り、女坂《めさか》に女《め》軍《いくさ》を置き、男坂《をさか》に男軍《をいくさ》を置き、墨坂《すみさか》に焃炭《おこしずみ》を置いて交通を遮断し、兄磯城《えしき》の軍勢が磐余邑《いはれのむら》に満ちており、賊軍は要害の地をすべて占めていたのである。

現在の宝満山の眼下に見える古代における要害の地というものを検証すれば、これらの地名が現在のどの付近を表しているか、その概要が摑めるであろう。

「第四章　天孫降臨」の最後のあたりで、次のように述べた。

> 太宰府の南に宮地岳という標高三三九メートルの神籠石《こうごいし》を持った山があり、その南西に基山《きざん》という標高四〇四メートルの古代山城の基肄城《きいじょう》のある山があります。その二つの山の山間が脊振山地、筑紫山地のほとんど唯一と言ってもいい、北部と南部を結ぶ交通の要衝となっています。すなわちここを通れば、何も脊振山の山越えなど必要ないのです。しかしこの二つの山がそれぞれに神籠石があったり、山城が古代からあったように、ここが古代から戦略上、軍事上の重要拠点であったことがわかります。そして大国主神の拠点である大己貴神社の山は、この重要拠点を制するためのまさに絶好の位置にあるのです。

標高八六九メートルの宝満山からその眼下に見える景色は、ここで述べた交通の要衝、軍事上の重要拠点にあたるところである。宮地岳は、宝満山のほとんど真下と言ってもいい真南四キロメートルのところにあり、その南西に基山があって、その山間を抜ける道は博多・太宰府から甘木・日田方面、小郡・鳥栖方面とを結ぶ古代からの重要な路線であり、特に九州の中心・日田へと通ずる道は日田往還と呼ばれている。そして大己貴《おおなむち》神社は宮地岳から東南東約九キロメートルのところにある。さらにこの付近の平野部分の唯一の高台となっている城山は宮地岳から南南東約八キロメートルのところであり、多重環壕集落の平塚川添遺跡は城山から東北東約六キロメートルのところである。かつてこれらの拠点は、大国主勢力の拠点として高天原勢力との戦いで重要な役割を果たしたであろう。そして神武の軍勢が北側の博多・草香江方面から攻め込んできたときも、堅固な要塞としてその侵入を許さなかった。その結果神武は九州を北岸から西岸へと廻り、有明海沿岸から筑後川河口へのルートをたどって、この堅固な要塞を南側の裏口から攻めているのである。これらの位置関係を地勢図に示したのが地図5－6である。

　神武の軍勢は、伊勢（吉野ヶ里遺跡）から筑後川北岸を遡り、記紀の記述から平塚川添遺跡の砦を攻略し、そこを拠点として敵方の八十梟帥《やそたける》の軍勢と対峙したと推測できる。敵方は、大己貴神社の山、宮地岳、基山等の山岳とその山間に拠点を置き、そこに到る坂道を防御したと考えられる。そして神武方の砦（平塚川添遺跡）に一番近い坂道と分岐点にバリケードを築き封鎖していたはずである。その坂が大己貴神社、秋月へと登り、後に日田往還と呼ばれる道と交差した墨坂で、その交差点付近に熾炭《おこしずみ》を置いたと考えられる。日田往還を北西に行けば宮地岳と基山の山間を抜けて太宰府、博多方面への最短路であり、南東へ行けば筑後川北岸を遡り香山《こうやま》（高山）へと到るのである。またその墨坂に沿って秋月から小石原川が流れており、日田往還と交差する所は橋か渡となっていたであろう。

　国見岳という名に最もふさわしい所はどこであろうか。宮地岳と基山が丁度門のようになって北と南との境となっている。門の両側が見えるということで、そのどちらかの山が国見岳にふさわしいと思われるが、宮地岳と基山を比較すると宮地岳が南側の筑紫平野から筑後川まで見渡せると同時に北側の太宰府や博多湾までよく見渡せるので、宮地岳が国見岳の名にふさわしいと考えられる。

　男坂と女坂とあるが、女坂は緩やかな坂と捉えると宮地岳と基山の間の太宰府、博多方面へと抜ける交通の要

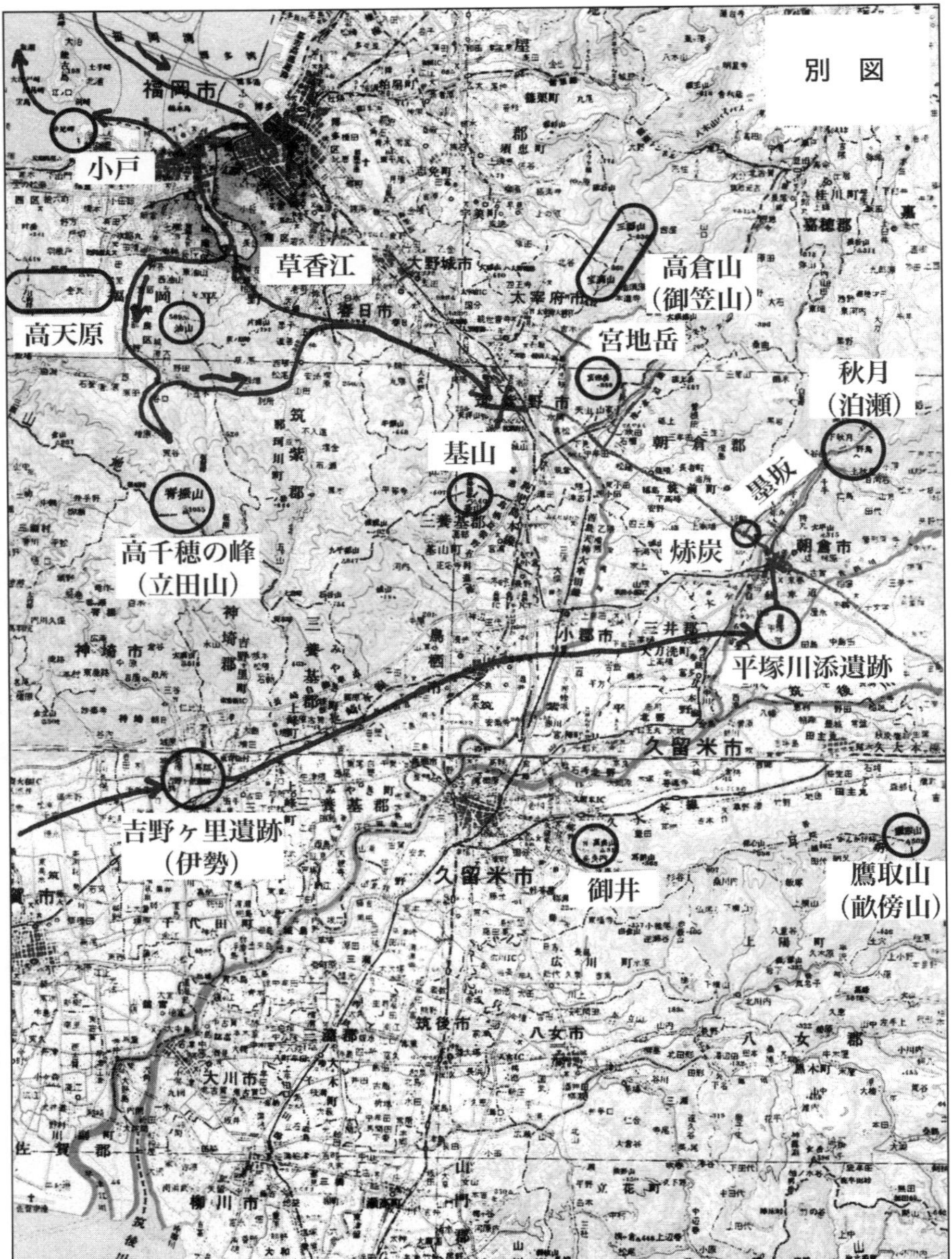

地図5-6　別図：神武と八十梟帥対峠図

衝となる坂であり、男坂は急坂で、宮地岳の脇から山間にある敵方の拠点へと入る坂と考えられる。

また、宮地岳の西側、宝満山の南側に阿志岐《あしき》、吉木《よしき》という地名が残っている。ここが書紀で云う兄磯城《えしき》・弟磯城《おとしき》、古事記で云う兄師木《えしき》・弟師木《おとしき》の居た所であり、ここが本来の志紀（磯城）の地であろう。古事記では、忍坂《おしさか》の大室《おおむろ》で尾を生やした土雲の八十建《やそたける》を宴に誘いだまし討ちにするが、書紀でも八十梟帥《やそたける》を国見丘で破った後にその残党を忍坂邑《おさかのむら》の大室に宴を設けて誘いだまし討ちにする。その忍坂《おさか》とはどのあたりをいうのであろうか。おそらく宝満山山麓の阿志岐、吉木周辺をいうのではないだろうか。万葉集で忍坂の名が出てくる歌がある。

■万葉集三三三一番（『日本古典文学全集「万葉集③」』〈小学館〉より）

こもりくの　泊瀬《はつせ》の山　青旗《あをはた》の　忍坂《おさか》の山は　走《はし》り出《で》の　宜《よろ》しき山の　出《い》で立ちの　くはしき山ぞ　あたらしき　山の　荒れまく惜しも

隠来之《こもりくの》　長谷之山《はつせのやま》　青幡之《あおはたの》　忍坂山者《おさかのやまは》　走出之《はしりでの》　宜山之《よろしきやまの》　出立之《いでたちの》　妙山叙《くはしきやまぞ》　惜《あたらしき》　山之《やまの》　荒巻惜毛《あれまくをしも》

【現代語訳】（著者訳）

（隠国《こもりく》の）長谷の山の（青旗の）忍坂の山は、裾引きのよろしい山で聳え立つ姿の美しい山よ。大切な山が荒れていくことが惜しいことよ。

宝満山周辺の山で裾野を引いて円錐形に近く、聳え立つ姿の美しい山としては宝満山の南東、宮地岳の北東に、大根地山《おおねちやま》（標高六五二メートル）がある。おそらくこの山が青旗（青幡）の忍坂の山であろう。

また、忍坂の山の枕詞である「青旗（青幡）」が使われている他の事例は、二例がある。

一つは、

■万葉集一四八番（中西進『万葉集』〈講談社文庫〉より）

一書に曰はく、近江天皇《あふみのすめらみこと》の聖躰不予御病急《みやまひには》かなりし時に、大后の奉献《たてまつ》れる御歌一首

青旗《あをはた》の木幡《こはた》の上《うへ》をかよふとは目には見れども直《ただ》に逢はぬかも

もう一つは、万葉集五〇九番「丹比真人笠麿《たぢひのまひとかさまろ》の筑紫国に下りし時に作れる歌一首」の中で、「青旗《あをはた》の葛木山《かづらきやま》」として出てくる。枕詞の「青旗」、「青幡」は何を意味するのか、葛木山とは現在の何山を言っているのか、これらについては後ほど考えたい。

しかし、第四章で「大己貴神社が本物の大神神社であり、大己貴神社のご神体の山が本物の三輪山であると考えられることから、その周辺にある隠口《こもりく》の泊瀬《はつせ》や泊瀬川などの位置が明らかになる」と述べたが、ここで「隠口の泊瀬」とはどこかを明確にしておきたい。

「隠口」、「隠国」とは、その入口が山などによって周辺から隠されて、その入口の奥に国や里が別天地の隠れ里のように存在している状態を表している。大己貴神社から北東約四キロメートルのところにある秋月が、まさにその隠口の名にふさわしい里なのである。貝原益軒の著す『筑前国続風土記』には、秋月のことを次のように記述している。

此所に出口四あり。北は八町に、西に長谷山口、南は湯の浦に、東は野鳥口なり、秋月の西なる山を観音山と云。此山にて秋月をかくし、山の外よりは見えず。彌長の方より谷を上りゆけば、秋月ほどの里はあるべしとも見えず。あだかも隠口の初瀬のごとし。

秋月は四方を山に囲まれ、秋月へと入る道は多くが山越えの道で、唯一大己貴神社のある弥永《いやなが》からの道が山間を抜けていくが、貝原益軒の云うとおり観音山にて秋月が隠されているため秋月ほどの里があるとは思えない。ここ秋月こそ本物の隠口の泊瀬である。

その秋月から小石原川が大己貴神社の脇へと流れ降ってきて、流末は筑後川へと合流する。秋月から舟で小石

原川を下って筑後川へと合流し、そして筑後川を遡れば日田（奈良）へと行くことができる。そのことが万葉集に歌われている。

■第七九番、八〇番（中西進『万葉集』〈講談社文庫〉より）

或る本の、藤原京《みやこ》より寧楽宮に遷れる時の歌

天皇《おほきみ》の　御命《みこと》かしこみ　柔《にき》びにし　家をおき　隠国《こもりく》の　泊瀬《はつせ》の川に　舟浮《う》けて　わが行く河の　川隈《かはくま》の
八十《やそ》隈おちず　万度《よろづたび》　かへり見しつつ　玉桙《たまほこ》の　道行き暮らし　あをによし　奈良の京《みやこ》の　佐保《さほ》川に　い行
き至りて　わが宿《ね》たる　衣《ころも》の上ゆ　朝月夜《あさづくよ》　さやかに見れば　栲《たへ》の穂に　夜《よる》の霜降り　磐床《いはとこ》と　川の氷凝《ひこご》り
寒き夜《よ》を　いこふことなく　通ひつつ　作れる家に　千代にまで　来《き》ませ大君よ　われも通はむ

反歌

あをによし寧楽《なら》の家には万代《よろづよ》にわれも通はむ忘ると思ふな

小石原川が泊瀬川であり、筑後川が奈良の都では佐保川と呼ばれていたことがわかる。

さて、神武の軍勢は、国見丘と忍坂の大室で八十梟帥《やそたける》を破り、兄磯城と弟磯城の兄弟と対戦する前に使いを出して恭順の意を確かめる。弟はその意を示したが、兄は帰順せず、兄磯城との戦いが始められる。神武側の戦術は、まず女軍を出して忍坂から敵の精鋭部隊を誘い出し、その間に神武軍の精鋭部隊を墨坂に急行させてバリケードとなっている炭火を菟田川の水で消して侵攻し、敵方の精鋭部隊を神武の女軍と精鋭部隊の男軍とで挟み撃ちにしようとするものであった。その作戦は見事的中し兄磯城を倒したと書紀は云う。墨坂は大己貴神社から秋月へと登る坂と考えられ、ここに出てくる菟田川とは小石原川のことであり、上流は泊瀬川を意味していると考えられる。ここで万葉集第二六四番の柿本朝臣人麿の歌を見てみよう。

柿本朝臣人麿の近江国より上り来し時に、宇治河《うぢがは》の辺《ほとり》に至りて作れる歌一首

もののふの八十《やそ》氏河《うぢがは》の網代木《あじろぎ》にいさよふ波の行く方《へ》知らずも

（中西進『万葉集』〈講談社文庫〉より）

この歌は、人麿が近江国即ち淡海国《あま》である博多方面から日田往還を進み、日田奈良へと行く途中の宇治川の畔で詠んだ歌と解釈できる。その宇治川を「もののふの八十氏河」と呼んでいるのはなぜだろうか。「もののふの八十氏」から連想されることは、神武天皇の故事に出てくる神武に敗れ去りどこかに消えてしまった八十梟帥のことである。日田往還の中で八十梟帥に因んだ川は今までの考察から小石原川以外にはない。小石原川は書紀の解釈から菟田川と考えられ、さらにこの人麿の歌からは宇治川と解釈できる。即ち菟田川と宇治川とは同じ川ということである。そして日田往還と小石原川とが交差している場所、現在の甘木付近が宇治の渡であったということになる。

ここで話を少し戻して、書紀で、神武天皇が高倉山の頂からその地域を望んだ後に、天香山の土を取って天平瓮《あまのひらか》という平たい土器と厳瓮《いつへ》という瓶を造り、天神地祇を祭り呪詛《じゅそ》をすれば、敵が自ずから降伏するであろうとの夢を神武天皇が見て、それを実行する話が出てくる。椎根津彦と弟猾《おとうかし》を老人と老婆の姿に変装させ敵を欺き天香山の土を手に入れるのであるが、書紀は天香山の読み方を次のように記述する。

「香山、此には介遇夜摩と云ふ。」

ここで日本書紀は、「香山」の読み方を「かぐやま」と読むように指示しているのである。この指示に従い多くの研究者は、「香具山」も「香山」も「かぐやま」と読むこととしていると考えられる。これは歴史改竄者の苦肉の策の結果であると指摘したい。今まで考察してきたように、香具山と香山とは全く別の山である。香具山は現在の鶴見岳で、別府湾から屹立した当時標高二〇〇〇メートルもの巨大な活火山であった。それに対し香山（高山）は標高一九〇メートル、平塚川添遺跡から東南東へ直線距離約十三キロメートル、筑後川北岸に寄り添うように佇《たたず》んでいる小山である。歴史改竄者にとって香具山をどう処理するか大変な問題であったろう。万葉集第五十二番の歌に従い大和三山を設定しようにも、香具山が巨大な火山である限り関西奈良方面では解決不能である。しかし歴史改竄者はこの解決不能の問題をまさに苦肉の策を用いて解決したのである。香山は倭国の歴史上重要な役割を果たしてきた。天照大御神が天の岩屋戸に隠れた時、天宇受命はその岩屋戸の前で天の香山の日《ひ》陰蔓《かげかずら》をたすきにかけ、真析蔓《まさきかずら》を髪飾りにして、天の香山の笹の葉を束にして手に持ち、岩屋戸の前に桶を伏せて踏み鳴らし、神懸りして胸の乳を露にして裳の紐を女陰までおし垂らし踊ったのである。その香山と香具山を一つの山にしてしまう。香山を「かぐやま」と読ませればいい。そうすれば香具山と書いてあっても香山と書いてあっても同じ「かぐやま」、一つの山と後世の人間たちは判断するであろうとの詐術である。歴史改竄者の同時代の人間は騙せなくても、人間の記憶というものは何世代にも亘って存続し続けることはできない。記録に残されたもののみが最後には残る。特に権力者の権威によって記録されたものが最後まで残るのである。

古事記では、亡くなった五瀬命の仇《かたき》、登美毘古《とみびこ》（登美能那賀須泥毘古《とみのながすねびこ》）との戦いを三つの久米歌で表す。

然《しか》くして後に、登美毘古を撃たむとせし時に、歌ひて曰はく、

厳々し《みつみつし》　久米の子らが　粟生《あはふ》には　香韮一本《かみらひともと》　其《そ》ねが本《もと》　其ね芽認《めつな》ぎて　撃ちてし止まむ

又、歌ひて曰はく、

厳々し　久米の子らが　垣本《かきもと》に　植ゑし山椒《はじかみ》　口疼《くちひひ》く　吾は忘れじ　撃ちてし止まむ

又、歌ひて曰はく、

神風の　伊勢の海の　大石《おひし》に　這《は》ひ廻《もとほ》ろふ　細螺《しただみ》の　い這ひ廻《もとほ》り　撃ちてし止まむ

勢い盛んな久米の子達が、粟の畑に韮《にら》が一本生えている、その根やその芽を捜し求め、撃たずにおくものか。

勢い盛んな久米の子達が、垣の根本に植えた山椒《さんしょう》、口がひりひりし、我は忘れない、撃たずにおくものか。

神風の伊勢の海の大石に這い回る細螺《しただみ》のように、這い回って敵を撃たずにおくものか。

古事記では久米歌で登美毘古と戦ったことを表すのみで、その戦いを具体的には伝えない。兄師木《えしき》と弟師木《おとしき》と戦おうとした時のことも久米歌で表す。

又、兄師木・弟師木を撃たむとせし時に、御軍《みいくさ》、暫《しま》らく疲れき。爾《しか》くして、歌ひて曰《い》はく、

楯並《たてな》めて　伊那佐《いなさ》の山の　木の間《こま》よりも　い行き目守《まも》らひ　戦《たたか》へば　吾《われ》はや飢《ゑ》ぬ　島《しま》つ鳥　鵜養《うかひ》が伴《とも》　今《いま》助《す》けに来《こ》ね

兄師木・弟師木を撃とうとした時、軍勢はしばらく疲れた。それで歌った。

楯を並べて伊那佐の山の木の間より見張りながら戦っていると、我はもう腹が減った。島つ鳥、鵜飼の伴よ、今助けに来てくれ。

書紀が兄磯城との戦いを詳細に伝えているのに対し、古事記ではこの歌のみで示す。そしてそのすぐ後に、邇《に》芸速日命《ぎはやひのみこと》が古事記では初めて登場する。

故爾《かれしか》くして、邇芸速日命《にぎはやひのみこと》、参《ま》ゐ赴《おもぶ》きて、天《あま》つ神御子《かみみこ》に白《まを》さく、「天つ神御子天降《あまくだ》り坐《ま》しぬと聞きつるが故《ゆゑ》に、追ひて参《ま》ゐ降《くだ》り来《き》つ」とまをして、即ち天津瑞《あまつしるし》を献《たてまつ》りて、仕《つか》へ奉《まつ》りき。故《かれ》、邇芸速日命《にぎはやひのみこと》、登美毘古《とみびこ》が妹《いも》、登美夜毘売《とみやびめ》を娶《めと》りて生みし子は、宇麻志麻遅命《うましまぢのみこと》。

さてそうして、邇芸速日命《にぎはやひのみこと》が参上して、天つ神の御子に申すには、「天つ神の御子が天降りされたと聞いたので、追って降って参りました」と申し上げ、天のしるしの宝を献上し、天つ神の御子にお仕えになりました。そして、邇芸速日命《にぎはやひのみこと》が登美毘古《とみびこ》の妹登美夜毘売《とみやびめ》を娶って生んだ子は、宇麻志麻遅命《うましまぢのみこと》である。

この古事記の記述を素直に読めば、神武天皇は高天原から天孫降臨したことになる。それを追い、邇芸速日《にぎはやひの》

命《みこと》も高天原から降臨してきたと解釈できる。ここに古事記の原典に書かれていたであろう、神武東征ではない本当の目的「神武の天孫降臨の再現」が垣間見えている。ただここで、私には非常に気になることがある。神武が遠征を行った時、高天原（邪馬台国）はどのような状況であったのだろうか、ということである。神武は天孫降臨の再現を試みようとした、ということは草香江から上陸し、その後直ちに立田山（脊振山）直登の道へと進んだとは考えられない。高天原を経由しなくては意味がないのである。現在の福岡市西区金武付近に神武一行は行ったに違いない。そこで何を見たのであろうか。荒れ果てたかつての高天原か、天つ神の子孫たちが平和に暮らしている高天原か、他の部族に占領された高天原か、神武はそこで何を見、何らかの行動をしたのであろうか。

古事記ではその後すぐに、最終目的地畝火《うねび》の瑞山《みづやま》の橿原の宮で天下を治めたことが述べられる。

故、如此《かく》荒《あら》ぶる神等《かみたち》を言向《ことむ》け平《たひら》げ和《やは》し、伏《したが》はぬ人等《ひとども》を退《しりぞ》け撥《はら》ひて、畝火《うねび》の白檮《かし》原宮《はらのみや》に坐《いま》して、天《あめ》の下《した》を治《をさ》めき。

さて書紀では、神武は兄磯城らを倒した後長髄彦と戦うが、何度戦っても勝利を得ることができず、その時急に空が暗くなり氷雨が降って、金色の霊妙な鵄《とび》が飛んできて天皇の弓の先に止まった。その鵄が稲妻のように光り輝き、そのため長髄彦の軍勢は目が眩み戦う力を失ってしまった。神武天皇は長髄彦に対して常に五瀬命の命を奪ったことへの恨みを抱いており、この戦いに臨んで必ず長髄彦を討ち取ろうと決心していた。そしてこのように歌われた。

みつみつし　くめの子らが　垣本《かきもと》に　粟生《あはふ》には　韮一本《かみらひともと》　其《そ》のが本《もと》　其根芽繋《そねめつな》ぎて　撃《う》ちてし止《や》まむ

そしてまた歌われた。

みつみつし　くめの子らが　垣本に　植《う》ゑし山椒《はじかみ》　口疼《くちびひ》く　我は忘れず　撃ちてし止まむ

と歌い、そして再び兵を放って敵を急襲した。これらの歌は全て来目歌《くめうた》という。この歌を歌った人からそう名付けられた。その時、長髄彦は神武に使いを遣して、「昔、天神の御子が天磐船に乗って天降りされてきて、その名は櫛玉饒速日命といいます。我が妹を娶り子をもうけました。その饒速日命を君としてお仕えしております。なぜ天神の御子が二人もおられるのでしょうか。(神武が)天神の御子といっても多数いる。その御子と称して人の土地を奪おうとしているのではないか」と伝えてきた。神武はそれに対し「天神の御子と称して人の土地を奪おうとしているのではないか」と返答した。

お前の主人が天神の御子であればその証拠となるものを持っているであろう。互いに見せ合おうではないか」と返答した。長髄彦が饒速日命の天羽羽矢《あまのははや》と矢を入れる歩靫《かちゆき》を持参し、神武の持っているそれとを見せ合って、双方が本物であることを確認しあう。しかし長髄彦は神武へ恭順する気持ちはなく、饒速日命は長髄彦の捻じ曲がった性質を見て、長髄彦を殺し、その郎党を引き連れ神武へ帰順した。神武は、饒速日命が天より降臨した者と聞いており、忠誠心を示したので、これを寵愛されたと書紀は云う。

古事記、日本書紀をここまで読み進んで、両者の構想上の大きな違いに気付かされる。古事記では神武東征後に到着したのは葦原中国と解釈でき、それを追って邇芸速日命《にぎはやひのみこと》もやってくる。それに対し書紀では、東征出発時に神武が書紀における東征の意味する基本構想を述べている。自分がいる所は葦原中国の西偏であり、これからその中央へ行く。その中央では饒速日命《にぎはやひのみこと》という者が天磐船で飛び降っているとも聞いていると。それで書紀ではその中央を中洲と呼ぶのである。要するに書紀の基本構想は、天上に高天原という天神の御子たちの住む世界があって、地上には葦原中国があり、本州、九州、四国の倭国の領域はすべて葦原中国であるという構造を持たせようとしているのである。古事記にはこのような神話的な構想がない。それで邇芸速日命の登場により、神武東征がそれとは矛盾した天孫降臨であることが明らかとなってしまう。書紀では、この古事記の持つ歴史改竄手段としてのシステム上の欠陥をなくし機密性を高めることが、その編纂の目的の一つであったと推測できる。

しかし、書紀の基本構想も大きな矛盾を抱えている。天照大神・月夜見尊・素戔嗚尊の誕生のところで、正文では伊奘諾尊と伊奘冉尊がこの三神を生んだことになっているが、〈第六の〉一書では黄泉の国から筑紫の小戸に還ってきた伊奘諾尊がこの三神を生んでいる。即ち〈第六の〉一書は、天照大神はこの(日本の)地上に生まれたことを示している。高天原を天上界、そして高天原における話を全て神話——ファンタジーとして、真実の歴史と切り離そうという書紀編纂の試みは当初から綻《ほころ》びを示しているのである。

さて、書紀においても敵方をことごとく平定した神武は、ここで口上を述べる。

「私は東征を行ってここに六年を経過した。天神の威光を以て兇徒を成敗し、辺境はまだ静まったとは言えないまでも中洲の地は平定した。ここに都を拡張し上昇機運に乗るべきである。今は世の中が始まったばかりで民の心も純朴である。木や洞穴に住み、未開の習俗が常となっている。聖人が制度を作ればその道理は時勢に合うものである。民に利あることであれば、何で聖《ひじり》の業《わざ》が妨げられるであろうか。よって山林を切り開き、宮殿を造営して、謹んで皇位に就いて民を治めなくてはならない。上は天神が国をお授けになった徳に応え、下は皇孫の正しき心を広めよう。そうして後に、四方の国々を統合して都を開き天下を覆って家とすることはいいことではないか。見渡せば、畝傍山（畝傍山、此《ここ》には宇《う》禰《ね》縻《び》夜《や》摩《ま》と云ふ）の東南の橿原《かしはら》の地は、まさに国の奥深い安住の地か。ここを治めよう。」

書紀はここで、万葉集第五十二番の歌に出てくる「畝火の美豆山」を「畝傍山」とし「うねびやま」と読ませることにしている。第三章で「畝火の美豆山」を、福岡県久留米市田主丸町、うきは市、八女郡星野村の境にある鷹取山《たかとりやま》とした。ここで鷹取山の位置を確認しておこう。神武の軍勢が占拠したと考えられる平塚川添遺跡から丁度南東へ十二キロメートルにその頂上がある。平塚川添遺跡は筑後川北岸にあるのに対し、その南岸にあって筑後川に沿った山脈、耳納山地の主峰である。ただし山脈状に山が連なっていて、麓から見てその頂上は独立峰のように明確ではない。

神武が筑後川北岸を遡ると平塚川添遺跡から約八キロメートルのところで麻底良山《までらさん》にぶつかる。この山は標高二九五メートル、筑後川北岸の東西に連なる筑紫山地の山々から枝分かれしたように北から南になだらかに筑後川に向かって伸び、その南端は筑後川で途切れている。現在の大分自動車道や日田往還は、この山の南端を削って筑後川との間の狭い隘路を通過している。博多、太宰府、小郡方面と日田方面とを行き来する場合、古代には必ずこの山を越えなくてはならなかったのである。この山を越えると目の前に見える小さな山が高山《こうやま》（香山）、

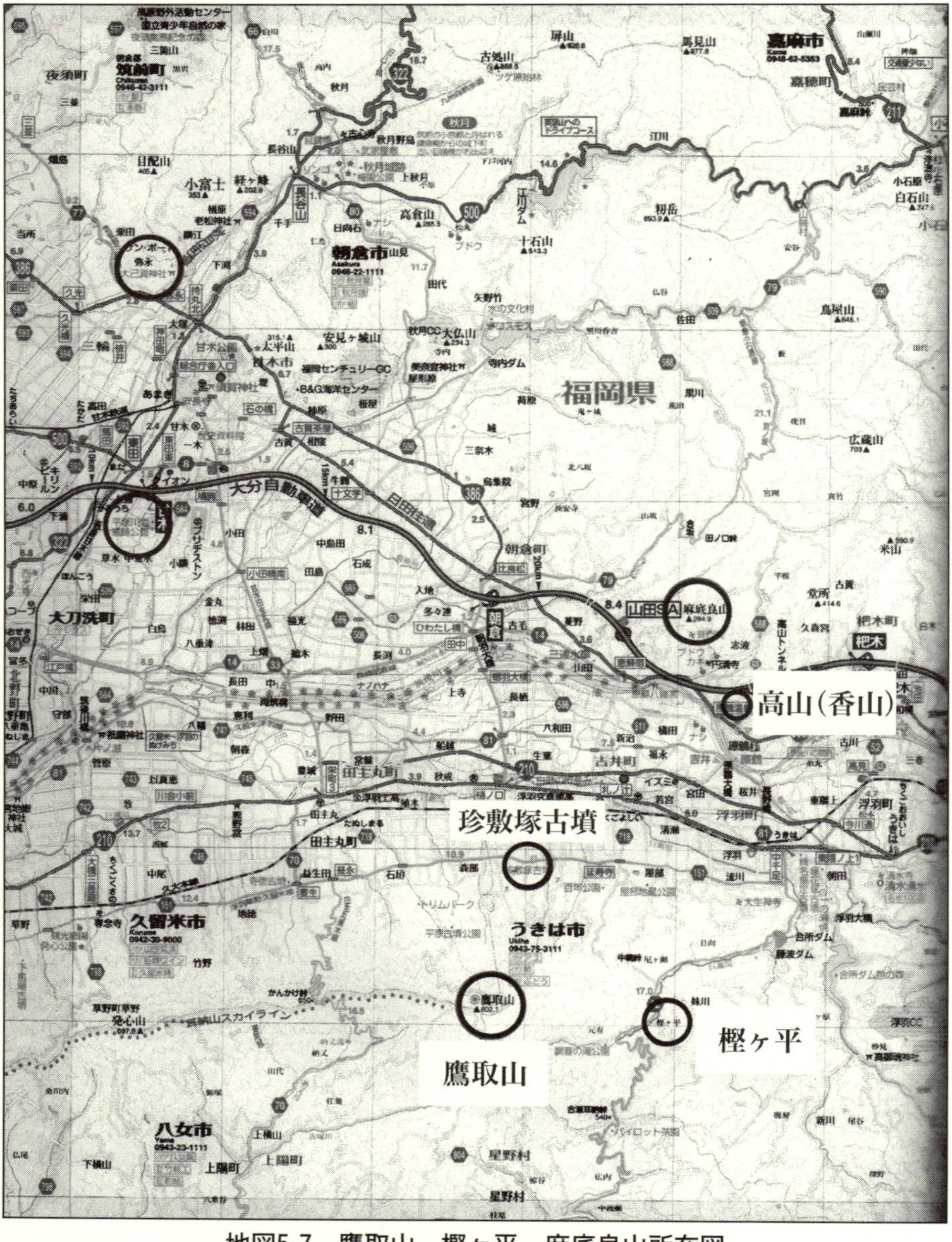

地図5-7　鷹取山、樫ヶ平、麻底良山所在図

即ち天香山《あまのこうやま》である。現在、高山の麓は福岡県を代表する温泉地原鶴温泉となっている。神武はおそらくこの付近で筑後川を渡河したのではないだろうか。対岸は福岡県うきは市の中心地浮羽《うきは》である。その浮羽から真南へ鷹取山の東側へと入っていく。山間の道を進み、道の左側が谷となって鷹取山を源流とする巨瀬川《こせがわ》が流れている。道は鷹取山を時計回りに巻くように進み、やがて巨瀬川の対岸に小さな集落が見えてくる。そこは樫ヶ平《かしがひら》という集落でその中心に天神社（樫ヶ平天満宮）がある。鷹取山の頂上からほとんど東に四キロメートルのところである。しかし鷹取山の頂上からさらに東に峰が延びておりその先端からは東南東の位置にあたる。私はここ樫ヶ平が神武の宮殿を置いた橿原《かしはら》であると考えている。神武天皇が丘に登り国見をすると「内木綿《うちゆふ》の本当に狭い国であるが、あたかも蜻蛉《あきづ》が交尾をしているようでもある」と述べたと書紀には書かれているが、巨瀬川の対岸から見た樫ヶ平周辺の印象は山の斜面に張り付いた小さな山里の風景であり、遠征の結果得ることができたのは、神武の言うとおり本当に小さな国であったことがわかる。

神武の遠征とは、九州の辺境にいた天神の御子の子孫と名乗る一族が、九州の中心の葦原中国へ天孫降臨を再現して侵略しようとしたのがその目的であり、天孫降臨の再現には失敗したが、九州を反時計回りに半周して漸く葦原中国へ侵入した。そして、その中心部を襲い占拠しようとした。しかし、そこにはすでに瓊瓊杵尊《ににぎのみこと》の子孫たちによって平和で豊かな生活が営まれており、瓊瓊杵尊の子孫たちは、この侵略者で乱暴狼藉者である神武たちに、これ以上無益な争いを起こされて被害を受けないように、葦原中国の一番奥地を提供しお引取りを願った、というのが歴史の真相ではないかと思われる。邇芸速日命《にぎはやひのみこと》（饒速日命）はその瓊瓊杵尊の子孫に換えて記紀が登場させたものではないだろうか。なぜなら、記紀には瓊瓊杵尊（邇々芸命）が降臨した所が葦原中国との記述はないが、先に述べた基山《きざん》にある荒穂神社の祭神が瓊瓊杵尊と五《い》十《そ》猛命《たけるのみこと》ということは、基山を瓊瓊杵尊は攻略していたということであり、瓊瓊杵尊は間違いなく葦原中国へ降臨していた。有明海沿岸と筑後川流域の、この葦原中国は瓊瓊杵尊の子孫たちによってすでに国づくりが行われていたことを意味しているからである。

さて、古事記では神武天皇（神倭伊波礼毘古天皇）は百三十七歳で亡くなり、その御陵は畝火山の北の方の白檮尾《かしのお》の上にありと書かれ、書紀では、天皇は橿原宮《かしはらのみや》で亡くなり、その時年は百二十七歳であり、明年秋九月十二日に畝傍山の東北の陵に葬られたと書かれている。鷹取山の麓、その頂上から北北東三・三キロメートルの

写真5-3　樫ヶ平風景

写真5-4　樫ヶ平天満宮

所に珍敷塚《めずらしづか》古墳がある。この装飾古墳の壁画には、一番左にゴンドラのような舟に乗りオールを漕ぐ人物が描かれ、その舟の舳先には烏《からす》のような鳥が右方向に向いて止まり、舟は左から右へ進んでいる。中央部に三つの山のようなものが並んでいて、その左の二つの山の間から上方左右に枝分かれして大きな噴煙のようなものが出ている。そして壁面右端には、槍を持って立っている人物とそれに対し平伏している人物が描かれている。この壁画は神武が行ったことをそのまま示している。九州を北岸から西岸、そして島原湾、有明海と舟で廻り、三つの山は、一番左の山は雲仙岳、真ん中の山はその麓を通った天孫降臨の山脊振山、雲仙岳と脊振山の間にある噴煙は神武の軍勢が倒された火山性ガスであろう。そして一番右の畝火山へと西から東へ進み、賊を成敗して畝火山の東で国を立てたことをこの壁画は物語っている。舟の舳先の鳥は、神武を道案内した八咫烏《やたがらす》である。鷹取山（畝火山）との位置関係から見ても、この珍敷塚古墳こそ間違いなく神武天皇の墓である。

高良大社の御井から見える伊勢神宮から始まり、万葉集第五十二番に歌われた四つの山を探し、九重吉野の柿本朝臣人麿の作歌場所を尋ね、日田奈良の都を見つけ出した。そして、古事記・日本書紀を読み直し、高天原とはどこか、葦原中国とはどこか、天孫降臨とは何だったのかを探り、さらに神武東征を検証して、今漸く大和朝廷の淵源である畝火の橿原が、九州鷹取山の麓にあったことを知った。記紀に書かれた神武東征に出てくるほとんど全てのことが九州での出来事であったのである。記紀に書かれたその後の歴代天皇の歴史も、そのほとんどが九州を舞台あるいは九州を中心にした歴史でなくてはならないことになる。今まで信じられてきた関西を中心とした大和朝廷なるものは、記紀及び地名移転により造作されたものということになる。

ここからは、さらに移された地名を探し、それを九州の地名へと置き換える作業を進めなくてはならない。そうすることによって記紀と万葉集からさらに多くの真実の歴史を引き出すことができるであろう。

三、仁徳天皇

神武天皇から数えて第十六代の天皇とされる、仁徳天皇についての記紀の記述を解釈することにより、真実の歴史を解明する手掛かりとなるいくつかの重要な地名の正しい位置を知ることができる。

古事記では、「大雀命《おほさざきのみこと》、難波《なには》の高津宮《たかつのみや》に坐《いま》して、天《あめ》の下を治《をさ》めき」でその記述が始まる。古事記では仁徳天皇を大雀命で表す。難波とは波速であり、これは神武天皇が博多湾に入った際の、志賀島と海の中道との海峡にある波速の渡から生まれた地名であり、現在の博多湾及びその周辺を意味している。高津宮とはどこか、前に述べた（第四章「二、古事記、日本書紀を読み直す」）多賀の北に隣接して高宮という地名が残っているが、博多古図復元図では高宮は古代博多湾（冷泉津）の湾岸にあったと考えられ高津宮の名残《なごり》ではないかとも思われる。

古事記ではその後、結婚した女性の名と生まれた御子の名を挙げる。そして仁徳が定めた御名代《みなしろ》（皇室に直属する私有民）を挙げ、仁徳が行った土木建設事業を述べる。秦人《はだひと》（渡来人秦氏の人）を使って茨田堤《うまらたのつつみ》と茨田三宅《うまらたのみやけ》とを作り、丸邇池《わにのいけ》・依網池《よさみのいけ》を作り、難波の堀江を掘って海に通し、小椅江《おばしのえ》を掘り、墨江《すみのえ》の津を定めたとある。現在の老司川《ろうじがわ》両岸に（福岡市南区）三宅の地名が残るが、茨田三宅との関わりは不明である。墨江の津とはどこであろうか。高宮のほぼ真北にあたるところに、美野島（蓑島）と住吉神社がある。蓑島は古代博多湾に浮かぶ島であり、住吉神社は湾に直接面していた。住吉は「すみのえ」とも読まれるが、この住吉神社の近くに墨江の津があったと考えられる。

そして古事記では、天皇が高い山に登り国見をし、国の中に煙の立っていないことを見て人々が貧窮していることを知り、三年の間租税と賦役を免除することを決め、宮殿が破損し雨漏りしても修理もしなかったこと、そしてその後再び国見をした時に、国中から煙が満ちて人々が豊かになったと判断し、租税と賦役を復活させたが、その結果人々は栄え労役に苦しまなかったので、仁徳天皇の御世を讃え聖帝の世と言った、と記述する。

仁徳天皇の皇后石之日売命《いはのひめのみこと》は大変嫉妬深く、天皇の妃たちは宮中へ近づくこともできなかった。仁徳天皇は吉備の海部直《あまべのあたい》の娘黒日売《くろひめ》は容姿端麗と聞いて、召し上げて使ったが、黒日売は皇后が嫉むのを恐れ自国へ逃げ帰ってしまった。黒日売を恋する天皇は皇后を欺き、「淡道島《あわぢしま》を見ようと思う」と言って黒日売に会うために出立し、途中の淡道島にあって遥かに望んで歌われた。

押《お》し照《て》るや　難波《なには》の崎《さき》よ　出《い》で立《た》ちて　我《わ》が国《くに》見れば　淡島《あはしま》　淤能碁呂島《おのごろしま》　檳榔《あぢまさ》の　島も見ゆ　離《さけ》つ島《しま》見ゆ

博多湾の港から出発して淡道島（淡路島）から自国を振り返ってみると、淡島、淤能碁呂島、檳榔の島が見える。離れ島も見えるよ、とこの歌は言っている。淡道島とは現在の何島かを考える前に、この中に淡島と淤能碁呂島が出てくる。伊耶那岐命と伊耶那美命の二神が国生みをする前に、天の浮橋に立って天の沼矛を潮にさしおろして引き上げたら、矛の先からたらした潮が積もって淤能碁呂島となり、淤能碁呂島で結婚して最初に生んだ子が水蛭子で葦舟に乗せて流し、次に生んだ子が淡島であったが子とはしなかった。その淤能碁呂島は、伊耶那岐命が黄泉の国から戻ってきて禊をした小戸の近くにある島と考えられる。そして淡島も小戸に近く、この歌にあるとおり淤能碁呂島と並んでいる島と考えられる。この歌は淡道島から博多湾に向かって詠んでいると考えられるので、沖合いから淡道島、淡島、淤能碁呂島の順に並んでいるということになる。また、檳榔《あぢまさ》の島とはビロウの樹が生えた島と解釈でき、博多湾周辺の小島でそのような島があったのであろう。そして第四章二で博多湾及びその周辺を淡海（あま）としたことを想い起こしてほしい。淡島及び淡道島の「淡」とはどちらも淡海の「淡」を意味しているということである。即ち淡島とは淡海にある淡海を代表する島あるいは淡海を形成している島とも言うべきか、そして淡道島とはその淡海への道標となる島と解釈できるであろう。ここで博多湾周辺の地図を見れば、これらの島が何島を指すか自ずと明らかとなる。博多湾の中央部に能古島《のこのしま》があり、その真北の博多湾の入口に、海の中道が東から延びてその突端に門柱のようにある島が志賀島《しかのしま》である。そして、博多湾の入口の中心に、そこが博多湾の入口であることを示しているかのように存在しているのが玄海島《げんかいじま》である。即ち、博多湾の中央部南岸の小戸の北にある能古島が淤能碁呂島、その北にある志賀島が淡島、そしてその西北西の博多湾入口中央部にある玄海島が淡道島ということになる。古事記の国生みでは別名で天の付く島と付かない島があったが、これらの島には天が付いていない、それは当然である。なぜならここが天《あま》の名の起源となったその中心の淡海《あま》の海であり、淡海《あま》の中に天《あま》の名は必要ないからである。

ここで、前項で挙げた万葉集五〇九番「丹比真人笠麿の筑紫国に下りし時に作れる歌一首」を読んでみよう。

■万葉集五〇九番、五一〇番（中西進『万葉集』〈講談社文庫〉参照）

丹比《たぢひの》真人《まひと》笠麿《かさまろ》の筑紫国に下りし時に作れる歌一首　并せて短歌

臣女《おみのめ》の　匣《くしげ》に乗れる　鏡《かがみ》なす　御津《みつ》の浜辺に　さにつらふ　紐解《ひもと》き離《さ》けず　吾妹子《わぎもこ》に　恋ひつつ居《を》れば　明《あ》け闇《ぐれ》の　朝霧隠《あさぎりごも》り　鳴く鶴《たづ》の　ねのみし泣かゆ　わが恋ふる　千重《ちへ》の一重《ひとへ》も　慰《なぐさ》もる　情《こころ》もありやと　家のあたり　わが立ち見れば　青旗《あをはた》の　葛木山《かづらきやま》に　たなびける　白雲隠《しらくもがく》る　天《あま》ざかる　夷《ひな》の国辺《くにへ》に　直向《ただむか》ふ　淡路《あはぢ》を過ぎ　粟島《あはしま》を　背《そがひ》に見つつ　朝なぎに　水手《かこ》の声呼び　夕なぎに　梶の音《と》しつつ　波の上《うへ》を　い行きさぐくみ　岩《いは》の間《ま》を　い行き廻《もとほ》り　稲日都麻《いなびつま》　浦廻《うらみ》を過ぎて　鳥じもの　なづさひ行けば　家の島　荒磯《ありそ》のうへに　打ちなびき　繁《しじ》に生《お》ひたる　莫告藻《なのりそ》が　などかも妹《いも》に　告《の》らず来《き》にけむ

反歌

白栲《しろたへ》の袖《そで》解《と》きかへて還《かへ》り来《こ》む月日《つきひ》を数《よ》みて行きて来《こ》ましを

【現代語訳】（著者訳）

丹比《たぢひの》真人《まひと》笠麿《かさまろ》が筑紫国に下った時に作った歌一首　并せて短歌

宮仕えの女性の化粧箱に乗る鏡の御津の浜辺に、ほの赤い紐を解くこともできず妻を思いながら居ると、夜明けの朝霧がこもる中で鳴く鶴のようにただもう泣けてくる。私の思う気持ちの千分の一でも慰められるかと家のあたりを見ると、青旗の葛木山にたなびく白雲に隠されている。天国《あまくに》から遠く離れた辺境の地へと一途に向かい、淡路を過ぎ粟島を後に見ながら、朝凪に水夫の呼び声を聞き夕凪に梶の音を聞きながら、波の上を縫うようにして進み岩の間をめぐり進んで行く。稲日の端の浦廻《うらみ》を過ぎて鳥のように水に浮き漂い行けば、家の島の荒磯の上に打ちなびいて繁り生えている莫告藻《なのりそ》のように、どうして妻に別れの言葉を告げずに来てしまったのだろうか。

反歌

白栲《しろたへ》の袖を解き交わしつつ、還ってくる月日を数えてから出てくればよかったものを

この歌は、博多湾にあった御津の浜辺から出発し、淡路島のそばを過ぎて粟島を後に見ながら進み、稲日都麻すなわち稲日の端の浦廻《うらみ》と呼ばれるところを過ぎていったことを表している。稲日とは印南野のことである。現在の地名で表すと、博多湾の浜辺を出発して湾の入口にある玄海島のそばを過ぎ、志賀島を後に見ながら進んで行ったということになるので、玄海島と志賀島の間を通って九州北岸を東へ向かったことになる。そして志賀島付近が印南野の端であったのではないだろうか。この作者の家のあたりにある青旗の葛木山とは何山であろうか。前項で挙げた万葉集三三三一番の青幡《あをはた》の忍坂《おさか》の山とした大根地山は、博多湾から東南東の方向であるが果たしてこの山であろうか。これらのことをもっと具体的に示す歌がある。万葉集九四二番の山部宿禰赤人の歌である。

■万葉集九四二番（『日本古典文学全集「萬葉集②」』〈小学館〉より）

辛荷《からに》の島に過《よぎ》る時に、山部宿禰赤人《やまべのすくねあかひと》が作る歌一首　并《あは》せて短歌

あぢさはふ　妹《いも》が目離《めか》れて　しきたへの　枕《まくら》もまかず　桜皮《かには》巻き　造れる船に　真梶貫《まかぢぬ》き　我《わ》が漕《こ》ぎ来《く》れば　淡路《あはぢ》の　野島《のしま》も過ぎ　印南《いなみ》つま　辛荷の島の　島の間《ま》ゆ　我家《わぎへ》を見れば　青山の　そことも見えず　白雲《しらくも》も　千重《ちへ》になり来《き》ぬ　漕《こ》ぎ廻《た》むる　浦のことごと　行《ゆ》き隠《かく》る　島の崎々《さきざき》　隈《くま》も置かず　思ひそ我《あ》が来《く》る　旅の日長《けなが》み

（短歌は省略する）

赤人は、淡路の野島を過ぎて印南の端にある辛荷の島と淡路の野島の間から我家の方向を見ると、青山のどこに我家があるか見ることができない、と歌っている。赤人の言う辛荷の島とは何島であるのか、これをどの本も

「からにのしま」と読ませている。しかし音読みすればすぐにこの島の名はわかる。「しんかのしま」、すなわち「しかのしま」と読めるではないか。まさに粟島（淡島）とは志賀島である。そして淡路の野島とは、この場合志賀島の手前の能古島を指している。博多湾の港を出発して、能古島を過ぎ、印南野の端にある志賀島と能古島の間から我家の方向を見ると青山が見えると言っているのである。それでは実際に地図上では何山が見えるかを見てみよう。別図の示すとおり、志賀島と玄海島との中間地点あたりから志賀島と能古島の間の先に見える山は、宝満山《ほうまんざん》と三郡山《さんぐんさん》である。前にも述べたとおりこの二つの山は連なっており一つの山体をなしている。要するに赤人は古名御笠山《みかさやま》と呼ばれた宝満山を指して青山と呼んでいることになる。そして丹比《たぢひの》真《ま》人《ひと》笠麿《かさまろ》が青旗の葛木山と呼んだ山も御笠山を指している可能性が強い。現在の宝満山とはかつて御笠山であったが、葛城山（葛木山）でもあったのだろうか。宝満山は古来修験道の山であったと言われている。そして役《えんの》小《お》角《づぬ》（役行者《えんのぎょうじゃ》）が霊場を開いたとの伝説が残されていて、役行者が修行したという葛城山にまつわる伝説と一致する。要するに、現在の宝満山は過去に高倉山、御笠山、竈門山、葛城山の山名を持っていたということであり、役行者がいたとされる葛城山の地名も三笠山とは別の山として関西へと移された地名であるということである。また、この赤人の歌から赤人が宝満山のある太宰府周辺に住んでいたことがわかる。

　ここで、なぜ葛城山に「青旗」の枕詞が付いているのかを考えたい。また、赤人が「青山」と呼んだのは単にそれが青く見える山であるからそう呼んだのであろうか。「青」という言葉には特別の意味がある。なぜ香具山を青香具山と万葉集五十二番の歌は呼んだのか。陰陽五行説では春を、

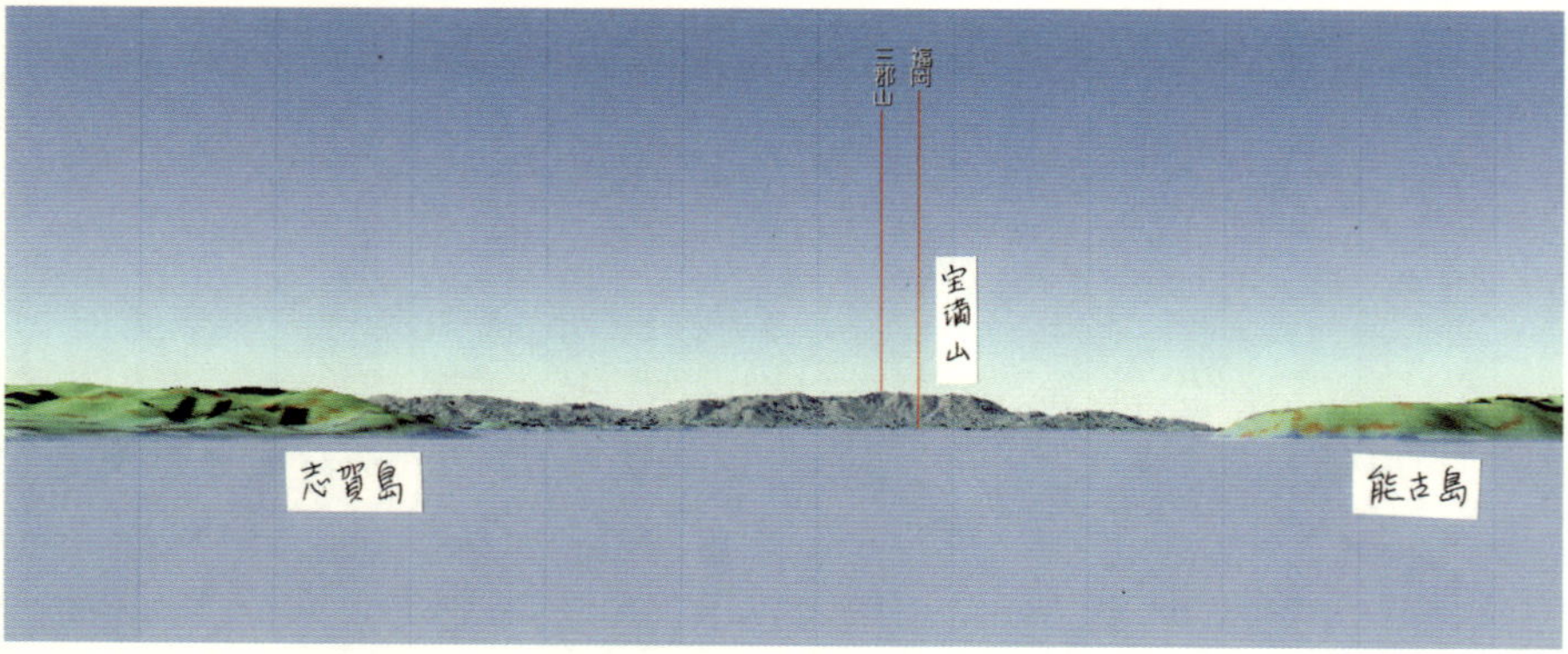

写真5-5　別図：志賀島、能古島から宝満山を見る

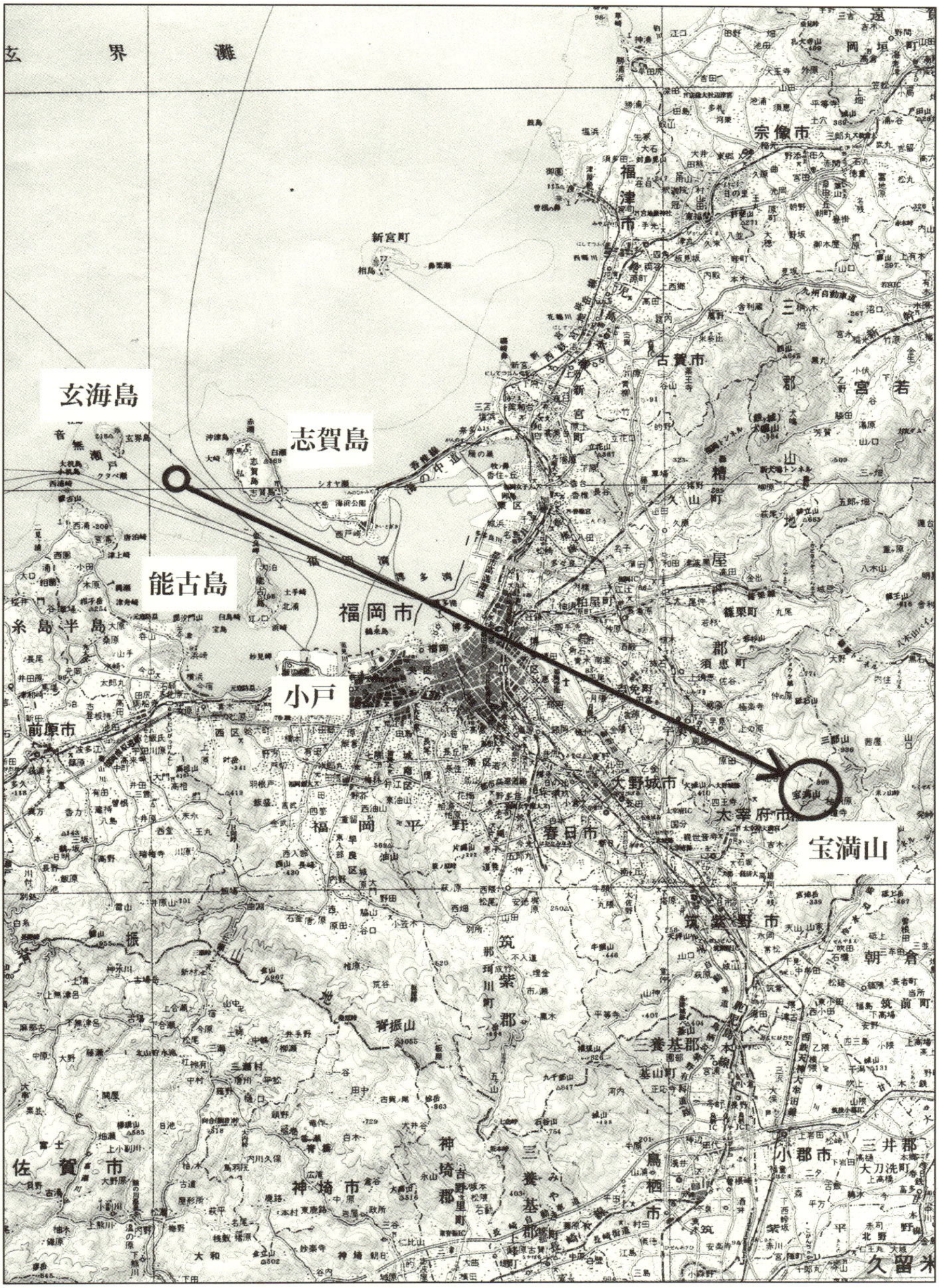

地図5-8　志賀島、能古島から見る宝満山

方角は東、色は青に見立てるとされている。青旗もどちらも中心から見て東にあるものを意味している。青香具山は日本国の中心奈良の都の東にあることを意味しているが、それでは、青旗の葛木山はどこの東にあるというのであろうか。倭国淵源の地淡海国《あまくに》の範囲は博多湾とその周辺と考えられる、とすれば現在の宝満山や三郡山はその東の端に位置していることになる。すなわち青旗の葛木山とは、淡海国の東にある山を意味していたと考えられる。

ここでさらに印南野《いなみの》とはどこにあったのかを考えてみよう。

赤人は、志賀島（辛荷の島）が印南つま、つまり印南野の端にあると言っている。志賀島の形状を地図で見ればまさにそのとおりその西は博多湾の出入口となって陸が途切れ、志賀島が海岸線の一番西端にあることがすぐに判る。現在の志賀島は海の中道と志賀島橋で結ばれて陸続きとなっているが、かつてこの部分は浪速の渡と考えられる海峡であった。しかし志賀島から海の中道、新宮、古賀、福間、宮司浜、津屋崎、勝浦、神湊《こうのみなと》、宗像、鐘崎、波津《はつ》、三里松原、芦屋へと続く玄界灘に面した海岸線は一体となって、現在も玄海国定公園としてその白砂青松と荒磯の美を誇っている。志賀島からどこまでを印南野と言ったのかはわからないが、この海岸線のことを印南野と言ったに違いない。

ここで漸く、柿本朝臣人麿の羈旅の歌八首（万葉集二四九～二五六番）を読み解く用意が整った（中西進『万葉集』〈講談社文庫〉より）。

■万葉集二四九番

柿本朝臣《かきのもとのあそみ》人麿《ひとまろ》の羈旅《たび》の歌八首

御津《みつ》の崎《さき》波を恐《かしこ》み隠《こも》り江《え》の舟に公《きみ》宣《の》る美奴《みぬ》の島へに

三津埼　浪矣恐　隠江乃　舟尓公宣　美※奴嶋尓

※底本とされている西本願寺本にはこの「美」はない。古葉略類聚鈔による。

■万葉集二五〇番

珠藻《たまも》刈る敏馬《みぬめ》を過ぎて夏草の野島《のしま》の崎に舟近づきぬ

一本《あるほん》に云はく、処女《をとめ》を過ぎて夏草の野嶋が崎に廬《いほり》すわれは

珠藻苅　敏馬乎過　夏草之　野嶋之埼尓　舟近著奴

一本云、処女乎過而　夏草乃　野嶋我埼尓　伊保里為吾等者

■万葉集二五一番

淡路《あはぢ》の野島の崎の浜風に妹《いも》が結《むす》びし紐《ひも》吹きかへす

粟路之　野嶋之前乃　濱風尓　妹之結　紐吹返

■万葉集二五二番

荒栲《あらたへ》の藤江《ふぢえ》の浦に鱸《すずき》釣《つ》る白水郎《あま》とか見らむ旅行《ゆ》くわれを

一本に云はく、白栲の藤江の浦にいざりする

荒栲　藤江之浦尓　鈴寸釣　白水郎跡香将見　旅去吾乎

一本云、白栲乃　藤江能浦尓　伊射利為流

■万葉集二五三番

稲日野《いなびの》も行き過《す》ぎかてに思へれば心恋《こほ》しき可古《かこ》の島《しま》見ゆ〔一は云はく、湖《みなと》見ゆ〕

稲日野毛　去過勝尓　思有者　心戀敷　可古能嶋所見〔一云、湖見〕

■**万葉集二五四番**

留火《ともしび》の明石大門《あかしおほと》に入《い》る日にか漕《こ》ぎ別れなむ家《いへ》のあたり見ず

留火之　明大門尓　入日哉　榜将別　家当不見

■**万葉集二五五番**

天離《あまざか》る夷《ひな》の長道《ながぢ》ゆ恋ひ来《く》れば明石の門《と》より大和島《やまとしま》見ゆ

一本に云はく、家門《いへ》のあたり見ゆ

天離　夷之長道従　戀来者　自明門　倭嶋所見　一本云、家門當見由

■**万葉集二五六番**

飼飯《けひ》の海《うみ》の庭好《にはよ》くあらし刈薦《かりこも》の乱《みだ》れ出《い》づ見ゆ海人《あま》の釣船

一本に云はく、武庫《むこ》の海の庭よくあらしいざりする海人の釣船波の上ゆ見ゆ

飼飯乃海　庭好有之　苅薦乃　乱出所見　海人釣船

一本云、武庫乃海能　尓波好有之　伊射里為流　海部乃釣船　浪上従所見

二四九番から順番に読んでみよう。

御津《みつ》の崎《さき》波を恐《かしこ》み隠《こも》り江《え》の舟に公宣《きみの》る美奴《みぬ》の島へに

中西進著『万葉集』ではこの訳を「御津の崎の波が恐ろしいので入江の舟で君は祈っている。美奴の島に。」としている。この歌だけでは、なぜ隠り江と美奴の島とが関わりを持っているのかよくわからない。そして御津の崎とは、美奴の島とは、どこを指すのだろうか。ここで、博多古図（住吉神社絵馬）及び博多往古図を見ていただきたい。現在の博多湾からさらに湾入した二つの入江（草香江と後に冷泉津と呼ばれた入江）があり、その冷泉津の入江の方に、入江に面した住吉神社とその前に浮かぶ蓑島がある。そしてその蓑島によって入江の中にさらに入江があるように見える。博多湾が時化で荒れていてもこの蓑島の陰となっている入江の中の入江に舟を留めていれば、波も穏やかで舟の格好の避難場所になっていたことをこの歌は表している。そしてこの美奴の島とは蓑島のことであり、御津の崎の御津とは住吉神社のそばにあった港すなわち仁徳天皇によって設けられた墨江《すみのえ》の津と考えられる。住吉神社のそばに御津があったことは、万葉集四二四五番の歌からも明らかである。

■万葉集四二四五番、四二四六番（中西進『万葉集』〈講談社文庫〉より）

天平五年に、入唐使《にふたうし》に贈れる歌一首　并せて短歌　作主いまだ詳《つばひ》らかならず

そらみつ　大和《やまと》の国　あをによし　平城《なら》の都ゆ　押し照る　難波に下《くだ》り　住吉《すみのえ》の　御津《みつ》に船乗《ふなの》り　直渡《ただわた》り　日の入る国に　遣《つか》はさゆ　わが背《せ》の君を　懸《か》けまくの　ゆゆし畏《かしこ》き　住吉《すみのえ》の　わが大御神《おほみかみ》　船《ふな》の舳《へ》に　領《うしは》き坐《いま》し　船艫《ふなども》に　み立《たち》いまして　さし寄らむ　磯の埼埼《さきざき》　漕《こ》ぎ泊《は》てむ　泊泊《とまりとまり》に　荒き風　波に遇《あ》はせず　平《たひら》けく　率《ゐ》て帰りませ　本《もと》の国家《みかど》に

反歌

沖つ波辺《へ》波な越しそ君が船《ふね》漕ぎ帰り来て津に泊《は》つるまで

この歌に出てくる平城の都とは当然九州日田の奈良であり、この題にある天平五年（西暦七三三年）とは、この平城の都を歴史改竄者が偽造した関西奈良の都と見せるための改竄の結果である。

柿本朝臣人麿の旅は、この二四九番の歌にある御津の港が出発点となったのであろう。そして二五〇番で、

写真5-6　博多古図

写真5-7　博多往古図（福岡県立図書館所蔵）

珠藻《たまも》刈る敏馬《みぬめ》を過ぎて夏草の野島《のしま》の崎に舟近づきぬ

「野島の崎」の野島とは、赤人の九四二番の歌で「淡路の野島」を志賀島の手前の能古島を指しているとしたが、この場合も能古島と考えられる。人麿の乗った舟は、遣唐使船などの外洋を航海する大型船とは違い、主に沿岸海域を旅するための漁師の舟のような小型船であったろう。そのため博多湾の湾内でも湾外からの潮流をできるだけ避け、極力沿岸部を航行したに違いない。御津の港を出た舟は博多湾南岸に沿って西へ向かい、能古島南端と小戸との間を抜け、そこから北上して志賀島と玄海島との間を抜けて外海の方向へと向かおうとしたと思われる。そして、この歌で敏馬《みぬめ》を過ぎて野島の崎に近づいていると表現されているが、この敏馬とは小戸の東にある現在の（福岡市西区）姪《めい》の浜《はま》のことを言っているのではないかと思われる。

■二五一番
淡路《あはぢ》の野島の崎の浜風に妹《いも》が結《むす》びし紐《ひも》吹きかへす

能古島を「淡路の野島」と呼ぶのが慣わしとなっていたようで、人麿も赤人と同じ表現を使っている。能古島南端を過ぎると、その北側はもう遮るものもない外洋へと繋がっている。外洋からの強い北風と潮流が急に押し寄せ、ここは舟人の旅への不安と別れてきた家族への想いが、突然込み上げてくる場所であったに違いない。

■二五二番
荒栲《あらたへ》の藤江《ふぢえ》の浦に鱸《すずき》釣《つ》る白水郎《あま》とか見らむ旅行《ゆ》くわれを

■二五三番
稲日野《いなびの》も行き過《す》ぎかてに思へれば心恋《こほ》しき可古《かこ》の島《しま》見ゆ

二五二番の藤江の浦と二五三番の稲日野とは、どういう位置関係にあったのであろうか。それを知る手掛かりも赤人が与えてくれる。

■九三八番、九三九番、九四〇番、九四一番（中西進『万葉集』〈講談社文庫〉より）

山部宿禰赤人が作れる歌一首　并せて短歌

やすみしし　わご大君《おほきみ》の　神《かむ》ながら　高知ろしめす　印南野《いなみの》の　大海《おほみ》の原の　荒栲《あらたへ》の　藤井の浦に　鮪《しび》釣ると
海人《あま》船《ふね》散動《さわ》き　塩焼くと　人そ多《さは》にある　浦を良《よ》み　諾《うべ》も釣《つり》はす　浜を良《よ》み　諾《うべ》も塩焼く　あり通《がよ》ひ　見ますもしるし　清き白浜《しらはま》

反歌三首

沖つ波辺波《へなみ》を安み漁《いさり》すと藤江の浦に船そ動《さわ》ける
印南野の浅芽《あさぢ》押しなべさ寝《ぬ》る夜《よ》の日《け》長くあれば家し思《しの》はゆ
明石潟《あかしかた》潮干《しほひ》の道を明日《あす》よりは下咲《したゑ》ましけむ家近づけば

赤人の歌から、藤江（藤井）の浦が印南野の地域にあったこと、天皇が統治され通われて御覧になられる重要なところであり、波静かな良い漁場で多くの漁船が漁をしていたことがわかる。先に赤人の九四二番の歌から志賀島が印南野の西端にあることが判り、その東にある海岸線が印南野ではないかと考察した。「志賀島から海の中道、新宮、古賀、福間、宮司浜、津屋崎、勝浦、神湊《こうのみなと》、鐘崎、波津《はっ》、三里松原、芦屋へと続く玄界灘に面した海岸線は一体となって、現在も玄海国定公園としてその白砂青松と荒磯の美を誇っている」と述べた。この海岸線の前に玄界灘が広がり、その荒波が打ち寄せている。しかしこの印南野にある藤江の浦は、波静かで多くの漁船が集まり漁をし、その周辺に多くの人が住み塩を焼いている。人麿も自分を、この藤江の浦で魚釣りをする漁師と思われているのではと言っている。すなわち藤江の浦とは、印南野の中にあって波静かな大きな入江である、ということを赤人と人麿の歌は表している。この志賀島を西端とする九州北岸の中で、藤江の浦に該当するような大きな入江があるであろうか。そう、ただ一つだけある。洞海湾である。

西暦一九〇一年この地に官営八幡製鉄所が開設されて後、洞海湾は周囲を埋め立てされ北九州工業地帯として発展していったが、それ以前は若松半島が玄界灘の荒波を防ぎ静かで豊かな漁場であり、湾内に丸い二つの島、二子島の浮かぶ美しい大きな入江であった。遠賀川の河口はかつてこの洞海湾へも開かれ、芦屋から洞海湾へと航路がつながっていた。その航路となっていた運河は現在江川と呼ばれる川となっているが、その両岸に残る蜑《あま》住《すみ》や塩屋という地名が洞海湾周辺の古代の有様を物語っている。人麿も赤人も、志賀島から印南野の沿岸を巡り遠賀川河口の芦屋よりこの入江へと舟を進めたであろう。その沿岸に藤ノ木や藤田という地名も残り、この洞海湾こそ人麿、赤人の歌う藤江の浦である。

日本国を制する者は関門海峡を制し、関門海峡を制する者は洞海湾を制する。九州北岸の勢力は、日本全体を制する絶対優位な位置にある、その原因とした洞海湾である。これほどの戦略上の歴史的要衝が千年以上に亘って見逃されてきた。これも歴史改竄の一つの結果である。しかしその重要性から倭国の歌集に必然的にその名「藤江の浦」が記されていたということである。

日本史上この湾の重要性に気付いていた人物はいるであろうか。倭国の時代はその政治・軍事に携わる者には常識であったろう。歴史改竄後それは秘密の厚いヴェールに隠されてしまった。しかし歴史上この事実に気付いていたと思われる人物は、わずかだが存在する。源義経、足利尊氏、黒田如水の三人である。

源義経は源平の合戦で関門海峡をその舞台としそこで勝利した。義経の軍事的才能はまさに天才であった。その鵯越《ひよどりごえ》の作戦（一一八四年）は、世界最高の天才戦略家ジンギスカン（成吉思汗）の創出したとされる、西夏攻撃で実施した、敵の主力を息子たちの軍に引き付けている間にジンギスカン自身は広大な砂漠を越え敵の背後に突然現れ挟み撃ちにする背後攻撃の作戦（一二二〇年）に、三十六年も先立つものであった。※その義経が頼朝の鎌倉方に追われ、九州に逃れようとして途中難破し反攻計画が挫折したが、義経が九州を拠点としていれば間違いなく鎌倉時代はなかったであろう。

足利尊氏は後醍醐天皇の建武政権と対立して九州へ逃れ、九州で体勢を立て直して反攻し足利幕府の基盤を築いている。義経が果たせなかった反攻を、九州を土台にして成し遂げ、九州からの全国制覇の絶対優位を実証した。

黒田如水は、九州北岸の筑前国を息子黒田長政の関が原の勲功により手に入れた。その主人である秀吉に最も恐れられていた男黒田如水は、日本史上の最大の謎の人物の一人である。その男が日本の最重要な戦略的要衝を手に入れたのである。この時、徳川政権の命運はこの男の手に握られていたと言ってもよい。黒田如水の行動、思考方法から考えて、このことを直接徳川家康へ伝えた可能性がある。家康が死ぬ間際西国（九州）をひどく恐れていたのは単に島津の勇猛だけが原因ではないだろう。如水から九州北岸の絶対優位と制海権掌握の容易さ、その結果万全の体制と自負していた徳川の天下が砂上の楼閣であることを聞かされて、自分が最高の智将であるとの家康の自惚れも砕け散り、如水の前では戦略のイロハも知らない一人の凡将に過ぎないことを思い知らされたであろう。そして、万代までも徳川家の繁栄を願っていた家康にとって、死んでも死に切れないほどの思いに至らせられたに違いない。

※リデル・ハート著『世界史の名将たち』成吉思汗と速不台〔蒙古帝国の創始者〕より（原書房　昭和五十五年発行）。

柿本人麿は、洞海湾である藤江の浦を過ぎ印南野（稲日野）の終点近くへ到着し、そこで加古の島が見えると言っている。洞海湾を西から東へと進みその先にあるのは関門海峡であり、その付近からは対岸の山口県下関にある彦島が見えるはずである、とすれば加古の島とは彦島である可能性がある。それでは二五四番に出てくる明石大門とは、

留火《ともしび》の明石大門《あかしおほと》に入《い》る日にか漕《こ》ぎ別れなむ家《いへ》のあたり見ず

「明石大門に入る日にか」と詠んでいるので、明石大門を西から東へ進み、明石大門の東側から入り日を見て自分の家が西にあることをこの歌は示している。要するに人麿は明石大門を通過してその東側から、大門の西の遠く離れた自分の家を思い返しているのである。さらに二五五番では、

天離《あまざか》る夷《ひな》の長道《ながぢ》ゆ恋ひ来《く》れば明石の門《と》より大和島《やまとしま》見ゆ

その明石の海峡を通り過ぎて、海峡の東側から大和島が見えると言っている。これらは何を意味しているのか。ここまで来れば明石大門とは現在の関門海峡であることが明らかである。関門海峡を通り過ぎ、さらに周防灘《すおうなだ》の満珠《まんじゅ》、干珠《かんじゅ》の二島のそばを過ぎたあたりから振り返り九州を望むと、南東の遥か先に国東《くにさき》半島が見え、関門海峡から国東半島までが一つの島として存在している。人麿の言う大和島とは、そこから見るとまさに一個の島として捉えられる九州島ということである。そして、人麿が「天離る」と歌う時「天」とは何を意味しているのであろうか。古事記の天の別名を持つ島々で考察したように、天の海域（地域）は出雲から九州北岸に至る日本海と玄界灘から東シナ海の海域及びその沿岸地域であり、その地域（海域）から離れたことをこの言葉は意味しているのであろうか、あるいは淡海（あま）を遠く離れて来たことを言っているのであろうか。

■万葉集二五六番

飼飯《けひ》の海《うみ》の庭好《にはよ》くあらし刈薦《かりこも》の乱《みだ》れ出《い》づ見ゆ海人《あま》の釣船

関門海峡を西から東へ通り過ぎてさらに進むと、そこにあるのは現在の周防灘、伊予灘であり、瀬戸内海である。この内海を飼飯《けひ》の海《うみ》と呼び、豊かな漁場で波間に多くの漁船が刈薦《かりこも》で編んだ蓆《むしろ》の帆を上げて操業しているのが見えることを表している。この豊かな漁場の海は倭国の時代から人々の重要な食料庫となっていたであろう。そして、この海域の支配は倭国の経済を支える重要な行政上の要件となっていたであろう。

この人麿の旅は物見遊山の旅であろうか。この旅を人麿はいつ行ったのであろうか。人麿は一私人ではない。舒明天皇のお側近くに仕えた公人であり、奈良の帝《みかど》※1すなわち西暦六七〇年に奈良の都を開設した天武天皇の時には正三位の高位高官であった。※2 歌の内容からわずかな人数による小船の旅であり、沿岸を行くといっても天候の急変、速い潮の流れや岩礁があり、決して安全ではないある程度の危険を伴う旅でもあったろう。そのような旅に人麿はいつごろ出かけたのであろうか。万葉集三十六番から三十九番までの吉野の宮に天皇が行幸したときに詠んだ歌は、舒明天皇の時の歌であり、書紀では斉明五年（六五九年）三月に斉明天皇が吉野行幸して宴を催したとあるのでおそらくこの時に詠まれた歌であろう。第四章で述べたように斉明天皇とは書紀により造作された天皇であり、この天皇は舒明天皇でなくてはならない。これはあくまでも仮定であるが、この頃人麿は二十代中盤ではないか、そうすると西暦六三〇年代中頃に生まれ六十代半ばまで生存したとすれば、七〇〇年頃に亡くなったことになる。そしてこの旅の歌は、まだ枢要な地位に就いていない人麿が、倭国内の巡視のような何らかの任務を帯びた旅で詠んだ歌ではないだろうか。この歌が詠まれた時期は、博多湾周辺や藤江の浦に切迫した状況が見えないので六六三年の白村江の戦よりは大分前であり、人麿のかなり若い頃の作品と思われるが、まだ舒明天皇のお側近くにいない時期、おそらく吉野の歌（六五九年）よりも前に詠んだ歌であろう。

仁徳天皇の歌から人麿、赤人などの歌を読んで、淤能碁呂島や淡島、淡路島の現在の地名が判明し、印南野の正しい位置や藤江の浦が現在の洞海湾であることも判った。なぜ倭国における最も重要な海峡であったはずの関門海峡が万葉集の歌に出てこなかったのか、その理由も今はっきりと判った。その地名であった明石も移されていたのである。

※1：「大和物語」百五十「猿沢の池」にならの帝とかきのもとの人麻呂が一緒に登場する。

※2：「古今和歌集」仮名序に（『日本古典文学全集「古今和歌集」』〈小学館〉を参照）。

古よりかく伝はるうちにも、ならの御時よりぞひろまりにける。かの御世や歌の心をしろしめしたりけむ。かの御時に、正三位柿本人麿なむ歌の聖なりける。これは、君も人も身を合はせたりといふなるべし。秋の夕、龍田河に流るる紅葉をば帝の御目に錦と見たまひ、春の朝、吉野の山の桜は人麿が心には雲かとのみなむ覚えける。また、山部赤人という人ありけり。歌にあやしく妙なりけり。人麿は赤人が上に立たむことかたく、赤人は人麿が下に立たむことかたくなむありける。

ならの帝の歌

龍田河紅葉乱れて流るめりわたらば錦なかや絶えなむ

人麿

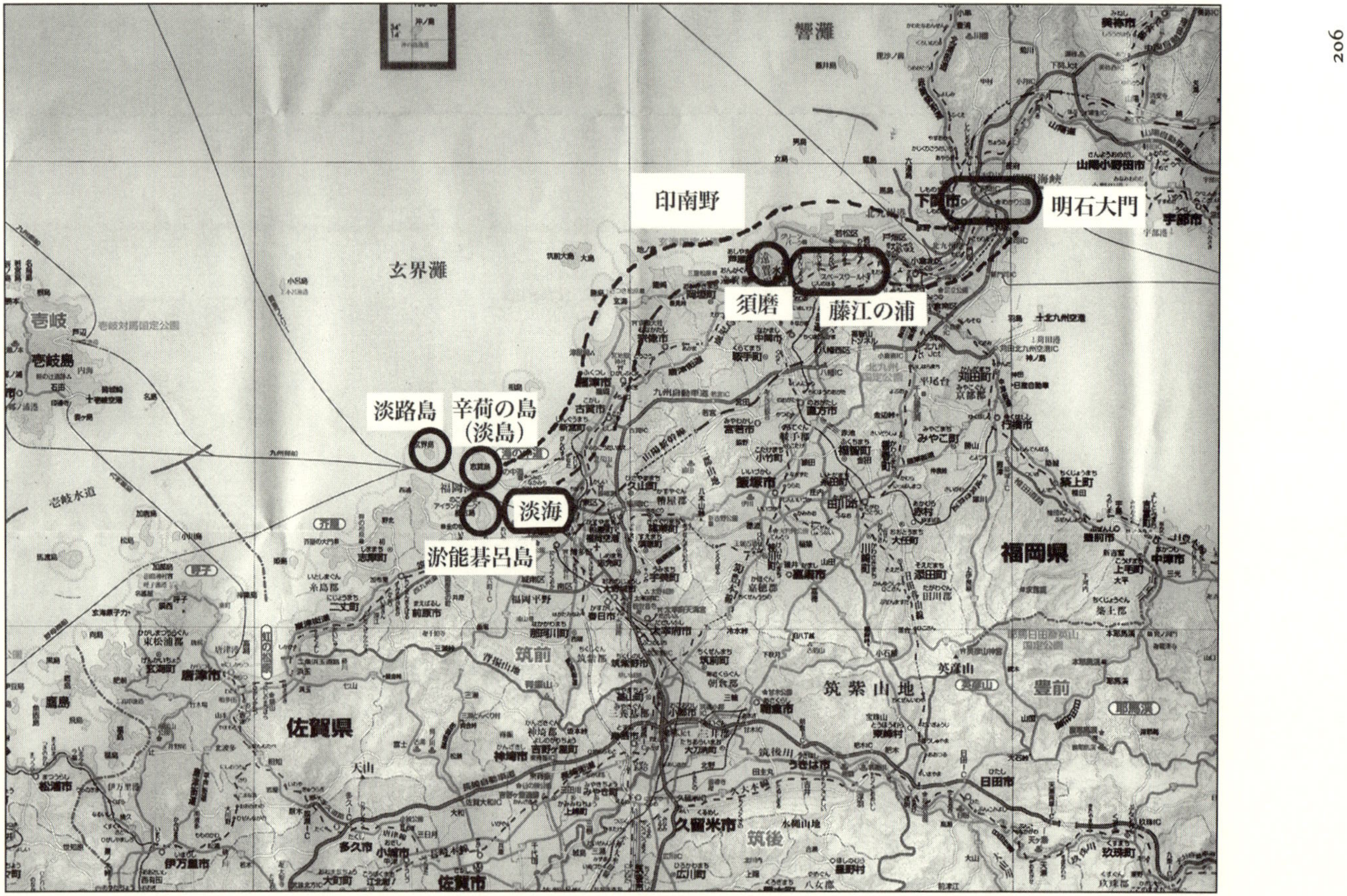

地図5-9　明石、須磨、印南野、淡路島所在図

梅の花それとも見えず久方の天霧る雪のなべて降れれば
ほのぼのとあかしの浦の朝霧に島隠れゆく舟をしぞ思ふ
　赤人
春の野にすみれ摘みにと来し我ぞ野をなつかしみ一夜寝にける
和歌の浦に潮満ちくれば潟をなみ葦辺をさして鶴鳴きわたる

この人々をおきて、またすぐれたる人も、呉竹のよよに聞え、片糸のよりよりに絶えずぞありける。これよりさきの歌を集めてなむ、『万葉集』と名づけられたりける。

とある。

それでは再び仁徳天皇の話に戻ろう。
吉備へと逃げた黒日売を追い、皇后に内緒で吉備で黒日売と密会した仁徳天皇であったが、その後磐之媛《いわのひめ》皇后が酒宴を催そうとして御綱柏《みつながしわ》を採りに木国へと出かけた留守に、今度は八田若郎女《やたのわかいらつめ》と結婚する。そのことを伝え聞いた皇后は非常に怒り、採ってきた御綱柏を御津前《みつのさき》に投げ捨て、宮に入らずに船を引き去って堀江を遡り、川に沿って山代まで上って行った。この時に歌って言うには、

つぎねふや　山代河《やましろがは》を　河上《かはのぼ》り　我《わ》が上《のぼ》れば　河《かは》の上《へ》に　生《お》ひ立《だ》てる　烏草樹《さしぶ》を　烏草樹《さしぶ》の木　其《し》が下《した》に
生《お》ひ立《だ》てる　葉広《はびろ》　斎《ゆ》つ真椿《まつばき》　其《し》が花《ばな》の　照《て》り坐《いま》し　其《し》が葉《は》の　広《ひろ》り坐《いま》すは　大君《おほきみ》ろかも

そして、山代より廻って那良の山口に到って歌って言うには、

つぎねふや　山代河《やましろがは》を　宮上《みやのぼ》り　我《わ》が上《のぼ》れば　あをによし　奈良《なら》を過《す》ぎ　小楯《をだて》　倭《やまと》を過《す》ぎ　我《わ》が見《み》が欲《ほ》し国《くに》

は　葛城《かづらき》　高宮《たかみや》　我家《わぎへ》の辺《あたり》

このように歌い、引き返して、暫くの間筒木《つつき》の韓人奴理能美《からひとぬりのみ》の家に入り留まった。

古事記では酒宴のために御綱柏《みつながしわ》を採りに木国へと出かけたとあるが、書紀では「皇后、紀国《きのくに》に遊行《い》でまして熊野岬《くまののみさき》に到り、即ち其の処の御綱葉《みつなかしは》を取りて還《かへ》ります」と記述する。前項で解明したとおり熊野とは現在の島原半島雲仙岳周辺であり、皇后は船で博多湾から神武天皇と同じ航路を取って有明海へと入り、島原半島で御綱柏を採りそこから博多湾へ引き返したことを示している。そして天皇が八田若郎女を宮中へ入れたことを聞いて怒り、採ってきた御綱柏を投げ捨てて、宮に入らずに船を引き去って堀江を遡り、川に沿って山代まで上って行き、さらに山代より那良の山口に到り、そこから引き返して筒木に留まったと古事記は云い、書紀も、

時に皇后、大津に泊りたまはずして、更に引きて江《かは》を泝《さかのぼ》り、山背《やましろ》より廻りて倭《やまと》に向ひたまふ。明日《くるつひ》に、天皇、舎人鳥山《とねりとりやま》を遣《つかは》して、皇后を還《かへ》さしめむとしたまひ、乃《すなは》ち歌して曰はく、

山背《やましろ》に　い及《し》け鳥山《とりやま》　い及《し》け及《し》け　吾《あ》が思《も》ふ妻に　い及《し》き会《あ》はむかも

とのたまふ。皇后、還《かへ》りたまはずして、猶《なほ》し行《い》でます。山背河《やましろがは》に至りまして、歌して曰はく、

つぎねふ　山背河を　河泝《かはのぼ》り　我《わ》が泝れば　河隈《かはくま》に　立ち栄ゆる　百足《もも》らず
八十葉《やそば》の木は　大君《おほきみ》ろかも

とのたまふ。即《すなは》ち那羅山《ならやま》を越え、葛城《かづらき》を望みて歌して曰はく、

つぎねふ　山背河を　宮泝《みやのぼ》り　我《わ》が泝《のぼ》れば　青丹《あをに》よし　那羅《なら》を過ぎ
小楯《をだて》　大和《やまと》を過ぎ　我が見《み》が欲《ほ》し国は　葛城高宮《かづらきたかみや》　我家《わぎへ》のあたり

とのたまふ。更に山背《やましろ》に還《かへ》りまし、宮室《おほみや》を筒城岡《つつきのをか》の南に興《た》てて居《ま》します。

皇后は難波の大津に泊まらずに、江を遡り、山背《やましろ》から那羅山《ならやま》を越え小楯《をだて》、大和《やまと》を過ぎて葛城《かづらき》を望んでから山背に戻り、筒城岡の南に留まったと云う。記紀の云う大和（倭）や山背（山代）とはどこを指し、山背河（山

代河）とは何川を意味しているのであろうか。また山代河を遡ると那良の山口に到ると古事記は云っているが、記紀の云う那良山（那羅山）とは現在の何山を指しているのであろうか。ここでまず最初に、万葉集二十九番、三十番、三十一番の柿本人麿の歌からそれを考えていく。

■万葉集二十九番、三十番、三十一番（中西進『万葉集』〈講談社文庫〉より）

近江の荒れたる都を過ぎし時に、柿本朝臣人麿《あきのもとのあそみひとまろ》の作れる歌

玉襷《たまだすき》　畝火《うねび》の山の　橿原《かしはら》の　日知《ひじり》の御代《みよ》ゆ　〔或《ある》は云はく、宮ゆ〕　生《あ》れましし　神のことごと　樛《つが》の木のいやつぎつぎに　天《あめ》の下　知らしめししを　〔或は云はく、めしける〕　天《そら》にみつ　大和を置きて　あをによし奈良山を越え　〔或は云はく、空みつ　大和を置き　あをによし　奈良山越えて〕　いかさまに　思ほしめせか〔或は云はく、おもほしけめか〕　天離《あまざか》る　夷《ひな》にはあれど　石走《いはばし》る　淡海《あはみ》の国の　楽浪《ささなみ》の　大津の宮に　天の下知らしめけむ　天皇《すめろぎ》の　神の尊《みこと》の　大宮は　此処と聞けども　大殿は　此処と言へども　春草の　繁く生《お》ひたる　霞立ち　春日《はるひ》の霧《き》れる　〔或は云はく、霞立ち　春日か霧れる　夏草か　繁くなりぬる〕　ももしきの　大《おお》宮処《みやどころ》　見れば悲しも　〔或は云はく、見ればさぶしも〕

反歌

ささなみの志賀の辛崎幸《からさきさき》くあれど大宮人《びと》の船待ちかねつ

ささなみの志賀の〔一《ある》は云はく、比良の〕大わだ淀《よど》むとも昔の人にまたも逢はめやも〔一は云はく、逢はむと思へや〕

【現代語訳】（著者訳）

（玉だすき）畝火の山の橿原の聖人の御代からお生まれになった神々が、樛《つが》の木のようにつぎつぎと天下をお治めになられた（そらにみつ）大和を後にして、あをによし奈良山を越えて、どうお考えになられたのか、天《あま》から離れた田舎であるけれども（石走《いわばし》る）淡海国の（楽浪《さざなみ》の）大津の宮にて、天下をお治めになられた天皇の大宮はここと聞いても、大殿はここと言っても、春草が生い茂り春の霞に煙るかつての大宮のあった所を見るのは悲しいものである。

反歌

（ささなみの）志賀の辛崎は昔のまま変わらずにあるけれども、大宮人の船は待っていても来ることはない。

（ささなみの）志賀の大わだに水は淀んでいても、昔の人にまた逢うことができようか。

この人麿の歌は、壬申の乱より幾年月か過ぎた時期に淡海《あま》の国を人麿が訪れ詠んだ歌と考えられる。天武天皇は西暦六七〇年に現在の大分県日田市に奈良の都を開設した。六七二年に壬申の乱が起き、その年の内に終息した。天武天皇の時代は朱鳥元年である六八六年まで続いたが、人麿が淡海の国を訪れた時期はこの天武天皇の時代である可能性が強いであろう。人麿は奈良の都から旅立ち現在の日田往還に当たる道を通って、天の香山《こうやま》山麓から麻底良山《まてらさん》を越え、宮地岳と基山の山間の坂を抜けて淡海国のかつての大津へと到ったと考えられる。この大津とは現在のどこかは不明ではあるが、仁徳天皇が磐之媛《いわのひめ》皇后を待った難波の大津と同一であろう。二十九番の歌で人麿の云う「畝火《うねび》の山の　橿原《かしはら》の　日知《ひじり》の御代《みよ》ゆ」とは、畝火山の麓で橿原の宮殿を建てた神武天皇のことを表しており、その時代から歴代天皇が大和で国を治めたことを示している。畝火山とは現在の鷹取山であり、その鷹取山山麓の福岡県うきは市、久留米市田主丸、八女郡星野村などの全部または一部が本来の大和であるということになる。その大和を置いて奈良山を越えて淡海《あま》すなわち現在の博多方面へと都を移したと人麿は云っている。このことは、奈良山は現在のうきは市と福岡市との間にあり、必ず越えていかなくてはならない山であることを示している。また「淡海《あはみ》の国の楽浪《ささなみ》の大津の宮に天の下知らしめけむ天皇《すめろぎ》」とは何天皇のことを言っているのであろうか。

歴代天皇のうち明らかに淡海国（難波）にて国を治めたのは仁徳天皇である。書紀によれば天智天皇六年（西暦六六七年）近江に遷都したことになっているが、第四章で示したように天智天皇は西暦六六三年父舒明《じょめい》天皇とともに朝鮮半島へ渡り唐・新羅連合軍と戦い、父舒明天皇は戦死している。そして旧唐書によれば泰山《たいざん》において西暦六六六年に天子高宗《こうそう》により挙行された封禅《ほうぜん》の礼《れい》に倭国の酋長が参列させられており、天智天皇（即位前の可能性が大きい）が六六三年の白村江の戦の敗戦で唐の捕虜となっていたことがわかる。書紀によれば近江に遷都した天智天皇は、天智十年（六七一年）正月に天智天皇の皇子とされる大友皇子の体制が発足した後、十二月に崩御したことになっているのであるが、これも書紀によれば同じ六七一年十一月唐の郭務悰《かくむそう》率いる二千名の軍に守られて筑紫君薩野馬《ちくしのきみさつやま》が唐から九州に帰還する。この筑紫君薩野馬こそ、間違いなく唐の天子高宗の命令を受けて傀儡政権を樹立するため帰還してきた天智天皇その人である。

それでは淡海の大津で天下を治めた天皇とは誰であろうか。何故に淡海の大津で天下を治める必要があったのか。それはそこで、唐・新羅連合軍と戦うため全国から軍を召集し、大量の軍船、武器、兵糧を用意し、太宰府及び博多湾周辺を始め九州北岸全域を臨戦態勢で固める必要があったからだ。そしてそれができた天皇とは、舒明天皇を措いて他には考えられない。人麿はやはりいつまでも舒明天皇を心から敬愛し、幾歳月過ぎようとも舒明天皇を偲び、日月の過ぎ行くことも知らず恋い慕い歌っていたのである。

さて、奈良山とは現在どこにあるのであろうか。再び万葉集にそれを求めてみよう（中西進『万葉集』〈講談社文庫〉より）。

■万葉集三二三六番

そらみつ　倭《やまと》の國　あをによし　奈良山越《こ》えて　山代《やましろ》の　管木《つつき》の原　ちはやぶる　宇治の渡《わたり》　滝《たぎ》つ屋の　阿後《あご》
尼《ね》の原を　千歳《ちとせ》に　闕《か》くる事無く　万歳《よろづよ》に　あり通《かよ》はむと　山科《やましな》の　石田《いはた》の杜《もり》の　すめ神に　幣帛《ぬさ》取り向け
て　われは越え行く　相坂山《あふさかやま》を

■万葉集三二三七番、三二三八番

或る本の歌に曰はく

あをによし　奈良山過ぎて　もののふの　宇治川渡り　少女《をとめ》らに　相坂山に　手向草《たむけくさ》　綵《ぬさ》取り置きて　吾妹子《わぎもこ》
に　淡海《あふみ》の海の　沖つ波　来寄《きよ》る浜辺を　くれくれと　独りそわが来る　妹《いも》が目を欲《ほ》り

反歌

相坂をうち出《い》でて見れば淡海《あふみ》の海白木綿花《しらゆふはな》に波立ち渡る

三二三六番、三二三七番どちらの歌も日田奈良方面から博多方面へと現在の日田往還と同じ経路を進んで行っていることがわかる。なぜなら宇治の渡（甘木付近の小石原川と日田往還の交差する所）を通るもしくは宇治川（小石原川）を渡って、その後相坂山を越えて淡海《あま》の海（博多湾）に到っているからである。相坂山とは、宮地岳と基山が向き合うその山間の坂を指していると考えられる。この二つの歌から、現在の小石原川と日田往還が交差するところより東に向かって山代の管木の原があり、そして奈良山があることがわかる。山代とは書紀で山背と表していることを注意していただきたい。この山背の山とは奈良山を意味している。奈良山の後ろにあるから山背であり、これは都から見て後ろにある、あるいは川の下流域にあるから後ろと表していると考えられる。

ここで国土地理院地勢図及び地形図により該当する地域を見ていこう。博多港を起点として見ると、ＪＲ鹿児島本線も西鉄天神大牟田線も国道も市道も、福岡市の中心街から一直線のように太宰府の宮地岳と基山との山間にある隘路に向かっていることがわかる。その山間の坂こそ万葉集三二三六番、三二三七番、三二三八番に歌われた相坂山（相坂）だろう。ここを逆に越えると、歌にあるとおり淡海《あま》の海すなわち博多湾の海がその真正面に見えるのである。その坂から日田往還を南東に進むと朝倉市（甘木市、朝倉町、杷木町が合併し朝倉市となった）の中心部に達するが、その手前で日田往還は小石原川と交差する。この小石原川が本来の宇治川であり、交差するところが宇治の渡である。また小石原川の上流に秋月があってそれが本来の隠口《こもりく》の泊瀬である。日田往還をさらに南東に進むと筑後川の流れが迫ってくる、と同時に目の前にそれほど高くない標高三〇〇メートルほどの山が前方を塞いでいる。その山は往還の北方に連なる筑紫山地の山々から枝分かれするように筑後川の流れに向かって伸び、その南端は筑後川へ接している。日田往還と大分自動車道はその末端を削り東西の交通を確保している。古来、日田奈良や大和（うきは市）方面と太宰府方面とを行来するためには必ずこの山を越えなくてはならなかった。現在この山を麻底良山（まてらさん）と呼んでいる。誰がこのような不思議な名前を付けたのであろうか。頂上にある麻氐良布《まてらふ》神社がその由来になっているのであろうか、変わった山名であるが、しかしこの山こそ奈良山である。権力によって強引な地名変更が行われたと考えられるが、地名が変更される前の確かな痕跡がそこにはある。地形図を見ると麻底良山の西側の谷に奈良ヶ谷という地名が残されている。谷が奈良ヶ谷であるならば山は奈良山となる。千三百年前ここに住んでいた人々の権力に屈しない自尊心をこの地名は表しているのかもしれない。

　この奈良山の西側に山代（山背）があるはずである。麻底良山の頂上から北西約三キロメートルの所にそれはあった。地形図上に山後とある。これは「やまうしろ」と読む。奈良山の後（うしろ）にあると取れる。それは奈良の都から見て奈良山の後にある、あるいは筑後川の流れから見て奈良山の下流にあるとも取れる。この山後こそ山代（山背）であり、この付近に磐之媛皇后が留まりそして亡くなった場所、筒木《つつき》（筒城岡《つつきのおか》）があったということになる。即ち、磐之媛皇后が遡った山代河（山背河）とは現在の筑後川ということになる。皇后は博多湾にあった大津で、採ってきた御綱柏《みつながしわ》を投げ捨て、再度九州を反時計回りに回って有明海へと入り、筑後川を遡ったのである。筑後川を遡り現在の麻底良山の側を通り原鶴付近を通過してさらに日田方面へと行こうとしたが思い直して引き返し、麻底良山の西側の恵蘇宿もしくは山田付近から上陸して山後へと向かったのである。この麻底良山の東側原鶴《はらづる》に高山《こうやま》（香山）がある。あの天の香山である。ここで万葉集第二巻の最初に置かれる磐姫皇后の歌を掲出しよう。

■万葉集八十五番、八十六番、八十七番、八十八番、八十九番（中西進『万葉集』〈講談社文庫〉より）

　　磐姫皇后《いはのひめのおほきさき》の、天皇を思《しの》ひて作りませる御歌四首

君が行き日《け》長くなりぬ山たづね迎へか行かむ待ちにか待たむ
　右の一首の歌は、山上憶良臣《やまのうへのおくらのおみ》の類聚歌林に載す。
かくばかり恋ひつつあらずは高山の磐根《いはね》し枕きて死なましものを
ありつつも君をば待たむ打ち靡くわが黒髪に霜の置くまでに
秋の田の穂の上《へ》に霧《き》らふ朝霞何処辺《いつへ》の方《かた》にわが恋ひ止まむ
　或る本の歌に曰はく
居明かして君をば待たむぬばたまのわが黒髪に霜はふるとも
　右の一首は古歌集の中に出づ。

写真5-8　麻底良山

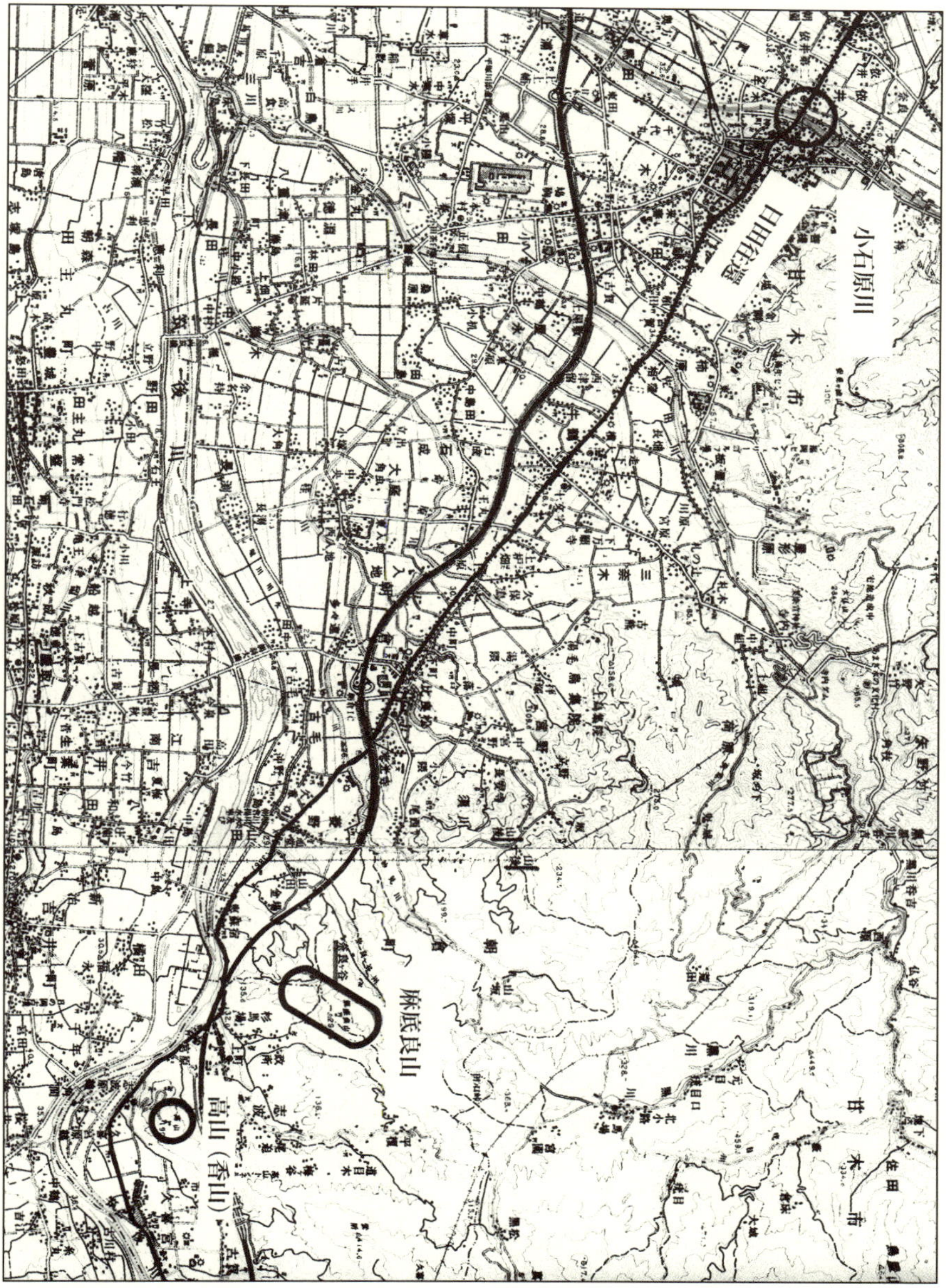

地図5-10　甘木、麻底良山、山後、奈良ヶ谷地形図

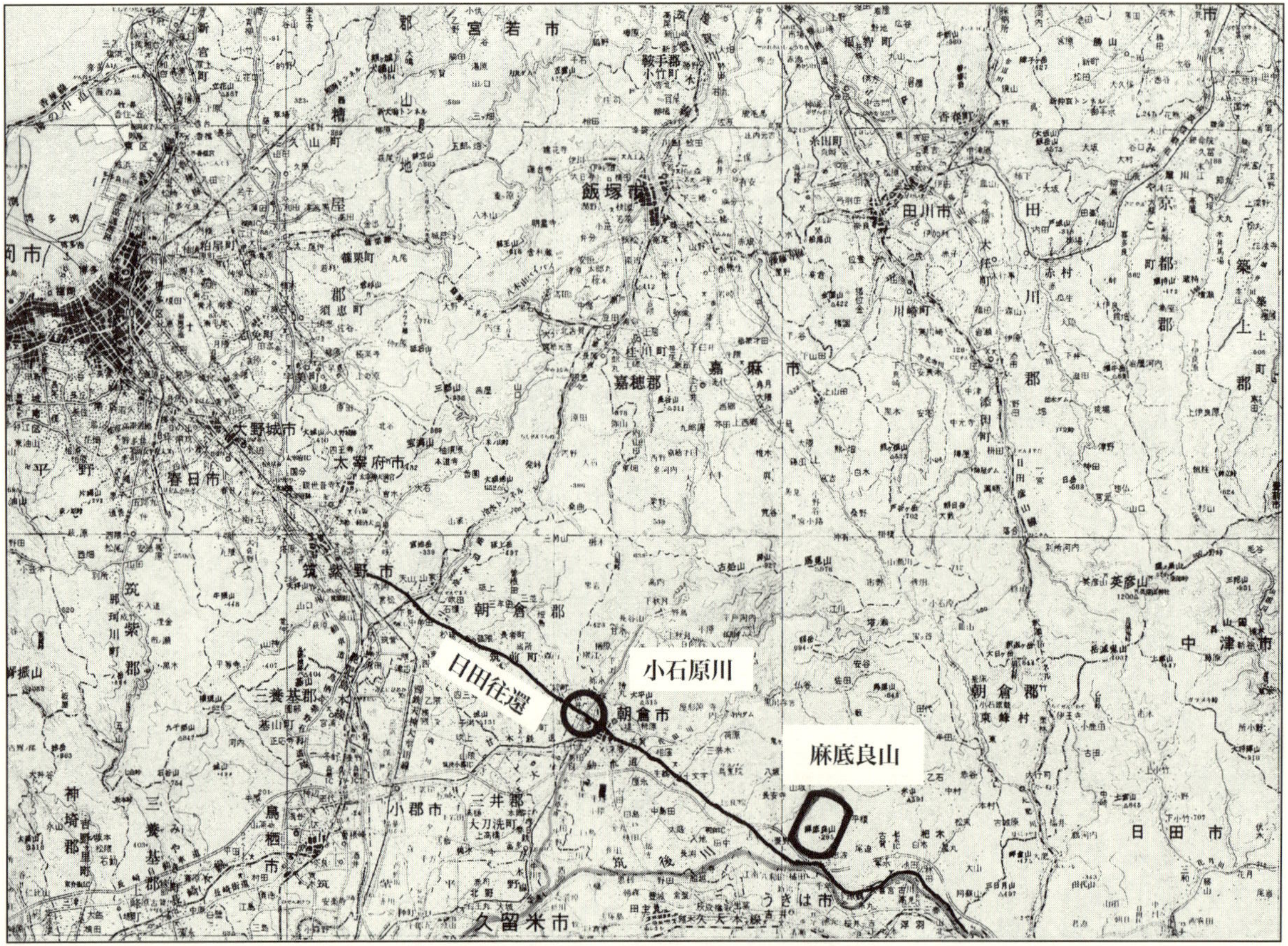

地図5-11　福岡、甘木、麻底良山地勢図

山後から麻底良山を越えるとすぐ目の前に高山《こうやま》がある。山後に居た磐之媛皇后には、高山とは天照大御神の時代から神聖な山として知られた天の香山《こうやま》であると同時に、慣れ親しんだ山でもあったろう。皇后の恋の苦しみを表す山としてまことにふさわしい山であると言わざるを得ない。

書紀は云う。

（仁徳天皇）三十五年の夏六月に、皇后磐之媛命《いはのひめのみこと》、筒城宮に薨《かむさ》ります。三十七年の冬十一月の甲戌《かふしゅつ》の朔《つきたち》にして乙酉《いついう》に、皇后《きさき》を那羅山《ならやま》に葬《はふ》りまつる。

この高山に寄り添う麻底良山のどこかに磐之媛皇后は永眠されているのである。

さて、磐之媛皇后が遡った山代（山背）河の上流には、「小楯《をだて》　大和《やまと》を過ぎ　我が見《み》が欲《ほ》し国は　葛城高宮《かづらきたかみや》　我家《わぎへ》のあたり」と皇后の云う、故郷葛城高宮があるということになるが、それは現在のどこになるのであろうか。

葛城からは葛城山がすぐに思い浮かぶ。しかし、青旗の葛城山は淡海国すなわち博多湾の東にあり、筑後川の上流では全く方向が違う。ここで、万葉集一六六五番と二四五三番を読んでみよう（中西進『万葉集』〈講談社文庫〉より）。

■万葉集一六六五番

大津皇子の屍《かばね》を葛城《かづらき》の二上山《ふたかみ》に移し葬《はふ》りし時に、大来皇女の哀《かな》しび傷《いた》みて作りませる御歌二首

うつそみの人にあるわれや明日《あす》よりは二上山《ふたかみやま》を弟世《いろせ》とわが見む

（一六六六番は省略する）

■万葉集二四五三番

春楊《はるやなぎ》 葛城《かづらき》山《やま》にたつ雲の立ちても坐《ゐ》ても妹《いも》をしそ思ふ

この二首の歌から、葛城には二上山があること、そして春楊という枕詞を持つ葛城山があることがわかる。二上山とはその名のとおり二つの峰を持つ山ということであり、葛城山には春楊という枕詞が付いていて明らかに青旗の葛城山とは違う山である。この春楊とは「はるやなぎ」と読むのであろうか。陰陽五行説では春を色では青、方角では東を表す。これは、「あおやぎ」と読むのではないだろうか。そしてこの葛城山には「立つ雲」がある。「立つ雲」とは、第三章で「御舟の山に立つ雲」を火山の噴煙とした。すなわち春楊の葛城山とは、九州の東の端に聳える火山を表しているのではないだろうか。

山代河である筑後川を遡って行ってみよう。

麻底良山を過ぎ、左に高山を見ながら左岸は原鶴、右岸は浮羽を過ぎ、さらに左岸の古代の要塞ではなかったかと思われる杷木神籠石《はきこうごいし》を過ぎて、やがて川の関所とも見えるS字形に曲がる夜明《よあけ》に達する。現在はここに夜明ダムが建設され舟や筏の航行、魚類の遡行が不可能となっている。ここから大分県日田市に入り筑後川もその名を三隈川《みくまがわ》と変える。日田の中心部では三隈川は川幅を増し川の中央部に中ノ島という長さ約一キロメートル、幅三百メートルほどの島がある。書紀には、天武天皇元年九月「庚子《かうし》に、倭京《やまとのみやこ》に詣《いた》りて、島宮《しまのみや》に御《おは》します」との記述があるが、この倭京こそ天武天皇の開いた奈良の都であり、島宮はこの中ノ島にあったのではないかと、私は考える。さらに三隈川を遡って行くと左に玖珠川《くすがわ》、右には大山川に枝分かれする。この玖珠川をさらに遡って行く。玖珠川はJR九州の久大《きゅうだい》本線と並行し時には交差しながら流れている。やがて玖珠町《くすまち》役場のある豊後森駅付近を通過して九重町《ここのえまち》へと入り、三本の川に枝分かれする。右側に町田川、真中が玖珠川で左側が野上川である。この玖珠川を遡ると、第三章で記述した吉野神社から降った所の河内に達し、さらに鳴子川《なるこがわ》渓谷の振動の滝へと達することができる。しかし左側の野上川へと進む。この付近は第三章で述べたように本来の吉野である。この野上川の右岸に九重町野上《のがみ》、後野上《うしろのがみ》という地名が存在する。この野上こそ、天武天皇が壬申の乱の時行宮を置いた野上であると考えられる。さらに遡ると九州横断道路やまなみハイウェイ水分峠《みずわけとうげ》付近のこの川の最源流域に達するのである。そして、この水分峠から東北東の方向に、やまなみハイウェイでも一、二を競う景観が展開する。眼下に湯布院盆地が広がり真正面に豊後富士と言われる由布岳が聳え立っている。長々と筑後川を遡った目的地はここである。ここが磐之媛皇后の故郷、葛城であると考えられるからである。

由布岳は標高一五八三メートルの双耳峰《そうじほう》とも呼ばれる二つの峰を持つ山である。その東に峰と峰の間で三・八キロメートル、由布岳と麓を接するように聳えているのが標高一三七五メートルの鶴見岳である。この鶴見岳こそ天の香具山であり、西暦八六七年の大噴火によって標高二〇〇〇メートルもの頂上部分が吹き飛んだとされる山である。また万葉集五十二番の歌で奈良の都の東に位置する青香具山でもある。筑後川を遡り、二つの峰を持つ山と噴煙を上げる火山とを併せ持った所に到る、それが葛城であり、現在の湯布院及びその周辺ということである。そして、春楊の葛城山と、青香具山もしくは天の香具山とは全く同じ山であるということになる。

香具山には舒明天皇が登り歌を詠んだ。

■万葉集二番（中西進『万葉集』〈講談社文庫〉より）

高市岡本宮《たけちのをかもとのみやに》御宇《あめのしたしらしめしし》天皇《すめらみこと》代〔息長足《おきながたらし》日《ひ》廣額《ひろぬかの》天皇《すめらみこと》〕

天皇の、香具山に登りて望国《くにみ》したまひし時の御製歌

大和《やまと》には　群山《むらやま》あれど　とりよろふ　天《あま》の香具山《かぐやま》　登り立ち　国見《くにみ》をすれば　国原《くにはら》は　煙《けぶり》立つ立つ　海原《うなはら》は

鷗《かまめ》立つ立つ　うまし国そ　蜻蛉島《あきづしま》　大和の国は

【現代語訳】（著者訳）

大和（九州）には数多くの山があるけれども中でもりっぱな山が天の香具山である。登り立って国見をすると、国の集落には煙がいくつも立ち、海原には多くの鴎が飛び交っている。美しい国よ、蜻蛉島大和の国は。

第四章で万葉集一九九番の「高市皇子尊《たけちのみこのみこと》の城上《きのへ》の殯宮《あらきのみや》の時、柿本朝臣人麿の作る歌一首」は、高市皇子尊ではなく高市天皇すなわち舒明天皇のことを詠んだ歌であることを示した。その歌の中で人麿は「我が大君の万代《よろづよ》と　思ほしめして　作らしし　香具山の宮」と、舒明天皇が香具山の宮という永遠に伝えようとした神聖な施設を設けたことに言及している。万葉集二番の歌や香具山の宮を設けたことなどから、香具山は倭国の中で傑出した名山であり、舒明天皇の香具山への特別な思い、特別の扱いのようなことが感じられる。舒明天皇はこの香具山を倭国の中でどう位置付けようとしたのであろうか。私は、それが九州の東の端にあること、九州一の高山であることなどから、中国における最も神聖な山、泰山《たいざん》と同じような役割を与えようとしたのではないかと考えている。大業を為した天子が、天帝へ報告と感謝をする儀式が封禅《ほうぜん》の礼と言われ、その儀式を行う場所が泰山であった。舒明天皇は倭国の天子として、香具山を倭国一の神聖な山とし、何らかの儀式を執り行うため香具山の宮を設けたのではないだろうか。また、香具山という名は舒明天皇が付けたのではないだろうかとも考えられる。本来は葛城地方に聳える葛城山であり、磐之媛皇后の時代には葛城山とのみ呼ばれていた。その山に舒明天皇が自ら登山し、この山を倭国一の神聖な特別な山とするため、光り輝ける火の山を意味する香具山と命名したのではないだろうか。

香具山を詠んだ歌にはもう一つ有名な歌がある。万葉集二十八番の歌である。この歌の新しい解釈を示して、この章を締めくくりたい。

■万葉集第二十八番（中西進『万葉集』〈講談社文庫〉より）

藤原宮御宇天皇代《ふじはらのみやにあめのしたしらしめしすめらみことのみよ》〔高天原廣野姫天皇《たかまのはらのひろのひめのすめらみこと》元年丁亥《ていがい》、十一年譲位軽太子《くらゐをかるのみこにゆづりたまひ》、尊号曰太上天皇《そんがうをおほきすめらみことといふ》〕

天皇の御製歌《おほみうた》

春過ぎて夏来《きた》るらし白栲《しろたへ》の衣乾《ほ》したり天《あま》の香具山

天皇御製歌

春過而　夏来良之　白妙能　衣乾有　天之香来山

高い山と白い色が共に語られる時、山部赤人の富士を詠んだ歌を持ち出すまでもなく、その白は山に降り積もる雪を連想させられる。そのことから、この歌は香具山がある時季になると見せる、雪による景色を比喩的に表現したものではないかと考える。香具山とは現在の九州別府にある鶴見岳である。三代実録の記録に西暦八六七年歴史的な鶴見岳の噴火があって、その大爆発で二〇〇〇メートル近くあったと思われる頂上部分が切り取られたとのことである。その大噴火前の香具山は二〇〇〇メートルの標高があったとすると、現代の暦で五月頃まではその頂上部分に残雪が残されていたことになる。残雪が完全に消えるのは六月の梅雨の訪れによるものである。この歌は、香具山をどこから見た景色を詠んだと考えればいいだろうか。東側の別府湾の沿岸で、聳え立つ残雪を頂いた香具山を見上げながら詠んだと考えられるか。もしそうだとすると、残雪のどういう状態が夏が来ることを示す「白栲《しろたへ》の衣乾《ほ》したり」という表現を導いているのか、その状況が想像できない。確かに噴火前の香具山の山容はよくわからないが、一般的な鐘状火山を想い描いてもこの状況はよく理解できないのである。それでは、西側の湯布院盆地側から香具山を見たとしよう。香具山と湯布院盆地との間には、盆地から由布岳が標高一五八三メートルの高さで立ち上がっている。二〇〇〇メートルの高さがある香具山であっても由布岳の陰となって湯布院盆地からは全く見えないのである。現在の由布岳を見る絶好の場所がある。それは九州横断道路「やまなみハイウェイ」を湯布院から九重へと向かう途中にある水分峠である。ここは標高が七〇七メートルあって眼下に湯布院盆地が見下ろせ、湯布院盆地の向こう正面に気高く聳える由布岳を見ることができる。かつて私は学生の頃九州横断ホステリングに参加し、十二月末に九州横断道路を熊本から由布岳の麓まで三日間で歩いたことがある。その時水分峠付近から見た由布岳の景色を忘れることができない。双耳峰《そうじほう》とも呼ばれる二つの峰が高く右上にあり、稜線が左へと最初はなだらかに途中から急角度に下っている。夕暮れ近くで盆地は暗く霞み、その上に純白の雪と黒い岩の岩峰を頂いた白銀の山が西欧の城のように幻想的に冷たく光り輝いていた。もし香具山がこの水分峠付近から見えるとすればどう見えるであろうかと考えたとき、私はかつてその水分峠付近から見た由布岳の、あの幻想的な姿を思い出していた。

時は五月、由布岳の頂上付近の黒々とした二つの岩峰の下は急峻な斜面に草木が真青に生い茂りまさに夏を迎えようとしている。水分峠から香具山は見えるであろうか。現在の鶴見岳の頂上（標高一三七五メートル）より香具山の頂上は六百二十五メートル高いとすると、由布岳の頂上（標高一五八三メートル）の上に香具山の頂上より下約二百メートルまでの部分が見えるのである。そして香具山の一番高い頂上部分は現在の鶴見岳の頂上より北へ一キロメートルずれたところにあったと思われるので、水分峠付近から見る香具山は由布岳の左側下半分の稜線の部分は重なって見えず、由布岳の左へ下る稜線が急に折れ曲がっている部分から上の部分に香具山の稜線が姿を現し、香具山の右側の稜線は由布岳の稜線と重なって由布岳の岩峰の上に香具山の右の頂上部分が姿を現すのである。香具山の頂上は残雪で白く輝いている。その様を朝方あるいは夕刻に見ると、手前の由布岳は黒いシルエットを描き、その上に白銀に輝く香具山の頂上部分が、まさに純白の衣を由布岳の二つの峰から左斜面へと掛けて乾しているかのように見えたであろう。この景色が現れるのは、夏の到来とともに訪れる梅雨の前の僅かな期間に限られたであろう。

春過ぎて夏来《きた》るらし白栲《しろたへ》の衣乾《ほ》したり天《あま》の香具山

この雄大で幻想的な景色を、この歌は簡潔に見事に表している。

天皇の御製歌として持統天皇の歌と解釈されているが、書紀では持統天皇は三十一回も吉野を訪れている。天皇が吉野を訪れる第一の目的は、記紀の吉野に関する記述からも万葉集の吉野に関する歌からも御狩以外に考えられない。三十一回も吉野を訪れたということは女性天皇ではありえない。それは男性天皇であり、天武天皇を継いだ天皇であると考えられる。書紀は「(夏四月)乙未《いつび》に、皇太子《ひつぎのみこ》草壁皇子《くさかべのみこ》尊《のみこと》薨《かむさ》ります。」の一行だけで天武天皇の皇太子を死なせてしまう。そこには理由も説明も何もない。書紀に不都合なことは一切記述しない。後は後世の学者達が勝手に原因を考えればいいとのいつもの手口である。議論百出すればその記述が真実か否かという最も大事なことが忘れ去られる。天武天皇が崩御した時の年号は朱鳥元年である。これは天武天皇が亡くなった後新しい天皇が即位し改元したことを意味している。それは当然持統ではない。持統天皇とは歴史改竄者によって造作された天皇である。それではこの歌を詠んだ天皇とは、朱鳥の年号を定めた天皇であり皇太子草壁皇子が即位したと考えるのが最も合理的である。三十一回も吉野へ行幸するほど御狩を愛し、現在の九重《くじゅう》に広がる広大な久住《くじゅう》高原や飯田《はんだ》高原、地平線を描く阿蘇の波野原など、吉野を愛した天武天皇の皇子にふさわしく翼《つばさ》を付けた虎の如く縦横無尽に荒野を駆け巡ったことであろう。その天皇であればこそ、吉野の峠において、ある特定の時季に神秘的な情景が出現することを知り、その情景を歌に詠んだのである。しかし、この情景を知っていたのはこの天皇だけではないはずである。常に舒明天皇のおそばにいた人麿は、香具山を愛した舒明天皇から吉野の特別な現象を聞いていたはずであるし、誰よりも自然の美しさを詠むことに長けた赤人がこのことを知らぬわけがない。人麿も赤人も競うようにしてこの情景を詠んだはずである。しかし、それらの歌はこの一首を除いて全く残っていない。この情景は香具山と由布岳（二上山）とが組み合わさって一つになり、白栲の衣と表現された残雪が重要な要素となることで成立している。歴史改竄者は、香具山以外のこれらの要素が少しでも表されている歌の存在を決して許すことはなかったはずである。我々現代日本人は、歴史改竄者によって極めて優れた歌の数々を奪われ、天変地異によって何ものにも代えがたい神秘的な情景までも失ってしまったのである。

第六章

壬申の乱

一、天智天皇と山上憶良

舒明天皇と共に朝鮮半島に遠征し、龍朔三年（六六三年）三月の新羅との戦で父舒明天皇を失った中大兄皇子は、六六三年春父の棺を朝倉の城上《きのへ》の宮に葬った後再び半島へ戻り、龍朔三年（六六三年）八月の白村江の戦へと臨むことになる。そして白村江の敗戦で唐の虜囚の身となり、乾封元年（六六六年）元旦、泰山《たいざん》で唐の高宗が挙行した封禅《ほうぜん》の礼に倭国の酋長として参列させられる。そして、白村江の戦から八年間の抑留生活の後、漸く六七一年十一月唐より帰還した。書紀では何故か、筑紫君薩野馬《ちくしのきみさつやま》と卑しめて表されている。帰還した中大兄皇子は、唐から筑紫都督《ちくしととく》としての役割を与えられており、護送してきた二千人の唐の兵は、郭務悰の指揮の下に中大兄皇子を監視する役割を持っていたと考えられる。そして筑紫都督として淡海《あま》（現在の太宰府及び博多湾周辺）に都を置き、この時天智天皇として即位したか（しかし唐の高宗が天皇を呼称しており、筑紫都督が正式に天皇を称することは許されるはずがない）。唐の意向に従い倭国を支配しようとして、国名を日本国と改め日田奈良に都を置いた天武天皇との間で当然のように主導権争いが起き、六七二年六月壬申の乱の勃発へと繋がるのである。七月には戦況が天武側に有利に展開し、筑紫君薩野馬即ち天智天皇（書紀では大友皇子として表されている）が山前《やまさき》で首を括って自殺し、八月には乱が終結して、戦争責任者の処刑等の戦後処理が行われるのである。書紀では天智天皇は天智十年（六七一年）十二月に病で崩御したことになっているが、御陵に葬られたとの本来あるべき記事が全く出てこない。山前で自殺した天智天皇は、その付近に葬られ、その扱いはあくまでも反乱首謀者、朝敵としてのものであったはずである。万葉集一五五番の額田王の歌は、柿本朝臣人麿の歌うような秀麗で厳かな天皇への挽歌ではなく、簡素に天智天皇への哀悼を表している。

山科《やましな》の御陵《みささき》より退《まか》り散《あら》けし時に、額田王の作れる歌一首

やすみしし　わご大君の　かしこきや　御陵《みはかつか》仕ふる　山科《やましな》の　鏡の山に　夜《よる》はも　夜《よ》のことごと　昼はも

日のことごと　哭《ね》のみを　泣きつつ在《あ》りてや　百磯城《ももしき》の　大宮人《びと》は　去《ゆ》き別れなむ

（中西進『万葉集』〈講談社文庫〉より）

太宰府、宮地岳の山麓に山家という地名がある。「第四章　天孫降臨」で、宮地岳について「太宰府の南に宮地岳という標高三三九メートルの神籠石《こうごいし》を持った山があり、その南西に基山《きざん》という標高四〇四メートルの古代山城の基肄城《きいじょう》のある山があります」と述べたが、その宮地岳の山麓に山家という地名が残り「やまえ」と読み、山前も同じく「やまえ」と読める。私はそれが書紀で表すところの山前であると考えている。そして額田王の歌う山科の鏡の山とは宮地岳を指していると考える。

天智天皇と郭務悰との深い関わりを示す記事が書紀には残されている。

書紀の持統天皇六年閏五月十五日の記事に、

「筑紫大宰率河内王等に詔して曰はく、『沙門を大隈と阿多とに遣して、仏教を伝ふべし。復、大唐の大使郭務悰が御近江大津宮天皇の為に造れる阿弥陀像を上送れ』とのたまふ」

とある。持統天皇が筑紫大宰率に、唐の郭務悰が天智天皇のために造った阿弥陀像を自分のところに送れとの命令を出している。この記事が明らかにしていることは、郭務悰が亡くなった天智天皇のために仏像を造ったという事実であり、それが、郭務悰と天智天皇との関わりがまさに書紀の記述する郭務悰と筑紫君薩野馬との関係と等しいことを示し、壬申の乱で悲劇的な結末を迎えた天智天皇へ、その悲劇の顛末の目撃者でもあり原因者でもある郭務悰が、深い哀悼の気持ちを持たざるを得なかったことの動かしがたい証拠となっている。

もう一人、天智天皇と深い関わりを持ったと考えられる歌人が存在する。それは山上憶良である。柿本人麿が舒明天皇を深く敬愛し、天皇が亡くなった後も日月の過ぎ行くことも知らず恋い慕い歌を詠んだように、山上憶

良も白村江の戦で唐の捕虜となった天智天皇の帰りを待ち侘びると思われる歌を歌っている。

■万葉集八九四番、八九五番、八九六番（中西進『万葉集』〈講談社文庫〉より）

好去好来《かうきょかうらい》の歌一首　反歌二首

神代より　言《い》ひ伝《つ》て来《く》らく　そらみつ　倭《やまと》の国は　皇神《すめがみ》の　厳《いつく》しき国　言霊《ことだま》の　幸《さき》はふ国と　語り継《つ》ぎ　言ひ継がひけり　今の世の　人も悉《ことごと》　目の前に　見たり知りたり　人多《さは》に　満ちてはあれども　高光る　日の朝廷《みかど》　神《かむ》ながら　愛《めで》の盛りに　天《あめ》の下《した》　奏《まを》し給ひし　家の子と　撰《えら》び給ひて　勅旨《おほみこと》〈反《はん》して、大命《おほみこと》といふ〉　戴《いただ》き持ちて　唐《もろこし》の　遠き境に　遣《つかは》され　罷《まか》り坐せ　海原《うなはら》の　辺《へ》にも奥《おき》にも　神《かむ》づまり　領《うしは》き坐《いま》す　諸《もろもろ》の　大《おほ》御神《みかみ》たち　船舳《ふなのへ》に〈反して、ふなのへにと云ふ〉導き申《まを》し　天地の　大御神たち　倭《やまと》の　大国霊《おほくにみたま》　ひさかたの　天《あま》の御空《みそら》ゆ　天翔《あまかけ》り　見渡し給ひ　事了《ことおは》り　還らむ日には　またさらに　大御神たち　船舳《ふなのへ》に　御手《みて》うち懸けて　墨縄《すみなは》を　延《は》へたる如く　あちかをし　値嘉《ちか》の岬《さき》より　大伴の　御津《みつ》の浜辺《はまび》に　直泊《ただは》てに　御船《みふね》は泊《は》てむ　恙無《つつみな》く　幸《さき》く坐《いま》して　はや帰りませ

反歌

大伴の御津《みつ》の松原かき掃《は》きてわれ立ち待たむ早帰りませ

難波津に御船《みふね》泊《は》てぬと聞《きこ》え来《こ》ば紐《ひも》解き放《さ》けて立走《たちばし》りせむ

天平五年三月一日、良《ら》の宅《いへ》に対面して、献《たてまつ》ることは三日なり。山上憶良謹みて上る

大唐大使卿《たいたうたいしのまへつきみ》　記室

好去好来の歌の添書きには、ここにもわざとらしく天平五年（七三三年）の年次が入り、いかにも遣唐使のことを詠んだ歌のように見せ、山上憶良がこの時代に生き活躍していたかのように見せているが、八八二番の歌を読めばそれが全くの歴史改竄であることが判明する。

■万葉集八八二番

吾《あ》が主《ぬし》の御霊《みたま》給ひて春さらば奈良の都に召上《めさ》げ給はね

天平二年十二月六日　筑前国司山上憶良謹みて上《たてまつ》る

この歌の奈良の都とは当然九州日田の奈良の都である。六七〇年に天武天皇により開設され、おそらく七〇〇年前後まで都であったと考えられる。天平二年とは西暦七三〇年であり、関西奈良の都の開設は七一〇年とされているので、この歌はいかにも関西奈良時代に作歌されたかのように改竄され、しかも山上憶良が筑前国の国司であるように造作されている。この歌にある奈良の都の時代が山上憶良の活躍した時期であるということは、西暦で言えば七世紀後半が山上憶良の時代であるということになる。

山上憶良の活動時期は従来どのように考えられてきたのであろうか。

山上憶良（やまのうえのおくら）（『ブリタニカ国際大百科事典』）

生　斉明六年（六六〇年）。百済？　没　天平五年（七三三年）頃

奈良時代の万葉歌人。文武五年（七〇一年）遣唐少録として名を記録されたのが『続日本紀』の初出で、このとき四十二歳で無位であった。霊亀二年（七一六年）伯耆守、養老五年（七二一年）東宮（のちの聖武天皇）侍講となり、この頃『類聚歌林』を編纂したとされる。神亀二年（七二五年）頃筑前守となり、同じ頃大宰帥となった大伴旅人らとともに盛んな作歌活動をし、いわゆる筑紫歌壇を形成した。『万葉集』には長歌約一〇首、短歌約五〇～八〇首、旋頭歌一首があるが、彼の作とする歌の範囲については説が分れている。ほかに漢詩二首、漢文数編が収められている。『貧窮問答歌』に代表される社会や人生を題材とした、思想性に富んだ歌が特色。

山上憶良についての従来の捉え方はこの百科事典の記事にあるとおりで、それは続日本紀の記事及び万葉集の添書きにある年次と官名と官位がその根本的な原因となっている。天武天皇の日田奈良の時代に活躍した山上憶

良を、続日本紀に文武五年からその名を載せ任官させて行き、万葉集の添書きにその年次と官名を載せることにより、いかにも関西奈良時代の歌人であるかのように歴史が造作されている。

山上憶良の正しい活動時期は九州日田の奈良時代であることを知ることから、好去好来の歌は白村江の戦によって捕虜となった天智天皇たちの帰還を待つ歌であり、六六三年から六七一年の間に歌われたものであると考えることができる。筑紫の貧窮の様を歌った貧窮問答歌は、これも六六三年から六七二年頃までの太宰府周辺が唐の郭務悰の軍隊に占領された時期に歌われたものと考えることができる。唐の占領軍はおそらく太宰府大野城あたりを根城とし、周辺一帯の住民から食糧、衣料等の生活物資を根こそぎに収奪したに違いない。

そして、八八二番の歌はどのような解釈ができるであろうか。

吾《あ》が主《ぬし》の御霊《みたま》給ひて春さらば奈良の都に召上《めさ》げ給はね

この歌の現代語訳を、中西進『万葉集』（講談社文庫）では、

「あなたの御心をかけて下さって、春が来たら奈良の都に召し上げてくださいな」

とし、三省堂『全訳読解古語辞典』の訳では、

「あなた様の恩恵を賜って春になったら（私を）奈良の都にお呼び寄せください」

とし、小学館『日本古典文学全集「万葉集」』では、

「あなた様の　ご愛顧を賜って　春になったら　奈良の都に　呼び上げてください」

としている。どの解釈も都にいる自分の主人筋にあたる高級官僚の誰かに対して、憶良自身の猟官運動をしていると考えているようである。これは、八八二番のこの歌を含めた八八〇番、八八一番の三首の歌に「敢へて私の懐を布べたる歌三首」という題名が付けられこのような解釈が導かれるような仕掛けがしてあるからである。

しかし、八八二番の歌の言葉とその解釈についてかなりの無理が感じられる。お願いしている自分の主人に対して「吾が主」と呼びかけることなどあるのであろうか。もしこれが吾が主への呼びかけであるとすれば、「御霊を給う」とは、主人に対してあなたの魂をくださいと言っていることになるではないか。あなたの恩恵を受けた

いというにはあまりにも大げさな表現と言わざるを得ない。現代と古代では人の言葉への感覚に大きな違いがあるにしても不自然である。ここは、吾が主と、訴えている相手とは、別人であると解釈すべきである。そして「吾が主の御霊」とは、自分の亡くなった主人の御霊を指していると解釈できるのではないだろうか。御霊とは非物質的なものではなく、形となった御霊即ち位牌のような存在、主人を悼んで彫られた仏像を表しているのではないだろうか。この歌は、山上憶良が奈良の都の天子に対して、どうか私の主人の罪をお許しになって、私の主人の仏像を奈良の都に入京させてくださいと、心の奥底から嘆願している歌と考えるべきではないだろうか。

山上憶良が天智天皇のお側近くにいた人物であると考えた場合、間近に見る天智天皇の苦難をどのように捉えたであろうか。倭国の存亡を懸けた戦で、偉大なる父舒明天皇に随い共に半島に渡り、倭国の誰もが今までに経験したことのない激戦に耐え、誰もが神と崇める父を戦場に失い、さらに大海戦で大敗北を喫して捕虜となる。そして八年間に渡る虜囚の辱めを受け、祖国を支配する敵国の傀儡政権の代表として帰国させられ、心ならずも勃発した内戦の首謀者として自殺する。世界広しといえども、これ以上の悲劇が世界の歴史の中に存在しただろうか。これを悲劇と呼ばずして悲劇と呼べるものはない。

山上憶良は、郭務悰が天智天皇を悼んで仏像を造らせたことを知らぬはずはない。壬申の乱の首謀者として首を括り、朝敵として天皇として扱われず御陵に葬られることもなかった天智天皇、その生前の数々の苦難は祖国を救わんがためのものではないか。なぜその救国の英雄とも呼ぶべき人を罪人として扱うのか。どうか壬申の乱における罪を許し、その御霊である仏像だけでも奈良の都へお受け入れください、と山上憶良は奈良の帝（天武天皇）に訴えかけたと解釈しなければならない。

八八二番の歌には、祖国防衛のために戦場で戦い、その結果として悲劇的な結末を迎えた天智天皇の無念、この天智天皇の人知れぬ深い苦しみと悲しみに、どうか少しでも報いてほしい、我が大君とは呼ぶことが許されない我が主の御霊を、せめて奈良の都に迎えてほしいとの、山上憶良の魂の叫びとも言える、切なる願いが込められている。

この歌は奈良の帝へ届けられたであろうか。「大唐の大使郭務悰が御近江大津宮天皇の為に造れる阿弥陀像を上送れ」と、帝が筑紫大宰率河内王等に命令を出したとの書紀の記事とこの歌が、合わせ鏡のように隠された真実を映し出し、この歌が間違いなく帝へ届けられたことを示している。この歌は、舒明天皇、天智天皇そして天武天皇と、この国難の時期をお側に仕え、過酷な運命を共にしてきた大宮人たちの心を激しく揺さぶったに違いない歌である。大宮人たちは帝へ上申することを畏れはしても、決して躊躇《ためら》うことはなかったであろう。

二、壬申の乱

㈠ 大皇弟の登場そして筑紫君の帰還

日本書紀巻二十九、天武天皇十年三月の庚午の朔にして、

丙戌に、天皇、大極殿に御しまして、川島皇子・忍壁皇子・広瀬王・竹田王・桑田王・三野王・大錦下上毛野君三千・小錦中忌部連首・小錦下阿曇連稲敷・難波連大形・大山上中臣連大島・大山下平群臣子首に詔して、帝紀と上古の諸事を記定めしめたまふ。大島・子首、親ら筆を執りて録す。

（『日本古典文学全集「日本書紀③」』〈小学館〉参照。以下同じ）

と記述され、天武十年（六八一年）三月十七日に天武天皇が日本書紀編纂事業を開始させたと考えられている。そして、現存する日本書紀は、続日本紀の記事により和銅七年（七一四年）から養老四年（七二〇年）にかけて編纂されたとされている。天武十年の歴史編纂事業開始の記事が改竄されたものでないとすれば、その編纂事業は完了したのであろうか。もしその編纂事業が完了していたとすれば、今までの書紀に対する考察から、和銅七年からの書紀編纂事業は、「天武天皇の命によって編纂された書紀」を改竄する事業でもあったと考えられる。そしてそれは、現在の日本書紀に先在する「原日本書紀」とでも呼ぶべき原典があったということを意味する。その「原日本書紀」は天武天皇の命で編纂されたということは、それは倭国の神代の時代と歴代天皇の時代の歴史書であると同時に、天武天皇の時代に至り、倭国を犯す外国勢力を追い払い倭国艱難の時代を収束させ、そして新しい都を開設し国名を日本国と改める新しい時代を切り開いた、偉大なる天武天皇とその功績を讃える歴史

書となったはずである。その天武天皇を主人公とする歴史書が「原日本書紀」であり、その痕跡を示すものが現在の日本書紀に残っているのではないだろうか。

まず最初に天武天皇が書紀に登場するのは、舒明天皇の条で舒明二年（六三〇年）、天皇が宝皇女を立てて皇后とし、后が二男一女を生み、一を葛城皇子《かづらきのみこ》（近江大津宮御宇天皇《あふみのおほつのみやあめのしたしらしめしすめらみこと》即ち天智天皇）、二を間人皇女《はしひと》、三を大海皇子《おほしあまのみこ》（浄御原宮御宇天皇《きよみはらのみやあめのしたしらしめしすめらみこと》即ち天武天皇）と申し上げる、という箇所である。ところが、舒明天皇の条ではこれのみであり、その後の皇極天皇、孝徳天皇、斉明天皇の条には全くその姿を現さず、「（天智天皇）三年の春二月の己卯《きばう》の朔《つきたち》にして丁亥《ていがい》に、天皇《すめらみこと》、大皇弟《ひつぎのみこ》に命《みことのり》して、冠位《くわんゐ》の階名《かいめい》を増《ま》し換《か》ふること、及氏上《またいぢのかみ》・民部《かきべ》・家部《やかべら》等の事《こと》を宣《のたま》ふ」と、天智三年（六六四年）二月九日に、舒明天皇二年の条から三十数年の空白を経て、突然「大皇弟」として姿を現すのである。その三十数年の空白は、書紀の記す舒明、皇極、孝徳、斉明の在位期間における書紀による歴史の大改竄を示していると同時に、突然の（天武天皇の）大皇弟としての登場は、「原日本書紀」では天皇即位前の天武天皇をその主人公にふさわしく、特別に大皇弟という尊称で表していたことを明らかにしている。しかし、この六六四年（天智三年）という年は、中大兄皇子は唐に抑留されていた年であり、倭国では天皇不在の状態であったと考えられる期間にあたる。この文中の「天皇《すめらみこと》、大皇弟《ひつぎのみこ》に命《みことのり》して」は、天智天皇（書紀では天智七年に即位）が命令して「二十六冠位の制定」を行ったように見せてはいるが、これは書紀による改竄であり、大皇弟（後の天武天皇）が実質的に天皇としての役割を果たしていたことを示していると考えられる。これ以降、天智十年十一月天智天皇が崩御したとする書紀の記述に至るまで、具体的に天智天皇自身が国内にてその存在感を示したと思われる箇所はなく、大皇弟が実質的に天皇の役割を果たしていたと考えても支障のないことばかりである。また、天智六年（六六七年）三月に都を近江に遷したと書紀は記述するが、この時期における淡海《あま》への遷都は、中大兄皇子が唐に抑留中であること、淡海は唐の郭務悰の占領下にあることを考えるとあり得ないことである（ただ、この時に唐郭務悰の占領軍により淡海太宰府に筑紫都督府が置かれたことを、このように記した可能性はある）。この時期に大皇弟は実際にどこに宮殿を設けていたのであろうか。唐軍による急襲を恐れ太宰府、淡海の地を離れた、壬申の乱の時にいたとされる吉野か、都開設前の日田奈良の島の宮か、あるいは筑紫山地に囲まれた秋月（隠国《こもりく》の泊瀬《はつせ》）か、いずれにしても唐との戦争に備えた要害の地にいたであろう。偉大な父、舒明天皇を唐・新羅連合軍との戦で失い、兄、中大兄皇子を唐に人質に取られ、その唐の占領軍に悩まされながらも必死に倭国の統治と再興に腐心する大皇弟に、衝撃的な知らせが新羅からもたらされる。「唐が倭国を征伐するため船を修理している。しかしそれは新羅を討つためではないかと新羅の人々は恐れ戦いている」（『三国史記』倭人伝・新羅本紀総章元年〈六六八年〉条）と、恐れていたことが今まさに起きようとしている不吉な知らせである。この時、大皇弟は直ちに決断するしかなかった。それまでは、唐に抑留された兄を思い、太宰府（唐の占領軍に配慮し一時的に大宰府としたか）に置いた太宰の率を通じて唐の占領軍司令部に兄の帰還の条件を交渉してきた。人質となった皇太子中大兄皇子のため、倭国は決して唐への反抗的態度を取らず、素直に占領軍の求めにも応じてきた。しかし今やその唐の本心が明らかとなった。今度は倭国本国へ直接攻め込み、倭国の息の根を止めようとしている。中国と対等に天子を戴く倭国の存在そのものを、地上から消し去ろうとしている。大皇弟はそれまでも倭国再興の方策を十分に考えてきた。自分が帝であればどうするか、日出づる国の天子の居城にふさわしい壮麗な都を国の最適の地に建設し、祖国の新たな門出にふさわしい凛々しく美しい国名を名乗ろう。書紀は「（天智天皇）七年の春正月の丙戌《へいしゅつ》の朔にして戊子《ぼし》に、皇太子《ひつぎのみこ》、即天皇位《あまつひつぎしらしめ》す」、即ち七年（六六八年）正月三日に皇太子が天皇の位に就かれたと記述する。書紀は天智天皇が即位したと受け取らせようとしているが、ここに記述されている「皇太子」とは「大皇弟」の改竄に他ならない。大皇弟が天武天皇として即位したのである。※1 その後の天武天皇の行動は素早かった。かつて父舒明天皇と共に吉野へと御狩に趣いた際、奈良山を越えて行ったその先に、四方を山に囲まれながらその中央を飛鳥川が流れ、天然の要害の地であると同時に陸路で九州の各地へと繋がり飛鳥川で伊勢の海（有明海）へと繋がる、そして多くの人々の居住の場となるであろう肥沃な平野が広がる理想郷とも呼べる里がそこにあることを知った。しかもそこには、川幅を広げ滔滔と流れる飛鳥川の中ほどに大きな島があり、その島には御井の聖水に匹敵するような清水が湧き出している。この地こそ神が自らにお与えになった聖地に違いない。自分が帝になったなら必ずここに都を造り、占領軍を放逐して九州全土を統治し、新しい国家を建設しようと心中深く考えてきた。その考えを直ちに実行に移したのである。中臣金連《なかとみのかねのむらじ》に新都建設の重要な役割を与えたと考えられる。書紀は伝える、「（天智九年）三月の甲《かふ》戌《しゅつ》の朔にして壬午《じんご》に、山御井《やまのみゐ》の傍《ほとり》に、諸神《もろもろのかみ》の座《みまし》を敷《し》きて、幣帛《みてぐら》を班《あか》つ。中臣金連《なかとみのかねのむらじ》、祝詞《のりと》を宣《の》る」と、高良山の聖水が湧き出る御井の傍に神々の祭壇を設けて幣帛を供え、中臣金連が祝詞を上げたのである。これは新都建設のための儀式である。この儀式と高良山にある高良大社とは深い関わりがあると考えられるが、高良大社は倭国の首都太宰府の南の守りを司る社であったと考えられる。太宰府を中心にして四つの社が太宰府を守っていた。東を宇佐八幡、西を鎮懐石《ちんかいせき》八幡、北を四王寺八幡[※2]あるいは宇美八幡、南を高良大社が守っていたと考えられる。新都ではその西を、新都の真西に位置する高良大社が守ることになる。

※1：書紀巻二十八天武天皇即位前記で、天智天皇十年に当たる年が四年と記述され、「原日本書紀」ではこの年が天武天皇四年と記述されていたと考えられ、天智天皇七年に即位したのは天武天皇であったことが判明する。

※2：新庄智恵子著『謡曲のなかの九州王朝』弓八幡より。太宰府政庁跡の北に四王寺という地名があり、ここにある礎石群のいずれかが四王寺八幡の遺跡か。

新都建設に当たって、天武天皇と新生日本国の新都を讃える歌が詠まれた。

■**万葉集五十二番（藤原宮の御井の歌）**

やすみしし　わご大王　高照らす　日の御子　荒栲の　藤井が原に　大御門　始め給ひて　埴安の　堤の上に
あり立たし　見し給へば　日本の　青香具山は　日の経の　大御門に　春山と　繁さび立てり　畝火の　この
美豆山は　日の緯の　大御門に　弥豆山と　山さびいます　耳高の　青菅山は　背面の　大御門に　宜しなへ
神さび立てり　名くはし　吉野の山は　影面の　大御門ゆ　雲居にそ　遠くありける　高知るや　天の御陰
天知るや　日の御陰の　水こそは　常にあらめ　御井の清水

この詠み人知らずの歌は、柿本人麿の歌ではない。人麿独特の華麗な節回しがこの歌にはない。謹厳実直とも、あるいは科学的とも言える新都の建設地を測量でもするかのように四つの山によって正確に表現した歌である。

なぜ人麿がこの重要な国家行事である新生日本国の新都建設の歌を歌わなかったのであろうか。なぜこの重要な歌が、詠み人知らずの歌になっているのであろうか。この歌により「あをによし奈良の都」と呼ばれるようになったと第三章で述べた。しかしさらに、飛鳥川の川べりにある「清水の御井」の原「飛鳥浄御原《あすかきよみはら》」の都であることをこの歌は示している。私はこの歌の作者は中臣金連であると考える。書紀では、天智十年（六七一年）の春正月五日に「大友皇子を太政大臣に任じ、蘇我赤兄臣を左大臣に、中臣金連を右大臣に任じた」と記す。ここで大友皇子を登場させるのは、その後に続く壬申の乱の首謀者を大友皇子とする歴史改竄のための、書紀が設定した伏線であると考える。しかし中臣金連を右大臣に任じたということは事実であろう。これは天武天皇が、新都建設にあたりその手腕を発揮した中臣金連に厚い信頼を寄せ、新生日本国の新都を讃える歌を詠む栄誉を与え、天皇の腹心の臣下として高い評価を与えたということを意味している。そしてそれ故にこそ、壬申の乱における天武天皇への裏切りに対する天皇の怒りは大きく、蘇我赤兄の流刑に対し、中臣金連は斬刑という極刑が科されたものと考えられる。またそれ故にこそ、この重要な新日本国の新都を讃える歌が詠み人知らずの歌とされてしまったのではないだろうか。

天武天皇が即位し、飛鳥浄御原と呼ばれる都を九州の中央部要害の地に設け、さらに新しい国名を日本としたとの情報は直ちに唐の占領軍の知るところとなったであろう。これは唐に敵対する明確な意志表示であり、間違いなく倭国は戦争準備を整えつつあると占領軍は判断したに違いない。この緊急事態をすぐにでも本国に伝え、対抗手段を早急に打たなくてはならない。占領軍司令官の郭務悰は、直ちに自ら本国に帰還し状況を報告したであろう。白村江の勝利から七年を経過し、その間唐は敗者倭国への対策として、占領軍を派遣し淡海を占領地域として今後の本格的倭国攻略のための橋頭堡とする準備を行っていたであろう。本国では人質としている中大兄皇子をどう利用するかの検討が行われ、中大兄皇子に臣下としての教育を施し妻帯させて家族を持たせ、天子高宗への臣下の礼を取らせると同時に人質として最大限の利用ができるような環境づくりが行われていたと考えられる。唐の戦略としては二つの選択肢が考えられる。一つは段階的融和的な侵略方法で、淡海の太宰府に筑紫都督府を設け、そこに中大兄皇子を筑紫都督として任命し同時に倭国の元首としての役割を唐占領軍の監視の下に行わせ、徐々に倭国の政府官僚及び武人たちを唐の天子の臣下であると自ら認識するように洗脳していくという方法である。もう一つは、直線的で軍事力中心の侵略方法で、大量の軍船を派遣し、占領軍と呼応して一気に上陸し敵の本拠を急襲し倭国の要衝を全面的に占領するという極めて性急で暴力的な方法である。唐の海軍にとって倭国への遠征は、その距離の長さと荒海を渡る危険性により、白村江の場合の黄海横断とは比較にならないほど困難な戦であると考えられたであろう。しかも唐の占領軍が現地首都にいるにしても倭国本土は複雑に入り組んだ海岸線を持ち、どこに敵の水軍が潜んでいるか、どの程度の軍船を現在保有しているかについても十分な情報を持っていない。大量の軍船を派遣し占領軍と呼応して一気に上陸作戦を敢行するにしても、それを成功に導くためには敵が事前に応戦準備を行っていないことが最低の条件である。郭務悰の報告を受け、唐本国では緊急に対倭国の戦略の練り直しが行われたことであろう。もし大量の軍船を派遣しそれが全滅でもするようなことがあれば、新羅は再び倭国へ寝返り高句麗は息を吹き返すであろう。白村江の勝利が帳消しとなり唐帝国の存亡にも関わる重大事となるであろう。郭務悰の報告では、新倭国王は自らを天皇と僭称し首都を倭国の山岳地帯の中央部に設けたとのことである。これは明らかに唐帝国の天皇に対する反逆であり我々への宣戦布告である。またそれは、敵が応戦準備を整えたということを意味している。そうなれば、唐にはもう選択肢は一つしか残っていない。白村江で捕虜となり、それ以来人質として倭国占領の切り札として使われ、唐の天皇の臣下である都督の役割を徹底的に教育されてきた、中大兄皇子の筑紫都督としての本国送還である。

書紀は云う、

（天智十年）十一月十日に対馬国司が使いを筑紫の大宰府に遣して伝えるには、この二日に沙門道久・筑紫君薩野馬・韓島勝娑婆・布師首磐の四人が唐より来て申すことは、唐国の使い郭務悰等六百人、送使沙宅孫登等一千四百人の合計二千人が船四十七隻に乗って共に比知島に停泊し相談したが、今我々の人数と船数が多いため、突然彼の地に行くと恐らくその防人たちが驚いて攻撃してくるであろう。よって道久等を遣してあらかじめ来朝する旨を明らかにしたいとのことである。

この文章を一見前後との脈略もないかのように書紀は記述する。いかにも倭国の西偏で起きた些事のような扱いであるが、唐からの二千人が船四十七隻に分乗し突然現れたのである。しかも倭国の中心太宰府に向かってである。この四人の中の二番目に挙げられた筑紫君薩野馬という人物はどういう人物なのか。書紀は歴史を改竄し、倭国の歴史とは本来九州を中心とした歴史であるものを現在の関西を中心とした国の歴史へと書き換えることをその目的としている。従来信じられてきた大和朝廷というものは実際には存在せず、筑紫《ちくし》朝廷のみが存在していた。その観点に立って筑紫君薩野馬とはどういう人物かを考えれば、結論は自ずから出る。筑紫君とは、筑紫朝廷の天子を措いて誰がその呼称を許されるであろうか。これは、筑紫朝廷の天子が二千人の唐兵によって護送されてきたと解釈しなくてはならない。即ち、偉大なる舒明天皇の皇太子中大兄皇子の本国帰還である。

書紀は筑紫君薩野馬の帰還の記述後、すぐにそれと呼応するかのように大友皇子の行動を記述する。

(天智十年十一月)二十三日に、大友皇子が内裏の西殿の織物の仏像の前におられて、左大臣蘇我赤兄臣《そがのあかえのおみ》・右大臣中臣金連《なかとみのかねのむらじ》・蘇我果安臣《そがのはたやすのおみ》・巨勢人臣《こせのひとのおみ》・紀大人臣《きのうしのおみ》がそこに控える。大友皇子が手に香炉を持ち、まず立って誓約して、『六人が心を一つにして天皇の詔を奉《たてまつ》ります。もし背くことがあれば必ず天罰を受けるであろう』などと申された。そして左大臣蘇我赤兄臣等が手に香炉を持ち、次々に立ち上がって泣きながら誓約し、『私たち五人は、殿下に従い天皇の詔を奉ります。もし背くことがあれば、四天王が打ちのめすでしょう。天神地祇もまた罰を下すでしょう。三十三天よ、どうかこのことをご承知ください。子孫はまさに絶え、家門は必ず滅びるでしょう』などと申した。

ここで云う天皇とは天智天皇であり、天皇の詔を奉るとは何を意味しているのかを書紀は示さない。しかし、皇太子中大兄皇子が筑紫都督として帰国し、天武天皇の下にあった五人の重臣たちが、舒明天皇の皇太子であるその威光に逆らえず、天武天皇の下を離れ即位した天智天皇に対し忠誠を誓ったことを、このように表したと考えれば完璧に辻褄の合う解釈となる。

五人の重臣を失った天武天皇はどのような行動に出たのであろうか。書紀は、病に苦しむ天智天皇を訪れた東宮(天武天皇)は、天智天皇が皇位を授けようと申されるのに対し、自分は病気持ちで皇位を受けるのに相応しくない。どうか天下を皇后に付託されて大友皇子を皇太子になさってください。私は今日出家して陛下のために功徳を修めますと返答し、吉野宮に入られたと記述する。五人の重臣たちが自分を離れて、帰還してきた兄であり皇太子である中大兄皇子に忠誠を誓い、天武天皇としては皇位を兄に譲らざるを得ない状況へと追い込まれたとも考えられるが、皇位を兄に譲ったかあるいは天智天皇と天武天皇の両者が並立するような状況になったのか、書紀の記述から正確に判読することは不可能である。しかし、どちらにしても淡海の太宰府を都とする天智天皇と、日田奈良を都とする天武天皇との間で、重大な対立関係が生じ、両者が睨み合うような緊迫した状況となったことは間違いない。

㈡　唐占領軍と壬申の乱

壬申の乱がどのように始まりどのような展開をしたかは、逐次、書紀の記述を解釈することにより明らかにしていきたい。今まで考察して判明した地名を基に、書紀の記述する他の地名の新たな発見や考察を行い、実際にどこで戦われたのかその全容を明らかにしたい。

書紀はまず天武天皇元年（六七二年）の春三月に筑紫に使いをやって天智天皇が崩御したことを郭務悰に告げたことを述べ、夏五月の十二日に郭務悰等に鎧、兜、弓矢、絁（あしぎぬ、絹織物）、布、綿を賜り、三十日に郭務悰等が帰国したことを述べる。これは壬申の乱が起きる前に倭国から占領軍へ贈り物をし、その後すぐに占領軍が唐へ帰還したという意味になってしまうがこのようなことがあり得るのであろうか。書紀は、白村江の敗戦後から筑紫君薩野馬の帰還前までに、唐軍の倭国への来訪と思われる記事を五回に亘って記述する。

天智三年（六六四年）夏五月十七日、百済鎮将劉仁願は朝散大夫郭務悰等を派遣して上表文と献上品を奉った。十二月十二日に郭務悰等は帰国した。

天智四年（六六五年）九月二十三日、唐国は朝散大夫沂州司馬上柱国劉徳高等を派遣した。（等とは、右戎衛郎将上柱国百済禰軍朝散大夫柱国郭務悰をいう。全部で二百五十四人。七月二十八日に対馬に着き、九月二十日に筑紫に着いた。二十二日に上表文を奉った。〕十二月十四日に劉徳高等に賜物があった。この月に劉徳高等は帰国した。

天智六年（六六七年）十一月九日、百済鎮将劉仁願が熊津都督府熊山県令上柱国司馬法聡等を派遣して大山下境部連石積等を筑紫都督府に送ってきた。十三日に司馬法聡等は帰国した。

天智八年（六六九年）大唐が郭務悰等二千人を派遣してきた。

天智十年（六七一年）春正月十三日、百済鎮将劉仁願が李守真等を派遣して上表文を奉った。秋七月十一日、唐人李守真等と百済の使者が一緒に帰国した。

白村江の戦の翌年六六四年には郭務悰が来訪している。六六七年には筑紫都督府に百済鎮将劉仁願が熊津都督府の熊山県令司馬法聡等を派遣して境部連石積等を送ってきたとの記述があり、これは倭国支配のための行政府筑紫都督府がこの時までに設置されており、かつての唐への留学生境部連石積等を都督府の行政官として任命したものと考えられ、この時点ですでに占領軍が太宰府に駐留していることをも意味していると考えられる。そして六六九年には郭務悰率いる二千人の軍が進駐してきて、それが帰還したとの記述がない。これらの書紀の記述は、六七一年の筑紫君薩野馬の帰還前までにすでに筑紫都督府が設置されて二千人以上の占領軍が太宰府に駐留しており、新たに進駐してきた二千人と合計して四千人以上の占領軍が太宰府を占拠していたことを示している。倭国は白村江で惨敗したと言っても、倭国本土が唐からの侵略を受けて負けたわけではない。倭国が多数の兵と軍船を失ったと言っても、唐軍が倭国を侵略しようとすれば二千から四千程度の軍ではそれは不可能である。それにもかかわらずその程度の占領軍の進駐が可能であったということは、唐にあった人質の存在を考えざるを得ない。倭国にとって、封禅の礼で倭国の酋長と表現された人質の存在があまりにも大きかったのである。それ故にこそ、倭国の首都である太宰府の唐による占領を許したのである。倭国にとっても唐にとっても大きな歴史的意味を持つ唐による太宰府占領であり、そう簡単には唐が占領軍の引き揚げを行うことなど考えられない。即ち、筑紫君薩野馬帰還後すぐに郭務悰率いる占領軍が引き揚げたなどとは、まさに絵空事、書紀による歴史改竄の典型とも言うべきものである。これは明らかに「原日本書紀」に記述された壬申の乱に関わる記事の、最後の部分を最初に持ってくるという文章改竄を行っている。

　帰還して筑紫都督となった天智天皇と日田奈良の都を拠点とする天武天皇との間で戦われた壬申の乱に、唐占領軍はどのように関わったであろうか。占領軍司令官郭務悰にとって当然筑紫都督天智天皇の勝利が絶対必要であったろう。しかし、郭務悰率いる唐軍がこの内戦に直接的に関わることは許されなかったであろう。もし唐軍がこの内戦に参戦した場合どういうことになるか。天智天皇が勝利すれば大きな問題を起こさないが（問題はないという意味ではない、筑紫都督が傀儡政権であることが広く国民に伝わってしまいその後の政権運営に様々な軋轢をもたらすであろう）、天武天皇が勝利すればそれはすぐに唐と倭国との戦へと直結する。敵本土で孤立した占領軍は間違いなく全滅し、唐は重大な決断を迫られることになる。倭国へ大軍を遠征させ唐の存亡を懸けた戦をするか、あるいはこのまま引き下がって新羅や高句麗の侮りを甘受するかである。また天武天皇にしても思いは同じである。たとえ筑紫都督である天智天皇に勝利したとしても大唐を敵に回したくはない。この時点で唐占領軍と戦えばそれは間違いなく唐の大軍を招く結果となる。天智天皇に勝利し、唐占領軍の穏便で速やかな撤退をお願いしたいというのが天武天皇の偽らざる本音であったろう。それで、天智天皇が亡くなったことを正式に郭務悰に告げ、数々の贈り物を授けて、どうか速やかにご退出をとお願いしたのは、壬申の乱終結後の他ならぬ天武天皇であったということになる。郭務悰にとっても、筑紫都督が内戦で亡くなり、占領軍引き揚げ、本国帰還への大義名分も立つこととなった。亡くなった天智天皇には気の毒ではあるが、その犠牲のお陰で数千名の部下を引き連れ無事本国へ戻ることができる。本国へ帰還する郭務悰の心境は実に複雑なものであったに違いない。

　ここで仮に、筑紫都督の天智天皇が勝利した場合、その後の我が国への影響はどのようなものになっていたであろうかを考えておきたい。

　筑紫都督として倭国を代表する天智天皇は、当然のこととして天皇を称することを許されることはない。それはあくまでも中国・唐の承認を受けた傀儡政権である倭国王としてであり、唐が中国において帝国として存在する限り首都太宰府に占領軍は居座り続け、間接支配の形を取りながら実際は占領軍は筑紫都督府の役人たちに直接命令して、倭国の徹底的な支配を怠らなかったであろう。倭国王も含め、倭国の官僚や武人たちはすべて唐の天皇が設ける政治体制と身分制度の下に置かれ、完全に自主・独立性を奪われ、常に唐の天皇への忠誠を求められたであろう。また、占領軍及び占領支配体制の維持・強化拡大並びに被占領国の国力弱体化のため、倭国王の名で国民に対し多大な税や夫役が課され、その結果倭国の経済発展は全く望めずその経済規模は急激に縮小していき、後に飛鳥天平文化と称される高い文化や文明も一気に衰退する状況へと追い込まれていったであろう。宗主国・唐の助けにより、倭国の改革を阻んできた無知蒙昧の賊・天武が滅ぼされ、唐天皇の威光が遍く倭国全体を覆いそれにより倭国の改革が進み、今日我が国が文明国として存続できているのは唐による温情ある指導のお陰である、と永久に日本国民を欺き続け日本国を奴隷国家の地位に縛り続けるための歴史改竄の倭国書紀が編纂されたかもしれない。そして大陸からの一般人の流入が始まり、戦略の要衝である関門海峡と洞海湾を制圧した唐海軍によって、瀬戸内海及びその周辺地域から現在の関西地方までが瞬く間に唐の勢力圏内となり、やがてかつて倭国の天子を盟主として仰いだ東国から日本列島全域に至るまで、唐の支配下、中国からの入植地になるような事態も生まれたであろう。たとえ中国における動乱や政変により唐の軛《くびき》を免れたとしても、長期に亘って歪められた政治社会構造は日本国民の意識の深層に重大な影響を残したと考えられる。中国を宗主国として崇め自国をその属国として卑下する、そして自国民を劣等国民として卑下するような自尊心を失った自己卑下・事大主義の国民性や、主体性を喪失し常に誰かに責任転嫁し、弱きを挫き強きを助けるような救いがたい巧言令色で卑劣で愚劣な政治社会体制が我が国の本質となった可能性も否定できない。

　このように考えると、壬申の乱とは、現代日本とは直接関わりのない古代日本の歴史教科書で学ぶだけの朝廷内の小さな勢力争いではなく、今でも現代日本の国家と国民へ大きな影響を与え続けている日本の独立に関わる重大な事件であったということであり、歴史教科書に特筆大書すべき、偉大なる天武天皇の成し遂げた日本国の独立戦争であったということである。この勝利によって現代の日本国と日本人が存在しているのだと言っても決して過言ではない。この先人たちが苦難を乗り越え達成してきた、奇跡とも僥倖とも言える日本国の独立と尊厳と繁栄を、現代の日本国と日本人はどれだけ真剣に大切に考えているであろうか。そして日本書紀と称する書物の歴史改竄は、日本国と天皇の尊厳を著しく傷つけ、日本国と日本国民にとって最も重要な、天皇の日本国独立に果たした偉大な功績や新生日本国の建国に込められた先人たちの貴い理念、日本国の唐からの独立が古代東アジアに及ぼした大きな影響、等々の日本国出生の原点とも言うべき極めて大切な真実の全てを完全に消し去ったのである。書紀の罪は、筆舌に尽くし難く、あまりにも重大である。

(三) 壬申の乱（その二）　近江側に不穏な動き

天武元年（六七二年）夏五月に、朴井連《えのゐのむらじ》雄君《をきみ》が天武天皇に「私事で、ひとり美濃に行きましたところ、朝廷が美濃、尾張の国司へ、『山稜を造るため予め人夫を定めておけ』との命令を出したとのことでした。しかし、人夫それぞれに武器を持たせております。私が思うには、山稜を造るのではなく、必ず事件が起きるでしょう。すぐに避難なされないと危険なことになるでしょう」と申し上げた。またある人が奏上して「近江京より倭京に至るまであちこちに斥候が置かれています。また菟道《うぢ》の橋守に命じて皇大弟の宮の舎人が私用の食糧を運ぶことを阻止しております」と申し上げた。

これは壬申の乱が近江方により仕掛けられたと書紀は云っているのである。そして「近江京より倭京に至るまで云々」とは、淡海の太宰府から日田奈良の都まで天智方の斥候が配置されていることを示している。「菟道《うぢ》の橋守」とは、太宰府と日田とをつなぐ日田往還が小石原川を渡るところ、即ち宇治の渡に架けられた橋を管理する役人であり、現在の久留米、鳥栖、太宰府方面から日田方面への物資の流通が阻止されたことを示している。朴井連雄君が出掛けた美濃とはどこのことを言っているのであろうか。美濃が出てくる万葉集の歌がある（中西進『万葉集』〈講談社文庫〉より）。

■万葉集三二四二番
ももきね　美濃《みの》の国の　高北《たかきた》の　八十一隣《くくり》の宮に　日向《ひむかひ》に　い行き靡《なび》かふ　大宮を　ありと聞きて　わが通ひ道《ぢ》の　奥十山《おきそやま》　美濃の山　靡けと　人は踏《ふ》めども　かく寄れと　人は衝《つ》けども　心無き山の　奥十山　美濃の山

百岐年　三野之國之　高北之　八十一隣之宮尓　日向尓　行靡　闕矣　有登聞而　吾通道之　奥十山　三野之山　靡得　人雖跡　如此依等　人雖衝　無意山之　奥礒山　三野之山

■万葉集三三二七番、三三二八番

百小竹《ももしの》の　三野《みの》の王《おほきみ》　西の厩《うまや》　立てて飼《か》ふ駒　東《ひむかし》の厩　立てて飼ふ駒　草こそば　取りて飼ふがに　水こそば　汲《く》みて飼ふがに　何しかも　葦毛《あしげ》の馬の　嘶《いば》え立ちつる

反歌

衣手《ころもで》葦毛の馬の嘶《いば》え声情《こころ》あれかも常ゆ異《け》に鳴く

百小竹之　三野王　金厩　立而飼駒　角厩　立而飼駒　草社者　取而飼旱　水社者　挹而飼旱　何然　大分青馬之　鳴立鶴

反歌

衣袖　大分青馬之　嘶音　情有鳧　常従異鳴

まず三三二七番、三三二八番の歌に注目すると、三野の王が飼っている馬は葦毛の馬となっているが、その原文を見ると大分青馬となっている。葦毛の馬とは大分地方で産出された青馬ということではないだろうか。そうすると、三野（美濃）は現在の九州大分方面にあった地名ではないかという疑問を持たせられる。次に三二四二番を見ると、「高北《たかきた》の八十一隣《くくり》の宮」という地名あるいは宮殿名が出てくる。実は筑後川の流域、あの高山《こうやま》の山麓に久喜宮（くぐみや）という地名が残されており、天然記念物に指定された久喜宮金明竹《くぐみやきんめいちく》と呼ばれる非常に珍しい茎が黄色の真竹の竹林が自生している所でもある。はたして「高北《たかきた》の八十一隣《くくり》の宮」と久喜宮とは同一の地名を表しているのではないだろうか。高山の北に八十一隣の宮と呼ばれる宮殿があって、それで高北という枕詞が使われたのではないだろうか。それが現在の久喜宮という地名として残り、その宮殿付近にあった竹林が久喜宮の金明竹として残されているのではないだろうか。

美濃の泳宮（くくりのみや）は、書紀の景行天皇の条にも出てくる。景行天皇四年春二月、天皇が美濃に幸す。そこで容姿端正の弟媛《おとひめ》が居ると聞き、妃にしようと弟媛の家へ向かうが、弟媛は竹林に隠れてしまう。天皇は泳宮に滞在し池に鯉を放して、弟媛が竹林から出てくるのを待つのであるが、鯉見たさに竹林から出てきた弟媛は、自分は結婚はしたくない、自分より美しい姉がいるので姉と結婚して欲しいと天皇へ申し上げ、景行天皇が弟媛の姉と結婚するという話となる。この話と久喜宮の金明竹には深い関わりがあるように感じられる。

ここでまた万葉集五十二番の歌から美濃はどこかを考えてみよう。

■万葉集五十二番

（藤原宮の御井の歌）

やすみしし　わご大王　高照らす　日の御子　荒栲の　藤井が原に　大御門　始め給ひて　埴安の　堤の上に
あり立たし　見し給へば　日本の　青香具山は　日の経の　大御門に　春山と　繁さび立てり　畝火の　この
美豆山は　日の緯の　大御門に　弥豆山と　山さびいます　耳高の　青菅山は　背面の　大御門に　宜しなへ
神さび立てり　名くはし　吉野の山は　影面の　大御門ゆ　雲居にぞ　遠くありける　高知るや　天の御陰
天知るや　日の御陰の　水こそは　常にあらめ　御井の清水

この歌の中で、「耳高の　青菅山は　背面の　大御門に　宜しなへ　神さび立てり」と詠まれた青菅山の枕詞について第三章で、「『耳高』を『耳成』と書き換えるのは、大和三山の耳成山とするためのことか。『耳成《みみなし》の青菅山《あをすがやま》』はこれはあくまでも原文どおり『耳高』とすべきである。この青菅山は『耳高』と呼ばれる地域にあったと考えるべきである」と述べた。そして同じく第三章で「耳高の青菅山」は英彦山であることを立証した。英彦山は日田盆地の北側に広がる山岳地帯の主峰であり、高山《こうやま》はその山岳地帯の南西端に位置している。私はこの山岳地帯が耳高地区であると考えている。耳が美濃を表し、高が高山を表す。即ち、美濃・高山地区である。どうして耳が美濃を表すのか。筑後川の対岸にあの鷹取山を主峰とする耳納《みのう》山地がある。本来は筑後川の北岸にあるべき耳納《みの》が南岸に移されている。これも歴史改竄者による、改竄の秘密を守るための恐るべき陽動作戦であると捉えなくては、歴史改竄者の罠に落ちる。このように現代のコンピュータ時代を予見したかのように、統計的手法による解析からも解読不能の手段が講じられ、現代の我々がとても俄かに信じられないような極めて大きなスケールと綿密な計画で、この巨大な歴史改竄事業は実施されたと考えなくてはならない。

美濃とは、現在の筑後川北岸、東は大分県山国町耶馬渓から北は英彦山周辺の山々、西は高山、麻底良山に至る一帯の山岳地帯が主要部分を占める地域を呼んだものと考えられる。

正倉院文書に大宝二年の戸籍が残されている。美濃国の戸籍と西海道（九州）の戸籍とされている。なぜ九州と美濃国の戸籍なのであろうか。これは美濃国を現在の地名の美濃と疑いもなく信じているからであり、美濃国が筑後川北岸にあったと分かれば、正倉院文書の大宝二年の全ての戸籍は元々の倭国である九州の戸籍であったと理解されるのである。

天武天皇が朴井連雄君から報告を受けたとき、書紀の記述からは天武天皇は九重吉野の吉野宮にいたと考えられる。朴井連雄君が私事で美濃へ出掛けたのは、日田奈良から出発して筑後川北岸を西に進み現在の朝倉市杷木久喜宮あたりまで行ったのであろう。

六月二十二日（六月の辛酉《しんゆう》の朔《つきたち》にして壬午《じんご》）、天武天皇は村国連《むらくにのむらじ》男依《をより》・和珥部君《わにべのおみきみ》手《て》・身毛君広《むげつのきみひろ》に命令して「今、近江朝廷の廷臣たちは私を殺そうと謀っていると聞いた。そこでお前たち三人はすぐに美濃国に行って、安《あ》八磨郡《はちまのこおり》の湯《ゆ》沐令《のうながし》多臣品《おほのおみほむ》治《ぢ》に計略の要点を示してその郡の兵を起すように告げよ。そして国司たちを通じて諸兵を起し、直ちに不《ふ》破道《はのみち》を塞ぎ止めよ。私は今から出発する」と申された。

美濃国は、淡海太宰府から日田往還を通って日田奈良へ向かうと、奈良山を越えた先の日田奈良の入口のすぐ手前にある国である。そこに奈良の都に入るための関所があって不破関と呼ばれていたと考えられる。その不破関に至る道が不破道であると考えられる。久喜宮から東の日田へと道を進むと筑後川の北岸の山が急に迫り、道は急峻な山と川との僅かな隙間を縫うように通る。その道の入口となる山の山麓に杷木神籠石《はきこうごいし》がある。古代の山城の跡と考えられ、ここが奈良の都を防衛するための要塞、不破関であったと考えられる。

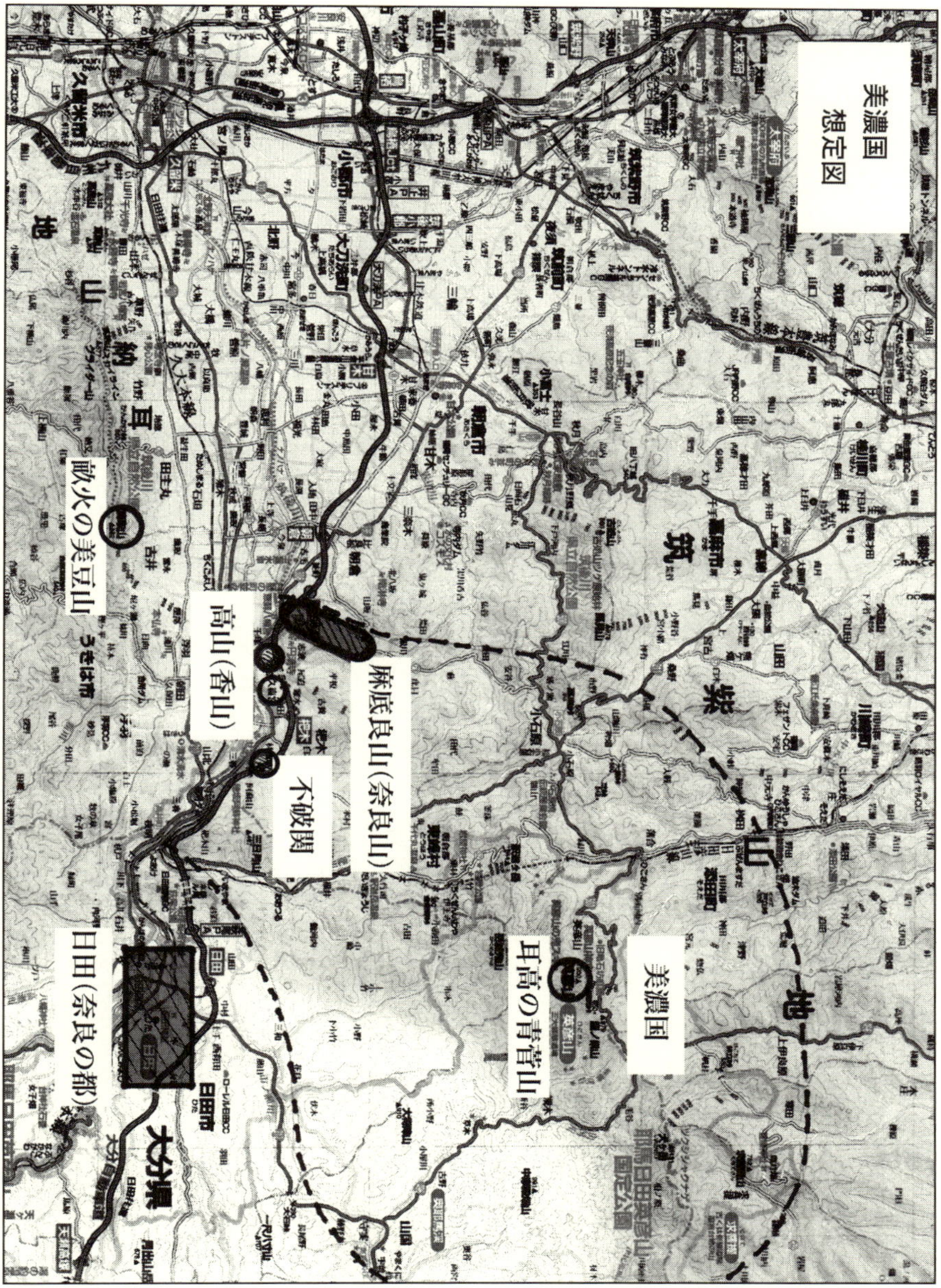

地図6-1　壬申の乱（その一）　美濃国想定図

天武天皇は六月二十四日に、東に入ろうとされたと書紀は云う。その時一人の臣が、近江の群臣たちは国全体に謀《はかりごと》を廻らし道路の通行も困難でしょう、天皇が一人の兵士も従えず出発しても東に行くことができないのではと恐れている旨を奏上し、天皇も納得して美濃国へ向かわせた男依たちを呼び戻そうと思われた。それで大《おほ》分君恵尺《きだのきみゑさか》・黄書造《きふみのみやつこ》大伴《おほとも》・逢臣志摩《あふのおみしま》を留守司高坂王《たかさかのおほきみ》のもとへ遣わして、駅鈴を求めさせた。その時天皇は「もし鈴を得られない場合は、志摩は帰ってきてその旨を報告し、恵尺は近江に駆けつけて高市皇子《たけちのみこ》・大津皇子《おほつのみこ》を呼び出し伊勢で私に合流するように」と申された。すぐに恵尺たちは留守司の高坂王のもとに行き駅鈴を求めたが高坂王はそれを許さず、そこで恵尺は近江に向かい、志摩はすぐに戻って鈴を得られなかった旨を報告した。

この記述から、天武天皇は日田奈良の都に留守司として高坂王を置き、天武の皇子の高市皇子と大津皇子は近江即ち淡海《あま》のどこかに居ることがわかる。高坂王は筑紫都督府方に寝返ったか、天武天皇の使いに駅馬の使用に必要な駅鈴を渡そうとしない。天武は皇子たちと伊勢即ち吉野ヶ里付近で合流しようとしている。ということは、九重吉野を出発し寝返ったと思われる高坂王の日田奈良を経由するのを避け、浮羽《うきは》大和に入って筑後川を高山か奈良山（麻底良山）付近で渡河し西の伊勢へと向かう計画であるということになる。書紀が東へと記述するのは方向を正反対にする改竄である。

㈣　壬申の乱（その二）　天武天皇、東国へ向かう

この日（二十四日）に天皇は出発して東国へ入られた。事が急であったため乗物を待たずに出掛けられた。すぐに県犬養連大伴《あがたのいぬかひのむらじおほとも》が鞍を置いた馬を見つけたので、天皇はそれにお乗りになった。そして皇后は輿にお乗せしてお従いになられた。津振川《つふりかは》に着いた時、天皇の乗物が漸く届いたのでお乗りになった。この時、初めから天皇に従った者たちは、草壁皇子《くさかべのみこ》・忍壁皇子《おさかべのみこ》と舎人朴井連雄君《えのゐのむらじをきみ》・県犬養連大伴・佐伯連大目《さへきのむらじおほめ》・大伴連友国《おほとものむらじともくに》・稚《わか》桜部臣五百瀬《さくらべのおみいほせ》・書首根摩呂《ふみのおびとねまろ》・書直智徳《ふみのあたひちとこ》・山背直小林《やましろのあたひをばやし》・山背部小田《やましろべのをだ》・安斗連智徳《あとのむらじちとこ》・調首淡海《つきのおびとあふみ》などの一族二十数人と女子供ら十数人であった。その日に菟田《うだ》の吾城《あき》に着いた。大伴連馬来田《おほとものむらじまくた》・黄書造大伴《きふみのみやつこおほとも》が吉野宮より

追ってきて到着した。この時、屯田司《みたのつかさ》の舎人土師連馬手《はじのむらじうまて》が従者の食事を提供した。甘羅村《かむらのむら》を通りかかると、猟師二十数人がいて大伴朴本連大国《おほとものえのもとのむらじおほくに》が猟師の首領であった。そこで猟師全員を天皇の一行に従わせた。また、美濃王を呼び寄せて従わせた。湯沐の米を運ぶ伊勢国の荷役馬五十匹と菟田郡家の辺りで遭遇したので、米を捨て徒歩の者を乗らせた。大野に至って日が暮れた。

津振川が現在の何川かはわからない。菟田の吾城に着いたとあるが、菟田は神武天皇遠征の折、熊野から菟田へ達し、そこで道臣命が兄猾《えうかし》を惨殺し菟田の血原と呼んだ所である。そのとき菟田には高城があってそれが現在の平塚川添遺跡である。この菟田である朝倉市平塚《ひらづか》、一木《ひとつぎ》、小田《おた》の付近には広い野原がある。貝原益軒の『筑前国続風土記』には次のように記述される。

○小田《をだの》原
小田村の西北に曠原《くわうげん》あり。小田《をだの》原と號す。南北十餘町、東西四五町ばかりあり。野草、穀類相雑《まじ》り、野あり、圃ありて、高平の地なり。此原は小田村、一木《ひとつぎ》、平塚の三村の境内也。

一町は約一〇九メートルであるので、南北十餘町とは千五百メートル程度で、東西四五町ばかりとは、五百メートル程度と考えていいだろう。これが菟田（宇陀）あるいは吾城《あき》の大野ではないか。しかしこの付近にはもう二箇所大きな野が存在する。この小田原《をだのはら》から西南西に六㎞離れたところに標高一三〇メートルほどの城山（花立山）がありその周辺に方二里余りの山隈原と呼ばれる平原があると『筑前国続風土記』には記されており、さらにその北西の安野に方一里余りの野原があるとも記されている。その安野の原が万葉集五五五番（第四巻）の歌の「やすの野」であると筑前国続風土記は云う。

萬葉集四
君がためかみしまち酒やすの野に

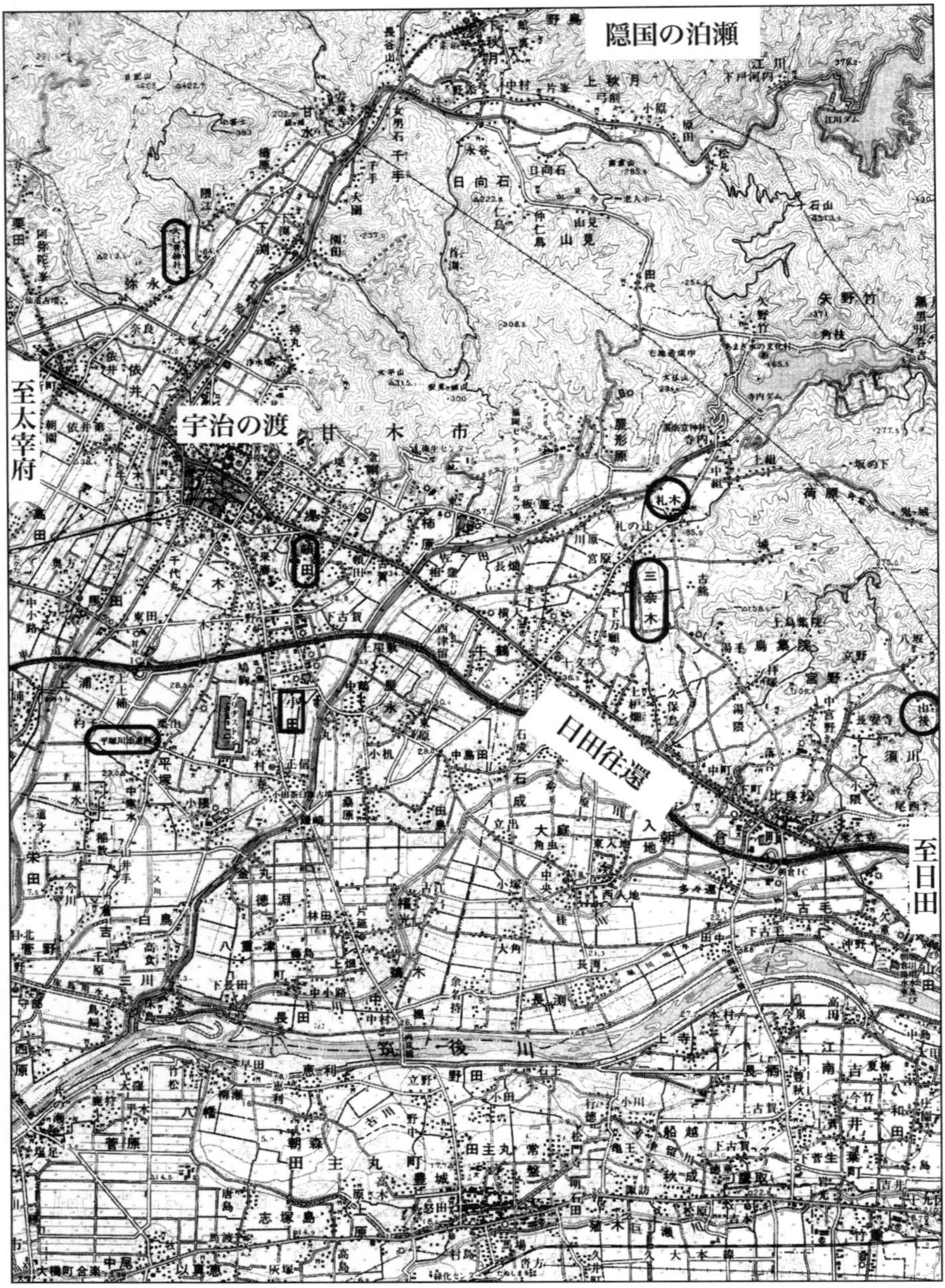

地図6-2　壬申の乱（その二）　甘木周辺図

ひとりやのまん友なしにして

右太宰帥大伴卿、贈ル三大貳丹比縣守卿遷二任スルニ民部卿ニ一歌也。

『筑前国続風土記』の書かれた江戸時代、太宰府を発し日田往還を東南東へ進むと、宮地岳と基山に挟まれた坂（ここが相坂と考えられる）を越えやがてその右手に安野の野を見ることができる。安野の野の先に城山（花立山）がありその周辺が方二里余りの山隈原となっている。日田往還をさらに進むと左に大己貴神社《おおなむちじんじゃ》から秋月へと至る坂、即ち「第五章　神武東征」で示した「国見丘に八十梟帥《やそたける》が居り、女坂《めさか》に女軍《めいくさ》を置き、男坂《をさか》に男軍《をいくさ》を置き、墨坂《すみさか》に焃炭《おこしずみ》を置いて交通を遮断し」と書紀の云う墨坂への分岐点に達する。さらに日田往還を進むと小石原川と交差する橋に至るが、ここが宇治の渡である。この小石原川は古く神武天皇の時代は菟田川であり、人麿の時代には宇治川と呼ばれていた。要するに書紀や万葉集に記述される菟田（宇陀）や宇治や宇智はいずれも同じ地域を表しており、時代の変遷等により表示が異なっているに過ぎないということである。宇治の渡である橋を渡るとすぐに『筑前国続風土記』に云う甘木村（古は甘木町といふとも記述されている）である。ここは多くの商人が集まり交易が盛んに行われ東海道に次ぐ人の往来が多いところであると貝原益軒は述べている。

　菟田の吾騎に着いた天武天皇一行は屯田司《みたのつかさ》の舎人土師連馬手《はじのむらじうまて》から食事の提供を受けたと書紀は記述するが、日田往還沿道の甘木の南東のすぐ近くに頓田《とんた》という地名を発見することができる。ここに屯田がありその司から食事の提供を受けたということではないか。天武天皇一行は日田往還とほとんど同じ経路を東南東から西北西へと進んできたことを示している。甘羅村《かむらのむら》を通りかかるとそこに猟師の集団がいて従者に加えたと記述するが、甘羅村とは現在のどこを意味するのであろうか。「甘羅」を音読みすると「かんら」となるが、「羅」を「ら」と読まない事例を我々は知っている。「新羅」をどういうわけか「しらぎ」と読む。同様に読めば「甘羅」を「あまぎ」と読むことも可能ではないか。天武天皇一行を地図で追っていくと現在地は甘木の丁度その位置に来ている。甘羅村と甘木村とは同じ位置にあるのである。この甘木周辺が菟田（宇陀）であり、宇治であり、宇智である。ここでこの甘木周辺の三つの野に関わると思われる万葉集の歌を掲出してみよう（中西進『万葉集』〈講談社文庫〉より）。

■万葉集三番、四番

天皇の、宇智《うち》の野に遊猟《みかり》しましし時に、中皇命《なかつすめらみこと》の間人連老《はしひとのむらじのおゆ》をして献《たてまつ》らしめたまへる歌

やすみしし　わご大君の　朝《あした》には　とり撫でたまひ　夕《ゆふへ》には　い縁《よ》せ立たしし　御執《みと》らしの　梓《あづさ》の弓の　中弭《なかはず》の　音すなり　朝猟《あさかり》に　今立たすらし　暮猟《ゆふかり》に　今立たすらし　御執《みと》らしの　梓の弓の　中弭《なかはず》の　音すなり

反歌

たまきはる宇智の大野《おほの》に馬並《な》めて朝踏ますらむその草深野《くさふかの》

■万葉集四十五番

軽皇子《かるのみこ》の安騎《あき》の野に宿りましし時に、柿本朝臣人麿の作れる歌

やすみしし　わご大君　高照らす　日の御子《みこ》　神ながら　神さびせすと　太敷《ふとし》かす　京《みやこ》を置きて　隠口《こもりく》の　泊瀬《はつせ》の山は　真木《まき》立つ　荒山道《あらやまみち》を　石《いは》が根　禁樹《さへき》おしなべ　坂鳥の　朝越えまして　玉かぎる　夕さりくれば　み雪降る　阿騎《あき》の大野に　旗薄《はたすすき》　小竹《しの》をおしなべ　草枕　旅宿《たびやど》りせす　古《いにしへ》思ひて

■万葉集四十六番

短歌

阿騎《あき》の野に宿る旅人打ち靡《なび》き眠《い》も寝《ね》らめやも古思《いにしへおも》ふに

阿騎乃野尓　宿旅人　打靡　寐毛宿良目八方　古部念尓

■万葉集四十七番

ま草《くさ》刈る荒野にはあれど黄葉《もみちば》の過ぎにし君が形見《かたみ》とぞ来《こ》し

真草苅　荒野者雖有　黄葉(注)　過去君之　形見跡曽来師

（注）「諸本『葉』のみ。代匠記により『黄』を補う。」と中西進『万葉集』は記す。

■万葉集四十八番

東《ひむがし》の野に炎《かぎろひ》の立つ見えてかへり見すれば月傾《かたぶ》きぬ

東　野炎　立所見而　反見為者　月西渡

■万葉集四十九番

日並皇子《ひむなしのみこ》の命《みこと》の馬並《な》めて御猟《みかり》立たしし時は来向かふ

日雙斯　皇子命乃　馬副而　御獦立師斯　時者来向

■万葉集一九一番

褻《け》ころもを春冬片設《ときかたま》けて幸《いでま》しし宇陀《うだ》の大野は思ほえむかも

■万葉集一六〇九番

丹比真人《たぢひのまひと》の歌一首　名闕《か》けたり

宇陀《うだ》の野の秋萩しのぎ鳴く鹿も妻に恋ふらくわれには益《ま》さじ

万葉集三番、四番の歌は、舒明天皇が宇智の大野で御狩を行った時のことを中皇命《なかつすめらみこと》が間人連老《はしひとのむらじのおゆ》に詠ませて天皇に献上したとされる歌である。中皇命とは、第四章で倭国に人質となっていた百済の王子豊璋（豊章）であるとした。王子豊璋は六六〇年頃百済へ帰還したのでこの歌はそれより以前に詠まれたということになるが、ここに詠まれている御狩は宇智の大野で行われた、まだ唐・新羅との壮絶な戦の前の倭国の束の間の平和な時代を象徴するような盛大な催しだったのであろう。この御狩に柿本人麿も大宮人の一人として参加したであろうし、皇太子中大兄皇子も舒明天皇に随い中心的な役割を果たしたであろう。

四十五番の歌は柿本人麿の歌ではあるが、軽皇子を歌ったものではない。人麿が何故に「やすみしし　わご大君　高照らす　日の御子《みこ》　神ながら　神さびせすと」と歌うであろうか。人麿がそう歌う時それは唯一人の天皇のために人麿は歌う。舒明天皇に対してのみ、人麿はこの言葉を捧げる。人麿は舒明天皇の行った盛大な御狩を思い出している。壬申の乱の前の朝鮮半島の激戦のその前の、天皇も皇太子も健在であった時の、今想えば幻想のように美しく勇壮な御狩を思い出している。

人麿が仕えた天皇は万葉集を見る限り二人だけである。舒明天皇と天武天皇である。一九九番「高市皇子尊《たけちのみこのみこと》の城上《きのへ》の殯宮《あらきのみや》の時、柿本朝臣人麿の作る歌一首」は第四章で示したとおり舒明天皇の挽歌であり、そして天武天皇の挽歌も人麿が歌っている（中西進『万葉集』〈講談社文庫〉より）。

■万葉集一六七番、一六八番、一六九番

日並皇子尊《ひなみしのみこのみこと》の殯宮《あらきのみや》の時に、柿本朝臣人麿の作れる歌一首　并せて短歌

天地《あめつち》の　初《はじめ》の時　ひさかたの　天《あま》の川原《かはら》に　八百万《やほよろづ》　千万神《ちよろづがみ》の　神集《かむつど》ひ　集ひ座《いま》して　神分《かむあが》ち　分《あが》ちし時に
天照《あまて》らす　日女《ひるめ》の尊《みこと》〔一は云《ある》はく、さしのぼる　日女の命《みこと》〕天《あめ》をば　知らしめすと　葦原《あしはら》の　瑞穂《みづほ》の国を
天地の　寄り合ひの極《きはみ》　知らしめす　神の命と　天雲《ぐも》の　八重かき別けて〔一は云はく、天雲の　八重雲別
けて〕神下《かむくだ》し　座《いま》せまつりし　高照らす　日の皇子は　飛鳥《とぶとり》の　浄《きよみ》の宮に　神《かむ》ながら　太敷《ふとし》きまして　天皇《すめろぎ》の
敷《し》きます国と　天の原　石門《いはと》を開き　神あがり　あがり座《いま》しぬ〔一は云はく、神登り　いましにしかば〕わ
ご王《おほきみ》　皇子《みこ》の命《みこと》の　天の下　知らしめしせば　春花《はるはな》の　貴《たふと》からむと　望月《もちづき》の　満《たたは》しけむと　天の下〔一は云
はく、食す国〕四方《よも》の人の　大船《ふね》の　思ひ憑《たの》みて　天つ水　仰《あふ》ぎて待つに　いかさまに　思ほしめせか　由縁《つれ》
もなき　真弓《まゆみ》の岡《をか》に　宮柱　太敷き座《いま》し　御殿《みあらか》を　高知りまして　朝ごとに　御言《みこと》問はさぬ　日月《ひつき》の　数多《まね》
くなりぬる　そこゆゑに　皇子の宮人　行方知らずも〔一は云はく、さす竹の　皇子の宮人　ゆくへ知らに

す」

反歌二首

ひさかたの天《あめ》見るごとく仰ぎ見し皇子《みこ》の御門《みかど》の荒れまく惜《を》しも
あかねさす日は照らせれどぬばたまの夜渡る月の隠《かく》らく惜しも

或る本の歌一首

島の宮勾《まがり》の池の放ち鳥《どり》人目に恋ひて池に潜《かづ》かず

第五章で述べたとおり、書紀は「(夏四月) 乙未《いつび》に、皇太子《ひつぎのみこ》草壁《くさかべの》皇子尊《みこのみこと》薨《かむさ》ります」の一行だけで天武天皇の皇太子草壁皇子尊を死なせてしまう。しかし天武天皇の次の天皇は三十一回も吉野へ出掛ける。それは持統天皇ではありえない。そして持統は日田奈良の都にはいなかった。持統が居たのは関西の藤原と呼ばれる所である。即ち草壁皇子が亡くなったと書紀が記述するのは、持統を天皇として登場させるための書紀による歴史改竄である。そして人麿が草壁皇子の挽歌を歌ったとすることも、歴史改竄者による書紀の記述に連携した万葉集の改竄であることを意味する。舒明天皇の挽歌を高市皇子の挽歌へ改竄したと同じように、天武天皇の挽歌を草壁皇子の挽歌へと改竄している。「高照らす　日の皇子は　飛鳥《とぶとり》の　浄《きよみ》の宮に　神《かむ》ながら　太《ふと》敷《し》きまして」という言葉がこの歌が天武天皇への挽歌であることを示している。それではこの歌の題にある「日並《ひなみしの》皇子尊《みこのみこと》」とは、歴史改竄者はどこからこの言葉を持ってきたのであろうか。草壁皇子尊は書紀にその名を残さないが天武天皇の次の天皇となったことは間違いない。即ち「日並皇子尊」とはなり得ないのである。しかし「日並皇子尊」に該当する人物は存在した。天皇と同じ地位にありながら、正式に天皇とは認められなかった尊が日本の古代の歴史上に存在した。

■万葉集四十九番

日並《ひむなしの》皇子《みこ》の命《みこと》の馬並《な》めて御猟《みかり》立たしし時は来向かふ

日雙斯　皇子命乃　馬副而　御獦立師斯　時者来向

この歌について古田武彦氏は著書『壬申大乱』で原文の「馬副而」の訓を「馬並めて」とすることを、「馬そへて」と訓む方がいい、この歌の背景にはもう一人の人物「X」がいて、彼の方が主人公でこの歌の主人公「Y」は副主人公である旨を述べている。実に見事に漢字一字の正確な意味を捉えている。四十五番から四十九番までの歌は一連の歌である。


舒明天皇が都を出立され、朝に隠口の泊瀬の山の荒山道を越え、夕にこの阿騎の大野に来られました。雪の降るその阿騎の大野に今自分は来て、昔を思い出しながら野宿をしています。

阿騎の野に野宿する旅人である自分は、昔を思い出してどうしても眠ることができません。

草を刈る荒野ではありますが、遠い昔の大君の形見の野であるからこそ、ここに来ました。

今、東の空に曙光が見え、振り返ると西の空に月が渡っています。

今、日並皇子の命が大君のおそばに馬を並べ、御狩をお始めになられたその時がきました。


四十九番の歌は人麿が中大兄皇子をその歌に登場させた唯一の歌かもしれない（改竄された一九九番の歌に中大兄皇子が歌われていた可能性はある）。壬申の乱からかなりの年月を経て人麿は初めて中大兄皇子をその歌に歌った。心から敬愛する舒明天皇の皇太子、中大兄皇子。人麿がこの皇子を愛さぬはずがない。この皇子の悲劇を悲しまぬはずがない。しかしその悲劇ゆえに、人麿は中大兄皇子を歌うことを永く封印してきたのであろう。舒明天皇が行ったあの盛大な御狩を、その舞台となったこの阿騎の大野に野宿して、人麿は鮮やかに思い出した。あの時の馬上の天皇と皇太子が美しく凛々しく相並ぶ姿が、人麿の心の奥底に秘められてきた永き悲しみの封印を解いたのであろう。

万葉集三番、四番の宇智の大野と四十五番の阿騎の大野はどちらも同じ草原を云っている。『筑前国続風土記』に記述される方二里の広大な山隈原こそ、倭国の盛大な御狩の場に相応しい。そして三番、四番の御狩と四十五

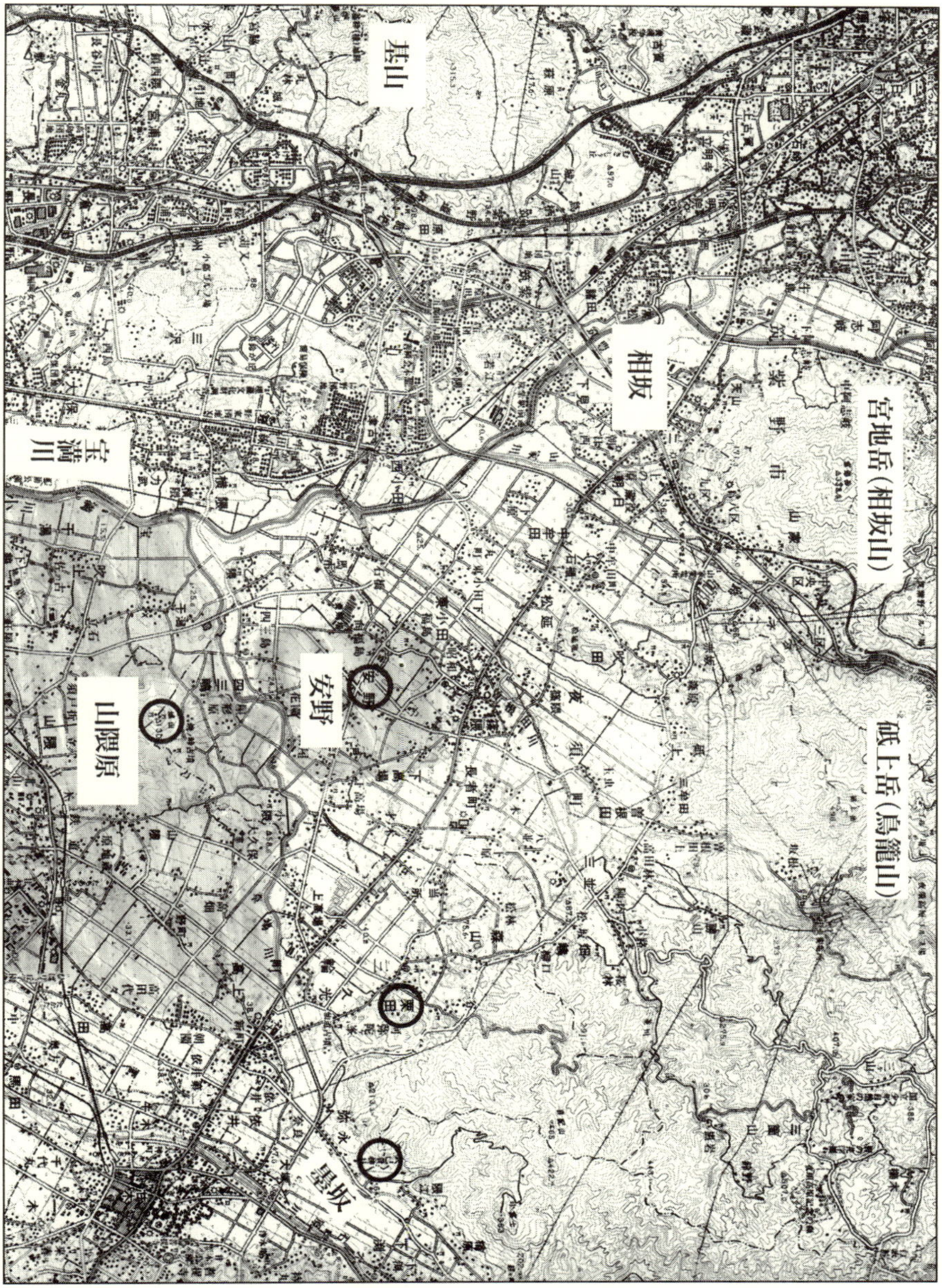

地図6-3　壬申の乱（その二）　山隈原、安野、相坂周辺図

番の御狩は同一のものである可能性は高い。
舒明天皇の行った倭国の人々の記憶に残る華麗で壮大な一大行事であったと考えられる。

天武天皇が至った時に日が暮れた大野とは、この大野を云っているのであろう。この時天皇は、どういう経路で伊勢へ行こうとしていたのであろうか。この山隈原から伊勢（吉野ヶ里）へは、かつての神武天皇の遠征経路を逆に、筑後川北岸の平野を西に進めば一番楽に達することができる。しかし、それは最も危険な道である。要所に張りめぐらされた敵の斥候から発見されやすく、平野の中で発見されたら敵の追手から逃れようがない。父舒明天皇と共に天武天皇も皇子としてあの盛大な御狩に参加していたであろう。その時、都太宰府を出立し、宝満山と宮地岳の間を抜け宝満川の流域を遡り、第五章で万葉集三三一番のこもりくの長谷《はつせ》の山青幡《あをはた》の忍坂《おさか》の山を、裾野を引いて円錐形に近く聳え立つ姿の美しい山である大根地山《おおねちやま》（標高六五二メートル）としたが、舒明天皇はこの大根地山を越えて、現在の秋月、即ち隠国の泊瀬へと抜け、泊瀬川（当時の宇治川でもあり現在の小石原川）沿いの坂を下ってこの宇智（阿騎）の大野へと至ったと考えられる。この逆のコースを辿れば、太宰府の近くの宮地岳山麓の阿志岐へ抜けそこから伊勢へ抜ける山越えの道へと進むことができる。

㈤ 壬申の乱（その三）　天武天皇、東国へ入られる

大野に至って日が暮れる。山が暗くて前へ進むことができないため、その村の家の垣根を壊して松明とする。夜半に隠郡《なばりのこほり》に至って、隠の駅家を焼いて村中に「天皇が東国に入られる。よって人夫の者たちは参集せよ」と呼びかけるが誰も来ない。横河まで至ろうとするときに黒雲が現われた。広さ十丈余りで空を流れた。天皇は不思議に思われて、灯火を掲げて自ら式《ちょく》（占の道具）を手にとって占い、「天下が二分する徴である。そして私が天下を取るか」と言われた。直ちに急ぎ進んで伊賀郡に至って伊賀の駅家を焼く。伊賀の中山まで来た時、その国の郡司等が数百人の兵を率いて帰順してきた。（二十五日の）夜明けに莿萩野《たらの》に至って暫く乗物を留めて食事を取る。積殖山口《つむゑのやまぐち》に至って、高市皇子が鹿深《かふか》より越えて来て天皇一行と出会えた。高市皇子は、民直大火《たみのあたひおほひ》・赤《あか》

染造《ぞめのみやつこ》徳足《とこたり》・大蔵直広隅《おほくらのあたひひろすみ》・坂上直国麻呂《さかのうへのあたひくにまろ》・古市黒麻呂《ふるいちのくろまろ》・竹田大徳《たけだのだいとこ》・胆香瓦臣安倍《いかごのおみあへ》を従えていた。

　大野（山隈原）より北東へ向かうと日田往還を横切り「墨坂」から秋月即ち隠国の泊瀬へと至る。「夜半に隠郡に至って」とあるが、これをなぜ参考書は「なばりのこほり」と読ませるのであろうか。この時は、大宝律令前であるから郡制度はない。「隠国」と「原日本書紀」には書かれていたはずである。天武天皇一行は夜道を大野からまず隠国の泊瀬へと向かったのである。横河とは現在の何川であろうか。これまでにも書紀に横河が出ている。孝徳天皇、大化二年の条に「凡そ畿内は、東《ひむがし》は名墾《なばり》の横河《よこかは》より以来《こなた》、南《みなみ》は紀伊《き》の兄山《せのやま》より以来、西《にし》は赤《あか》石《し》の櫛淵《くしふち》より以来、北《きた》は近江《あふみ》の狭々波《ささなみ》の合坂山《あふさかやま》より以来を畿内国《うちつくに》とす」と述べられている。この時すでに、孝徳天皇は都を難波長柄豊崎《なにはのながらのとよさき》に遷したと書紀は記述しており、孝徳天皇の実在は疑問であるが、倭国に現在の福岡市を中心とした畿内があったと考えられる。北は狭々波の合坂山となっているので、南を宮地岳と基山の間の坂を境とするということであり、脊振山地と筑紫山地から北側を畿内とするということを意味し、北は玄界灘の海で仕切られ、西は「紀伊の兄山」と記述される福岡佐賀の県境の山のいずれかということになる。そうすると残りは東で、名墾《なばり》の横河《よこかは》か赤石《あかし》の櫛淵《くしふち》かということになるが、明石とは現在の関門海峡のある門司周辺であり、畿内としては広すぎると同時に東の明確な境界にするには不適切である。福岡市を中心に考えたとき東に明確な境界となる大きな川がある。筑紫山地を源流とし北の玄界灘へ流れ込む遠賀川である。第四章で「大己貴神社からその北にある秋月を通り山越えの道を行くと遠賀《おんが》川の上流域に達し、遠賀川を下ると北九州の芦屋へと至る」と記述したが、かつての大国主神が出雲と連携した経路である遠賀川が、隠国の泊瀬のすぐ先に控えているのである。天武天皇一行は隠国の泊瀬から山越えの道を進み遠賀川の上流域に達したのである。横河とは現在の遠賀川である。そうすると、その後すぐに一行の到着した伊賀郡とは、遠賀川の上流域にあったことになる。「天皇が東国に入られる」と云ったのは、この地域が都太宰府のまさに東に位置する東国であるからである。

　伊賀の中山とは、現在の福岡県桂川町中屋《けいせんまちちゅうや》、寿命《じゅめい》のあたりか。莿萩野《たらの》とは、飯塚市太郎丸《たろうまる》か。なぜ天武天皇はすぐに伊勢への道を進まず、ここまで来たのか。書紀には記述できない天武天皇のここへ来た目的がある。「原日本書紀」にははっきりと、ここへ来た重要な目的が書かれていたであろう。桂川町寿命には日本最高の装飾古墳、王塚古墳がある。この偉大なる天皇の御陵に天武天皇は必勝を祈願したのである。王塚古墳は秋月のほぼ真北十二キロメートルの位置にある。即ち王塚古墳の主は隠国の泊瀬と深い関わりを持つ天皇ということになる。歴代天皇で隠国の泊瀬に関わりがあって偉大な業績を残した天皇とは誰であろうか。大伯瀬《おほはつせ》幼武天皇《わかたけるのすめらみこと》、即ち雄略天皇である。王塚古墳の主は雄略天皇である。

「積殖山口《つむゑのやまぐち》に至って、高市皇子が鹿深《かふか》より越えて来て天皇一行と出会えた」とあるが、山口という地名が残っている。寿命より宮地岳山麓阿志岐へと抜ける道沿いの竹の尾山（五四〇メートル）山麓の山間にある。山口からさらに南西へ進むと大根地山の西を通り、宝満川に沿って吉木から阿志岐へと出る。鹿深とは現在の太宰府市・宇美町《うみまち》と飯塚市とを隔てる宝満山・三郡山系の山のいずれかを云ったか。宇美町から砥石山《といしやま》（八二八メートル）を越えると飯塚市九郎原《くろうばる》に至る。九郎原から大分《だいぶ》を通って南下すれば山口である。鹿深とはこの砥石山周辺を云った可能性が強い。

貝原益軒（篤信）の『筑前国続風土記』に興味深い記述がある。筑前国嘉摩郡千手（現在の福岡県嘉麻市千《せん》手《ず》）に伝わる伝承を書き留めたもので、次のように記述する。

○千手

村中に千手寺あり。これに依て村の名とす。本尊千手観音也。此寺山間にありて閑寂《かんせき》なる境地也。其側に石塔有。里民は、天智天皇の御陵なりと云。天智天皇の御子に嘉摩郡を賜りし事あり。其人天皇の崩じたまふ後に、是を立給ふと云。然れども梵字など猶さだかに見ゆ。さのみ久しき物にはあらず。いかなる人の墓所にや。いぶかし。云々

江戸時代の前期（貝原益軒の著述時期は一六六五〜一七一四年）まで伝わっていた、千手寺の石塔が天智天皇の御陵であるとの話を、貝原益軒は学者として当然ありえない話として疑って聞いたであろう。日本書紀を精読しその内容を熟知していたであろう益軒にとって、このような嘉摩郡の山中に天智天皇の御陵などありえようのない話となる。しかしこの石塔を建てた天智天皇の御子とは、天智天皇の皇子でこの話に該当するような皇子が

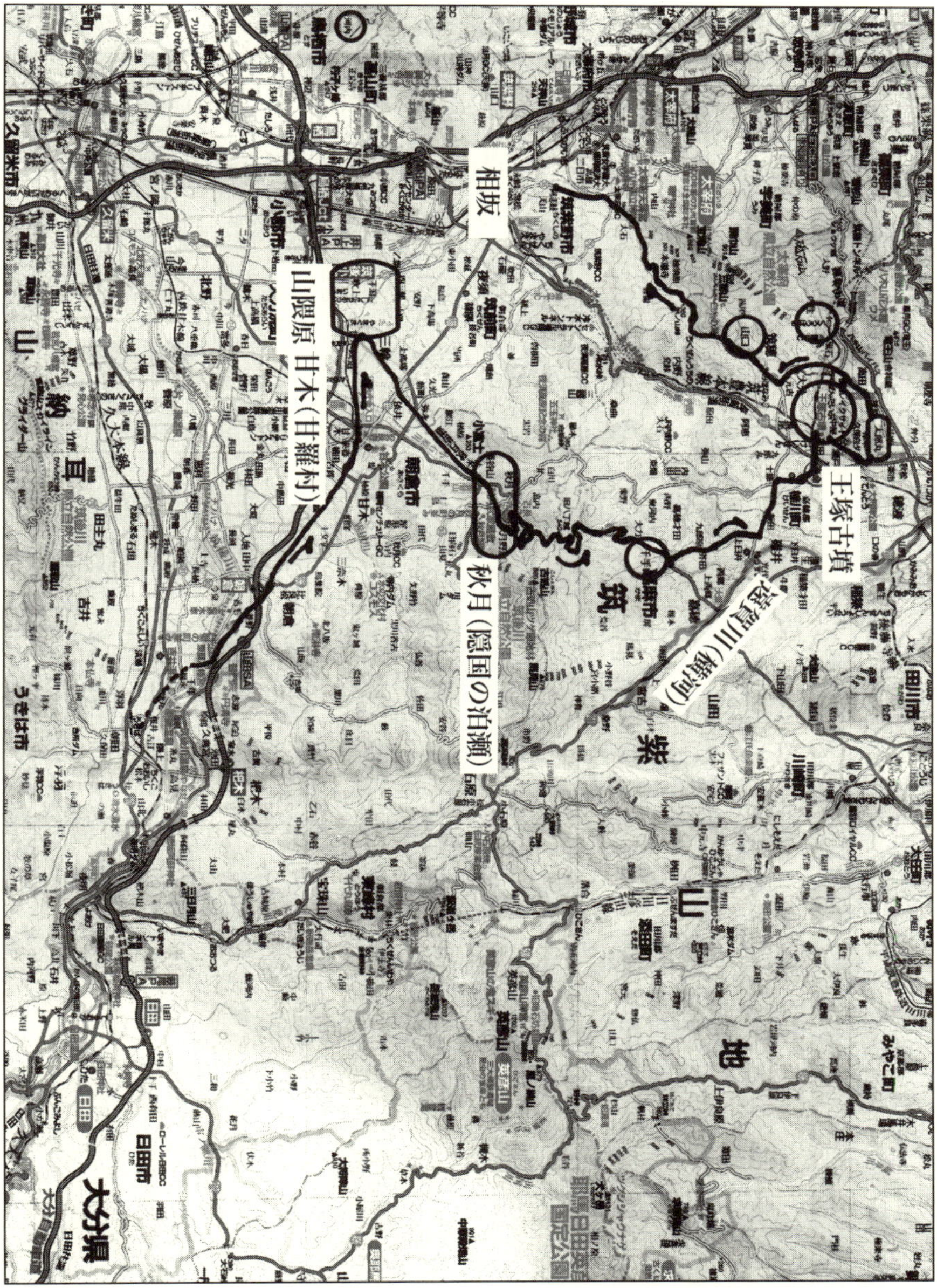

地図6-4　壬申の乱（その三）　東国入国経路

いるであろうか。書紀の伝える天智天皇の皇子とは、建皇子《たけるのみこ》、川島皇子《かわしまのみこ》、施基皇子《しきのみこ》、伊賀皇子《いがのみこ》（後の字を大友皇子と曰す）の四人である。このうち建皇子は唖にして物言うこと能はずとされ、伊賀皇子は後の大友皇子とされ書紀では壬申の乱で自殺することになる。川島皇子と施基皇子は天武天皇と共にあり、天武天皇八年吉野宮において天武天皇、皇后と六人の皇子が吉野の盟約を結ぶ、その六人のうちの二人がこの川島皇子と施基皇子（志貴皇子）なのである。後に皇太子となる草壁皇子尊が「天神地祇と天皇よ、どうぞ証したまえ。吾等兄弟、長幼并せて十余りの皇子、各々異なる腹より生まれたり。しかし同腹と異腹とを別たず共に天皇の詔に従い、助けあい、逆らうことはありません」と最初に誓い、五人の皇子が次々に誓う。そして、それに対し天武天皇は「我が男子たちよ、各々異腹より生まれても、一人の母より生まれたように慈しむ」と応える。天皇も皇子たちも異腹から生まれてもとは言っても、父親が違ってもとは言ってはいない。即ち、川島皇子と施基皇子も、天武天皇の皇子であることをこの吉野の盟約は示している。天皇は中国における天子と同じである。それは男子直系を意味する。その男子直系で天皇に後継となる皇子がいる場合、異父の子を天皇の皇子とすることなどありえるのであろうか。書紀の記述する吉野の盟約の皇子と、同じく記述する天智天皇の皇子とは明らかに矛盾している。しかし、歴史改竄の書、日本書紀の目的を達成するためには、何としてもこの矛盾を無視せねばならなかったのである。即ち、天智天皇の皇子は、建皇子と伊賀皇子の二人のみである。

　この嘉摩郡千手は、秋月即ち隠国の泊瀬から山越えし遠賀川へ向かう道、天武天皇一行が通ったと考えられる経路の途中にある。要するに、天武天皇一行の向かった伊賀郡の手前にあるということになる。伊賀皇子の母親は伊賀采女《いがのうねめ》宅子娘《やかこのいらつめ》とされ、伊賀に関わりが深いことが分かる。伊賀皇子が大友皇子になったという書紀の記述は、大友皇子が壬申の乱の首謀者とされていることからも、書紀による歴史の改竄であることは明らかである。伊賀皇子は天智天皇の波乱万丈の生涯とは大きな関わりを持たず、母親の里である伊賀の自分の領地で、ひっそりとその一生を過ごしたのではないだろうか。そう解釈すれば『筑前国続風土記』の伝える天智天皇の石塔の伝承が、貝原益軒先生の言ういぶかしい話でなく実に真実味を帯びた話となるのである。私は「先生」を敬愛の情を込めて使う。貝原益軒がこの話をいぶかしい話であっても記述したということが、貝原益軒の科学者魂ともいうべき高い精神性と強い好奇心を表していると考えるからである。

(六)　壬申の乱（その四）　天武天皇、大山を越えて鈴鹿へ、そして桑名へ到着

大山を越えて、伊勢の鈴鹿に至る。ここに、国司守《くにのみこともちのかみ》三宅連石床《みやけのむらじいはとこ》・介《すけ》三輪君子首《みわのきみこびと》と湯沐令《ゆのうながし》田中臣足麻呂《たなかのおみたりまろ》・高田首新家《たかたのおびとにひのみ》等が鈴鹿郡において天皇一行に参集した。そこで五百の軍兵を起して鈴鹿山道を塞ぎ止めた。川曲《かはわ》の坂下《さかもと》に至って日が暮れた。皇后がお疲れになったので暫く御輿を留めて休まれた。ところが、夜空が曇って雨が降りそうになったので長く休むことができず前進した。すると寒くなってきて激しい雷雨となった。従者は着物が濡れて寒さに耐えることができなかった。三重の郡家に至って家を一軒焼き凍える者を暖めた。この夜半に鈴鹿の関の司が使いを遣して「山部王《やまべのおほきみ》・石川王《いしかはのおほきみ》が共に帰順するために来ました。関に留め置きました」との報告であった。天皇は直ちに路直益人《みちのあたひますひと》を遣わして二人を連れてこさせた。

大山を越えて伊勢の鈴鹿に至るとは、山口を出発してどのような経路を進んだのであろうか。鈴鹿山道を封鎖した後に川曲《かはわ》の坂下《さかもと》に至ったとしているが、佐賀県吉野ケ里町《よしのがりちょう》石動《いしなり》の近く、田手川《たでがわ》が曲がり支流が合流している付近に坂本の地名が残っている。この坂本から北の福岡方面へ山道を進むと筑前街道の坂本峠に至り、左に脊振山山頂を眺めながら筑紫耶馬溪から那珂川沿いに肥前街道を進んで、福岡県那珂川町、福岡市南区老司へと至るのである。この山道は、古代において淡海・難波方面と伊勢とを結ぶ重要な路線となっていたであろう。大山を越えて伊勢の鈴鹿に至るとは、福岡市南区及び那珂川町方面からこの山道を、右手に脊振山頂を見ながら脊振山系を越えて行くことを示し、脊振山南側の佐賀方面を鈴鹿と呼んだと考えられる。

天武天皇一行は山口を出発すると宮地岳北麓の大石、吉木を通り宮地岳西麓の阿志岐へ出て西へ進み、現在の福岡県春日市から那珂川町へと至り、那珂川沿いの大山越えの道（現在の三八五号線、肥前街道から筑前街道へ）で山越えをして伊勢の鈴鹿へと至ったと考えられる。そして川曲の坂下（現在の坂本）まで下ったところで少し休んだが天候急変し、さらに前進して三重の郡家で家を一軒焼いて寒さを凌ぐのであるが、現在の坂本から田手川（第四章で五十鈴川とした）に沿って下ると石動《いしなり》へ、そこから南東へ進むとすぐに佐賀県三養基郡上峰《みやきぐんかみみね》町《ちょう》に至り、この付近から南の筑後川沿岸までがかつての肥前国三根郡《みねぐん》であった。和名類聚抄《わみょうるいじゅうしょう》編纂前に三重郡が

三根郡に変更されたか、書紀が三根を三重と改竄したかのいずれかと考えられる。

丙戌《へいしゅつ》（二十六日）朝に、朝明郡《あさけのこほり》の迹太川《とほかは》の川辺で、天皇は天照太神《あまてらすおほみかみ》を望拝された。この時、益人が参り来て「関に留め置いた者は山部王・石川王ではなく、大津皇子でした」と奏上した。すぐ大津皇子が益人に従い参上した。大分君《おほきだのきみ》恵尺《ゑさか》・難波吉士《なにはのきし》三綱《みつな》・駒田勝忍人《こまだのすぐりおしひと》・山辺君安麿呂《やまへのきみやすまろ》・小墾田猪手《をはりたのゐて》・埿部眡枳《はつかしべのしき》・大分君稚臣《おおきだのきみわかおみ》・根連《ねのむらじ》金身《かねみ》・漆部友背《ぬりべのともせ》などの仲間が従っていた。天皇は大変喜ばれた。郡家に到着しようという時に男依《をより》が駅馬に乗って来て「美濃の兵三千人を起して不破の道を塞ぐことができました」と奏上した。そこで天皇は雄依《をより》の仕事を褒め、郡家に至ってまず高市皇子を不破に派遣して軍事を監督させた。山背部小田《やましろべのをだ》・安斗連阿加布《あとのむらじあかふ》を派遣して東海の軍を起した。また、稚桜部臣五百瀬《わかさくらべのおみいほせ》・土師連馬手《はじのむらじうまて》を派遣して東山の軍を起した。この日、天皇は桑名の郡家に宿泊されそのまま留まって前進されなかった。

丙戌《へいしゅつ》（二十六日）朝、天皇は朝明郡《あさけのこほり》の迹太川《とほかは》の川辺で天照大神を望拝されたとは、現在のどこで天照大神を拝まれたのであろうか。三根郡とは筑後川の北西岸にある。そこを南東へ渡れば現在の久留米市へ至る。これまでの天武天皇一行の行程とその目的を考えると、都督府側の攻勢に対し、緊急に臨戦態勢を整えようと高市皇子などの天皇直属の指揮官や臣下となって働く者たちを呼び集め、さらに行程の各地で軍を起こすための作戦行動であったことがわかる。そして三根郡に至って一応その目的を達成し、筑後川を渡ることによって一行の安全が確保され、天皇が伊勢斎宮へ向かって天照大神へ感謝と必勝の願いを込めて望拝したと考えられる。迹太川《とほかは》とは筑後川即ち飛鳥川である。筑後川の三根郡の対岸に朝明郡《あさけのこほり》があったことになる。久留米市に大善寺《だいぜんじ》町《まち》夜明《よあけ》の地名が残る。ここはかつての筑後国三瀦郡《みづまぐん》夜開である。この夜明近くにある筑後川の川岸に立ってその真正面（北西の方向）を見てみよう。まさにその真正面の八キロメートル先に吉野ヶ里遺跡が存在するのである。

二十六日早朝、天武天皇は飛鳥川の岸辺に立って、対岸の葦原が打ち靡く遥か先に朝日に輝く伊勢斎宮の楼閣を望みながら、天照大神に祈りを捧げたのである。

鈴鹿の関に留め置かれた大津皇子が従者を連れて参上し、美濃に派遣していた男依が天皇の元に戻り美濃の兵

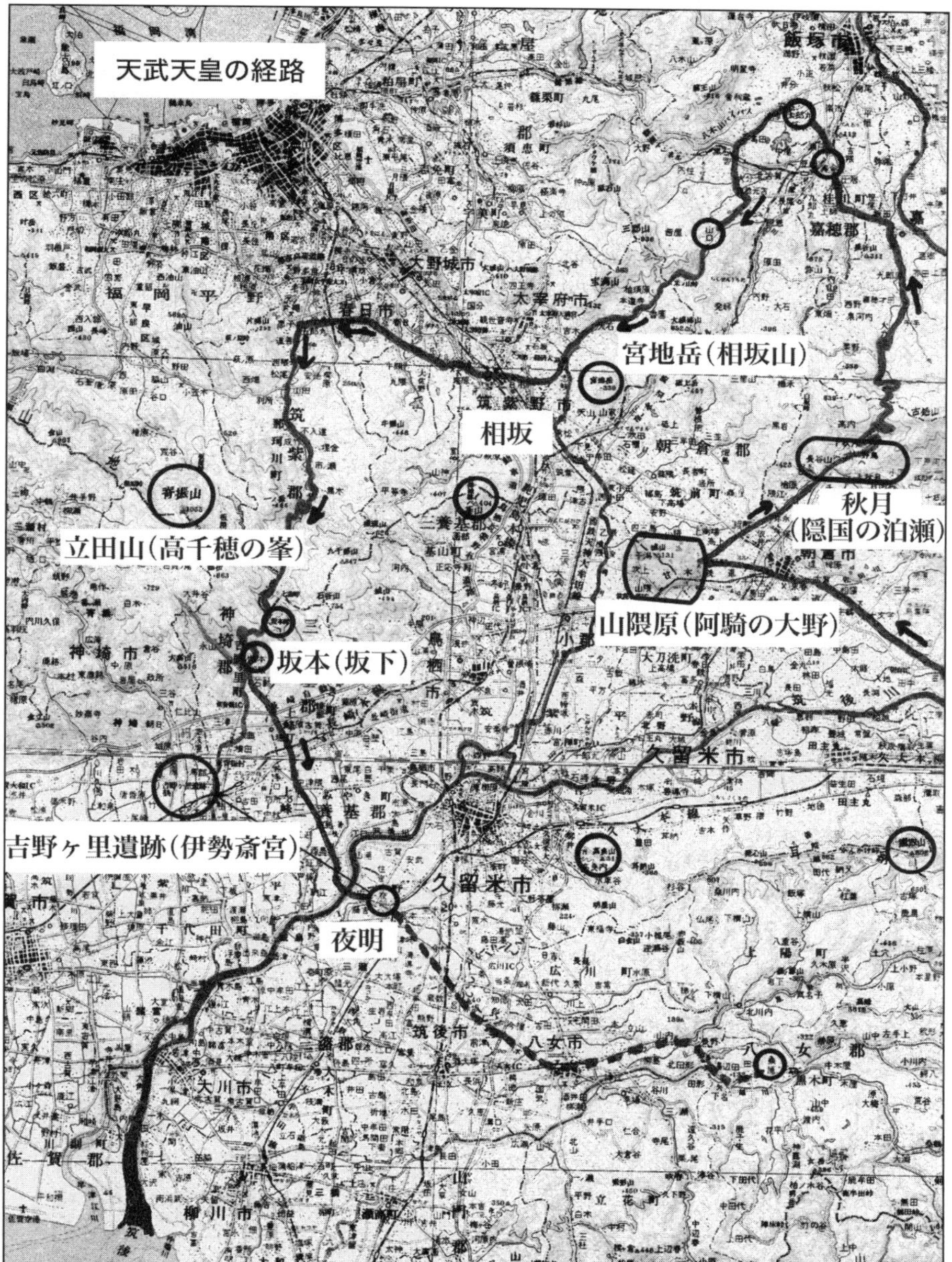

地図6-5　壬申の乱（その四）　天武天皇の経路

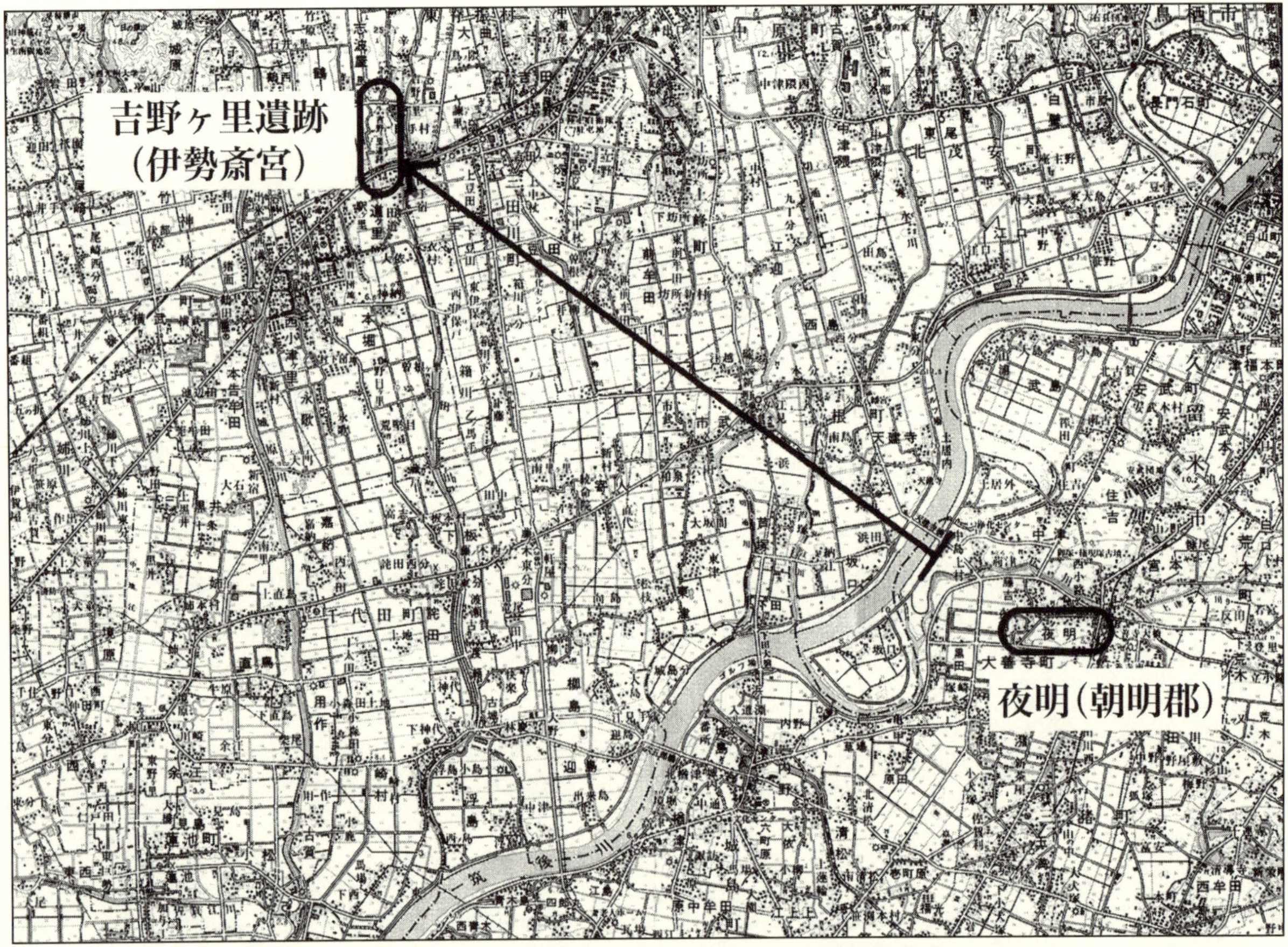

地図6-6　壬申の乱（その四）　天武天皇伊勢斎宮望拝

で不破の道を塞いだことを報告する。その不破へ高市皇子を派遣して軍事を監督させ、さらに従者を派遣して東海の軍、東山の軍を起こした。そして天皇はこの日桑名の郡家に宿泊してそのまま留まり前進されなかった。これらは天武天皇方の戦闘準備が全て整い、決戦の火蓋がいつ切られてもいい態勢となって、天皇も桑名で一時の休息を取ったと考えられる。さてこの桑名郡とは、現在のどこを云っているのであろうか。筑後川北岸地域にいればこのように休息を取ることはできなかったであろう。久留米市大善寺町夜明付近で渡河したと考えれば、筑後川南岸をそのまま東へ進めば高良山の北を通って耳納山地の北側を進み、珍敷塚古墳の側を通ってうきは大和から九重吉野へと抜けることができる。また高良山の南から八女市を抜け山間の道を進めば、これも九重吉野へと至るのである。倭名類聚抄に筑後国上妻郡桑原の地名があり、これは現在の福岡県八女市黒木町桑原《くろぎまちくわはら》である。もしこの桑原が桑名であったとすれば、桑名は黒木町から矢部村、大分県日田市中津江村、熊本県阿蘇郡小国町を通って九重吉野へと抜ける、山道ではあるが最短コース上にあったということになる。

天武天皇一行の吉野宮を出発してから桑名へと至る全行程を振り返ると、途中伊賀中山から莿萩野《たらの》への行程は一見余分のように見えて、雄略天皇の御陵への祈願と莿萩野における鹿深方面に対する守備態勢の構築と考えると合理的な行程となる。大野から隠国の泊瀬を通り山口から伊勢の大山を越えて坂本（坂下）、三根（三重）へと至る行程は、地図を見るとよく分かるが、相坂山の敵の関所を巧みに迂回するルートとなっている。そして三根から飛鳥川を渡河し敵の急襲を受けることのない安全地帯へと達し、しかも行程の最終地点は吉野への最短ルート上にある。地理を熟知する者による、目的を完璧に達成するための最善の行程であったと言うしかない。

㈦ 壬申の乱（その五）　近江朝廷側、各地に挙兵を通告

この頃、近江朝廷は大皇弟が東国に入られたことを聞いて、その群臣はみな驚愕し、京中が動揺した。ある者は東国に逃げ込もうとし、ある者は山や沢に隠れようとした。ここに大友皇子は群臣に相談して「何かよい方策はないか」と問うた。一人の臣が進み出て「策が遅れると後れを取ります。すぐに強い兵を集めて追撃すれば」と申し上げた。しかし皇子は従われなかった。即ち、韋那公磐鍬《ゐなのきみいはすき》・書直薬《ふみのあたひくすり》・忍坂直大麿侶《おしさかのあたひおほまろ》を東国に派遣し、穂《ほづ》

積臣百足《みのおみももたり》と弟五百枝《いほえ》・物部首日向《もののべのおびとひむか》を倭京へ派遣し、また佐伯連男《さへきのむらじをとこ》を筑紫に派遣し、樟使主磐手《くすのおみいはて》を吉備国に派遣し、これらの国に兵を起させようとした。それで皇子は男と磐手とに語って「筑紫大宰栗隈王《くるくまのおほきみ》と吉備国守当摩《たぎまの》公広島《きみひろしま》の二人は、もともと大皇弟に付き従うことがあった。背くこともあり得る。もし従わぬ様子を見せたら殺せ」と言われた。かくて磐手は吉備国に至って、符（通達文書）を授ける日に、広島を欺いて刀をはずさせて、磐手はすぐに刀を抜いて広島を殺した。男《をとこ》は筑紫に至った。その時、栗隈王は符を受け取り答えて言うには、「筑紫国は、元より外敵からの禍を防ぐ役割を持っています。それで城を高く溝を深く海に臨んで守るのは、国内の敵に対するためではありません。今命令に従い軍を発すれば国が空となり、もし思い掛けない緊急事態が発生した場合にはすぐに国家は傾いてしまいます。その後に百回私を殺しても何の益がありましょうか。決して御威徳に背くものではありません。たやすく兵を動かさないのはこの理由のためです」と申した。その時栗隈王の二人の子、三野王《みののおほきみ》・武家王《たけいへのおほきみ》は剣を持ち栗隈王の側を離れようとしなかった。そのため男《をとこ》は、剣をしっかり握って進もうとしたが逆に殺されるのではないかと恐れ、事を成就できず空しく立ち返った。

東方へ急使として派遣された磐鍬《いはすき》たちが不破へ至ろうとする時に、磐鍬一人山中に敵兵がいるのではと疑い、後れてゆっくりと進んだ。その時伏兵が山より出てきて薬たちの後方を塞いだ。磐鍬はこれを見て薬たちが捕われたことを知りすぐに引き返して逃げ、やっとのことで脱出することができた。

ちょうどこの頃、大伴連馬来田《おほとものむらじまくた》・弟吹負《ふけひ》の二人は状況の悪いのを見て、病気と称して倭の家に引き上げた。そうして、皇位にお就きになるのは、必ず吉野におられる大皇弟であろうと判断した。そこで馬来田がまず大皇弟に従った。吹負は留まって、名を一気に上げて艱難を収束させようと考え、一、二の同族と何人もの豪傑を招いて僅かに数十人を得ることができた。

書紀の記す近江朝廷は、筑紫都督府のことである。今の太宰府市にある政庁跡が都督府跡でもあり、ここに天智天皇と群臣たちがいたと考えられる。太宰府から見て東国にあたる現在の福岡県嘉麻市、飯塚市、桂川町は、宝満山、三郡山、砥石山などの標高七〇〇メートルから九〇〇メートルの連なる山々が太宰府との間に立ちはだかるが、山間の道を抜ければすぐにでも太宰府へと達することができる。天武天皇が東国に入ったとの情報が伝わり、近江朝廷の群臣たちが驚愕したとする書紀の記述は真実であると考えられる。

筑紫へ佐伯連男《さへきのむらじをとこ》が派遣されたとは、単なる書紀の造作か。あるいは、天武天皇が郭務悰との交渉役として太宰府に置いていた太宰の率へ、寝返って協力するように要請しようとしたということか。吉備国へ樟使主磐手《くすのおみいはて》を派遣したというが、なぜ吉備国がここで出てくるのか。仁徳天皇の条にも吉備国は出てきたが、吉備国とは本当に現在の岡山県（広島県東部も含む）か。もし「原日本書紀」に吉備国の記述があったとすれば、吉備国の所在は九州内それも北部九州か、あるいは九州以外としても、すぐ近くの現在の山口県あたりでないと変である。佐賀県・長崎県北部海岸付近が可能性高いのではと考えている（中西進『万葉集』〈講談社文庫〉を参照）。

■万葉集九六七番、九六八番

大納言大伴卿の和《こた》へたる歌二首

倭道《やまとぢ》の吉備《きび》の児島を過ぎて行かば筑紫の児島思ほえむかも

大納言大伴卿和謌二首

日本道乃　吉備乃兒嶋乎　過而行者　筑紫乃子嶋　所念香裳

大夫《ますらを》と思へるわれや水茎《みづくき》の水城《みづき》の上に涙拭《のご》はむ

大夫跡　念在吾哉　水茎之　水城之上尓　泣将拭

大伴卿が太宰府から京へ出立する時に、児島という遊女の別れの歌に応えて詠んだ歌とされる。この京とは当然日田奈良の都である。太宰府から陸路を日田奈良へ行くのであれば水城を通らず直接相坂山へと向かったであろうが、水城を通ったということは博多湾からの神武遠征や磐之媛皇后と同じ航路の船旅と考えられる。博多湾から唐津、呼子、松浦を通り平戸の瀬戸を抜けて島原半島から有明海へと入り、筑後川を遡って日田奈良の都へと至るコースである。そのコースの途上に吉備の児島があったということになる。

東国へ派遣された韋那公磐鍬《ゐなのきみいはすき》たちは不破のあたりまで行ったとするが、美濃国まで行ったことになる。それで東国を東方と書き換えたか。遠賀川上流域の東国にまず行ってそれから美濃国へ入ったか。あるいは美濃国も東国に含まれるのかどうかは、書紀の記述からは不明である。

大伴連《おほとものむらじ》馬来田《まくた》・弟吹負《ふけひ》の二人は状況の悪いのを見て、病気と称して倭の家に引き上げた、と記述されるが、倭の家の倭とは大和を意味しているのか、倭京即ち日田奈良の都を意味しているのかは不明である。

(八) 壬申の乱（その六）　天武天皇、桑名から不破そして野上へ

丁亥《ていがい》（二十七日）に、高市皇子が使いを桑名郡家に遣して、「天皇がおられる所が遠いため政治を行うのに不便です。近い所におられますように」と奏上した。皇后をそこに留められて、天皇はその日に不破へ入られた。不破の郡家に到着する頃に尾張国司守小子部連《ちひさこべのむらじ》鉏鉤《さひち》が二万の軍勢を率いて帰順してきた。天皇はそれをお褒めになって、その軍勢を分けてあちこちの道を封鎖した。野上にご到着になられると高市皇子が和蹔《わざみ》よりお迎えに参上して、「昨夜近江朝よりの急使が急いでおりました。それで伏兵をもって捕らえると、書直薬《ふみのあたひくすり》と忍坂直《おしさかのあたひ》大《おほ》麻呂《まろ》でした。どこに行くのかと問うと、『吉野におられる大皇弟に対するため東国の軍を起す使いの韋那公磐鍬《ゐなのきみいはすき》の一行である。しかし磐鍬は伏兵が現われたのを見て逃げ帰った』と申しました」と奏上した。やがて天皇が高市皇子に語って、「近江朝には左右大臣と智謀のある群臣とが共に戦略を定める。今私には、共に策を立てる者がなく、ただ幼少の子供がいるのみである。どうすればよいであろうか」と言われた。皇子は腕まくりして剣を握り締め、「近江の群臣が多いと言えども、どうして天皇の霊力に逆らえるでしょうか。天皇一人のみおられますと言えども、臣高市、天神地祇の霊力により天皇の命を受け諸将を率いて征討いたします。どうして敵が防ぐことができましょうか」と奏上された。ここに天皇お褒めになって、手を取り背を撫でて「決して油断しないように」と言われた。そして鞍を付けた馬をお与えになり、全ての軍事のことを委ねられた。皇子は和蹔に還られた。天皇はここ野上に行宮を設営して滞在された。この夜、激しい雷雨となった。天皇が誓約《うけい》をされて「天神地

祇よ、私をお助けになるのであれば雷雨は止むであろう」と言われた。言われるとすぐに雷雨は止んだ。

高市皇子の要請を受けて天武天皇は桑名から不破へと行かれた。不破とは当然不破関のある所、現在の杷木神籠石の場所（朝倉市杷木林田）の周辺と考えられるが、不破郡はその筑後川の対岸浮羽《うきは》にあったと考える。浮羽は、書紀景行天皇十八年の条に「八月に、的邑《いくはのむら》に到りて進食《みをし》したまふ。是の日に、膳夫等《かしはでら》盞《うき》を忘《わす》れし処《ところ》を号《なづ》けて浮羽《うきは》と曰《い》ふ」と記述されその地名が出てくるが、書紀は景行天皇を記述するにあたってその活躍の場を、関西から九州へと遠征したことを造作するため、景行天皇の条に出てくる九州における地名と関西に移す地名とを事前に明確に区分したものと考えられる。要するに「浮羽」という地名は九州における地名とし、同一の場所の「不破」を関西に移す地名としたと考えられるのである。

天武天皇は桑名を出立されると高良山の北側を通り、鷹取山（即ち畝火の美豆山）の北麓の珍敷塚古墳（即ち神武天皇の御陵）の前を通って本来の大和の中心である浮羽即ち不破へ至ったと考えられる。浮羽からは筑後川、その上流の三隈川、玖珠川の流域を遡って九重《くじゅう》吉野の、現在の九重町《ここのえまち》役場付近の野上《のがみ》へと達したのであろう。高市皇子が和蹔《わざみ》より迎えに参上したとされるが、和蹔とはどこのことを云っているのか。それは野上に近く、高市皇子が陣営を設けている所と考えられるので、丘の上の見晴らしがよく、野上から不破あたりまで見渡せて、かつ戦術的に有利な地形であり、かなりの軍勢を布陣するだけの広さを持っている場所であることが考えられる。万葉集に和蹔を詠んだ歌が三首だけ存在する。しかしそのうちの一首は、第四章で示したとおり、万葉集一九九番の舒明天皇の挽歌が高市皇子の挽歌に改竄された歌であり、その中で歌われる和蹔とは朝鮮半島にある和蹔である。ここに残りの二首の歌を掲出しよう（中西進『万葉集』〈講談社文庫〉より）。

■万葉集二三四八番

和射美《わざみ》の嶺《みね》行き過ぎて降る雪の厭《いと》ひもなしと申《まを》せその児に

和射美能　嶺往過而　零雪乃　厭毛無跡　白其兒尓

■万葉集二七二二番

吾妹子《わぎもこ》が笠の借手《かりて》の和蹔野《わざみの》にわれは入りぬと妹に告《つ》げこそ

吾妹子之　笠乃借手乃　和射美野尓　吾者入跡　妹尓告乞

和蹔をこの二首の歌では、原文ではどちらも和射美で表している。和射美にはその名の嶺があり、その名の野があることが二首の歌から理解される。二七二二番で「笠の借手の」という枕詞が和射美に付けられているが、借手とは笠の頭に当たる部分につけた輪とのことである。借手が輪となっているのでそれが和射美の和にかけられているとの解釈もできるが、和射美そのものが輪の形をしているとも考えられないであろうか。なぜこのようなことを言うかというと、浮羽から野上に至る地域に、かなり遠くから眺めてもすぐにそれと分かる極めて特異な形の山が存在するからである。メーサと呼ばれる地形のテーブルマウンテンの台地が、周辺一帯を見下ろしているのである。伐株山《きりかぶやま》と万年山《はねやま》である。伐株山は、その名のとおり頂上部分が水平に切り取られた巨大な木の切り株のような形をしており、標高六八五メートルで南北朝時代には南朝方の九州の拠点の山城となっていた。万年山は、標高一〇〇〇メートルほど（九四〇メートルから一一四〇メートル）で、その頂上は平坦な草原で東西三キロメートル、南北〇・五キロメートルもの広さがある。この二つの山は玖珠川の南岸に前衛に伐株山、その後ろに大きく万年山が並んで極めて特徴のある風景を作り出している。このテーブルマウンテンの存在があってこそ、二七二二番の作者が、自分の恋人にあの和射美の

写真6-1　万年山と伐株山

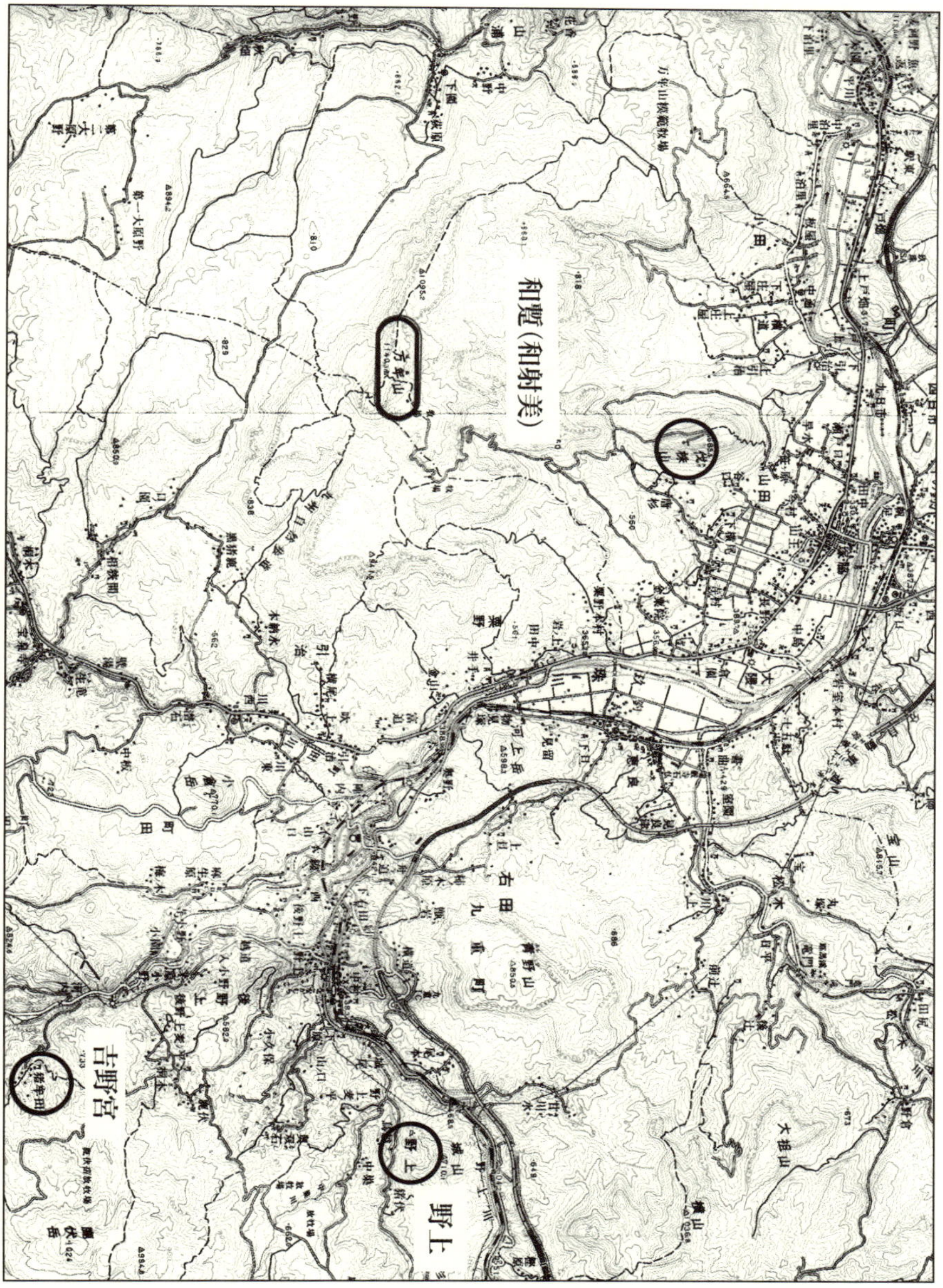

地図6-7　壬申の乱（その六）　野上、和射美、吉野宮

頂上の野原に入ったと告げてほしい、と歌うのも納得がいくのである。人麿が、朝鮮半島で和射美と表現したのもテーブルマウンテンの存在を表しているのかもしれない。

伐株山と万年山の北側の裾野を巻くように玖珠川は流れ、野上は万年山の頂上から真東へ七キロメートルの位置にあり、日田奈良の都は西北西二十キロメートルの位置にあり、浮羽は西北西三十キロメートルの位置にある。万年山からは浮羽付近の筑後川、その上流の三隈川、玖珠川の流域の全てが見渡せるのである。万年山の頂上東側と南麓は草原が広がり軍勢の宿営地となる。野上への侵入を防ぎ日田奈良の後衛の守りとして、伐株山と万年山は最適の位置にあるのである。和蹔とはここ以外に考えられない。

天武天皇が高市皇子に、近江朝には左右大臣と群臣がいて共に戦略を定めるが自分には共に策を立てる者がいないと嘆くが、書紀のこれまでの記述からは大友皇子が独断的に臣下に命令を出している。これは霊力を持った天武天皇の考察が完全に外れていることを意味し、そしてどうしてか、近江朝の戦略の企画・遂行の張本人であるべき右大臣中臣金連が全く登場しない。「原日本書紀」には、天武天皇の考察は常に正しく、戦後処理の重さとのバランスから言えば中臣金連は戦争責任を負わされるべき近江朝の作戦遂行の中心的人物として描かれていたはずである。ここに明らかに書紀による改竄が隠されている。

(九) 壬申の乱（その七）　吹負による倭京の奪還と将軍就任

戊子《ぼし》（二十八日）に、天皇は和蹔にお出でになり、軍事を検分してお戻りになられた。

己丑《きちう》（二十九日）に、天皇は和蹔にお出でになり、高市皇子にお命じになり、軍勢に号令された。天皇は、また野上にお戻りになり滞在された。

この日に、大伴連吹負《おほとものむらじふけひ》は留守司坂上直熊毛《さかのうへのあたひくまけ》と密談し、一人二人の漢直《あやのあたひ》たちに語って「私は高市皇子と偽称して数十騎を率いて飛鳥寺の北路より出て軍営に向かう。それにお前たちは内応せよ」と言った。こうして百済の家で武器を調達し南門より出た。まず秦造熊《はだのみやつこくま》に褌を着けさせ馬を駆らせ、寺の西の軍営中に「高市皇子が不破より攻めてきた。多くの軍勢を従えている」と言わせた。ここに留守司高坂王《たかさかのおほきみ》と兵を起す使いの穂積臣百足《ほづみのおみももたり》たちが、飛鳥寺の西の槻《つき》の木の下に軍営を設けていた。しかし穂積のみは小墾田《をはりた》の武器庫にいて武器を近江に運ぼうとしていた。その時、軍営の中の兵たちは、熊《くま》が叫ぶ声を聞いて皆散り散りに逃げた。そこへ大伴連吹負が数十騎を率いて急に現われた。すると熊毛《くまけ》と諸々の直《あたひ》たちも一緒に吹負に連携し、軍兵も従った。そこで高市皇子の命令を告げ、穂積臣百足を小墾田の武器庫から召喚した。すると百足は馬に乗ってゆっくりと飛鳥寺の西の槻の木の下にやってきた。ある人が「馬から降りよ」と言った。しかし百足は馬からすぐに降りようとしなかった。それでその襟首を取って引き降ろし、一矢を命中させ、そして刀を抜いて斬り殺した。すぐに穂積臣五百枝と物部首日向を捕らえたが、まもなく許して軍中に置いた。また、高坂王と稚狭王《わかさのおほきみ》を召還して従軍させた。すぐに大伴連安麻呂《おほとものむらじやすまろ》・坂上直老《さかのうへのあたひおきな》・佐味君宿那麻呂《さみのきみすくなまろ》たちを不破宮《ふはのみや》に派遣して、状況を天皇へ奏上させた。天皇は大変喜ばれ、そして吹負を将軍に任じられた。この時、三輪君高市麻呂《みわのきみたけちまろ》・鴨君蝦夷《かものきみえみし》たちと多くの豪傑たちが怒濤のごとく将軍の麾下に入り、近江を攻撃することを謀った。そして武人たちの中から俊英を選んで別将と軍監にした。

庚寅《かういん》（七月一日）に、まず乃楽《なら》に向かった。

二十九日に、天武天皇は和蹔にお出でになって野上へ戻られたとなっているが、同日に吹負は倭京において、近江朝に味方する留守司高坂王と近江朝の穂積臣百足たちから倭京を天武方へ奪還する大手柄を上げ、それを不破宮にいる天武天皇へと報告したとするが、不破宮とは野上行宮と同じではない。野上は玖珠川の上流野上川流域の現在の大分県九重町野上《ここのえまちのがみ》であり、同後野上猪牟田《うしろのがみししむた》にある吉野宮から北北西三・五キロメートルの位置にある。それでは不破宮とはどこであろうか。万葉集一〇三六番の題に不破の行宮が出てくる。

不破《ふは》の行宮《かりみや》にして大伴宿禰家持の作れる歌一首

関無《せきな》くは還《かへ》りにだにもうち行きて妹《いも》が手枕纏《ま》きて寝ましを

（中西進『万葉集』〈講談社文庫〉より）

不破の関があるため奈良の都に帰ることができず、恋人の手枕で寝ることができないと大伴家持が不破の行宮の前で嘆いている。おそらく奈良の都は日没後入城禁止となっていたのであろう。「久喜宮から東の日田へと道を進むと筑後川の北岸の山が急に迫り、道は急峻な山と川との僅かな隙間を縫うように通る。その道の入口となる山の山麓に杷木神籠石《はきこうごいし》がある」と前述した杷木神籠石が不破宮であり、日田奈良へと抜ける日田往還の関所、不破関ともなっていた。杷木神籠石とは、長径八〇〇メートル、短径四〇〇メートルのほぼ楕円形をした総延長二二五〇メートルの神籠石の列石に囲まれ、その南西端は筑後川に接し日田に通ずる道は列石の中を通っていたと推定されており、その列石の上に土塁を積んだ山城と考えられている。その築城は、九州北部の他の神籠石の山城と同じく唐・新羅連合軍との戦に備えて舒明天皇が行ったものであろう。そして杷木神籠石の山城は、天武天皇が日田奈良の都開設にあたりその前衛の守りを固める要塞として、唐占領軍及び侵略軍との戦を想定して強化磐石のものとし、難攻不落の要塞を示す不破宮と名付けたに違いない。天武天皇は、中大兄皇子が唐に抑留され太宰府において郭務悰と太宰の率を通じて交渉していた時も、自らの本営としてこの不破宮にいたと考えられる。太宰府への交通の要衝にあり、唐占領軍の不穏な動きに対し素早く軍事行動できる場所にあるからである。書紀の記述するように二十九日に天武天皇は野上へ戻ったのであろうか。迅速な動きを示す天武天皇は、和蹔の高市皇子と連携した作戦行動、倭京即ち奈良の都奪還のため天皇は都の前衛であり自らの本営でもある不破宮へと入城し高市皇子は後方の和蹔から攻める、という作戦行動に入っていたのではないだろうか。そう考えると、当然天武天皇は不破宮におられることになるのである。

庚寅《かういん》（七月一日）に、まず乃楽《なら》に向かったとは、己丑《きちう》（六月二十九日）の翌日に吹負を将軍として天武方の軍勢が奈良山に向けて出発したということである。不破宮即ち杷木神籠石から奈良山即ち麻底良山《まてらさん》頂上まで直線距離で六キロメートルであり、吹負の軍は久喜宮を通り高山（香山）の山麓を経て、太宰府と日田奈良との間の戦略上の要衝となる奈良山の頂上を目指したのである。

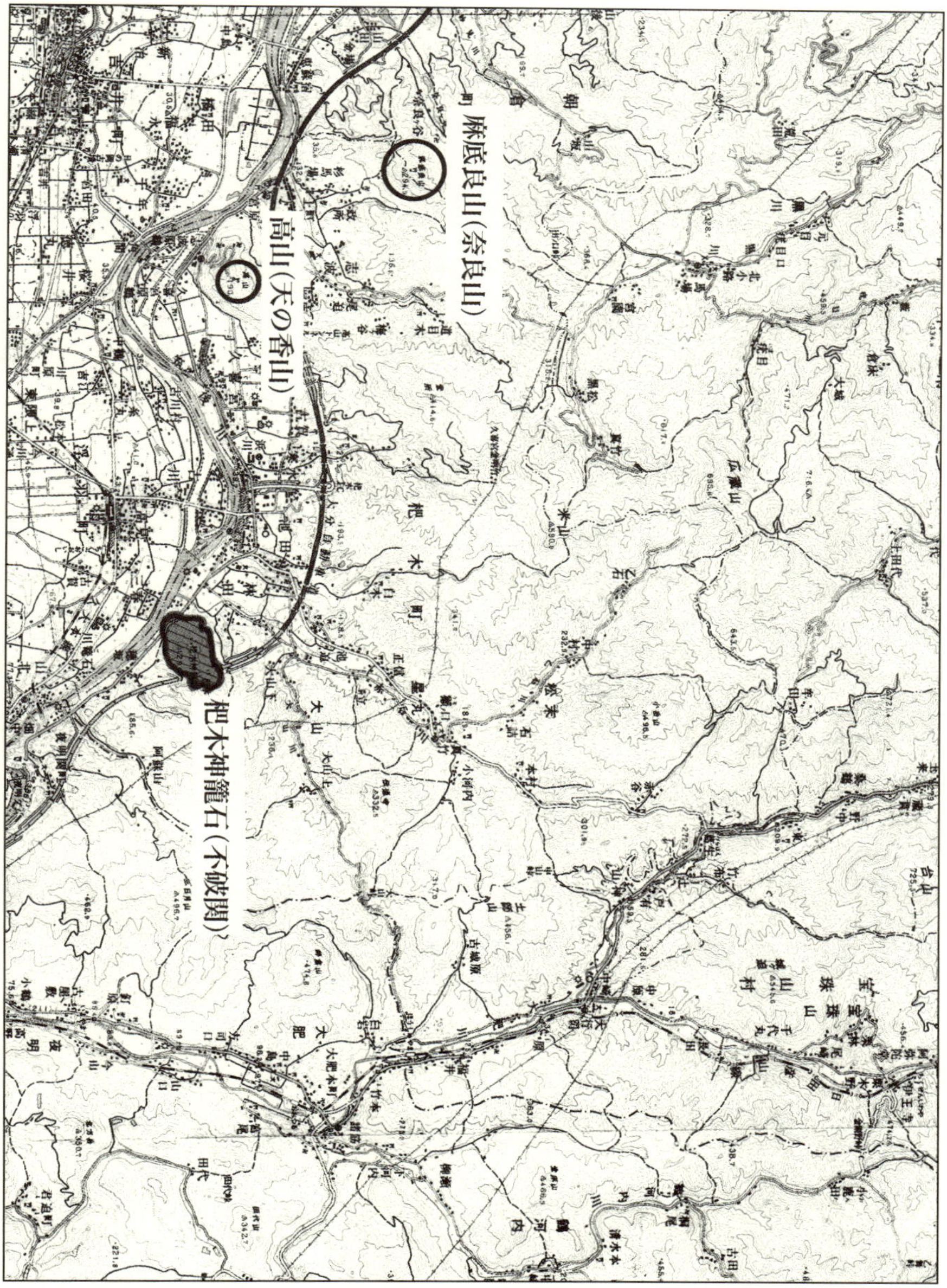

地図6-8　壬申の乱（その七）　杷木神籠石、不破関、奈良山

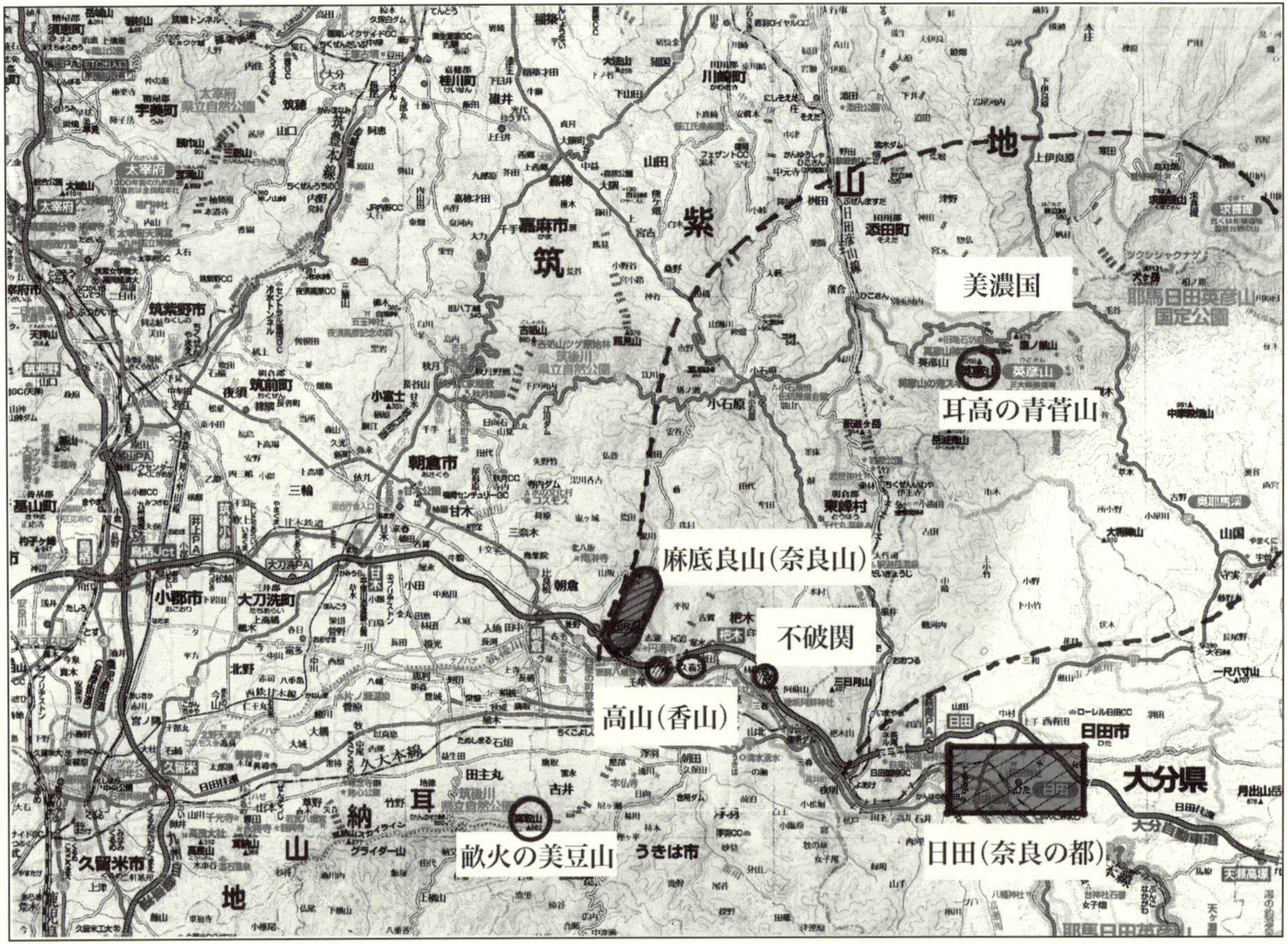

地図6-9　壬申の乱（その七）　不破関、奈良山、日田奈良の都位置図

(十) 壬申の乱（その八）　天武軍の進軍と吹負の奈良山布陣

秋七月の庚寅《かういん》の朔《つきたち》にして辛卯《しんばう》（七月二日）に、天皇は、紀臣阿閉麻呂《きのおみあへまろ》・多臣品治《おほのおみほむぢ》・三輪君子首《みわのきみこびと》・置始連菟《おきそめのむらじうさぎ》に数万の兵を率いさせて、伊勢の大山を越えて倭《やまと》に向かわせ、また村国連男依《むらくにのむらじをより》・書首根麻呂《ふみのおびとねまろ》・和珥部臣君手《わにべのおみきみて》・胆《い》香瓦臣安倍《かごのおみあへ》に数万の兵を率いさせて不破より出て直接近江に入らせられた。その兵と近江の軍との区別が難しいことを恐れ赤色を衣服の上に付けさせた。そうした後に別に多臣品治に命じて三千の兵を率いさせて莿萩野《たらの》に駐屯させ、田中臣足麻呂《たなかのおみたりまろ》を派遣して倉歴道《くらふのみち》を守らせた。その頃近江は、山部王《やまべのおほきみ》・蘇賀臣果安《そがのおみはたやす》・巨勢臣比等《こせのおみひと》に命じて、数万の兵を率いさせて不破を襲おうと犬上川《いぬかみのかは》の河畔に軍営した。山部王が蘇賀臣果安・巨勢臣比等のために殺された。この内乱によって軍は進めなかった。その後すぐに蘇我臣果安は犬上から引き返して首を刺して死んだ。この時、近江の将軍羽田公矢国《はたのきみやくに》が、その子大人《うし》たち自分の一族を連れて降伏してきた。よって斧鉞《ふえつ》（おのとまさかり）を授けて将軍とし北の越に入らせた。これより先に、近江は精兵を放って玉倉部邑《たまくらべのむら》を急襲した。それに対し、出雲臣狛《いづものおみこま》を派遣して撃退させた。

七月二日、「紀臣阿閉麻呂《きのおみあへまろ》・多臣品治《おほのおみほむぢ》・三輪君子首《みわのきみこびと》・置始連菟《おきそめのむらじうさぎ》に数万の兵を率いさせて、伊勢の大山を越えて倭《やまと》に向かわせ」とはどういうことか。天武方が伊勢の大山を越えて近江方へ向かうとは、伊勢即ち吉野ヶ里方面から脊振山の肩を越えて淡海《あま》方面へと入ることを意味している。それをなぜ、倭と表したのであろうか。紀臣阿閉麻呂を派遣したとは、明らかに紀の国即ち佐賀・吉野ヶ里方面にいる軍勢を動員して脊振山南麓から山越えで淡海・太宰府へと向かわせたということではないか。この倭が大和を意味するのであれば、それは鷹取山山麓の浮羽周辺を意味し、吉野ヶ里から脊振山を越えて行く方向とは全く違う。この「倭」とは淡海とすべきであり、書紀による改竄と考えられる。この四人のうち多臣品治を別に莿萩野《たらの》へ向かわせたということは、四人で伊勢の大山を越えた後、多臣品治だけは、天武一行がたどった莿萩野（おそらく飯塚市太郎丸）から積殖山口《つむゑのやまぐち》（飯塚市山口）、筑紫野市阿志岐を通って春日市から那珂川町に入り大山越えをした行程とは逆に、那珂川町から春日市、山口を通って莿萩野へと至ったのであろう。このことからも伊勢の大山を越えて倭に向かうはずはなく、他の三人の目的地は淡海即ち太宰府方面であると考えられる。
「村国《むらくに》連《のむらじ》男依《をより》・書首《ふみのおびと》根麻呂《ねまろ》・和珥部《わにべ》臣《のおみ》君手《きみて》・胆香瓦《いかご》臣《のおみ》安倍《あへ》に数万の兵を率いさせて不破より出て直接近江に入らせられた」とは不破からどのルートで近江即ち太宰府へ向かわせたのであろうか。それは、不破宮即ち杷木神籠石からまず北北東へ進み現在の福岡県朝倉郡東峰村《とうほうむら》へ入り、小石原焼《こいしわらやき》で有名な小石原から嘉麻峠《かまとうげ》を抜けて筑紫山地を越え嘉麻市の遠賀川上流域へと達するルートが考えられる。これを逆に進むと、天武天皇が最初に男依に命じた不破道を塞ぎ止めよという不破への道となるのである。

また、田中《たなか》臣《のおみ》足麻呂《たりまろ》を派遣して守らせた倉歴道《くらふのみち》とはどこのことを云っているのであろうか。積殖山口で天武天皇一行が鹿深より越えてきた高市皇子と出会うが、この鹿深は砥石山周辺の可能性が高いと前述した。淡海である宇美町から砥石山を越えると飯塚市九郎原《くろうばる》に至るが、この九郎原こそ倉歴《くらふ》に違いない。現在でも太宰府方面から飯塚市中心部への最短ルート上にある。

近江方が不破を襲おうとして軍営した犬上川の河畔とはどこか。太宰府から日田奈良方面へ向かうには、筑紫山地の南側を通るルートと北側を通るルートがある。南側は日田往還がその主な道であり、北側は前述した不破への道、遠賀川上流域から筑紫山地を小石原付近で越えて行く道である。南側の道は奈良山がその要衝として塞いでいるため、北側の道を進もうとしたのではないだろうか。犬上川とは遠賀川の支流のいずれかを云っているのではないかと考える。

(十一) 壬申の乱（その九）　吹負の奈良山敗戦と男依の近江への進軍

壬辰《じんしん》（三日）に、将軍吹負は乃楽山《ならやま》の上に駐屯した。その時、荒田尾《あらたを》直《のあたひ》赤麻呂《あかまろ》が将軍に「古京は本営であるべき所です。堅く守るべきです」と謹んで申し上げた。将軍はそれに従った。即ち、赤麻呂と忌部《いみべ》首《のおびと》子人《こびと》を派遣して古京を守らせた。赤麻呂たちは古京に至って道路の橋板を外し取って楯を作り、都の周辺の街路にこれを立てて守った。

癸巳《きし》（四日）に、将軍吹負は近江の将大野《おおの》君《のきみ》果安《はたやす》と乃楽山で戦い、果安に敗れた。兵たちは悉く逃げ、将軍吹負はやっとのことで逃げることができた。さらに果安は追跡して八口に至り、登って都を見ると街路毎に楯が立っている。伏兵がいることを疑い漸くにして引き返した。

甲午《かふご》（五日）に、近江の別将田辺小隅《たなへのをすみ》は、鹿深山《かふかのやま》を越えて旗を巻き鼓を抱いて倉歴《くらふ》に至った。夜中に兵に枚《ばい》を口に銜《くわ》えさせて防壁を壊し、軍営の中に突入した。自軍と足麻侶《たりまろ》の軍とを区別し難いことを恐れ、人ごとに「金《かね》」と言わさせ、刀を抜いて撃ち「金」と言わない者はすぐに斬った。ここに足麻侶の軍は悉く乱れ、事態が突然起ったため為すすべを知らなかった。しかし足麻侶のみはすぐに理解して、独り「金」と言って辛うじて免れることができた。

乙未（六日）に、小隅はさらに進んで莿萩野の軍営を襲おうと急に迫ってきた。それを将軍多臣品治《おほのおみほむぢ》が撃退し、精兵により追撃させた。小隅は独り逃げ去った。その後再び来ることはなかった。

吹負が奈良山頂上に駐屯した時、荒田尾直赤麻呂《あらたをのあたひあかまろ》が吹負に古京を守るべきと注進するが、この古京とはどの都を指しているか。明らかに吹負が近江方から奪還した倭京即ち日田奈良の都を意味している。奈良の都は天武天皇が開設したのは壬申の乱の二年前、西暦六七〇年である。書紀は、新京と表現されていたに違いないものを、これも正反対の古京と改竄している。書紀の記述通り果安が八口に至り、登って都を見たとすれば、それは奈良山の東南東六キロメートルにある不破宮を避けて杷木林田から北東へ進み、山越えをして現在ＪＲ日田彦山線が走り大肥川《おおひがわ》が流れる谷筋の道へと抜け、そこからさらに山越えをして日田奈良の北部の山腹から都を眺めたことになるであろう。不破宮には天武天皇がその時おられたことは間違いなく、高市皇子はどこにいたのであろうか。まだ和蹔にいたのであろうか。この時点でまだ和蹔にいたとは考えられない。軍勢を率い、天皇と共に不破宮にいたか、あるいは日田奈良の都にいたと考えられる。書紀の改竄は、不破宮が倭京の前衛にある難攻不落の山城であることを示すことができない。そして果安と天武方と、天武天皇の不破宮周辺において、どのような戦闘があったのかなかったのかを表すこともできない。吹負が果安に負けそれが倭京の近江方による占領へと進めなかった本当の理由を隠すため、この話が書紀により造作された可能性が強い。なぜか天武方の主力軍を破ったはずの大野君果安が、これ以降書紀の記述からその軍勢と共にその姿を消してしまうのである。「原日本書紀」

の壬申の乱の記述は、戦後の恩賞や戦争責任に関わる重要な各戦闘員及び関係者の証言や公式記録を元に作成されたものと考えることができる。六八一年に編纂が開始されたということは、戦後九年しか経過していない。実戦に参加した者や実際に見聞した者による、一大事件のニュースの集大成と政府公式見解の特集版としての記述と考えてもいいだろう。しかも編纂を命令した天武天皇自身も当事者であり最高責任者である。その重要な記録から、奈良山の戦略的要衝を突破するという近江方の重大な戦績を挙げた一個師団の消息が抜け落ちている。そのようなことは決してあり得るはずがない。その武将と軍団を残したまま勝利宣言などできるはずがないではないか。必ずどこかで天武方はこの軍団を打ち破って決着をつけ、後顧の憂いのない状況へと持ち込んだはずではないか。中臣金連を中心とする近江方の重臣たちは、どこに天武天皇が本営を設けていたか十分に承知していた。彼等も、中大兄皇子帰還前は天武天皇と行動を共にし、不破宮で倭国経営と対唐占領軍の施策を練っていたはずだからである。天武方は天武天皇一人を倒せば崩壊する。また逆に天武天皇が生き残っている限りこの乱の近江方勝利の終結はないことも、重臣たちは承知していたであろう。大野君果安はその重臣たちの命を受け、天武天皇の本営不破宮を襲うことを絶対的な目標としていたに違いない。そのため大きな障害となる奈良山の敵の要衝をまず突破し、その目前に控える不破宮に向けて進撃したに違いないのである。奈良山の敵の要衝を破壊しないで不破宮を攻めれば、奈良山の敵軍と不破宮の敵軍との挟撃を受けることになるが、奈良山の敵方を粉砕した今、不破宮攻撃の絶好の機会となったのである。

天武天皇は、天智天皇と同じくあの勇猛果敢な舒明天皇の皇子である。倭国防衛のため舒明天皇自ら朝鮮半島へ遠征し、率先して戦い、偉大なる天皇として遂に戦場に倒れた。天武天皇も、父舒明天皇から日々御狩などを通じて知略に優れ勇猛果敢であることを教わっていたであろう。壬申の乱前半において天武天皇はその優れた行動力を見せ、臨戦態勢の構築に成功しそれを書紀は詳しく記述した。ところが戦闘が始まった途端、天武天皇の行動を書紀は全く記述しない。「原日本書紀」の主人公は天武天皇ではないか。偉大なる天皇、希代の英傑としてその活躍を詳述しなくてはおかしい。天武天皇と共に高市皇子も登場し、自ら言ったように諸将の先頭に立って奮戦しなくてはおかしいではないか。書紀は、不破宮における天武天皇・高市皇子と大野君果安との戦を完全に消し去っている。

「原日本書紀」おいて、天武天皇・高市皇子と大野君果安の不破宮の攻防は、壬申の乱の勝敗を決する最大の戦いとして描写されたに違いない。唐占領軍の支援する筑紫都督の軍は、大陸において開発されたその当時の攻城戦の最新兵器と戦術を駆使して不破宮を攻め、天武天皇と高市皇子はその知力の限りを尽くして応戦し、天武天皇が九死に一生を得るような激戦の末、大野君果安の軍を打ち破ったであろう。壬申の乱の中でも白眉となる最大の決戦を「原日本書紀」は詳細に描き出していたに違いないのである。

書紀は、自ら先頭に立ってノブレスオブリージュを実践した舒明天皇を消してただ後方にいるだけの斉明天皇を造作した。書紀は、倭国防衛のため、日本国独立のため、勇敢に戦った天皇たちの功績を完全に消し去った。書紀は、歴史を改竄するばかりではなく、偉大なる指導者であった天皇たちの空前絶後の功績を消し去ることにより、真の国の指導者が持つその率先垂範の行動と精神的な崇高さとを示す、日本が世界に誇るべき真実の日本の歴史をも消し去った。日本国民が日本の真実の歴史を知っていれば、政治家を志す者は誰でもその歴史に学び真の偉大な政治家を目指し、そして国民もその歴史によって候補者の中から真に偉大な政治家を選ぶことができたであろう。書紀による歴史の改竄は、自らの行動が日本の歴史、世界の歴史にどのような影響を与えるのか全く考えない、まるで傀儡政権のように卑屈で無責任な、全く精神性と創造性を欠く今日の日本国の政治家や高級官僚たちの原型をも造り出したのである。

近江の別将田辺小隅《たなへのをすみ》は、鹿深山《かふかのやま》を越えて倉歴《くらふ》に至る。前述したように宇美町《うみまち》から砥石山《といしやま》付近を越えて九郎原《くろうばる》へ至り、倉歴の軍営を急襲して破り、さらに進んで莿萩野《たらの》（おそらく飯塚市太郎丸）の軍営を攻撃しようとして天武天皇方の将軍多臣品治《おほのおみほむぢ》に撃退されたのである。

（十二）壬申の乱（その十）　男依の近江進撃と大友皇子の自殺

丙申《へいしん》（七日）に、男依《をより》たちは近江軍と息長《おきなが》の横河で戦って破り、その将境部連薬《さかひべのむらじくすり》を斬った。

戊戌《ぼしゅつ》（九日）に、男依たちは近江の将秦友足《はだのともたり》を鳥籠山《とこのやま》で討って斬り殺した。

この日に、東道将軍紀臣阿閉麻呂《きのおみあへまろ》たちは、倭京の将軍大伴連吹負が近江のために敗れたことを聞いてすぐに軍

を分けて置始連菟《おきそめのむらじうさぎ》を派遣して、千余騎を率いさせ倭京へ急行させた。

壬寅《じんいん》（十三日）に、男依たちは安河《やすのかは》の浜《ほとり》で戦って大勝し、社戸臣大口《こそへのおみおほくち》と土師連《はじのむらじ》千《ち》島《しま》を捕らえた。

丙午《へいご》（十七日）に、栗太《くるもと》の軍を討って追い払った。

辛亥《しんがい》（二十二日）に、男依たちは瀬田に至った。その時、大友皇子と群臣たちは共に橋の西に軍営して大きな陣を構え、その後方がどこまでか見えないほどであった。旗や幟《のぼり》が野を蔽い、塵埃《じんあい》が天まで立ち昇り、鉦鼓《しょうこ》の音は数十里先まで聞こえた。連なった弩《ど》から矢が乱発され雨のように矢が降り注いだ。その将智尊《ちそん》が精鋭を率いて先陣として防御する。橋の真中を三丈ばかり切断して一枚の長板を置き、板を渡ろうとする者があれば板を引いて落とそうとする。このため進撃することができなかった。ここに大分君稚臣《おほきだのきみわかおみ》という勇敢な兵士がいた。長矛を捨てて鎧を重ねて着ると、刀を抜いて急いで板を踏んで渡り、板に付けた綱を切断して矢を受けながら敵陣に突入した。敵兵は悉く乱れて逃げ出し、止めることができなかった。その時将軍智尊は、刀を抜いて逃げる者を斬ったがそれでも止めることはできなかった。そして智尊は橋のほとりで斬られた。大友皇子・左右大臣たちはかろうじて逃げることができた。男依たちは粟津岡《あはつのをか》の下に出陣した。この日に、羽田公矢国《はたのきみやくに》と出雲臣狛《いづものおみこま》が共に三尾城《みをのき》を攻めて降した。

壬子《じんし》（二十三日）に、男依たちは近江の将犬養連《いぬかひのむらじ》五十《い》君《きみ》と谷直塩手《たにのあたひしほて》を粟津市《あはつのいち》で斬った。ここに大友皇子は逃げ込むところがなくなり、引き返して山前《やまさき》に隠れ、自ら首を括って死んだ。この時、左右大臣と群臣たちはみな散り散りに逃亡した。ただ物部連《もののべのむらじ》麻《ま》呂《ろ》と一、二の舎人のみが皇子に従っていた。


書紀の改竄は、本来難波は淡海《あま》国の一部でその湾岸付近であるものを、近江と難波とを全く別の地域として分離したため、同一の地域で同一の時間に起きていることを、それぞれ主体となる者を別にし、同一の時間に別の地域で起きたかのような歴史改竄をせざるを得ないのである。それで近江を攻める主体を男依たちと表し、難波を攻める主体を将軍吹負としている。

七日に男依たちは、近江軍と息長の横河で戦って破りその将境部連薬を斬ったとあるが、不破宮を発して筑紫山地を越え遠賀川で筑紫都督府軍と戦ったことを意味する。遠賀川である横河を表す場合、書紀は「名墾《なばり》の横河」と「息長《おきなが》の横河」と二種類の表現をする。名墾は、「（天武天皇が九月の）己亥《きがい》に、名張《なばり》に宿りたまふ」の表現があるように地名を表しているが、これは伊賀郡の伊賀とほとんど同じ地域を表しているのではないだろうか。要するに名墾の横河と表現する時は、遠賀川の上流域を表しているのでないかと考える。それでは息長の横河と表現する時は何を意味するか。私は息長も遠賀川流域の特定の地域を表していると考える。息長と聞いてすぐに連想するのは気長足姫尊《おきながたらしひめのみこと》即ち神功皇后《じんぐうこうごう》である。遠賀川の下流域には神功皇后の伝承等が集中して残っている。書紀の仲哀天皇の条に出てくる遠賀川の河口にある山鹿岬や岡浦も神功皇后に関わる話の中にあり、かつて遠賀川の河口の一部であった洞海湾周辺には神功皇后の岬を意味する皇后崎《こうがさき》や神功皇后が新羅遠征の時に帆柱用の木を伐採したという言い伝えのある帆柱山《ほばしらやま》もある。このように神功皇后の気長足姫尊《おきながたらしひめのみこと》（古事記では息長帯日売命と表す）は実はその出身地は息長であり、その名は出身地の地名から来ているのではないか、即ち息長は遠賀川の下流域を表す地名ではないか。書紀は、仲哀天皇と神功皇后が現在の山口県下関市と考えられている穴門《あなと》に宮室を建てたと記すが、前述の皇后崎に隣接して穴生《あのお》という町が北九州市八幡西区穴生として残っており、私はここが宮室を置いたと書紀の記すところの穴門ではないかと考える。書紀の神武東征の記述からも神功皇后の記述からも、歴史改竄の書・書紀はその目的を達するため、徹底的にこの地域を歴史空白の地とし、誰にも注目させないようにしていることは明らかである。しかし、この地こそ、古事記の記す神武天皇が一年間滞在した岡田宮がある所であり、万葉集に赤人、人麿が歌う波静かで豊穣の海である天皇のあり通う藤江の浦即ち洞海湾の湾岸地域であり、海の幸と遠賀川の水資源のもたらす豊かな農産物に恵まれて古代倭国繁栄の礎《いしずえ》となった経済力の重要な源泉の一つであったに違いなく、同時に九州北岸から瀬戸内海、さらには山陰北陸の日本海沿岸までを支配する最も重要な倭国最大の戦略基地であったとも考えられる。この豊かな土地であればこそ朝鮮半島まで遠征できる神功皇后の力を生み出したのではないか、日本古代に輝く神功皇后が出現するのにこれ以上相応しい所はないのではないかと考えるのである。

九日に男依たちは近江の将秦友足《はだのともたり》を鳥籠山《とこのやま》で討って斬り殺したとあるが、鳥籠山とは現在の何山であろうか。鳥籠山を歌った二首の万葉集の歌がある。万葉集四八七番の崗本天皇即ち舒明天皇の御製歌と二七一〇番の歌である（中西進『万葉集』〈講談社文庫〉より）。

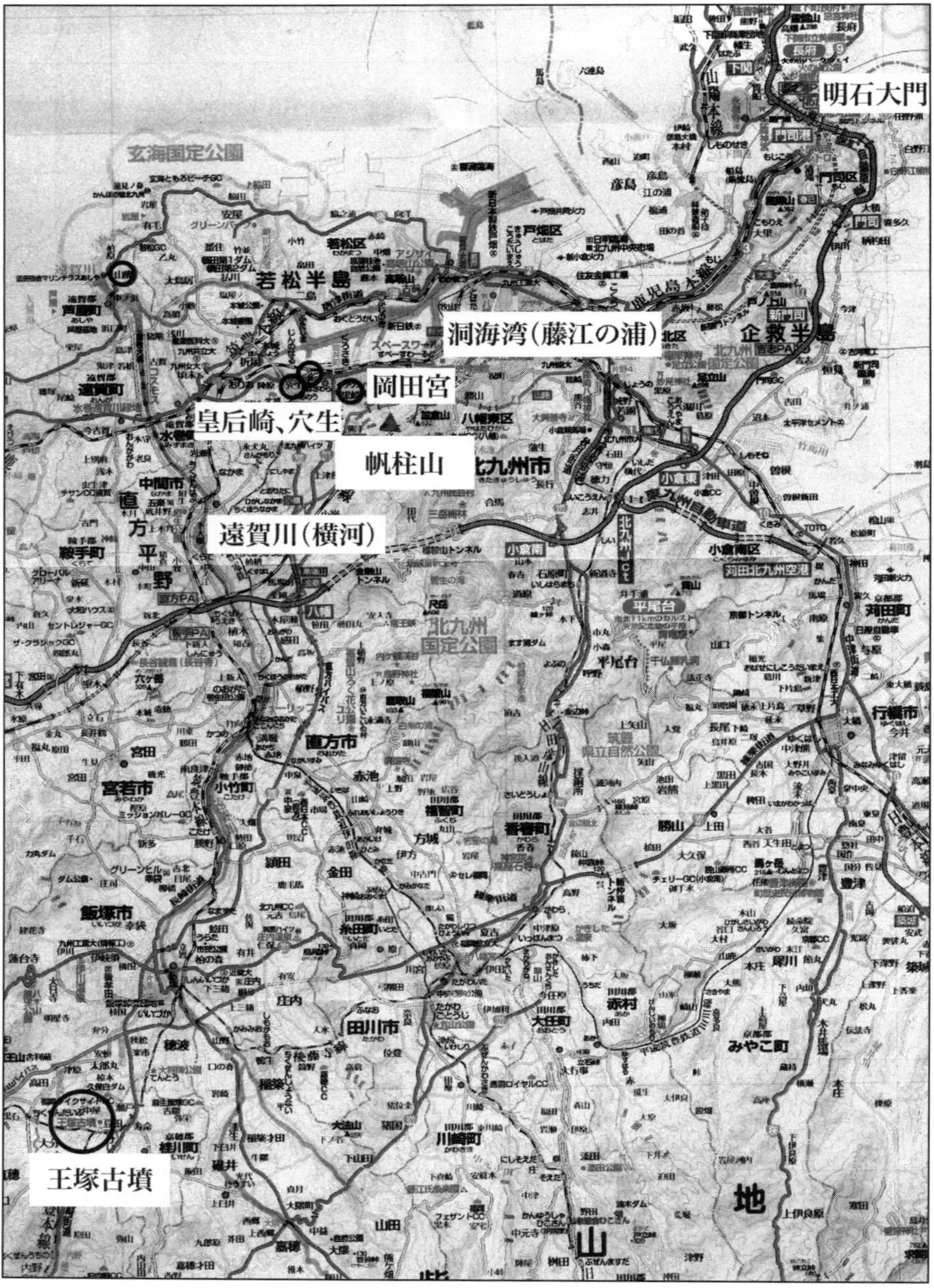

地図6-10　壬申の乱（その十）　洞海湾、遠賀川、皇后崎、穴生

■万葉集四八七番
淡海路《あふみぢ》の鳥籠《とこ》の山なる不知哉《いさや》川日《け》のころごろは恋ひつつもあらむ

■万葉集二七一〇番
犬上《いぬかみ》の鳥籠《とこ》の山なる不知也川《いさやがは》不知《いさ》とを聞《き》こせわが名告《の》らすな

四八七番の鳥籠の山のある近江路とは、どの道を指しているのであろうか。万葉集で近江路が出てくる歌は、四八七番以外に三二四〇番と三九七八番とがある（中西進『万葉集』〈講談社文庫〉より）。

■万葉集三二四〇番
大君の　命畏《みことかしこ》み　見れど飽かぬ　奈良山越えて　真木《まき》積む泉の川の　速《はや》き瀬を　竿《さを》さし渡り　ちはやぶる宇治の渡《わたり》の　滝《たぎ》つ瀬を　見つつ渡りて　近江道《あふみぢ》の　相坂山に　手向《たむけ》して　わが越え行けば　楽浪《ささなみ》の　志賀の韓《から》崎《さき》　幸くあらば　また還《かへ》り見む　道の隈《くま》　八十隈毎《やそくまごと》に　嘆きつつ　わが過ぎ行けば　いや速に　里離《さか》り来《き》ぬいや高に　山も越え来ぬ　剣刀《つるぎたち》　鞘《さや》ゆ抜き出でて　伊香胡山《いかごやま》　如何《いか》にかわが為《せ》む　行方《ゆくへ》知らずて

■万葉集三九七八番
恋の緒を述べたる歌一首　并せて短歌
妹《いも》もわれも　心は同《おや》じ　副《たぐ》へれど　いや懐《なつか》しく　相見れば　常初花《とこはつはな》に　心ぐし　めぐしもなしに　愛《は》しけやし吾《あ》が奥妻《おくづま》　大君の　命畏《みことかしこ》み　あしひきの　山越え野《ぬ》行き　天離《あまざか》る　鄙治《ひなをさ》めにと　別れ来《こ》し　その日の極《きは》みあらたまの　年往《ゆ》き返り　春花《はな》の　移《うつ》ろふまでに　相見ねば　甚《いた》もすべなみ　敷栲《しきたへ》の　袖反《かへ》しつつ　寝《ぬ》る夜落ちず　夢《いめ》には見れど　現《うつつ》にし　直《ただ》にあらねば　恋しけく　千重に積《つも》りぬ　近くあらば　帰りにだにも　打ち行きて　妹が手枕《たまくら》　指《さ》し交《か》へて　寝《ね》ても来《こ》ましを　玉桙《たまほこ》の　路《みち》はし遠《とほ》く　関さへに　隔《へな》りて　あれこそ　よしゑやし　縁《よし》はあらむそ　霍公鳥《ほととぎす》　来鳴かむ　月に　いつしかも　早くなりなむ　卯《う》の花の　にほへる山を　外《よそ》

のみも　振り放《さ》け見つつ　近江路《あふみぢ》に　い行き乗り立ち　青丹《あをに》よし　奈良の吾家《わぎへ》に　ぬえ鳥《どり》の　うら嘆《な》けしつつ
下恋《したご》ひに　思ひうらぶれ　門《かど》に立ち　夕占問《ゆふけと》ひつつ　吾《あ》を待つと　寝《な》すらむ妹を　逢ひて早見む
（短歌は省略する）

三二四〇番の歌は、奈良山を越えて泉川を渡り、激しく流れる宇治川を見ながら宇治の渡の橋を渡り、近江路の相坂山に手向けするのであるが、この奈良山とは現在の麻底良山であり、宇治川とは秋月即ち隠国の泊瀬から流れ下ってきて現在の甘木付近で日田往還と交差する小石原川であり、そして近江路の相坂山とは宮地岳と基山との間にある坂に相対する山即ち宮地岳を示している。この歌から、近江路とは現在の日田から太宰府へと通ずる日田往還を指していることは明らかである。そして真木積む泉川とは麻底良山と小石原川との中間にある佐田川を意味していることになる。※鳥籠山が近江路のどの山かを推定する前に、この泉川が佐田川であることから万葉集五十番の歌の新たな解釈が可能となる（中西進『万葉集』〈講談社文庫〉より）。

■万葉集五十番

藤原宮の役民《えのたみ》の作れる歌

やすみしし　わご大王《おほきみ》　高照らす　日の皇子　荒栲《たへ》の藤原がうへに　食《を》す国を　見《め》し給はむと　都宮《みあらか》は　高
知らさむと　神ながら　思ほすなへに　天地《あめつち》も　寄りてあれこそ　石走《いはばし》る　淡海《あふみ》の国の　衣手《ころもで》の　田上山《たなかみやま》の
真木《まき》さく　檜《ひ》の嬬手《つまで》を　もののふの　八十氏河《やそうぢがは》に　玉藻なす　浮かべ流せれ　其《そ》を取ると　さわく御民《みたみ》も　家
忘れ　身もたな知らず　鴨じもの　水に浮きゐて　わが作る　日の御門《みかど》に　知らぬ国　寄《よ》し巨瀬道《こせぢ》より　わ
が国は　常世《とこよ》にならむ　図負《ふみ》へる　神《くす》しき亀も　新代《あらたよ》と　泉の河に　持ち越せる　真木の嬬手を　百足《ももた》らず
筏に作り　泝《のぼ》すらむ　勤《いそ》はく見れば　神ながらならし

淡海国の田上山から伐採した檜の荒材を宇治川に浮かべて流し、それを宇治川の下流で引き上げ、陸路で泉川へと運んできて筏に組んで泉川を遡り、国を統治する我が大君が藤原にてその檜で都の宮殿を作られると、役に従事する民を歌ったとする歌であるが、現在の福岡県朝倉市の日田往還周辺の地図を見ながら読み解けば、藤原宮に関わる歌ではないことがすぐに明白となる。宇治川即ち小石原川の上流はかつての泊瀬川であり、現在の秋月即ち隠国の泊瀬において二本の川が小石原川に合流している。小石原川は秋月の東十三キロメートルにある小石原付近をその源流域としているため小石原川の名が付けられている。小石原川に合流する二本の川のうち一本は北西の高内《こうち》方面から流れ下り、もう一本は秋月の東北東に聳える古処山《こしょさん》（標高八五九メートル）から流れ下っている。秋月から見上げると古処山の三角錐の峰から一本の谷が秋月に向かって真っ直ぐに降っている。田上山とはおそらくこの古処山のことを表し、この谷筋で伐採した原木を谷に沿って秋月まで降ろし、そこで原木から荒材にして小石原川へ浮かべて下流へと流したのであろう。小石原川を流れ下った荒材を宇治の渡即ち現在の甘木付近で引き上げ、日田往還に沿って東へ三キロメートルほど陸路を運べば佐田川即ち泉川へ達しそこで筏を組んで佐田川を遡ったと考えられる。佐田川の流域には屋形原《やかたばる》という地名が残り、三奈木《みなぎ》という地名も残っている。この三奈木とは万葉集に歌われる名木《なぎ》（一六九六番）に違いなく、ここはあの麻底良山《まてらさん》即ち奈良山の西に位置し山後《やまうしろ》即ち山背《やましろ》の地なのである。万葉集五十番の歌は藤原宮の歌ではない。天皇が山城《やましろ》の地に都を築いたときに詠まれた歌である（中西進『万葉集』〈講談社文庫〉より）。

■万葉集一〇五〇番

久邇《くに》の新《あらた》しき京《みやこ》を讃《ほ》めたる歌二首　并せて短歌

現《あら》つ神　わご大君《おほきみ》の　天《あめ》の下　八島の中《うち》に　国はしも　多《さは》くあれども　里はしも　多にあれども　山並《やまなみ》の　宜《よろ》
しき国と　川次《かわなみ》の　たち合う郷《さと》と　山城《やましろ》の　鹿背山《かせやま》の際《ま》に　宮柱《みやばしら》　太敷《ふとし》き奉《まつ》り　高知らす　布当《ふたぎ》の宮は　川
近み　瀬の音《と》ぞ清き　山近み　鳥が音《ね》とよむ　秋されば　山もとどろに　さ男鹿は　妻呼び響《とよ》め　春されば
岡辺《をかへ》もしじに　巌《いはほ》には　花咲きをり　あなおもしろ　布当の原　いと貴大宮所《たふとおほみやどころ》　うべしこそ　わご大君は
君がまに　聞《きか》し給ひて　さす竹の　大宮此処《ここ》と　定めけらしも

反歌二首

（一〇五一番）

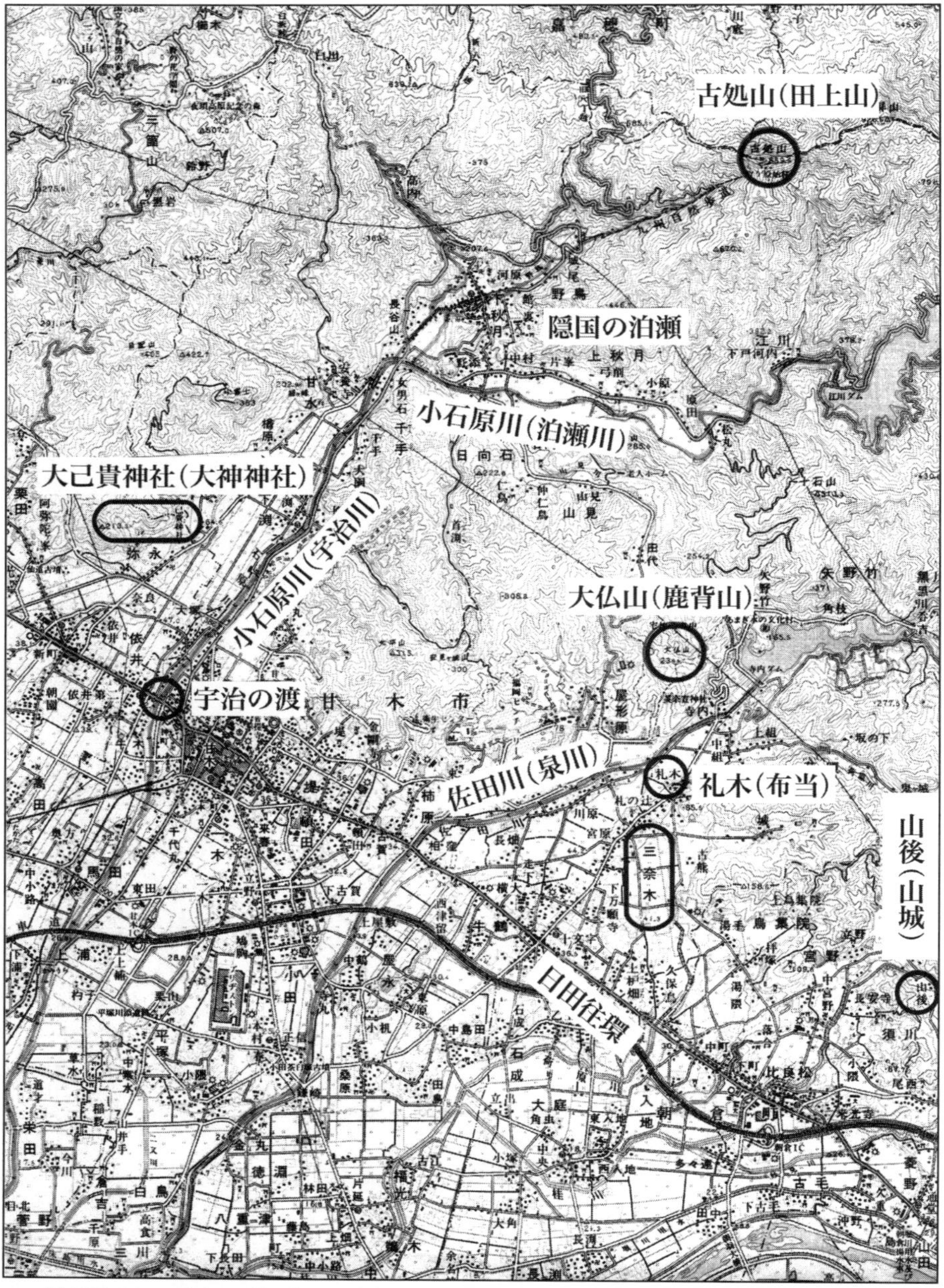

地図6-11　壬申の乱（その十）　小石原川、佐田川、古処山、久邇京所在図

三日《みか》の原布当《ふたぎ》の野辺《のへ》を清みこそ大宮所《おほみやどころ》〔一《ある》は云はく、ここと標《しめ》さし〕定めけらしも
（一〇五二番）
山高く川の瀬清し百世《ももよ》まで神《かむ》しみ行かむ大宮所

■万葉集一〇五三番
わご大君《おほきみ》　神の命《みこと》の　高知らす　布当《ふたぎ》の宮は　百樹《ももき》なし　山は木高《こだか》し　落ち激《たぎ》つ　瀬の音《と》も清し　鶯の　来鳴く春べは　巌《いはほ》には　山した光り　錦なす　花咲きををり　さ男鹿の　妻呼ぶ秋は　天霧《あまき》らふ　時雨《しぐれ》をいたみ　さ丹《に》つらふ　黄葉《もみち》散りつつ　八千年《やちとせ》に　生《あ》れつがしつつ　天の下　知らしめさむと　百代《ももよ》にも　易《かは》るましじき　大宮所

反歌五首

（一〇五四番）
泉川ゆく瀬の水の絶えばこそ大宮所移ろひ往《ゆ》かめ
（一〇五五番）
布当《ふたぎ》山山並《やまなみ》見れば百代にも易《かは》るましじき大宮所
（一〇五六番）
をとめ等《ら》が績麻《うみを》懸《か》くといふ鹿背《かせ》の山時の往《ゆ》ければ京師《みやこ》となりぬ
（一〇五七番）
鹿背《かせ》の山樹立《こだち》を繁《しげ》み朝去らず来《き》鳴きとよもす鶯《うぐひす》の声
（一〇五八番）
狛山《こまやま》に鳴く霍公鳥《ほととぎす》泉川渡《わたり》を遠み此処《ここ》に通はず〔一《ある》は云はく、渡り遠みか通はずあるらむ〕

■万葉集一〇五九番、一〇六〇番、一〇六一番

春の日に、三香《みか》の原の荒れたる墟《あと》を悲しび傷《いた》みて作れる歌一首　并せて短歌

三香《みか》の原　久邇《くに》の都は　山高く　川の瀬清し　住みよしと　人は言えども　在《あ》りよしと　われは思へど　古《ふ》りにし　里にしあれば　国見れど　人は通はず　里見れば　家も荒れたり　愛《は》しけやし　かくありけるか　三諸《みもろ》つく　鹿背山《かせやま》の際《ま》に　咲く花の　色めづらしく　百鳥《ももとり》の　声なつかしき　在《あ》りが欲《ほ》し　住みよき里の　荒るらく惜しも

反歌二首

三香《みか》の原久邇《くに》の京《みやこ》は荒れにけり大宮人《おほみやびと》の移ろひぬれば

咲く花の色はかはらずももしきの大宮人ぞ立ち易《かは》りける

奈良の都から遷都して久邇京（恭仁京）を都とした。我々は日本の歴史として聖武天皇が奈良の都から久邇京へと都を移したと習っている。しかしそれは真実の歴史をなぞった歴史改竄の歴史を習っているのである。天武天皇の開設した奈良の都を、何天皇かは未詳であるが天武天皇の後代の天皇が久邇京へと遷都したのである。久邇の都の中心がどこにあったか万葉集の歌からピンポイントで示すことができる。一〇五〇番と一〇五三番の歌に布当《ふたぎ》の宮、一〇五一番に布当の野辺と、共に布当（ふたぎ）という宮の所在地を示す言葉が出てくる。この布当の地名が朝倉市三奈木《みなぎ》に残っているのである。朝倉市三奈木札木《ふだき》である。札木は佐田川の南岸に接しそのすぐ北岸には大仏山《だいぶつやま》（標高二三四メートル）が迫り、大仏山の北は秋月即ち隠国の泊瀬である。この大仏山が鹿背山であろうか、一〇五九番で「三諸つく鹿背山」と歌われているが、大仏山から大己貴《おおなむち》神社の神南備山即ち三輪山の北東の山々へと直接連なっているからである。また、この山がなぜ大仏山と呼ばれるかは未詳である。

※佐田川がなぜ泉川と呼ばれていたのか。その原因を示唆する記述が『筑前国続風土記』に記されている。

○相久保《あひのくぼ》川

相久保村にあり。其源は上座郡佐田山及黒川より出、三奈木を通て爰に至る。其流頗大也。此川板屋村の下

より、屋永村の上に到りて、其間十五町ばかりの所、十月より水涸て流れず。三月より又水流るゝ事常のごとし。其上下の水流は四時かはらず。蘿蔔《だいこん》の根盛大なる時は水涸《かれ》、春蘿蔔なく成りぬれば水流る故、里俗稱して蘿蔔《だいこん》川と云。其水盡る所、及水の出る所、倶に水のもるべき穴なし。奇異なる事也。云々

貝原益軒の云う相久保川とは現在の佐田川を示している。佐田川上流には現在ダムが造られたため益軒の云うような現象は確認できないと思われるが、水が川の途中から泉のように湧き出て流れていることから、「泉川」と古代の人々は名付けたと考えられる。

さて鳥籠山とは日田往還沿いにある何山であろうか。四八七番には鳥籠《とこ》の山なる不知哉《いさや》川が流れ出していることが示されている。相坂山である宮地岳とその東に裾野を接する砥上岳《とかみだけ》（標高四九六メートル）があり、両山の山間から山家《やまえ》川が南西に向けて流れ下り宝満川へと合流している。また同じく砥上岳の東側の山麓からは曽根田《そねだ》川がこれも南西に向けて流れ下りこれも同じく宝満川へと合流している。砥上岳のすぐ北には大根地山（標高六五二メートル）が控えているが、第五章でこの山を青幡《あをはた》の忍坂《おさか》の山とした。

■**万葉集三三三一番**

こもりくの　長谷《はつせ》の山　青幡《あをはた》の　忍坂《おさか》の山は　走り出の　宜《よろ》しき山の　出で立ちの　くはしき山ぞ　あたらしき　山の　荒れまく惜しも

大根地山は、その前衛にある砥上岳に隠れ、隠国の泊瀬の山であって近江路の山とは捉えられないようである。鳥籠山は砥上岳の可能性が強いと考えられる。

「戊戌《ぼしゅつ》（九日）に、男依たちは近江の将秦友足《はだのともたり》を鳥籠山《とこのやま》で討って斬り殺した」ということは、男依たちは七日に息長の横河即ち遠賀川下流域で戦って勝ち、遠賀川を遡ってその二日後に太宰府目前の砥上岳まで来たことを示している。

「この日に、東道将軍紀臣阿閉麻呂《きのおみあへまろ》たちは、倭京の将軍大伴連吹負が近江のために敗れたことを聞いてすぐに軍を分けて置始連菟《おきそめのむらじうさぎ》を派遣して、千余騎を率いさせ倭京へ急行させた」とあるが、この千余騎は大野君果安《おおののきみはたやす》の軍と戦ったのであろうか。前述したように倭京即ち不破宮での戦が全く記述されないのである。

「壬寅《じんいん》（十三日）に、男依たちは安河《やすのかは》の浜《ほとり》で戦って大勝し、社戸臣大口《こそへのおみおほくち》と土師連千島《はじのむらじちしま》を捕らえた。丙午《へいご》（十七日）に、栗太《くるもと》の軍を討って追い払った」と記述されるが、安河とは何川であろうか。神代において天照大神と素戔嗚尊が天の安河を隔てて対峙し、天の真名井で誓約《うけい》をした時、その天の安河を現在の筑後川としたが、この場合も筑後川との解釈ができるであろうか。万葉集の歌にこの時代の安河が歌われている（中西進『万葉集』〈講談社文庫〉より）。

■万葉集三一五七番

吾妹子《わぎもこ》にまたも近江《あふみ》の野洲《やす》の川安眠《やすい》も寝《ね》ずに恋ひ渡るかも

吾妹兒尓　又毛相海之　安河　安寐毛不宿尓　戀度鴨

近江を、原文では「相海」と表している。本来の安河の枕詞である「天」と同じく、これも「淡海」と同様に「あま」と読まれなくてはならない。しかし本来の安河は淡海にはなかったはずである。葦原中国にあったのが神代の天の安河であり筑後川と考えられた。しかし、この歌で相海の安河と呼ばれているということは、この川の源流が淡海にありそれが夜須方面へと流れてきていることを示していると考えられる。太宰府周辺を発して宮地岳と基山との間の坂即ち相坂を降って夜須を流れる大きな川、と考えると該当するのは宝満川《ほうまんがわ》のみである。男依は宝満川の東岸まで達していると考えられるのである。また、「丙午《へいご》（十七日）に、栗太《くるもと》の軍を討って追い払った」と記述される栗太とは、日田往還の北側の山裾にある筑前町栗田《くりた》ではないかと考えられる。

辛亥《しんがい》（二十二日）に、男依たちは瀬田に至り、大友皇子と群臣の率いる大軍と橋を挟んで対峙するのであるが、この橋は何川に架かる橋であろうか。瀬田は、書紀巻の第九、神功皇后摂政元年三月の条に出てくる。武内宿《たけうちのすく》

襧《ね》が忍熊王《おしくまのみこ》と戦い、忍熊王が沈んで死んだのが瀬田の済《わたり》である。その時、武内宿襧が、

淡海の海　瀬田《せた》の済《わたり》に　潜《かづ》く鳥《とり》　目《め》にし見《み》えねば　憤《いきどほろ》しも

阿布弥能弥　斉多能和多利珥　伽豆区苔利　梅珥志弥曳泥麼　異枳廼倍呂之茂

と歌ったとする。この時、書紀は「淡海の海」を「あふみのみ」と読ませるのである。しかし、男依たちはまだ相坂を越えてはいない。この歌から瀬田は淡海の湾岸にあると考えられる。男依たちはまだ博多湾には達していない。これまでの男依の辿った行程から判断すると、男依は相坂付近の宝満川を挟んで大友皇子と対峙したという解釈が一番妥当と考えられる。「大友皇子と群臣たちは共に橋の西に軍営して大きな陣を構え、その後方がどこまでか見えないほどであった。旗や幟《のぼり》が野を蔽い、塵埃《じんあい》が天まで立ち昇り、鉦鼓《しょうこ》の音は数十里先まで聞こえた。連なった弩《ど》から矢が乱発され雨のように矢が降り注いだ」と表現されるほどの大友皇子と群臣の大軍が、勇敢な一人の兵士の突撃で橋が瞬く間に突破され近江軍は潰走してしまう。この部分の記述はどこから借用してきたのか、近江軍の大軍の様を表す記述があまりにも作り物めいていて、しかもその大軍が一人の兵士の突撃によりいとも簡単に潰走してしまうのは滑稽と言うしかない。「原日本書紀」にどのように記述されていたのか、真摯で劇的な本物の歴史を、安物の三文芝居に変えてしまう書紀の改竄が、このような滑稽な記述を生み出したのではないかと疑問に感じてしまうのである。

宝満川は宮地岳西麓の阿志岐より南へ流れ下り、宮地岳と基山との間の坂即ち相坂を越え、城山とその周囲を取り巻く山隈原の西を抜けて、福岡県小郡市の小郡官衙《おごおりかんが》遺跡のすぐ東を流れ、久留米市を流れる筑後川へと合流する。この宝満川と筑後川の合流する付近が飛鳥川の名の元となった飛鳥の地ではないか、小郡官衙遺跡とはかつての宮廷の跡ではないかと考えられるが、古田武彦著『壬申大乱』の中でかつての三井郡井上村に飛鳥という小字がありこれが本来は飛鳥と表記されていたとの調査研究が紹介されている。おそらく小郡官衙遺跡と呼ばれる建物跡群がかつての天皇の宮殿跡であり、その宮殿に飛鳥（明日香）の名称が付けられ、それがこの地域全体を表す地名となって、この地域を流れる大河の名称にもなったのではないだろうか。筑後川が飛鳥川であるこ

とは間違いない。書紀により造作された斉明天皇の条で、中大兄皇子が亡くなった（斉明）天皇の為に殯をするのが飛鳥川の川原であり、第四章で述べたとおり筑後川の沿岸朝倉市山田恵蘇宿の恵蘇八幡宮には木《こ》の丸殿《まるでん》跡と呼ばれる中大兄皇子が（斉明）天皇の為に殯をしたとされる所が残されているからである。また、万葉集一九六番で柿本人麿が明日香の河を歌っている（中西進『万葉集』〈講談社文庫〉より）。

■**万葉集一九六番、一九七番、一九八番**

明日香皇女《あすかのひめみこ》の木瓱《きのへ》の殯宮《あらきのみや》の時に、柿本朝臣人麿の作れる歌一首　并せて短歌

飛鳥《とぶとり》の　明日香《あすか》の河の　上《かみ》つ瀬《せ》に　石橋《いしはし》渡し〔一は云《ある》はく、石並《な》み〕下つ瀬に　打橋《うちはし》渡す　石橋に〔一は云はく、石並みに〕　生《お》ひ靡《なび》ける　玉藻もぞ　絶ゆれば生《お》ふる　打橋に　生《お》ひををれる　川藻もぞ　枯るればはゆる　何しかも　わご大君の　立たせば　玉藻のもころ　臥《こや》せば　川藻の如く　靡かひし　宜《よろ》しき君が　朝宮を　忘れ給ふや　夕宮《ゆふみや》を　背《そむ》き給ふや　うつそみと　思ひし時　春べは　花折りかざし　秋立てば　黄葉《もみちば》かざし　敷栲《しきたへ》の　袖《そで》たづさはり　鏡なす　見れども飽かず　望月《もちづき》の　いや愛《め》づらしみ　思《おも》ほしし　君と時々　幸《いでま》して　遊び給ひし　御食向《みけむか》ふ　城上《きのへ》の宮を　常宮《とこみや》と　定《さだ》め給ひて　あぢさはふ　目言《めこと》も絶えぬ　然《しか》れかも〔一《ある》は云はく、そこをしも〕　あやに悲しみ　ぬえ鳥《とり》の　片恋嬬《づま》〔一は云はく、しつつ〕　朝鳥の〔一は云はく、朝霧の〕　通はす君が　夏草の　思ひ萎《しな》えて　夕星《ゆふつつ》の　か行くかく行き　大船《ふね》の　たゆたふ見れば　慰《なぐさ》もる　情《こころ》もあらず　そこ故に　せむすべ知れや　音のみも　名のみも絶えず　天地《あめつち》の　いや遠長《とほなが》く　思《しの》ひ行かむ　み名に懸《か》かせる　明日香河《あすかがは》　万代《よろづよ》までに　愛《は》しきやし　わご大君の　形見《かたみ》かここを

短歌二首

明日香川しがらみ渡し塞《せ》かませば流るる水ものどにかあらまし〔一は云はく、水のよどにかあらまし〕

明日香川明日だに〔一は云はく、さへ〕見むと思へやも〔一は云はく、思へかも〕わご大君の御名《みな》忘れせぬ〔一は云はく、御名忘らえぬ〕

これらの歌についても、古田武彦氏の前掲の著『壬申大乱』で注目すべき解釈がされている。

古田武彦氏は次のように述べる。

第一に、賀茂真淵はこの歌を女性ではなく男性に当てた歌と見なしたが、この長短歌の中の「君と時々幸《いでま》して」「通はす君」「わご大君」（古田氏は「わご王〈きみ〉」と表す）という用語が男性に対して作られた形式の歌であり、明日香皇女という女性に対する歌とする前書きとは矛盾しているので、賀茂真淵の見抜いた通りである。

第二に、賀茂真淵はその男性に「忍坂部皇子」を持ってきてはめこもうとしているが、第二短歌（一九八）の「わご王（きみ）の御名忘れせぬ」という「下の句」が「明日香川明日だに見むと思へやも」という「上の句」を承けていることと矛盾する。また長歌にも「み名に懸かせる明日香川」とあるから、この「主人公（男性）」は必ず「明日香」を名としていなければならぬ。

と理由を述べ、第一九九番の歌の主人公とした「明日香皇子」が、同じくこの歌の主人公でもあるとした。

私は第四章で、日本書紀は舒明天皇の在位期間を舒明、皇極、孝徳、斉明に分断し、舒明天皇が中大兄皇子と共に朝鮮半島へ遠征し唐・新羅連合軍と戦い舒明天皇が戦死したことから、書紀は斉明天皇が九州へと遠征してそこで病死したことを造作したと述べた。それを示すのが柿本人麿の一九九番の歌であり、書紀がなぞる真実の歴史、高市岡本宮御宇天皇即ち舒明天皇が唐・新羅連合軍と朝鮮半島で戦いそして戦死したことを歌った歌であるとした。これは、その時置かれた倭国の状況、即ち唐と新羅との同盟関係、対する倭国と百済との同盟関係、倭国から帰還した百済王子豊璋からの救援要請、朝鮮半島での敗戦が招くであろう首都太宰府への唐の大軍の襲来の可能性等々を考えると、天皇及び皇太子が、朝鮮半島から一衣帯水の倭国内地で、倭国の存亡に関わる朝鮮半島の戦いをただ傍観しているだけのはずがないとの確信からである。そして今まで見てきた万葉集の人麿の歌で、皇子の題名を持ちながら大君あるいは天皇を主人公として歌ったと考えられる歌は、一六七番の天武天皇を歌ったとするもの以外はただ一人舒明天皇のみを指し示し、題名にある皇子たちが次々と姿を消していく。そういう観点からするとこの一九六番、一九七番、一九八番の歌も舒明天皇を歌った歌ではないかと考えられるが、古田武彦氏の指摘する、歌われた主人公の名が「明日香」でなくてはならない。この絶対的条件を舒明天皇が満たしていなくてはならないことになる。果たしてそうか。それをこれから検証していく。

今まで考察してきたとおり、書紀が舒明、皇極、孝徳、斉明と天皇が交代してきたとする記述は歴史改竄であり、その間舒明天皇のみが倭国を統治していた。人麿が歌う万葉集四十五番から四十九番の歌に舒明天皇と日並皇子（日雙斯皇子）と呼ばれる中大兄皇子が歌われていることは明らかであり、それは中大兄皇子の悲劇を示すと同時に、皇極、孝徳、斉明の不存在を簡潔に証明する。そしてこの三天皇が非在である今、ここで舒明天皇が万葉集で何天皇と呼ばれていたのかを確認しておく必要がある。

万葉集巻の第一では最初に雑歌と表示され、何々宮御宇天皇代という標目が立てられその天皇の御世に詠まれた歌が記録されている。巻の第二は相聞と挽歌とに分けられて、それぞれこれも同じく何々宮御宇天皇代という標目が立てられて巻の第一と同じように記録されている。巻の一、二の表すこれらの「何々宮御宇天皇代」を確認していけば、書紀の表す舒明から斉明までの在位期間の天皇の御世を万葉集がどのように表していたのかを確認することができる。巻の第一と第二が、舒明天皇から実在の確実な天武天皇までをどのように表示しているかを掲出してみよう。

○巻第一

雑歌

高市岡本宮御宇天皇代

明日香川原宮御宇天皇代

後岡本宮御宇天皇代

近江大津宮御宇天皇代

明日香清御原御宇天皇代

○巻第二

相聞

近江大津宮御宇天皇代

明日香清御原御宇天皇代

挽歌

後岡本宮御宇天皇代

近江大津宮御宇天皇代

明日香清御原御宇天皇代

巻の第一と第二の表す天皇の御世を整理統合すると、巻第一の表す御世と同じものとなる。

高市岡本宮御宇天皇代

明日香川原宮御宇天皇代

後岡本宮御宇天皇代

近江大津宮御宇天皇代

明日香清御原御宇天皇代

これが万葉集の表す、書紀で云う舒明天皇から天武天皇までの各天皇の御世の表示であり、各天皇の表示でもある。この中で後崗本宮御宇天皇とは、書紀で斉明二年（六五六年）に後飛鳥崗本宮《のちのあすかのをかもとのみや》に宮室を立てたとする斉明天皇を表している。高市崗本宮御宇天皇とは、舒明天皇を表すことは間違いないが、書紀は舒明二年に「飛鳥岡の傍に遷りたまふ。是を崗本宮と謂ふ」と記す。しかしそれならばなぜ「飛鳥崗本宮御宇天皇」と表示されないのか、なぜ高市崗本宮なのか。そう、崗本宮は飛鳥にはなかった。万葉集二十九番で人麿は「淡海の国の楽浪の大津の宮に天の下知らしめけむ天皇の神の尊の大宮は此処と聞けども」と、舒明天皇がかつて淡海国の湾岸に宮殿を置いたことを歌った。高市崗本宮とは博多湾湾岸にあったのだ。しかしそれならば、なぜ斉明天皇を造作する書紀は後崗本宮御宇天皇を飛鳥に持ってくるのか、どうせ造作するのだから淡海に持っていけばいいではないかという疑問が出てくる。だがどうしても飛鳥に持ってこなくてはならない理由があったのである。それを示すのが、高市崗本宮御宇天皇代と後崗本宮御宇天皇代の間にある明日香川原宮御宇天皇代である。額田王の歌と題される万葉集第七番の歌の前に、明日香川原宮御宇天皇代　天豊財重日足姫天皇と記述され、明日香川原宮御宇天皇は天豊財重日足姫天皇即ち斉明天皇と万葉集は記述する（中西進『万葉集』〈講談社文庫〉より）。

明日香川原宮《あすかのかはらのみや》御宇《あめのしたしらしめしし》天皇《すめらみこと》代《のみよ》（天豊財重日足姫天皇《あめとよたからいかしひたらしひめのすめらみこと》）

額田王《ぬかたのおほきみ》の歌　いまだ詳《つばひ》らかならず

秋の野のみ草刈り葺《ふ》き宿《やど》れりし宇治の京《みやこ》の仮廬《かりほ》し思ほゆ

右は、山上憶良大夫の類聚歌林を検《かむが》ふるに曰はく「一書《あるふみ》に戊申《ぼしん》の年比良《ひら》の宮に幸すときの大御歌」といへり。ただ、紀に曰はく「五年の春、正月己卯《きばう》の朔《つきたち》の辛巳《しんし》、天皇、紀の温湯《ゆ》より至《かへ》ります。三月戊寅《ぼいん》の朔、天皇吉野の宮に幸して肆宴《とよのあかり》す。庚辰《かうしん》の日、天皇近江の平《ひら》の浦に幸す」といへり。

添書きにある「一書に戊申の年比良の宮に幸す」の戊申の年とは六四八年であり、これは書紀で表す大化四年即ち孝徳天皇四年に該当する。また、書紀では斉明天皇は斉明元年（六五五年）に飛鳥板蓋宮で即位したが、その冬に板蓋宮が火災で焼け飛鳥川原宮に遷居したとする。そして斉明二年に飛鳥岡本に宮室を立て後飛鳥岡本宮に遷居したとするのである。要するに書紀の記述では、斉明天皇は飛鳥川原宮には六五五年から一年もいなかったことになるのである。万葉集を解釈すれば明日香川原宮天皇は六四八年以前から在位していたことになり、書紀の記す斉明天皇が飛鳥川原宮に遷居したとすることも後飛鳥岡本宮に遷居したとすることも、どちらも万葉集の記述に辻褄を合わせるための歴史改竄であることが判明する。そして万葉集も、明日香川原宮御宇天皇を斉明天皇としさらに後岡本宮御宇天皇代を造作する歴史改竄が行われている。これらのことから、高市岡本宮御宇天皇代に明日香川原宮御宇天皇代が続き、どちらも舒明天皇の時代であると考えられるのである。舒明天皇は高市岡本宮から明日香川原宮へと遷居したのである。舒明天皇は高市岡本宮御宇天皇であり、また明日香川原宮御宇天皇でもあったのである。

舒明天皇はいつ明日香川原宮へと遷居したのであろうか。今少なくとも言えることは六四八年以前であるということだけであるが、歴史改竄者は六四二年に皇極天皇を立て、さらに六四五年に孝徳天皇を立てている。そして六四五年に孝徳が難波長柄豊崎に遷都したとしている。この六四五年かあるいは九州年号[※1]が命長から常色へと年号を替える六四七年が、舒明天皇の遷居した年の有力候補であろう。なぜ遷居したのか、その理由は明白である。朝鮮半島の情勢が緊迫し、近い将来において唐・新羅との戦いが避けられない状況になったと舒明天皇が判断され、博多湾湾岸を離れて相坂を越え唐の大軍の襲来に備えたのである。

この舒明天皇の明日香川原宮における対唐・新羅への備えを、書紀は人々があたかも斉明天皇を謗《そし》ったかのように装って舒明天皇を貶《おとし》める。書紀は、天皇が遂に宮室を立ててすぐに遷居され、そこを名付けて後飛鳥岡本宮というと述べた後、田身嶺《たむのみね》に垣根をめぐらせて嶺の上の二本の槻《つき》の木のそばに物見台を建てて名付けて両槻宮《ふたつきのみや》とし、また天宮《あまつみや》ともいったと記述した後に、それとはまるで別の事のように次のように述べる。

> 時に、事《こと》を興《おこ》すことを好《この》みたまひ、廼《すなは》ち水工《みずたくみ》をして渠《みぞ》を穿《ほ》らしめ、香山《かぐやま》の西《にし》より石上山《いそのかみのやま》に至《いた》る。舟二百隻《せき》を以ちて、石上山の石《いし》を載《つ》みて、流《みず》の順《まにま》に宮《みや》の東《ひむがし》の山《やま》に控引《ひ》き、石を累《かさ》ねて垣《かき》とす。時人《ときのひと》謗《そし》りて曰く、「狂《たぶれ》心《こころ》の渠。損費《おとしつひや》すこと、功夫《こうふ》三万余。費損《つひやしおと》すこと、造垣《かきつくる》功夫《こうふ》七万余。宮材《みやのき》爛《ただ》れたり。山椒《やまのすゑ》埋《うづも》れたり」といふ。又《また》謗《そし》りて曰《いは》く、「石《いし》の山丘《やまおか》を作《つく》り、作る随《まにま》に自《おの》づからに破《こは》れなむ」といふ。
>
> （『日本古典文学全集「日本書紀③」』〈小学館〉より）

この記述は、明日香川原宮の東に田身嶺《たむのみね》という山があって、天皇が石上山から運河を掘って石を運んで田身嶺《たむのみね》の周りに石垣を築き、頂上に物見台を造って、緊急時における明日香川原宮の避難場所となる要塞を造ろうとしたことを暗示している。しかし、何の意味もない無駄な事業を狂ったようにやる天皇として人々が謗ったということを、いかにも書紀は第三者的な公平な見方で記述しているかのように、この書紀という書物は記述する。歴史改竄者にとって斉明天皇とは自ら造作した天皇であり、それが何と誇られようと何の痛痒も感じるところはない。しかし人々が誇ったように見せかけて、真実この書紀は、本物の天皇を誇っている。その真の目的は、倭国防衛のための古代官道を全国に張り巡らし、山城や太宰府水城を築くなど大土木事業に邁進して対唐・新羅戦に備えた、間違いなく倭国の象徴的な存在であった偉大なる舒明天皇を貶めることにある。

石上山とは現在の何山を示すかは不明であるが、宮の東にある山とは、「石を累ねて垣とす」という表現と田《た》身嶺《むのみね》に垣根をめぐらせるという表現が符合しているので、田身嶺の周囲に神籠石のように石を置いて石垣を築いたものと考えられる。運河の流れのままに宮の東の山まで舟で石を運ぶのであるから、その山は平野の中にある比較的低い山であることが想像される。「宝満川は宮地岳西麓の阿志岐より南へ流れ下り、宮地岳と基山との間の坂即ち相坂を越え、城山とその周囲を取り巻く山隈原の西を抜けて、福岡県小郡市の小郡官衙《おごおりかんが》遺跡のすぐ東を流れ、久留米市を流れる筑後川へと合流する」と前述した。その中の小郡官衙遺跡はかつての郡役所跡と推定されているが、建物跡群の造られた時期は四期に分けられ第一期以前（七世紀中頃以前）、第一期（七世紀中頃〜後半）、第二期（七世紀末〜八世紀前半）、第三期（八世紀中頃〜後半）と推定されている。この推定されている第一期と明日香川原宮が建てられたと考えられる時期（六四五年か六四七年）とがぴったりと一致しているのである。このあたりの地名は大板井《おおいたい》、小板井《こいたい》といわれ板蓋宮《いたぶきのみや》との関連も感じさせられる。しかもこの遺跡の東三百メートルもない所を宝満川が流れ、ここのすぐ北の上流部分でなぜか急に流れを東方向へ蛇行しているので、かつてこの付近は宝満川にもっと近く、宝満川の川原とも呼ぶことができたのではないかと思われるのである。この小郡官衙遺跡がかつての明日香川原宮であったとすれば、その東にある山とは小郡官衙遺跡の東北東にあるあの山隈原の城山（花立山）ということになる。舒明天皇や中大兄皇子が御狩をした阿騎の大野の中心にある標高一三〇メートルの山である。しかしここで疑問が生じる。宝満川の川原に川原宮があったとすれば、明日香川とは筑後川ではなく宝満川ではないかということである。確かに現在の地図、現在の川の流れから厳密に考えれば川原宮は宝満川の川原にあったということになり、宝満川こそ明日香川であるという結論になるかもしれない。しかし筑後川は有名な暴れ川であり、宝満川もまた過去に何回も氾濫を繰り返してきた川である。確か

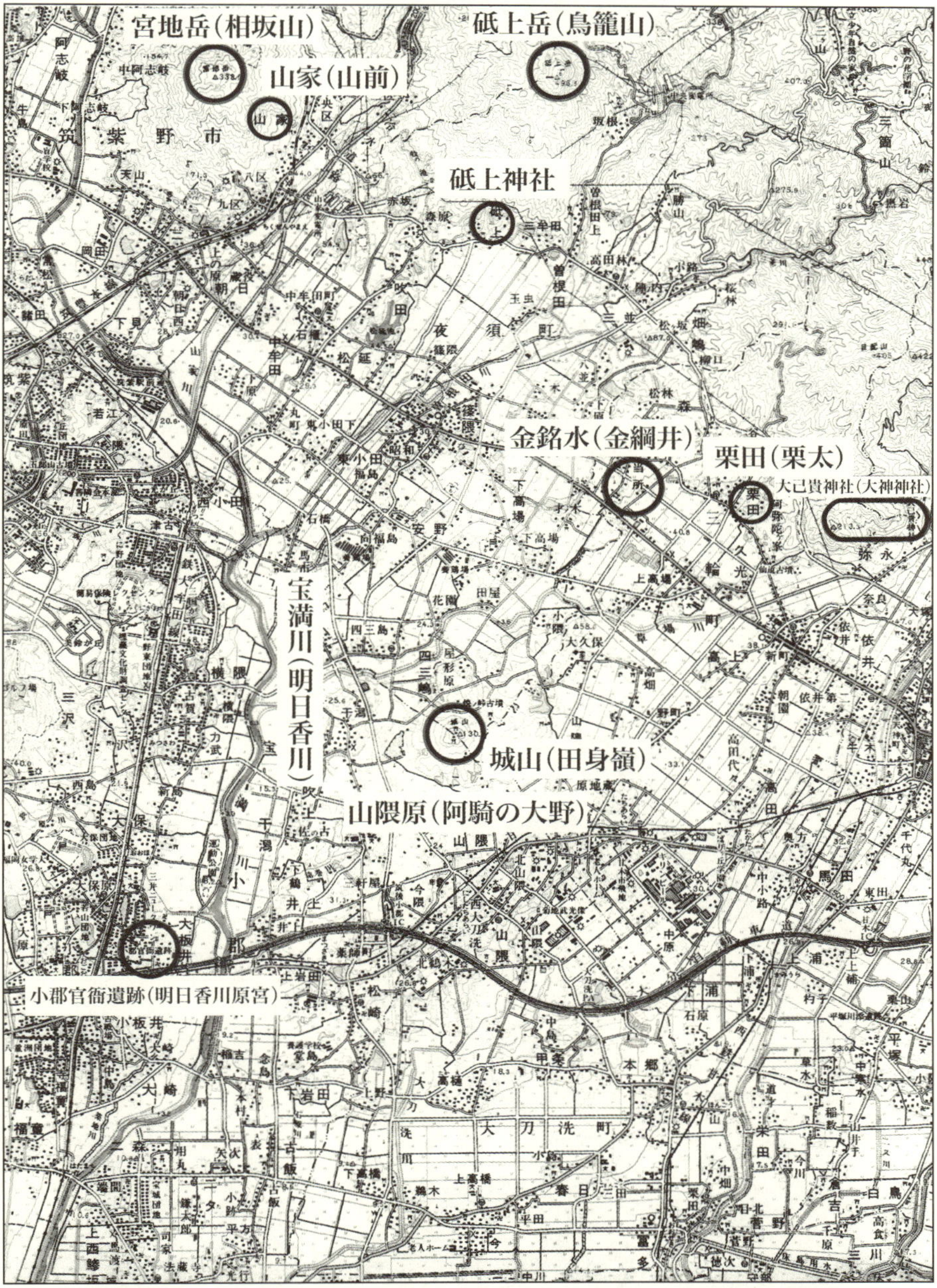

地図6-12　壬申の乱（その十）　明日香川、金綱井、明日香川原宮

写真6-2　小郡官衙遺跡

写真6-3　小郡官衙遺跡

にどちらも、昨日の淵が今日は瀬となる明日香川、の資格十分なのである。ただ、現在よりももっと宝満川の上流で、筑後川と宝満川とが合流していた可能性もあると考えられる。その辺のところは科学的な調査を必要とする。しかしもう一つの可能性も考えられる。それはこの七世紀の時代において、合流する二つの大河をどこまで厳密にその呼名を区分していたであろうか、ということである。現代は極めて正確な地図が作成され、県境、市境、町境などが明確に表示され、川もその流れによって厳密にその名が地図上に記載されているが、現代の精密な地図に当たるものがない古代において、川の境目を厳密に区分することがどこまで意味を持ち、どの程度まで人々の認識の中で区分されていたのであろうか。特にこの筑後川と宝満川との関係において、毎年のように氾濫を起こしその合流地点が変わる二つの川を、古代人たちは二つの川として厳密に区分する必要性を持っていたであろうか。上流部分についてはその名を別にしても、合流する下流域についてこの二つの川は同じ名を持っていたと私は考える（中西進『万葉集』〈講談社文庫〉より）。

■万葉集二二一〇番

明日香《あすか》川黄葉《もみちば》流る葛城《かづらき》の山の木《こ》の葉は今し散るらむ

この葛城山は青旗の葛城山即ち宝満山であり、この明日香川は宝満川である。

即ち、舒明天皇は、現在小郡官衙遺跡とされる宝満川の川原にあった明日香川原宮に七世紀中頃遷居された、明日香の名を持つ明日香川原宮御宇天皇であられたということである。

万葉集一九六番で人麿は、朝鮮半島の戦いで戦死され大船で帰還された舒明天皇を偲び悲しみ歌う。天皇が吉野宮に幸《いでま》され高殿で遊ばれた時のことを偲び「うつそみと　思ひし時　春べは　花折りかざし　秋立てば　黄葉《もみちば》かざし」と歌い、かつて遊ばれた城上の宮が永久の宮となることを哀しみ、宵の明星[※2]が惑い動くように、亡き主人を乗せた大船がいかにもためらいながらよろよろとその城上の宮へと明日香川を遡り行く船影を哀しみ、貴方のことのみか名のみでも永遠に忘れ去られませんように、天地が永遠であるように貴方のことをいつまでもお偲びいたします、貴方の名を持つこの明日香川は永遠に愛すべき貴方の形見です、と歌うのである。

この歌は、書紀に記述される中大兄皇子の歌を思い起こさせる。
書紀は斉明天皇が朝倉宮で亡くなり、天皇の棺を乗せ船で難波へ帰還する途中のある港に停泊した時に、皇太子が天皇を偲んで口ずさまれたと記述する。

君《きみ》が目《め》の　恋《こほ》しきからに　泊《は》てて居《ゐ》て　かくや恋《こ》ひむも　君《きみ》が目《め》を欲《ほ》り

朝鮮半島の戦いで父舒明天皇を失い、その棺を船に乗せて難波即ち博多港へと帰還する中大兄皇子。博多港からさらに神武天皇や磐之姫皇后と同じ航路を経て有明海即ち伊勢の海へと入り筑後川即ち明日香川を遡って城上の宮へと向かう。この歌はどこに停泊した時に中大兄皇子が口ずさんだのであろうか。敬愛する父を失った中大兄皇子、偉大なる天皇を失った倭国、この一つの深い大きな悲しみを、二つの歌はそれぞれに表している。

※1：九州年号とは、古田武彦氏の著書『失われた九州王朝』、『法隆寺の中の九州王朝』の中で言及されている善記（西暦五二二年）から大長（西暦六九八年）までの年号を指し、古田氏は、本居宣長の弟子である鶴峯戊申《つるみねしげのぶ》が『襲国偽僭考《そのくにぎせんこう》』の中でこの各年号を列記し九州年号の概念を提示したことを指摘し、さらに李氏朝鮮の申叔舟《しんしゅくしゅう》が著した『海東諸国記』（一四七一年成立）にも一部相違があるものの同様の年号が日本国の年号として記されていることを示した上、九州を中心とした各地の神社や寺院の記録にこれらの年号が実際に使われている例を挙げて、これらを古田氏は九州王朝の制定した年号とすることの正当性を示した。その後古田氏は、鎌倉時代初期に成立した百科全書『二中歴』に記載された年号を九州王朝の年号として最も重要視している。

※2：舒明天皇が用意されていた自らの御陵は、明日香川原宮の真北にある宮地岳であったに違いない。人麿のこの悲しみには、厳しい戦況のためその本来の御陵に葬ることができない舒明天皇に対する人麿の切ない無念の気持ちも込められている。そして、舒明天皇のために用意された宮地岳の御陵が、悲しくも壬申の乱で自殺したその皇子天智天皇の埋葬地となるのである。

明日香（飛鳥）の位置が極めて正確に把握されたところで、再び壬申の乱の最終場面へと進みたい。

大友皇子・左右大臣たちはかろうじて逃げることができた。男依たちは粟津岡《あはつのをか》の下に出陣した。この日に、羽《は》田公矢国《たのきみやくに》と出雲臣狛《いづものおみこま》が共に三尾城《みをのき》を攻めて降した。

壬子《じんし》（二十三日）に、男依たちは近江の将犬養連《いぬかひのむらじ》五十君《いきみ》と谷直塩手《たにのあたひしほて》を粟津市《あはつのいち》で斬った。ここに大友皇子は逃げ込むところがなくなり、引き返して山前《やまさき》に隠れ、自ら首を括って死んだ。この時、左右大臣と群臣たちはみな散り散りに逃亡した。ただ物部連麻呂《もののべのむらじまろ》と一、二の舎人のみが皇子に従っていた。

辛亥《しんがい》（二十二日）に、瀬田に至った男依たちは橋を挟んで大友皇子の軍と対峙し、男依たちはその橋を突破して近江軍は総崩れとなり、大友皇子と左右大臣たちはかろうじて逃げる。そして男依たちが粟津岡の下に出陣したとあるが、粟津岡とは現在のどこかは不明である。また、羽田公矢国《はたのきみやくに》と出雲臣狛《いづものおみこま》が共に三尾城《みをのき》を攻めて降したとする三尾城も同じく不明である。

逃げ場所を失った大友皇子は山前に隠れそこで首を括って自殺するのであるが、山前とは宮地岳の東麓にある山家（やまえ）と考えられる。宮地岳は相坂山であり、相坂山は何か人々の信仰の対象となっていたか、相坂を越える旅人がなぜか必ずこの山へ手向《たむ》けをするのである（中西進『万葉集』〈講談社文庫〉より）。

■万葉集三二三六番

そらみつ　倭《やまと》の國　あをによし　奈良山越《こ》えて　山代《やましろ》の管木《つつき》の原　ちはやぶる　宇治の渡《わたり》　滝《たぎ》つ屋の　阿後尼《あごね》の原を　千歳《ちとせ》に　闕《か》くる事無く　万歳《よろづよ》に　あり通《かよ》はむと　山科《やましな》の　石田《いはた》の社《もり》の　すめ神に　幣帛《ぬさ》取り向けて　われは越え行く　相坂山《あふさかやま》を

■万葉集三二三七番、三二三八番

あをによし　奈良山過ぎて　もののふの　宇治川渡り　少女《をとめ》らに　相坂山に　手向草《たむけくさ》　綵《ぬさ》取り置きて　吾妹子《わぎもこ》

に　淡海の海の　沖つ波　来寄《きよ》る浜辺を　くれくれと　独りそわが来る　妹《いも》が目を欲《ほ》り

反歌

相坂をうち出《い》でて見れば淡海の海白木綿花《しらゆふはな》に波立ち渡る

この山家の地は、これらの歌の中にあるように山科の地でもある。書紀が大友皇子と記す天智天皇はここで自殺し、この宮地岳に葬られたのであろう。

山科《やましな》の御陵《みささき》より退《まか》り散《あら》けし時に、額田王の作れる歌一首

やすみししわご大君のかしこきや御陵仕《みはかつか》ふる山科《やましな》の鏡の山に夜《よる》はも夜《よ》のことごと昼はも日のことごと哭《ね》のみを泣きつつ在《あ》りてや百磯城《ももしき》の大宮人《びと》は去《ゆ》き別れなむ

書紀は、大友皇子をまさに壬申の乱の首謀者のように記述した。左右大臣も群臣も何一つ具体的に作戦指揮活動したことを、書紀は示さない。これでは、この後の戦後処理で右大臣中臣金連が極刑になる理由がないではないか。まるで無実の罪で、天武天皇は中臣金連を死刑にしたことになるではないか。書紀は、壬申の乱の戦争責任の全てを大友皇子即ち天智天皇へ押し付けようとしている。その天智天皇がどうして積極的に作戦指揮をするであろうか。天智天皇の深い知識と波乱そのものの後半生、父舒明天皇から受けた薫陶、そのあまりにも厳しい実戦と虜囚の体験等々から、もし自分がこの戦いで勝利すれば祖国がどういう運命を担わされるのか誰よりも天智天皇自身が知っていた。たとえ筑紫都督府側が負けても、筑紫都督である自分が生き残れば壬申の乱は終結せず、大唐の侵略の口実を与えるだけである。都督府に戦況不利な今こそ、自ら命を絶つことにより祖国を救うことができる。過酷な運命に耐えてきた天智天皇であればこそ、真の英雄の最後の決断であったに違いない。

(十三) 壬申の乱（その十一）　将軍吹負、難波への派兵

初め将軍吹負《ふけひ》が乃楽《なら》に向かって稗田《ひえだ》に至った日（不破宮を七月一日に出発し奈良山にて七月三日に布陣したが、その途中の日を表す）に、ある人が「河内より多くの軍勢が来ている」と言った。すぐに坂本臣財《さかもとのおみたから》・長尾直真《ながをのあたひま》墨《すみ》・倉墻直麻呂《くらかきのあたひまろ》・民直小鮪《たみのあたひをしび》・谷直根麻呂《たにのあたひねまろ》を派遣して三百人の兵士で竜田を塞ぎ、また佐味君少麻呂《さみのきみすくなまろ》を派遣して数百人の兵士を大坂《おほさか》に駐屯させ、鴨君蝦夷《かものきみえみし》を派遣して数百人の兵士で石手道《いはてのみち》を守らせた。この日に坂本臣財たちは平石野《ひらいしのの》に野営していた。その時、近江軍が高安城《たかやすのき》にあると聞いて山を登った。近江軍は財《たから》たちが来るのを知って税倉《ちからくら》をすべて焼き払い、皆散り散りに逃亡した。それで財《たから》たちは城中に宿営した。曙に西の方を望み見ると、大津、丹比《たぢひ》の二つの道から多くの軍勢が来ていて、はっきりとその旗が見える。ある人が「近江の将壱《い》伎史韓国《きのふひとからくに》の軍である」と言った。財《たから》たちは高安城より降って衛我河《ゑがのかは》を渡り、韓国《からくに》と河の西で戦った。財《たから》たちは兵が少なく敵を抑えることができなかった。これより前に、紀臣大音《きのおみおほと》を派遣して懼坂道《かしこのさかみち》を守らせていた。そこで財たちは懼坂まで退却して大音の軍営に留まった。この時、河内国司守来目臣塩籠《かふちのくにのみこともちのかみくめのおみしほこ》は不破宮側に帰順しようと軍勢を集めていた。そこに韓国《からくに》がやって来て、密かにその計画を聞いて塩籠を殺そうとした。塩籠は計画が漏れたことを知って自殺した。中一日おいて近江軍はいくつもの道から大勢がやってきた。そのため防戦しきれず退却した。

将軍吹負が奈良に向かって稗田に至った日と書紀は記して、（七月一日に）奈良山へ出発した吹負が、その日に途中の稗田で自らの軍を分けて竜田と大坂と石手道へ派兵したことを記す。吹負はどこから奈良山へ出発したのであろうか。書紀はそれを、吹負の奪還した倭京からの出発としているようである。書紀は、倭京と不破宮とをかなり離れた所に置いている。そのため吹負による倭京の奪還を、大伴連安麻呂《おほとものむらじやすまろ》たち三人を不破宮へ派遣して天皇へ報告させたことにしている。そしてすぐに天武天皇は吹負を将軍に任ずるのであるが、そのようなことを天武天皇がされるわけがない。大分君恵尺たちを留守司高坂王のもとへ派遣して駅鈴を求めさせた時に、今後の事件の展開を考慮した具体的で的確な指示を出されたように、天皇の判断力と先見性と指導力は極めて卓越し

ていると考えられる。そのような卓越した指導力を持つ天皇が、自分の直属の臣下でない者を重要な将軍に就任させる時、自分の元に参上させてどういう人物かを十分に鑑定した上で、自らの戦略方針を理解、納得させて就任させると考えるのが常識である。吹負は日田奈良の都の入口にある不破宮の天武天皇の元に参上し、そこで将軍に任命されたのである。即ち、将軍吹負の出発地は不破宮である。そして、不破宮と奈良山との間に稗田は存在しないのである。稗田は麻底良山即ち奈良山の丁度真北十キロメートルの所にある。小石原川即ち宇治川あるいは泊瀬川の上流の北岸の山深いところである。なぜ将軍吹負はこのような山深い里に来ているのであろうか。これは、書紀により日付の改竄が行われている。稗田に至った日とは、七月四日の吹負が奈良山で負けた日より後と考えれば合理的な解釈ができる。奈良山で果安の大軍に惨敗した吹負は、敵方に追われ奈良山の尾根筋を北方に逃げに逃げたのである。南に逃げれば筑後川に追い落とされるし、奈良山を挟んだ東と西は敵方の兵で充満している。麻底良山は筑紫山地から南へ枝のように出ている山である。その麻底良山の尾根を北に抜け、筑紫山地の鳥屋山《とやさん》山麓の佐田から谷筋を抜けて小石原川へ、川沿いに西へ進めば稗田へと至るのである。そして書紀の記す、坂本臣財たちを竜田、大坂、石手道へと派遣することはこの時点でできるはずがなく、もしこの派遣が事実であるとすれば他の作戦行動によるものと考えられる。この竜田とは立田山即ち脊振山周辺を意味し、大坂とは相坂を意味する。書紀は、淡海を琵琶湖、難波を現在の大阪として二つに分離したことにより、本来同一の坂である万葉集に歌われる相坂を、難波に抜ける坂を大坂として書紀は使い分けているのである。また、石手道とは宮地岳西麓阿志岐より大石へと抜ける道を言うのであろうか。この大石とはかなり古くからの村の名であり、貝原益軒の『筑前国続風土記』にその名の由来が述べられている。

○大石

村中に長五間ばかりなる大石あり。里人是を石の神といふ。故に村の名をも大石と稱す。云々

と記述され、村の中にある大石がその村名の由来とされている。石手道と呼ばれるとは、何か石に関わる道であると捉えられる。それで、この大石を通る道がその名にふさわしいと考えられるのである。古事記で神武東征

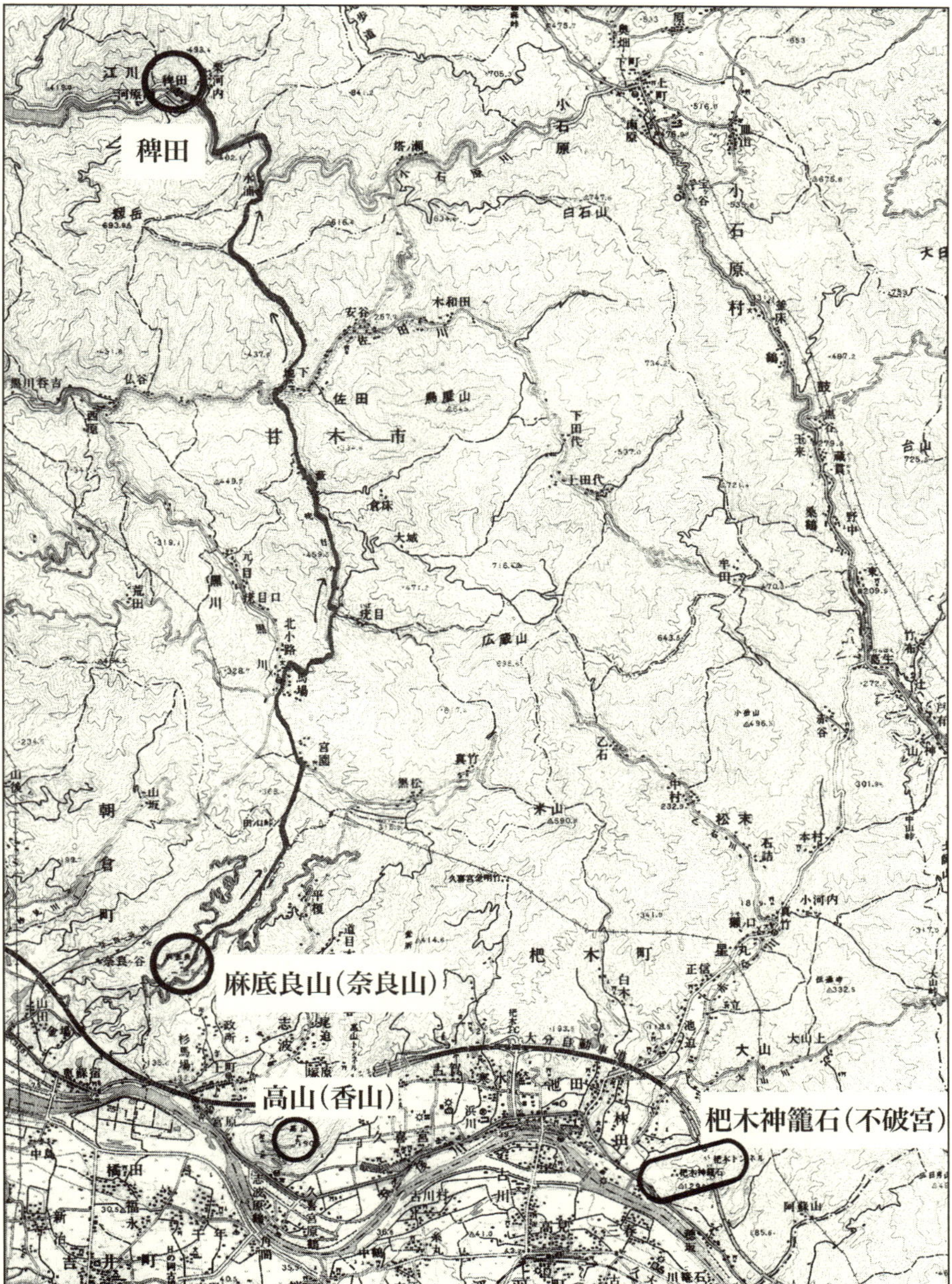

地図6-13　壬申の乱（その十一）　奈良山、稗田

の折、登美能那賀須泥毘古《とみのながすねびこ》に日下《くさか》の蓼津《たでつ》で破れた神武天皇（神倭伊波礼毘古命）は、九州を西回りに半周して筑後川（吉野川）北岸を遡り、登美能那賀須泥毘古と再び戦った。その時に歌ったとされる歌に、この「大石」が出てくる。

神風の　伊勢の海の　大石《おひし》に　這《は》ひ廻《もとほ》ろふ　細螺《しただみ》の　い這ひ廻《もとほ》り　撃ちてし止まむ

登美能那賀須泥毘古の軍を伊勢の海の岩に這う巻貝に喩《たと》え、この阿志岐付近での戦いであることを「大石」で示しているのである。

坂本臣財たちが野営していた平石野とはどこの野を云っているのであろうか。坂本臣財たちは竜田即ち脊振山方面を目指していた。奈良山方面から脊振山方面を目指していた途中の野原とは阿騎の大野か、そして彼等が登った高安城とは阿騎の大野の中心にある城山か。舒明天皇により築城されたと考えられる城山は、敵方が淡海・太宰府方面から、その北西七キロメートルにある、宮地岳、基山の間の相坂を越えかつての葦原中国である筑紫平野に雪崩れ込んで来る時、その真正面に立ちはだかる要塞となるのである。そして坂本臣財たちが高安城を降って渡った衛我河《ゑがのかは》とは何川かであろうか。衛我河を渡り川の西で戦ったとあるから、高安城が城山であれば城山のすぐ西を流れる宝満川即ち安河もしくは明日香川がこの衛我河ということになる。

次に、坂本臣財たちが退却した懼坂《かしこのさか》とはどこであろうか。万葉集に懼坂を詠んだ歌がある（中西進『万葉集』〈講談社文庫〉より）。

■万葉集一〇二二番
父君《ちちぎみ》に　われは愛子《まなご》ぞ　母刀自《ははとじ》に　われは愛子《まなご》ぞ　参上《まゐのぼ》る　八十氏人《やそうぢびと》の　手向《たむけ》する　恐《かしこ》の坂に　幣奉《ぬさまつ》り　われは
ぞ追《おへ》る　遠き土佐道《ぢ》を

この歌の「八十氏人」から、この坂は宇治川に沿う坂であることが判明する。現在の小石原川即ち宇治川の東岸に沿って秋月即ち隠国の泊瀬へと上る坂道が、懼坂であると考えられる。

(十四)　壬申の乱（その十二）　将軍吹負の難波への進撃

　この日に（将軍吹負が奈良山で負けた四日を示す）、将軍吹負は近江のために破れ、独り一、二の騎兵を率いて逃げた。墨坂《すみさか》に至って、偶々菟《うさぎ》の軍と出会い、さらに還って金綱井《かなづなのゐ》に駐屯して散逸した兵たちを招き集めた。そして近江軍が大坂道《おほさかのみち》より来ると聞いて、将軍は軍を率いて西へ進んだ。当麻《たぎま》の衢《ちまた》に至って、壱伎史韓国《いきのふひとからくに》の軍と葦池《あしいけ》の畔《ほとり》で戦った。その時勇士来目《くめ》という者あり、刀を抜いてすばやく馬を馳せて真っ直ぐに敵陣へ突入した。騎兵たちが続いて進撃した。そのため近江軍がことごとく逃げ出し、追って大勢の敵を斬り殺した。ここに将軍は軍中に命令して「兵を起した本意は人民を殺すことではない。これは元凶を討つためである。よって、みだりに殺すことなかれ」と言った。その時韓国《からくに》は軍を離れて独り逃げていた。将軍はそれを遠くに見つけ、来目《くめ》に射させた。しかし当たらず、走り逃げおおせることができた。将軍はまた本営に戻った。その時、東軍が次々と大勢がやって来た。すぐに軍勢を分けてそれぞれを上中下の道に当てて駐屯させた。ただし将軍吹負のみは、自ら中道《なかつみち》を担当した。この頃、近江の将犬養連《いぬかひのむらじ》五十《い》君《きみ》は中道より進んできて村屋に留まり、別将廬井造鯨《いほゐのみやつこくぢら》を派遣し二百の精鋭を率いさせて将軍の軍営を攻撃させた。その時、吹負の指揮下の兵が少なかったため、これを防ぐことができなかった。ここに大井寺《おほゐでら》の奴《やっこ》で徳麻呂《とこまろ》という者たち五人が軍に従っていた。すぐに徳麻呂たちは先鋒となって進み弓を射った。そのため鯨《くぢら》の軍は進むことができなかった。

　この日に、三輪君高市麻呂《みわのきみたけちまろ》・置始連菟《おきそめのむらじうさぎ》は上道《かみつみち》に当たって箸陵《はしはか》で戦った。近江軍を大破し、勝ちに乗じてさらに鯨《くぢら》の軍の後方を断った。鯨の軍は皆散り散りに逃げ、多くの兵を殺した。鯨は白馬に乗って逃げたが、馬が泥田に落ち進むことができなかった。すぐに将軍吹負は甲斐の勇者に「その白馬に乗る者は廬井鯨である。すぐに追いかけ弓で射よ」と言った。ここに甲斐の勇者は馬を馳せて追い、鯨に追いつこうとした時に、鯨は激しく馬を鞭打ち馬がよく泥を抜け出て、そして馳せて逃げることができた。将軍はまた本拠に帰って軍を立て直した。これ以降、近江軍は遂に来ることはなかった。

七月四日に奈良山で大敗した吹負は北の稗田へと逃げ、そこから小石原川に沿って西に向かい秋月に出てそこからさらに大己貴《おおなむち》神社の前の坂道即ち墨坂を下り、そこで東道将軍紀臣阿閉麻呂《きのおみあへまろ》に派遣されて千余騎を率いた置《おき》始連菟《そめのむらじうさぎ》と出会うのである。書紀は七月四日に出会ったように記述するが、紀臣阿閉麻呂が置始連菟を派遣したのは七月九日である。書紀による原文改竄がこの間違いを引き起こしている。要するに、吹負と置始連菟が墨坂で出会ったのは七月九日以降でなければならない。その七月九日に何が起きていたか。不破宮より直接近江を目指した村国連《むらくにのむらじ》男依《をより》たちが、近江の将秦友足《はだのともたり》を鳥籠山《とこのやま》で討ったのが七月九日である。鳥籠山とは現在の砥上岳《とがみだけ》であると前述した。墨坂より北北西六キロメートルの位置に砥上岳はある。将軍吹負と男依たちの軍とはまさに合流しようとしているのである。ここで、紀臣阿閉麻呂《きのおみあへまろ》を東道将軍としていることは書紀の改竄である。紀臣という名からこの将軍が紀国の出身であることが読み取れる。紀国とは現在の佐賀県、長崎県である。紀臣阿閉麻呂の軍勢は現在の脊振山地の南麓・西麓周辺や有明海周辺から集められたと考えられる。即ち、紀臣阿閉麻呂は東道将軍ではなく西道将軍と呼ばれるべきであり、この軍勢は西から東へ、脊振山の南麓を通りそして一部は大山を越えて、相坂、墨坂方面あるいは淡海太宰府へと向かっていると考えられる。あるいは、奈良山で負けて自らの軍勢を失った将軍吹負が再び軍勢を持つことができた説明が必要なため、書紀が紀国の軍勢を造作した可能性も残される。

墨坂で菟《うさぎ》と出会った吹負は金綱井《かなづなのゐ》に駐屯し、大坂即ち相坂から敵が来ると聞いて軍を西に進めるが、この金綱井とは現在のどこにあるのであろうか。墨坂から相坂へは現在の日田往還の道を西へと進む。この金綱井は墨坂と相坂との間にあると考えられる。井とは井戸または泉を意味する。道の脇にあって旅人や里人の誰もが利用できる泉が湧き出ており、それが金綱井として人々に知られていたことが想像できる。万一その泉が涸れていなければ有名な泉として現在も残っているはずであるし、もしも江戸時代まで残っていたとすれば、あの貝原益軒の『筑前国続風土記』にそれに関わる記述が残っていても不思議ではないと考えた。そして、『筑前国続風土記』、巻之十、夜須郡にそれはあった。

○金銘水

当所村の内、大道の端にあり。是清冽なる名水なりしと云。今は其所道と成て、水は出ず。云々

當所村は現在も福岡県朝倉郡筑前町当所《ちくぜんまちとうしょ》としてその地名を残している。場所は、日田往還の北側で往還に接しており、小石原川即ち宇治川と宮地岳前の坂即ち相坂とを結ぶ日田往還の丁度中間地点にある。「當所村の内、大道の端にあり」とは、金銘水が當所村を通る日田往還の傍にかつてあったと考えられ、そして貝原益軒の時代にはすでに道路敷の下になってしまっていたのである。※金銘水は、金綱井のある場所と想定したまさにその場所にあった。千年の時を経て名こそ「金綱井」と「金銘水」との違いはあるが、これを同一の泉にあらずと言える者はこの世にはいない。

※筑前町当所にある當所神社の伊藤氏から、金銘水のあった大道とは日田往還ではなく、當所神社の北にある道を指しているとのご指摘があった。なお、その時にさらにご指摘のあった日田往還とはかつての甘木鉄道の線路敷であったとのことについて、壬申の乱の時代、舒明天皇によって建設された古代官道が太宰府と日田奈良の都とを結んでいたと考えられ、現在の日田往還とほとんど同じ経路で古代官道が設置されていたのではないかと考えられる。

ここで日本書紀解読に大きな役割を果たす貝原益軒とその著書『筑前国続風土記』について、百科事典の記述とインターネットで『筑前国続風土記』を公開されている学校法人中村学園による説明について紹介しておきたい。

ブリタニカ国際大百科事典
貝原益軒〔カイバラエキケン〕
〔生〕寛永七（１６３０）・一一・一四。筑前、福岡城
〔没〕正徳四（１７１４）・八・二七。

江戸時代前期の儒学者。名は篤信、字は子誠、通称は久兵衛。黒田侯祐筆職貝原寛斎の五男。長崎で医学を修め、明暦一（１６５５）年江戸に出て、翌年より黒田光之に仕え藩医となる。林鵞峰、山崎闇斎、松沢尺五、木下順庵らと交わり儒学の研究に専念。寛文四（１６６４）年三五歳で福岡に帰り、藩儒の実務をとった。同五年から死にいたるまでの五〇年間に、九八部、二四七巻の著述をし、経学のみならず、医学、民俗、歴史、地理、教育などの各分野で先駆者的業績を残した。著書『自娯集』『慎思録』『大疑録』の三部作のほか、『大和本草』『大和俗訓』『和俗童子訓』『君子訓』『養生訓』『女大学』など。

学校法人中村学園電子図書館　貝原益軒『筑前国続風土記』より

筑前国続風土記は明治にいたるまで写本としてのみ流布し、刊行されなかったために、一般にはあまり知られていないものである。１６８８年（元禄元年）益軒五十九歳のときに編纂の許可がおりて、１７０３年（元禄16年）七十三歳のときに藩主に献上された。しかし、これは単なる黒田藩の事業ではなく、益軒の強い希望によるものである。益軒はその後も改訂を続け、１７０９年（宝永6年）八十歳のときに自序を記し、これをもって完成としている。本書編纂の経緯はこの自序に詳しく述べられている。出版を意図したものと考えられるが、生前はもちろんその後も出版の許可は得られなかった。

(http://www.nakamura-u.ac.jp/library/archive05/)

将軍吹負は大坂道から近江軍が来ると聞いて軍を西に進め、当麻《たぎま》の衢《ちまた》に至って壱伎史韓国《いきのふひとからくに》の軍と葦池《あしいけ》の畔《ほとり》で戦ったとあるが、当麻の衢とは、葦池とは、現在のどこにあるのであろうか。当所《とうしょ》より日田往還を西に進むと往還の北に南北五百メートルほどの大きな池がある。松延池《まつのぶいけ》といい、『筑前国続風土記』にも、「〇松延塘　松延村にあり。水面を田につもれば、八町ありといふ。大なる塘也。」との記述がある。そして、その松延池の南に松《まつ》延《のぶ》がありその松延の西隣に石櫃《いしびつ》という地名があって、再び『筑前国続風土記』に「石櫃と松延との間に、筑後の松崎に行大道あり。」との記述がある。松延池のそばの日田往還に交差する道は貝原益軒の時代には重要な道路であったことがわかる。おそらくこの交差点が当麻の衢であり、松延池が葦池であると考えられる。

将軍吹負が壱伎史韓国《いきのふひとからくに》の軍と戦った後本営に戻ったとあるが、この本営とはどこのことを言っているのであろうか。その本営に東軍が次々とやってきたとあるのは、これは明らかに男依の軍との合流を意味している。七月九日に男依が近江の将秦友足を討った鳥籠山即ち砥上岳の山麓から金綱井即ち金銘水のある当所まで、僅かに三キロメートルほどしかない。この金綱井が、おそらく天武天皇自ら立てられた作戦に当初より予定されていた天武軍の合流地点であり、この地点に向けて男依たちは横河即ち遠賀川下流域から上流域へ、そして鳥籠山へと進撃してきたと考えられる。即ち、この本営とは、駐屯地に適しかつ淡海・太宰府への総攻撃態勢を整えるのに絶好の位置にある金綱井と考えられる。そして全軍が集結するその時までに、高市皇子が天武軍全軍の総司令官としてここ本営に来ていなくてはおかしいのである。書紀は常に最も大事なことを削除して、読者を歴史の真実から遠ざける。そして、金綱井があった「当所」とは当て所即ち目的地を意味する。いつからの地名であろうか。壬申の乱の故事に因んで付けられた地名ではないだろうか。

天武軍は、筑紫山地北側の遠賀川流域にある東国を男依たちの軍が制圧し、脊振山地南麓・西麓一帯を紀臣阿《きのおみあ》閉麻呂《へまろ》の軍で抑え、筑紫山地南側で宝満川東岸の地域を、将軍吹負を中心とした軍勢が今制圧しようとしている。ここを制圧すれば、残すは宝満川を渡り相坂を突破して、淡海・太宰府へと全軍がなだれ込むのみである。将軍吹負が軍を上中下の三つの道に分け、自らは中道を担当したとあるが、中道とは相坂へ最短距離を進む日田往還に当たる道と考えられ、その日田往還の北側の道と南側の道の三本の道を上中下の道としたのであろう。三本の道がどの道であるか、日田往還以外の二本の道は具体的には分からない。これは、この地域即ち筑紫山地の南側で宝満川の東に残存する敵軍を一掃するための作戦であると考えられる。相坂へ突入する前に後方の敵を一掃し、背後からの襲撃を受けないための敵残党の掃討作戦である。

三輪君高市麻呂《みわのきみたけちまろ》・置始連菟《おきそめのむらじうさぎ》は上道《かみつみち》に当たって箸陵《はしはか》で戦ったとあるが、箸陵とはどこか。書紀崇神天皇十年九月の条にある大物主神と倭迹迹日百襲姫命《やまとととひももそひめのみこと》との話を、「第四章　天孫降臨」の中で次のように記述した。

国内に疫病が流行り八百万神に占い問われたところ、倭迹迹日百襲姫命《やまとととひももそひめのみこと》が神懸りして、大物主神が現れ自分を敬い祭れと言われ、教えのままに祭ったが効果はなく、さらに天皇が沐浴物忌みして祈ったところ、天皇の夢に大物主神が現れ、国が治まらないのは自分の祟りであり自分の子大田田根子《おおたたねこ》をもって自分を祭らせるようにと言われ、大田田根子に大神《おおみわ》を祭らせたとある。このとき神懸りした倭迹迹日百襲姫命は後に大物主神の妻となるが、大物主神は昼には来ないで夜のみ来る。倭迹迹日百襲姫命が姿がよく見えないので明朝まで留まってほしいと言ったところ、櫛笥《くしげ》（櫛を入れる箱）に入っているからどうか驚かないでほしいと答えた。翌朝、倭迹迹日百襲姫命が櫛笥の中を見ると美しい小さな蛇が入っていた。倭迹迹日百襲姫命が驚き叫ぶとたちまち人の姿になり、お前は我慢できず私に恥をかかせたと言って三諸山に登っていった。倭迹迹日百襲姫命は去り行く神を見て後悔し、尻餅をついたときに箸が陰部を突いて死んでしまった。その墓を名付けて箸墓《はしはか》というとある。

この話に出てくる倭迹迹日百襲姫命の墓が箸墓である。即ち、箸墓とは三諸山の近くにあるということであり、三諸山とは三輪山のことである。三輪君高市麻呂《みわのきみたけちまろ》・置始連菟《おきそめのむらじうさぎ》が上道《かみつみち》を担当して箸墓で戦ったのであるから、日田往還の北にある道の近くに三輪山があり、その付近に箸墓があるということになる。大己貴《おおなむち》神社へ上る坂を墨坂とした。その大己貴神社の神南備山が三輪山であることは前に述べた。当所《とうしょ》から日田往還を東北東へ約三キロメートル行ったところが墨坂への分岐点であり、そこから逆に二、三百メートル戻ったところから北北西へ分岐している道がある。この分岐点のほぼ北一・五キロメートルのところに三輪山がある。この北北西へ分岐している道がおそらく上道と考えられる。この道を分岐点から約一キロメートル進むとその北に阿弥陀ヶ峰があり、道の右手に仙道《せんどう》古墳がある。仙道古墳あるいは未発見のものも含め、この付近にある古墳のいずれかが箸墓であるということである。

この上中下の道に分かれての掃討作戦について、書紀はその日付を記さない。しかし前述した男依たちの戦闘記録によりその日付が分かる。

七月十三日に、男依たちは安河《やすのかは》の浜《ほとり》で戦って大勝し、社戸臣大口《こそへのおみおほくち》と土師連千島《はじのむらじちしま》を捕らえた。七月十七日に、栗太《くるもと》の軍を討って追い払った。

男依たちは下道を行ったのか、安河即ち宝満川の東の河畔に達し、そこで敵に大勝する。そして十七日、上道の阿弥陀ヶ峰のすぐ西にある栗田即ち栗太へと向かい、そこで残党を掃討する。ここは、筑紫山地、宝満川、筑後川によって囲まれた地域、即ち大国主神《おおくにぬしのかみ》の座《いま》した葦原中国《あしはらのなかつくに》の中心地であり、瓊瓊杵尊《ににぎのみこと》の天孫降臨の目的地である高天原の神々の約束の地であり、神武天皇が占拠しようとして果せなかった黄金の三角形、日本国の中心であるまさに国のまほろばとでも呼ぶべき地である。その地域が、全て天武軍によって制圧されたのである。そして、七月二十二日から二十三日の宝満川渡河と相坂突入への総攻撃に向けて、全ての準備が整ったのである。

（十五）壬申の乱（その十三）　三神の託宣が的中する

これより先に、金綱井《かなつなのゐ》にて軍を整えた時に、高市郡《たけちのこほりの》大領《こほりのみやつこ》高市県主《たけちのあがたぬし》許梅《こめ》が急に口を噤《つぐ》んで話すことができなくなった。三日後にまさしく神懸りして「吾は高市社《たけちのやしろ》に居る、名は事代主神《ことしろぬしのかみ》である。また、身狭社《むさのやしろ》に居る、名は生霊神《いくみたまのかみ》である」と言った。そして神意を表して「神日本磐余彦天皇《かむやまといはれびこのすめらみこと》の陵《みささぎ》に馬と種々の兵器を奉れ」と言った。そしてまた、「吾は皇御孫命《すめみまのみこと》の前後に立って不破にお送りして戻ってきた。今また官軍の中に立って守り申し上げる」と言った。また、「西の道より軍勢が来ようとしている。用心せよ」と言った。言い終わって神懸りから覚めた。このことから、すぐに許梅《こめ》を遣わして御陵を祭り礼拝させ、そして馬と兵器とを奉った。また幣帛を捧げて高市・身狭の二社を敬い祭った。その後に、壱伎史韓国《いきのふびとからくに》が大坂より来た。また、村屋神《むらやのかみ》が神官に依り憑《つ》いて「今、我が社《やしろ》の中道《なかつみち》より軍勢が来るであろう。よって社の中道を塞ぐべし」と言った。するとまだ数日も経たないうちに廬井造鯨《いほゐのみやつこくぢら》の軍が中道よりやって来た。よって時の人は「二社の神の教えられた言葉が真にこのことであった」と言った。軍事に係ることが終了した後に、将軍たちはこの三神の託宣を天皇に奏上した。それで天皇は詔《みことのり》して三神の品《しな》を上げ祭祀を行われた。

事代主神《ことしろぬしのかみ》とは、書紀では瓊瓊杵尊《ににぎのみこと》の天孫降臨の前に、高皇産霊尊《たかみむすひのみこと》が経津主神《ふつぬしのかみ》と武甕槌神《たけみかづちのかみ》の二柱の神を葦原中国へ派遣し、二神が大己貴神《おおなむちのかみ》へ国を譲るか問うと、我が子事代主神にまず聞いて欲しいと答えた、その大己貴神即ち大国主神の御子である。また、生霊神とは、崇神天皇の条で大物主神《おおものぬしのかみ》が天皇の夢に出て、我が祟りを受けたくなければ我が子大田田根子《おおたたねこ》に自分を祭らせよとの大物主神自らの託宣を受けて、大田田根子を神主として大《おお》神《みわ》を祭ったとされるが、その大田田根子の母活玉依媛《いくたまよりひめ》のことを云うか。金綱井即ち金銘水から真東へ約三キロメートルの所に、大己貴《おおなむち》神社即ち大神《おおみわ》神社があり三輪山がある。しかし書紀は、この付近に大田田根子の祭った大神神社があることを全く記さない。それは書紀の改竄により淡海と難波が全く違う場所に分離され、金綱井は本来は淡海・太宰府へと抜ける相坂付近であるものを、難波へ抜ける大坂付近に置かないと話が矛盾してくるためであり、この書紀の記す高市社とは大神神社即ち大己貴神社のことを意味していると考えられる。「原日本書紀」に記されていた大神神社を高市神社と書紀は改竄したに違いない。

村屋の神が神官に依り憑《つ》いて「今、我が社《やしろ》の中道《なかつみち》より軍勢が来るであろう。よって社の中道を塞ぐべし」と言って、数日も経たないうちに廬井《いほゐの》造《みやつこ》鯨《くぢら》の軍が中道よりやって来た、とあるが、「我が社の中道より」とは、この社の境内《けいだい》が広大で中道がその中を横切っているような状態を表しているのではと考えられる。金銘水と相坂とを結ぶ日田往還の付近で古い来歴を持つ大きな神社としては砥上《とがみ》神社がある。『筑前国続風土記』には、神功皇后が新羅を討とうとした時に諸国の軍勢をここに集結させ「中やど也」と言われたので仲屋《なかつや》と号す。そして軍勢に武器を砥ぎ磨かせたので砥上と号したとか。後世に至ってこのような遺跡であることから神功皇后をお祭りした。古《いにしえ》は大社であったと見え、宮所広く古めかしく、御池、御橋も世の常ならず、との記述がある。砥上神社は日田往還から北北東約二キロメートルの位置にあるが、日田往還も境内を通るような大社であったのかも知れない。砥上神社は中津屋神社とも呼ばれるが、「我が社の中道（なかつみち）」との村屋の神の言葉との強い相似性を感じるのである。

ここで、神功皇后が出てきたので、この付近に因む事柄も含め、書紀に記された神功皇后に関わる記述について疑念に感じてきたことを少し述べておかなくてはならない。今まで考察してきたように書紀の地名の移転等を手段とする歴史改竄の解明は、書紀の記す神功皇后の条の解釈にも大きな変更を要求するものとなる。神功皇后の条全てに新たな解釈を行うには現在の自分の調査研究では不十分であり、これからの現地と文献の調査研究を必要とするので、ここでは今まで疑念に感じた若干の事柄について述べるに留めたい。

書紀では仲哀天皇は最初に角鹿《つぬが》（福井県敦賀市）の行宮に居てそこから紀伊国を巡狩中に熊襲が叛いたので穴《あな》

門《と》へ幸し、そして神功皇后を角鹿から穴門へ呼び寄せたとする。それに対し、古事記では仲哀天皇（帯中日子《たらしなかつひこの》天皇《すめらみこと》）は穴門の豊浦宮《とようらのみや》と筑紫の訶志比宮《かしひのみや》に坐して天下を治めたとする。古事記仲哀天皇の条に角鹿が出てくるのは、建内宿禰命《たけうちのすくねのみこと》が太子を連れて禊《みそぎ》をしようと淡海と若狭の国を巡行したときに角鹿に仮宮を造って居たとする時である。書紀が、仲哀天皇と神功皇后は関西から九州へと遠征したように改竄していることがわかる。穴門とは現在の山口県下関市とされるが、私は洞海湾内の皇后崎《こうがさき》の隣の穴生《あのお》ではないかと先に述べた。洞海湾とは山部赤人や柿本人麿の歌う藤江の浦であり、藤江の浦は多くの漁船が漁を行い沿岸で塩を焼く豊かな海であることが歌に詠まれている。ここは関門海峡即ち明石大門《あかしおおと》周辺における最大の天然の良港であり、倭国における重要な戦略基地であることは明らかである。そのような全ての要件を備えた良港を前にして、潮流の激しい関門海峡の対岸に宮殿を置くとは私には到底考えられないのである。仲哀天皇と神功皇后は藤江の浦の湾岸に宮殿を設け藤江の浦にふさわしく豊浦宮と名付けて、北九州一帯と瀬戸内海及び山陰・北陸の日本海側を支配したのではないだろうか。そしてここで新羅征討を計画し多数の軍船を建造して博多湾へと向かったと考える。新羅遠征には多数の軍船ばかりでなく多くの兵も必要とする。そのため遠賀川を遡り筑紫山地を越えて秋月即ち隠国の泊瀬を抜け、当時の人口密集地である葦原中国の大己貴神社から砥上神社あたりで兵を集めたのではないだろうか。書紀は、荷持田《のとりた》村に羽白熊鷲《はしろくまわし》というものがいて神功皇后に逆らい、皇后がその羽白熊鷲を討ち滅ぼしたとする。荷持田村とは現在の朝倉市秋月野鳥《のとり》と考えられ、即ち隠国の泊瀬に羽白熊鷲がいたことになるが、これが神功皇后に関わるもう一つの事件と重なるのである。

新羅遠征後の書紀・神功皇后摂政元年、神功皇后が穴門豊浦宮から海路京へ帰還しようとしていた時に、麛《かご》坂王《さかのみこ》と忍熊王《おしくまのみこ》の二王が反乱を企てる。麛坂王は狩で猪に殺されるが、忍熊王は住吉で神功皇后を襲おうと待ち受ける。事前にそれを察知した神功皇后は皇子を武内宿禰《たけうちのすくね》に預けて自らは難波へと向かう。しかし忍熊王は退き菟道《うぢ》（宇治）で陣立てをする。摂政元年三月神功皇后は武内宿禰と武振熊《たけふるくま》に命じて忍熊王を討たせる。武内宿禰たちは山背《やましろ》より菟道に至り河の北に陣を構える。武内宿禰たちは奇策を使って敵を欺き逢坂《あふさか》（相坂）にて忍熊王の軍を破るのである。菟道の河の北とはおそらく大己貴神社のあたりであり、この神功皇后の軍と忍熊王の軍との戦いは、墨坂付近から相坂へと至る日田往還周辺がその戦場となったと考えられる。即ち、神功皇后が征伐したという羽白熊鷲と、同じく征討した忍熊王との両方の戦場がほとんど一致しているのである。これは何を意味するか。羽白熊鷲は古事記には登場しない、日本書紀にのみ登場する。神功皇后と忍熊王との戦いの伝承は戦場となった地域に残される可能性が強い。しかしそこに羽白熊鷲の話が書紀の記述により流布・伝承されていけば、地名も移転・抹消されているため忍熊王の伝承を人々の記憶から消すことができる。これは書紀による、現代のパソコンの上書き保存のような、古い歴史事実の上に造作した話を重ねることによって歴史を書き換える、実に巧妙な歴史改竄方法である。書紀は神功皇后を利用していくつもの歴史改竄を実施している。大神《おおみわ》神社を関西へ遷せないので大己貴《おおなむち》神社は神功皇后が立てたとし、魏志倭人伝に記述されている卑弥呼を神功皇后であるかのように記述し、卑弥呼即ち天照大御神の痕跡を神功皇后の話を造作して消し去っている。その歴史改竄の全てを明らかにするにはまだ調査研究が不十分である。これは北部九州における地域勢力関係の変遷、卑弥呼から神武天皇、神武天皇から天武天皇に至るまでの系統等を含めた観点からの調査研究ともなる。

恐るべき歴史改竄者の罠に落ち、現代の多くの研究者が信じて疑わない大和朝廷、大和王権なるもの、それを真に一掃できた時に初めて、日本の歴史学、考古学が長年月に亘る不毛な邪馬台国論争等の停滞・迷走・誤謬から脱却して、次々と創造的な研究、革命的な発見が行われる飛躍的な進展を見せる新しい時代を迎えるであろう。一刻も早く多くの国民、研究者がこのことに気付いて欲しいと切に願う。

(十六) 壬申の乱（その十四）　壬申の乱終結とその戦後処理

辛亥《しんがい》（二十二日）に、将軍吹負はすでに倭《やまと》の地を平定し、大坂を越えて難波《なには》に向かった。それ以外の別将たちは各々三つの道より進み、山前《やまさき》に至って、河の南に駐屯した。そして将軍吹負はこれより西の国司たちに命じて官鑰《かぎ》・駅鈴《すず》・伝印《つたへのしるし》を提出させた。

癸丑《きちう》（二十四日）に、諸々の将軍たちはすべて筱浪《ささなみ》に集合して、左右大臣と諸々の罪人たちを探り捕らえた。

乙卯《いつばう》（二十六日）に、将軍たちは不破宮《ふはのみや》に参上した。よって、大友皇子《おほとものみこ》の首を捧げて、天皇の営の前に奉った。

八月の庚申《かうしん》の朔《つきたち》にして甲申《かふしん》（二十五日）に、天皇は高市皇子《たけちのみこ》に命じて、近江の群臣の罪状を宣告させられた。即ち、重罪八人を極刑に処す。よって右大臣中臣連金《なかとみのむらじかね》を浅井《あさゐ》の田根《たね》で斬った。この日に、左大臣蘇我臣赤兄《そがのおみあかえ》・大納言巨勢臣比等《こせのおみひと》及びその子孫、併せて中臣連金の子、蘇我臣果安《そがのおみはたやす》の子をことごとく流罪に処した。これ以外の者はすべて許した。これより先に、尾張国司守《をはりのくにのみこともちのかみ》少子部連《ちひさこべのむらじ》鉏鉤《さひち》が山に隠れて自殺した。天皇は「鉏鉤は功績のある者である。罪がなくてどうして自殺するだろうか。これは隠された陰謀があったのか」と仰せられた。天皇は丙戌（二十七日）に、諸々の功績武勲のあった者たちに天皇の詔を授け、顕彰して褒賞が下された。

七月二十二日将軍吹負は大坂即ち相坂を越えて難波即ち淡海《あま》・太宰府へと向かう。別将たちも相坂の手前の山前に至り、河の南に集結する。「河の南」の河とは宮地岳の東麓から流れ出てくる山家川かあるいは西麓から流れ出てくる宝満川を指すものと考えられる。要するに、七月二十二日に天武軍の一斉攻撃が開始され相坂を突破して淡海太宰府へとなだれ込んだのである。

七月二十三日大友皇子即ち天智天皇は山前即ち山家《やまえ》にて首を括り自殺する。

二十四日に将軍たちは筱浪《ささなみ》に集合したとは、淡海・太宰府に集合したということである。

二十六日将軍たちは不破宮に参上して、大友皇子の首を捧げて天皇の宮の前に奉ったとは、これは書紀による改竄である。書紀即ち歴史改竄者は天智天皇を憎悪する。書紀を使って、郭務悰に護送されてきた天智天皇を筑紫君薩野馬と卑しめ、天智天皇を大友皇子と表してその首を切り取り徹底的に貶《おとし》め痛めつける。これは、天武天皇が兄天智天皇を罪人、反逆者扱いしたことを天下に示そうとすると同時に、歴史改竄者自身の天智天皇に対する強い憎悪を明らかにしている。

天武天皇にとって兄中大兄皇子は、父舒明天皇と共に朝鮮半島で祖国の存亡を懸けて戦い破れ、激烈な戦いと虜囚の辱めの艱難辛苦を耐えて、不本意ながらも筑紫都督として帰国してきた、その労苦を天武天皇は考えぬはずはない。天武天皇にとって兄天智天皇は憎むべき敵ではない。どうにかして唐の傀儡政権である筑紫都督の役割を兄に放棄させ、唐占領軍を追放するよい手立てはないものかと天武天皇は必死に考えていたであろう。自分から離脱した重臣たちが、天智天皇を助け筑紫都督の役割を放棄する何らかの有効な手段を講じてくれればとも考えていたであろう。しかし天智天皇の臣下であるべき官僚たちは誰も天智天皇の苦しみを救おうとはせず、唐占領軍の協力者として積極的に天武天皇に敵対し都督府の亡国の作戦行動を遂行してきたのである。天武天皇にとって憎むべきはその官僚たちである。

八月二十五日、天武天皇は高市皇子に命じて近江の群臣の罪状を宣告し、八人を極刑に処した。右大臣中臣金連を浅井の田根で斬った。天武天皇から離反した五人の重臣のうち、中臣金連のみが極刑となり他の者は流刑である。ただし五人のうち蘇我臣果安は自殺し、紀大人臣《きのうしのおみ》はどうなったか書紀に記述がない。近江の群臣の罪状を宣告したとするが、書紀はその罪状を全く記述しない。また、中臣金連以外の極刑になった者たちの氏名も書紀は全く記述しない。日本書紀と称する日本国の正式な歴史書がこの重大な記録を記述しないとは、あまりにもお粗末で明らかに歴史書として失格である。天武天皇が命じた歴史書編纂でこのようなことが起きるわけがない。ここには間違いなく「原日本書紀」を改竄した「日本書紀」の真意が隠されている。宣告された罪状を明らかにすると、その犯罪者が処刑されて当然であると誰もが考えるからだ。書紀編纂者即ち歴史改竄者が、明らかにこの中臣金連の側に立っているからその罪を隠すのだ。書紀は壬申の乱において一言も中臣金連の言動を記述しなかった。書紀の記述のみで判断すれば天武天皇は無実の罪で中臣金連を死刑にしたことになるではないか。書紀の字面だけを読む者は、天武天皇は中臣金連に何か個人的な恨みがあって極刑に処したと考えるであろう。壬申の乱とは朝廷内における権力抗争ではない。唐からの日本国の独立戦争である。極刑になった者たちの罪は、この日本国を外国である唐に売り渡そうとした売国の罪であると考えなくてはならない。

極刑に処された者たちの罪状と中臣金連以外の名を明らかにしない壬申の乱のこの一連の戦後処理の記述の仕方は、よく見るとあまりにも異様である。他七名の名を示さないことにより中臣金連の名が特に強調され、他の重臣たちの流刑に対し中臣金連の斬刑がさらに際立たせられる結果となっている。そして中臣金連の子も配流とされる。書紀はこの子の立場に立って、いやそうではない、まさしくこの子の視点から歴史を改竄・編纂している。この子の視点から見た時突然書紀の記述の異常さが消え、それを異常とはしない明白な書紀編纂・歴史改竄の動機がその姿を現す。

父を斬刑に処したのは天武天皇であるが、その原因を作ったのは天智天皇である。天武天皇も憎いが天智天皇はもっと憎い。筑紫都督が壬申の乱に勝利していれば、自分は父親と共に大唐の庇護のもと栄耀栄華の絶頂にあったであろう。天智天皇が自殺していなければ大唐からの援軍が自分たちを救ったであろう。たとえ救援が来なくても天智天皇が自らの戦争責任を負うことにより、少なくとも自分の父親は極刑を免れ自分もただ一人流刑の地へ放り出されることもなかったであろう。父親を殺した天武天皇が憎い、天智天皇はさらに憎い、そして何よりも自分を追放した筑紫朝廷こそ最も憎むべき自分の真の敵である。何としてでもこの朝廷を滅ぼしそれに替わる朝廷を立ててみせる。父親の造った奈良の都をこの流刑の地に再現し自らの子孫を天子としてこの日本国を支配してみせる。

日本書紀は、筑紫朝廷を滅ぼすための呪いの書である。この書が編纂されていたまさに霊亀《れいき》元年（七一五年）九月、筑紫朝廷の春日宮天皇即ち志貴皇子が暗殺され、同時に藤原王朝の偽天皇元正《げんしょう》が即位する。配流されて四十三年、怪物藤原不比等の恐るべき陰謀はここに成就するのである。

第七章

最終章 藤原王朝による日本支配と筑紫朝廷の天皇復活

一、筑紫朝廷最後の天皇、志貴皇子

■万葉集二三〇番、二三一番、二三二番

霊亀《れいき》元年歳次乙卯《いつぼう》の秋九月に、志貴親王《しきのみこ》の薨《かむあが》りましし時の

歌一首　并せて短歌

梓弓《あづさゆみ》　手に取り持ちて　大夫《ますらを》の　得物矢《さつや》手《た》ばさみ　立ち向《むか》ふ　高円《たかまと》山に　春野焼《や》く　野火《のび》と見るまで　もゆる火を　いかにと問へば　玉桙《たまほこ》の　道来《く》る人の　泣く涙　霈霂《こさめ》に降《ふ》り　白栲《しろたへ》の　衣《ころも》ひづちて　立ち留《とま》り　われに語らく　何しかも　もとな唁《と》ふ　聞けば　哭《ね》のみし泣かゆ　語れば　心そ痛き　天皇《すめろき》の　神の御子《みこ》の　いでましの　手火《たび》の光そ　ここだ照りたる

短歌二首

高円《たかまと》の野辺《のへ》の秋萩《あきはぎ》いたづらに咲きか散るらむ見る人無しに

御笠山《みかさやま》野辺行く道はこきだくも繁《しげ》り荒れたるか久《ひさ》にあらなくに

右の歌は、笠朝臣金村《かさのあそんかなむら》の歌集に出づ。

（中西進『万葉集』〈講談社文庫〉参照）

霊亀元年秋九月、志貴親王のお亡くなりになられた時の歌一首　併せて短歌

梓弓を手に持ち獲物を射る矢を手に挟んで勇者が向かう高円山に、春野を焼く野火かと見えるほどに燃える火

を、どうしてかと問うと、玉梓の道を来る人の泣く涙が小雨のように降って白妙の衣を濡らし、立ち止まって私に語るには、なぜどうしてと問うのかそれを聞けば泣けてくるばかり、語れば心が痛む。神の御子である天皇の旅立ちの送り火がこれほどに照り輝いているのです。

短歌二首

高円の野辺の秋萩が空しく咲いて散っていくであろう、見る人を失って

御笠山の野辺を行く道はひどく雑草が生い茂り荒れるであろう、それほどの時を経なくても

ここに歌われた御笠山とは宝満山であり、高円山とは宝満山の別名と考えられる。宝満山の別名として竈門山《かまどやま》があるが、これを貝原益軒は『筑前国続風土記』で、

此山は峯高くそびへ、雲霧ふかくおほひ、烟氣つねに絶えず。故に竈門山と云。また御笠山とも云。太宰府は此山下にある故、御笠の里と云、此山を或は寳満とも號す。

と述べている。続日本紀《しょくにほんぎ》に大宝三年冬十月持統天皇（大上天皇）葬儀のため志紀親王を御《み》竈《かまど》長官に任じたとの記述がある。持統天皇は筑紫朝廷の天皇ではない。藤原王朝の偽天皇であるが、続日本紀のこの記述は筑紫朝廷の歴史を盗用したものと考える。大宝三年に筑紫朝廷の天皇が亡くなり志貴皇子が御竈長官に任じられたということであろう。竈門山即ち宝満山には上宮、中宮、下宮の竈門《かまど》神社があり、この神社はかつて御竈長官であった志貴皇子（その皇子である光仁天皇により春日宮天皇と諡《おくりな》される）と深い関わりがあったのではないだろうか。竈門神社とは筑紫朝廷の最後の天皇即ち志貴皇子を祭る神社であったのではないだろうか。そして万葉集に歌われる高円（たかまど）とは、この竈門（かまど）に接頭語の「た」を添えて婉曲に言い換えた表現ではないだろうかと考える。

二、朝鮮半島における舒明天皇の戦死と白村江の戦い

西暦六七〇年、天武天皇が九州日田に奈良の都を開設し倭国を改め日本国を建国した。六七二年、唐に抑留されていた天智天皇が筑紫都督として唐より帰国し、太宰府を都督府とする天智天皇と奈良の都を拠点とする天武天皇との間で、壬申の乱が同年六月に勃発した。太宰府は唐に占領されており、壬申の乱とは日本国と筑紫都督即ち唐との戦であり、日本国の唐からの独立戦争であった。戦いは、七月中に天武天皇有利の内に天智天皇即ち筑紫都督の自殺で収束し、翌八月に戦争責任者の処刑や追放が行われて終了し、唐占領軍は筑紫都督の死去と天武天皇の礼儀を尽くした餞別を受けて平和裏の内に本国へ帰還した。この時、唐と対新羅、対高句麗との関係に配慮し、日本国と唐との外交関係は、倭国は唐に一時的に占領されていたこと、しかし唐占領軍の引き揚げは唐側の一方的な敗戦によって行われたものではなく、筑紫都督の死去及び日本国と唐との友好的な関係の下に平和的に行われたことである、との両国間の共通認識即ち合意が持たれたに違いない。そしてその結果、日本国の天皇を唐が承認し今後も唐と日本国との友好関係を維持、発展させるという合意に至った可能性が高い。高宗以外の唐の天子が天皇を名乗らず、日本国の天皇が唐との友好的な外交関係を結びながら天武天皇以後もその称号を継続させたことは、このことを間接的に証明していると考える。後に派遣された藤原王朝以降の遣唐使が、このような壬申の乱の戦後処理によって築かれた、両国間の相互信頼の外交関係を知らず、改竄された歴史書日本書紀を基に唐との交渉を行ったため、旧唐書《くとうじょ》に日本人で唐朝にやってきた者は多くは尊大で事実を答えて対応しなかったと記述されたと考えられる。藤原王朝下の日本人外交官の、書紀により削除・改竄された正しい歴史知識の欠如が唐側に不審を抱かせた原因になったと思われるのである。

しかし、壬申の乱による唐占領軍の撤退は、朝鮮半島の情勢に大きな影響を与えたと考えられる。六世紀末から七世紀における当時の東アジアにおける状況即ち中国と朝鮮半島における歴史の流れを概観することにより、

我国と大陸及び朝鮮半島の情勢が直接的に関わりを持っていることを鮮明に捉えることができる。

舒明天皇の即位は書紀によれば西暦六二九年にあたるが、その前の推古天皇は中国史書の隋書東夷伝俀《たい》国の「隋代に入って、開王二十年（六〇〇年）俀王の姓は阿毎、字は多利思比孤、号を阿輩鶏弥という者が使者を遣わし、朝廷に詣った。」とあるとおり、書紀により造作された天皇であることは明らかであり、舒明天皇の即位は二中歴の年号が倭京から仁王へと換わる六二三年の可能性もあるが、二中歴と同類の逸年号《いつねんごう》とされる海東諸国記や襲国偽僭考においてはこの六二九年はいずれも（二中歴にはない）聖徳元年に当たり、書紀の記す歴代天皇の中で珍しく、一部ではあるが逸年号の改元と即位とが一致する天皇となっている。舒明天皇は恐らく隋書東夷伝の伝える多利思比孤《たりしひこ》の皇子である利歌弥多弗利《りかみたふつり》であろう。その天子多利思比孤と舒明天皇の時代において、朝鮮半島と中国における歴史はどのようなものであっただろうか。

中国は、後漢滅亡（二二〇年）から魏晋南北朝の長い分裂時代を経て五八九年隋の文帝《ぶんてい》によって再び統一される。隋は周辺諸国と君臣関係を結ぶことにより自国を中心とした秩序即ち冊封《さくほう》体制を作ろうとするが、朝鮮半島の根本部分から現在の中国東北部、遼東半島までを占める高句麗がこれに反発する。五九八年高句麗の嬰陽《えいよう》王は靺鞨《まっかつ》軍一万を率いて隋の領土遼西《りょうせい》郡に侵入する。侵入した高句麗軍はすぐに撃退されるが、この高句麗の攻勢に対し隋の文帝は三〇万の陸海の大軍を高句麗に向かわせる。この戦で隋は遠征させた大半の兵を失い撤退するが、嬰陽王は隋へ使者を派遣して謝罪し戦は終結する。しかし、六〇四年隋の煬帝《ようだい》が即位すると、隋はさらに三回に亘って高句麗遠征を実行する。第一回は六一二年、煬帝自ら一一三万の大軍を率い、総勢二百万とも言われる大軍で高句麗遠征を行う。これに対し高句麗は、事前に遼東半島から遼河周辺の防御体制を固めこれに対応する。煬帝率いる大軍を遼河の東に築いた遼東城で食い止め、隋の別働隊三十万が高句麗の首都平壌《へいじょう》城へ迫るがこれも撃退し、煬帝の第一回遠征は失敗する。しかし煬帝はすぐ翌六一三年三月に、第二回の遠征を行う。この時も煬帝は遼東城を攻めるが、隋国内部で反乱が起きさらに遠征軍の将軍の一人が高句麗へ亡命し、煬帝は撤退を余儀なくされる。隋国内の反乱を鎮圧すると、再び煬帝は翌六一四年に第三回目の高句麗遠征を行うが、隋国内の各地で反乱が起き遠征は失敗する。そして、煬帝が親衛隊長に殺されて、隋は六一八年に滅亡してしまうのである。隋は度重なる大軍の高句麗遠征により、疲弊し自滅したと言ってもいいであろう。

倭国は「日出づる処の天子」阿毎多利思比孤《あまたりしひこ》の時代であり、六〇八年に隋の煬帝から使節を受けていた多利思比孤は、皇子利歌弥多弗利と共に、玄界灘に隔てられた対岸の中国と朝鮮半島における隋と高句麗のこの凄まじい戦いの状況を、固唾を呑んで見守っていたであろう。統一前の中国王朝と違い、周辺国へその凶暴な巨龍の本性を顕にして襲いかかる中国統一王朝の姿に強い衝撃を受け、その矛先がいずれ我国に向けられる日が来ることを予想したに違いない。

　滅亡した隋に替わって混乱を収拾し六一八年唐を建てたのが李淵《りえん》即ち高祖（在位六一八～六二六）である。そして、二代目の皇帝太宗《たいそう》（在位六二六～六四九）が貞観《じょうがん》の治と讃えられる統治を行い、律令を整備し外敵を制圧し唐を繁栄へと導いた。

　中国の対外政策として羈縻《きび》政策というものがある。羈は馬のおもがい※、縻は牛の鼻綱を意味し、羈縻でつなぎ止める、牽制するという意味となる。中国周辺の夷蛮の部族を統御する伝統的政策であるが、唐では羈縻州といって周辺部族に州や県を置き、その首領に都督や刺史《しし》という官職を与えそれを都護府が統括するという方法が取られた。

※馬具。轡《くつわ》を結ぶために、馬の頭上からかけるひも。

高句麗が隋と激しい戦いをしていた時、朝鮮半島全体はその高句麗と、百済と新羅の三国が鼎立した状況となっていた。

　百済は隋が最初に高句麗へ遠征した後すぐに隋に朝貢し、隋を利用して高句麗からの圧迫を免れようとし、新羅も高句麗の侵入に苦しめられ、六一一年隋の煬帝へ使節を派遣し、煬帝は高句麗への遠征を示した。百済と新羅の二国間においても、高句麗が隋への臨戦態勢を整えている間に、百済は新羅に侵入しようとした。しかし、隋が滅亡し唐全盛の時代となって朝鮮半島の状況も大きく変化する。

　唐が建国された直後の六一八年九月、高句麗の嬰陽王が死去し栄留王《えいりゅうおう》（在位六一八～六四二）が即位する。六一九年二月、即位した栄留王はすぐ唐へ朝貢する。新羅の真平王《しんぺいおう》（在位五七九～六三二）は六二一年七月に唐に朝貢する。そして百済の武王《ぶおう》（在位六〇〇～六四一）も六二一年十月に唐に朝貢する。唐の高祖は、隋が滅びる原因となった高句麗を警戒しつつも、高句麗、百済、新羅の朝鮮三国と改めて冊封《さくほう》関係を結んだ。そして、六二六年に即位した二代目の皇帝太宗は貞観の治と呼ばれる統治を行い、律令を整備し民生を安定させ、外敵の突厥《とっけつ》、吐蕃《とばん》などを制圧して唐の版図を拡大し国威を発揚すると、再び高句麗との関係が緊迫してきた。高句麗は唐との戦争に備え、六三一年から十六年の歳月をかけて遼東城《りょうとうじょう》を中心にして北端の扶余城《ふよじょう》から遼東半島の先端の卑沙城《ひさじょう》まで千里の長城を築いていた。そして高句麗の淵蓋蘇文《えんがいそぶん》は、クーデターにより栄留王を殺し、宝蔵王《ほうぞうおう》を即位させて実権を握る。淵蓋蘇文は唐からの自立を目指していた。六四五年、唐の皇帝太宗は宣戦を布告し自ら大軍を率いて遼東へ進撃した。

国内外の敵を打ち破ってきた唐軍は極めて強く、遼東の城を次々に陥落させ隋の煬帝が突破できなかった遼東城も陥落させた。しかし遼東最後の城、安市城《あんしじょう》を高句麗は必死に守り、寒気の訪れとともに唐軍は退却せざるを得なかった。

高句麗、百済、新羅の三国間の関係も七世紀中頃から大きく変化を始めた。六四二年百済は新羅を攻め新羅西部の要衝の地を蹂躙した。それに対し新羅は、高句麗との関係を改善して対応しようとするが高句麗の同意を得られず、逆に高句麗は新羅への攻勢を強め百済との結びつきを強めていく。追い詰められた新羅は唐との同盟にその活路を見出そうとする。六四八年、新羅の金春秋《きんしゅんじゅう》は唐に入朝し皇帝太宗へ謁見して援助を求め、受け入れられる。六四八年九月、唐の皇帝太宗は前回の失敗を反省して水軍三万余を海路鴨緑江《おうりょくこう》に侵入させ、高句麗の首都平壌を守る高句麗の防御態勢を崩壊させる。しかし、唐が総攻撃に入る前の六四九年七月、太宗が急に崩御し高句麗遠征が中止されるのである。

六五四年、新羅の真徳《しんとく》女王が崩御すると金春秋が武烈王《ぶれつおう》（在位六五四〜六六一）として即位し、唐との結びつきを強めていく。

六五五年、百済の義慈王《ぎじおう》は高句麗とともに新羅を攻撃する。新羅は唐へ救援を求め、六六〇年六月、唐の皇帝高宗《こうそう》は十三万の大軍を海路百済に侵入させた。唐軍は白江《はくこう》へ入り百済の首都泗沘《しび》に向かって進撃する。新羅軍も泗沘を目指して進撃し、やがて合流した両軍は泗沘城を攻撃した。六六〇年七月泗沘城は陥落し、百済は滅亡する。しかし、百済の遺臣たちが百済復興軍を各地で起こす。任存城《にんそんじょう》（書紀に記す任射岐《にざき》山）で鬼室福信《きしつふくしん》が蜂起し、古沙城《こさじょう》で扶余自進《ふよじしん》が蜂起する。書紀に、「斉明天皇六年（六六〇年）十月百済の佐平鬼室福信が佐平貴智たち（或る本に云はく、佐平貴智・達率正珍なりといふ）を派遣して、唐の捕虜百余人を献上するとともに軍の救援を願い、王子豊璋の返還を乞う」とあり、さらに「斉明天皇七年（六六一年）夏四月、福信が使いを遣して王子糺解《くげ》を迎えたいと乞う」とある。即ち、舒明天皇二年（六三〇年）に百済から人質となって倭国へ来たと書紀の記す、百済義慈王《ぎじおう》の王子豊璋《ほうしょう》（糺解）を返して欲しいとの願いである。そして斉明天皇七年（六六一年）九月に大山下狭井連檳榔《さいのむらじのあじまさ》・小山下秦造《はたのみやつこ》田来津《たくつ》に五千の軍で護衛させ、王子豊璋を百済へ送り福信がそれを出迎え、国政を全て委ね奉ったとあるが、書紀は別に、天智天皇元年（六六二年）五月に、大将軍大錦中阿曇比羅夫《あづみのひらぶの》連《むらじ》たちが軍船百七十艘を率いて豊璋たちを百済国へ送り、宣勅によって豊璋たちにその位を継がせ、金策（詔の書かれた黄金の札）を福信に与えて褒めて爵位と禄を賜ったとも記述する。舒明天皇を消して斉明天皇を造作した書紀の記述は、その改竄の過程で故意か不作為かにかかわらず、多くの誤りを犯していると考えられる。実際には斉明天皇七年も天智天皇元年も存在しない年号である。「原日本書紀」には、筑紫朝廷の年号で表していたに違いない。それを書紀は造作した天皇の年号に変換し、真実の日本の歴史を後世に伝えることではなく、書紀に都合の悪い真実の歴史を悟らせないように削除改竄することがその主目的となっていたと考えられる。

百済へ帰った豊璋は、その福信に裏切られて殺し、使いを高句麗と倭国へ派遣し救援を求めた、と三国史記百済本紀は竜朔二年（六六二年）七月条に記す。書紀は、天智天皇二年（六六三年）六月条に豊璋が福信の謀反を疑い殺したことを記述する。

書紀は、天智天皇二年（六六三年）三月に、前将軍上毛野君稚子《かみつけのきみわくご》・間人連大蓋《はしひとのむらじおほふた》、中将軍巨勢神前臣訳語《こせのかむさきのおみをさ》・三《み》輪君根麻呂《わのきみねまろ》、後将軍阿倍引田臣比邏夫《あへのひけたのおみひらぶ》・大宅臣鎌柄《おほやけのおみかまつか》を遣わして、二万七千人を率いて新羅を討たせた、と記述する。この三人の将軍の二万七千人の軍勢を率いたのが舒明天皇であり、万葉集一九九番で人麿が「鶏《とり》が鳴く東《あづま》の国の　御軍士《みいくさ》を　召《め》したまひて」と歌った上毛野君稚子たちの軍勢を舒明天皇が率いて戦ったのが、この時の新羅との戦いであると考えられる。上毛野君稚子たちの軍勢は現在の群馬県から直線にして約八百キロメートルもの距離を古代官道を駆け遠路遥々《えんろはるばる》太宰府へ馳せ参じたのである。そしてさらに難波即ち現在の博多港から出帆し百済へ遠征した。朝鮮半島へ遠征するためには最低でも二万以上の軍勢が必要と考えられたであろう。隋の煬帝や唐の太宗の戦いを見守ってきた舒明天皇は、凄まじいまでの大軍で押し寄せる中国軍に対抗するためには、倭国の各地から兵を集め大軍を組織して渡海し、朝鮮半島で彼らの勢いを止めるしか倭国防衛の策はないと考えていたであろう。そのため全国に官道を張り巡らし、首都太宰府へと軍勢が直ちに集結できるようにしたと考えられる。そして全国から集めた二万七千の軍勢を朝鮮半島へ遠征させてその指揮を執るためには、書紀の造り出す虚構の世界では天子が内地に留まり遠征軍のみを外地へ送り出したような造作をしているが、国の存亡を懸けるこの現実世界の厳しい戦いでは、強大な隋の煬帝や唐の太宗でさえ実行したように、天子による親征が必須となるのである。

全国の軍に太宰府への召集をかけてから集結するまで相当の時日を必要とするであろう。大軍が約千キロメートルを移動するだけで最低でも一カ月以上かかる。招集をかけて全軍が太宰府へ集結し、渡海して百済で態勢を整えるまでに半年以上かかると考える必要がある。六六三年三月の新羅との戦いに間に合わせるためには、六六二年の八月かそれ以前に舒明天皇は全国へ招集をかけていたと考えなくてはならない。そのためには豊璋からの救援要請が、三国史記の百済本紀にある竜朔二年（六六二年）七月かそれ以前には発せられてなくてはならないことになる。

朝鮮半島で舒明天皇が戦った戦いとは、具体的にどのような戦闘を指すのであろうか。私は、この章の朝鮮半島における状況を二冊の本を参考にして記述している。『韓国歴史地図』（韓国教員大学歴史教育科著、平凡社刊）と『朝鮮三国志』（小和田泰経著、新紀元社刊）の二冊である。

小和田泰経著『朝鮮三国志』には、

> 六六三年二月、新羅の文武王《ぶんぶおう》（在位六六一年～六八一年）は、金欽純《きんきんじゅん》と金天存《きんてんそん》に命じて、熊津都督府《ゆうしんととくふ》の南部一帯に侵攻させたのである。新羅軍は、居列城《きょれつじょう》を落として百済復興軍の七〇〇人を殺害し、また居勿城《きょこつじょう》と沙平城《さへいじょう》を降伏開城させた。さらには、徳安城《とくあんじょう》を攻めて、一〇七〇人を討ち取ったという。いずれも百済復興軍の重要な拠点であったが、なかでも徳安城《とくあんじょう》は、百済の旧都である泗沘城《しびじょう》の東方に位置しており、ここを征圧されれば、百済復興軍の反撃はかなり難しくなってしまう。

と述べられている。この時の戦いが時期的に一致するので、この新羅軍との一連の戦いのいずれかで舒明天皇は戦死されたと考えられる。書紀は、

三月に、前将軍《まへのいくさのきみ》上毛野君稚子《かみつけのきみわくご》・間人連大蓋《はしひとのむらじおほふた》、中将軍《なかのいくさのきみ》巨勢神前臣訳語《こせのかむさきのおみをさ》・三輪君根麻呂《みわのきみねまろ》、後将軍《しりへのいくさのきみ》阿倍引田臣比邏夫《あへのひけたのおみひらぶ》・大宅臣鎌柄《おほやけのおみかまつか》を遣《つかは》して、二万七千人を率《ゐ》て、新羅《しらき》を打《う》たしむ

と記述するが、この三月の大軍の戦果について書紀は何も述べず、

六月に、前将軍上毛野君稚子等、新羅の沙鼻《さび》・岐奴江《きぬえ》、二城を取る

と、なぜか六月の故国に最も近い朝鮮半島東南端の新羅領におけるわずかな戦果を記述するのみである。神とも崇《あが》められた倭国の象徴的存在である舒明天皇の戦死によって、倭国遠征軍はその精神的支柱と組織の指揮命令の中枢を失うという決定的なダメージを受けた。中大兄皇子も偉大なる父天皇の代わりを果せるはずもなく、その棺を故国へ持ち帰ることしかできなかった。遠征した大軍は何よりも大事な指導者を失って彷徨《さまよ》い、最《も》早《はや》目的合理性を持った戦略的軍事作戦行動が取れなくなっていたと考えざるを得ない。百済復興軍を指揮する豊璋も、父のように敬い頼りにしていた舒明天皇を失った衝撃は大きく、避城《ひじょう》から周留城《しゅうりゅうじょう》へ後退し、攻勢へと転ずる力を失ってしまっていたであろう。

倭国遠征軍と百済復興軍に何か異常事態が発生したことを察した、唐と新羅は攻勢へと転ずる。六六三年七月唐の皇帝高宗は、将軍孫仁師に錦江《きんこう》の上流に位置する熊津《ゆうしん》城を拠点とする劉仁願と劉仁軌に対し救援させ、新羅の文武王に出陣を命じて合流させた。唐と新羅の両軍は錦江下流にある百済復興軍の拠点周留城を包囲するため、周留城に向かって進撃した。豊璋は周留城を出て倭国の援軍を迎えるため、錦江の河口である白江（書紀は白村江と記述する）へ向かう。唐の劉仁軌も水軍を率いて、倭国の水軍を迎え撃つため白江口へ向かう。

この時の状況を書紀は、豊璋が福信の謀反を疑って福信を処刑する様を具体的に記述し、百済復興軍の良将福

信を豊璋が殺すという表現を用いて、その復興軍の内部紛争が原因で八月十三日に新羅が周留を攻略しようとしたことを招いたと記述する。福信を良将と表して豊璋を貶めると同時に、豊璋が福信を殺した事件を唐・新羅の攻勢の直前に持ってきて唐・新羅の攻勢を招いた原因であるかのように記述し、舒明天皇の戦死という真実の歴史、即ち倭国最大の空前絶後の悲劇を抹殺してしまう。そしてそれによって筑紫朝廷の歴史改竄から大和王権なる斉明等の歴史を捏造し、さらに筑紫朝廷そのものを歴史から完全に削除するという書紀本来の目的を達成している。即ち日本書紀とは、天武天皇に謀反反逆した賊中臣金連と同様に、中国崇拝の思想に立つ唐の属国としての日本国の歴史書であり、藤原王朝の正統性を主張する歴史改竄の書であることを、この時の舒明天皇の戦死という観点に立つことにより容易に読み解くことができる。また、現代における我国の歴史観の特徴ともなっている自虐史観は、早くも千三百年前の日本書紀に始まったとも言えるのである。

書紀は云う、

「(秋八月)戊戌《ぼしゅつ》に、賊将、州柔《つぬ》に至り、其の王城を繞《かく》む。大唐の軍将、戦船《いくさぶね》一百七十艘《そう》を率《ゐ》て、白村江《はくすきのえ》に陣烈《つらな》れり。」

秋八月十七日、敵将が周留に至ってその王城を包囲した。大唐の将軍は、軍船百七十隻を率いて白村江に布陣した。

三国史記倭人伝新羅本紀※には、

「竜朔三年に至り、惣管孫仁師、兵を領し来りて府城を救う。新羅の兵馬、亦発して同征す。行きて周留城下に至る。此の時、倭国の船兵、来りて百済を助く。」(文武王十一年〈六七一〉七月二十六日条)

「倭船千艘、停りて白沙に在り。百済の精騎、岸上にて船を守る。新羅の驍騎、漢の前鋒と為り、先ず岸の

陣を破る。周留、胆を失い、遂に即ち降下す。」（同右条）
※佐伯有清編訳『三国史記倭人伝』〈岩波文庫〉より。

龍朔三年（六六三年）に至って、惣管の孫仁師が兵を率いて来て府城（熊津城）を救った。新羅の兵馬も出発して共に征討に向かい、進軍して周留城下に至った。この時、倭国の水軍が来て百済を救援した。倭船千隻が白沙（白江）に停泊し、百済の精鋭な騎兵が岸辺にて船を守る。新羅の強力な騎兵が漢（唐）軍の先鋒となって初めに岸の陣を破ると、周留軍は戦意を失って遂に降服した。

三国史記倭人伝百済本紀※には、
「劉仁軌及び別帥杜爽《とそう》・扶余隆、水軍及び粮船を帥《ひき》い、熊津《ゆうしん》江自《よ》り白江に往《ゆ》き、以て陸軍と会し、同じく周留城に趨《せま》る。倭人と白江口に遭《あ》い、四戦《しせん》して皆克《か》ち、其の船四百艘を焚《や》く。煙炎、天を灼《や》き、海水、丹《あか》く為《な》れり。」（義慈王、竜朔二年〈六六二〉七月条）
「王子扶余忠勝《ちゅうしょう》・忠志《ちゅうし》等《ら》、其の衆を帥《ひき》いて、倭人と与《とも》に並びに降る。」（同右条）
※佐伯有清編訳『三国史記倭人伝』〈岩波文庫〉より。

書紀には、

「戊申《ぼしん》（二十七日）に、日本の船師の初づ至れる者と大唐の船師と合戦ふ。日本、不利《ま》けて退く。大唐、陣を堅めて守る。

己酉《きいう》（二十八日）に、日本の諸将と百済王と、気象を観ずして、相謂《あいかた》りて曰く、我等先を争はば、彼自づからに退くべし、といふ。更に日本の伍乱《つら》れたる中軍《なかのいくさ》の卒を率《ゐ》て、進みて大唐の堅陣之軍を打つ。大唐、便《すなは》ち左右より船を夾《はさ》みて繞《かく》み戦ふ。須臾之際《とさのま》に、官軍敗績《やぶ》れぬ。水に赴《おもむ》きて溺死者衆《おほ》し。艫舳《へとも》廻旋《めぐら》すこと得ず。

朴市田来津《えちのたくつ》、仰天《あめをあふ》ぎて誓ひ、切歯《はをくひしば》りて嗔《いか》り、数十人を殺し、焉《ここ》に戦《たたかひ》死《う》せぬ。是《こ》の時に百済王豊璋、数人と船に乗り、高麗《こま》に逃げ去る。」

と記述される。

三国史記倭人伝百済本紀に倭人と与に並びに降ると表される扶余忠勝とは、書紀斉明天皇六年十月条に王子豊璋と共に百済に帰国した豊璋の叔父と記述されている。この忠勝と共に降った倭人の中に中大兄皇子がいたのではないだろうか。

豊璋が高句麗へ逃げたことは記述するが、書紀がそのような事実を記すはずもない。

三、大宝年間の遣唐使と養老年間の遣唐使、二つの遣唐使派遣が示す王朝交代

続日本紀《しょくにほんぎ》の大宝元年（七〇一年）正月二十三日の記述に、「民部尚書で直大弐の粟田朝臣真人を、遣唐執節使に任命した」とあり、さらに「五月七日入唐使の粟田朝臣真人に節刀を授けた」とあり、翌年の大宝二年六月二十九日の記述に「遣唐使らが去年九州から出航したが、風浪が激しくて渡海が困難であった。この時になってようやく動き出した」とある。そして慶雲元年（七〇四年）秋七月一日、

「正四位下の粟田朝臣真人が、唐から大宰府に帰った。初め唐に着いた時、人がやってきて『どこからの使人か』と尋ねた。そこで『日本国の使者である』と答え、逆に『ここは何州の管内か』と問うと、答えて『ここは大周の州塩城県の地である』と答えた。真人が更に尋ねて『以前は大唐であったのに、いま大周という国名にどうして変わったのか』というと、答えて『永淳二年に天皇太帝（唐の高宗）が崩御し、皇太后（高宗の后、則天武后）が即位し、称号を聖神皇帝といい、国号を大周と改めた』と答えた。問答がほぼ終って、唐人がわが使者に言うには『しばしば聞いたことだが、海の東に大倭国があり、君子国ともいい、人民は豊かで楽しんでおり、礼儀もよく行われているという。今、使者をみると、身じまいも大へん清らかである。本当に聞いていた通りである』と。謂い終って唐人は去った。」

との記述がある（宇治谷孟著『続日本紀』〈講談社学術文庫〉より。以下続日本紀からの参照については同じ）。

この時の遣唐使について記した旧唐書《くとうじょ》の記述があり、粟田真人の実在とこの遣唐使が事実であることが証明され、さらに続日本紀の記述が真人による単なる自画自賛ではなく、それ以上の価値を持つ歴史事実があったこと

を明らかにしている。

「長安三年その大臣朝臣真人、来りて方物を貢す。朝臣真人とは、なお中国の戸部尚書のごとし。進徳冠を冠り、その頂に花を為《つく》り、分れて四散せしむ。身は紫袍を服し、帛《はく》を以て腰帯となす。真人好んで啓史を読み、文を属するを解し、容止温雅なり。則天これを麟徳殿に宴し、司膳卿を授け、放ちて本国に還らしむ。」

（石原道博編訳『旧唐書倭国日本伝』〈岩波文庫〉より。以下旧唐書からの参照については同じ）

長安三年とは大宝三年、七〇三年である。真人は、上から四方に花を垂らした冠を頭に被り紫の上衣を着て絹の白色の帯をしている。経書と史書を読み、文を綴ることができ、容姿が温雅である。則天武后が真人を麟徳殿において歓待し、司膳卿という官職を授けて本国に還したとある。

粟田朝臣真人の実に優雅な洗練された外交官としての姿が描写され、則天武后に謁見して相当な好印象を持たれたことを表している。このことは旧唐書がその前に記した日本国から唐に入朝する日本人の特徴として表したことと大いに矛盾する。

「その人、入朝する者、多く自ら矜大《きょうだい》、実を以て対《こた》えず。故に中国焉《こ》れを疑う。」

唐に来朝する日本人の多くは尊大で誠実ではないと、疑いの目で中国側は遣唐使を見ている。大宝三年に唐を訪問した真人の遣唐使とそれ以降の遣唐使とは、全く性格を異にしていることを表している。旧唐書によれば粟田真人の次の遣唐使は「開元の初、また使を遣わして来朝す」と記述され、開元は玄宗皇帝の年号であり七一三年〜七四一年に該当するため、

■続日本紀の霊亀二年（七一六年）の記事

「この日（八月二十日）、従四位下の多治比真人県守を、遣唐押使に任じ、従五位上の阿倍朝臣安麻呂を大使

に任じ、正六位下の藤原朝臣馬養を副使に任じた。」
「九月四日　従五位下の大伴宿禰山守を、阿倍朝臣安麻呂に代えて遣唐大使に任じた。」

■**続日本書紀の養老元年（七一七年）の記事**
「二月一日　遣唐使が蓋山《みかさやま》の南で神祇を祭った。」
「二月二十三日　遣唐使らが天皇にまみえた。」
「三月九日　遣唐押使で従四位下の多治比真人県守に節刀を賜わった。」

この時の遣唐使が、旧唐書に開元の初に来朝したとされる遣唐使であると考えられる。旧唐書はこの遣唐使についてさらに次のように述べる。

「因って儒士に経を授けられんことを請う。四門助教趙玄黙に詔し、鴻臚寺に就いてこれに教えしむ。乃ち玄黙に闊幅布を遺り、以て束修の礼となす。題していう、白亀元年の調の布と。人またその偽なるかを疑う。この題得る所の錫賚《しらい》、尽く文籍を市《か》い、海に泛《うか》んで還る。その偏使朝臣仲満、中国の風を慕い、因って留まりて去らず。姓名を改めて朝衡となし、仕えて左補闕・儀王友を歴たり。衡、京師に留まること五十年、書籍を好み、放ちて郷に帰らしめしも、逗留して去らず。」

唐に対し遣唐使側は儒教を学ぶことを請い、教わった礼として持参した白亀元年に織られたという布を渡し、唐側は偽物ではないかと疑う。下賜された金品すべてを使って書籍を購入して海路帰国した。使者の一人朝臣仲満は中国の風を慕って留まった。姓名を改め朝衡とし、唐朝に仕えて左補闕、儀王友を歴任した。朝衡は唐に留まること五十年、書籍を好み、退職し郷土に帰らせようとしても逗留して帰らなかった。

唐に留まった仲満とは阿倍仲麻呂のことである。どの事典にも遣唐留学生として渡ったとされ、その生年も西暦六九八年か七〇一年とされている。この遣唐使が出発したのは七一七年と考えられるので、仲麻呂が十九歳か十六歳の時に唐に向けて出航したことになる。続日本紀の記述の中で、最初に遣唐大使に任ぜられそのすぐ後に大使から外された阿倍朝臣安麻呂とは何者であろうか。何故大使が代えられたのであろうか。続日本紀は何も説明しないが、このような事実はあったということであろう。しかしこの人選が行われた霊亀二年（七一六年）とは実に微妙な時期である。この遣唐使の派遣はそれが決定されてすぐに実行されるとは考えられない。少なくとも数年前に企画され準備されてきたものと考えることができる。要するに、筑紫朝廷の志貴皇子即ち春日宮天皇のもとにおいて計画、準備されてきたと考えられるということである。霊亀元年九月、筑紫朝廷の春日宮天皇が暗殺され同時に藤原王朝の元正天皇が即位する。筑紫朝廷にて準備されてきた遣唐使を藤原王朝が横取りして、いかにも本物の日本国の代表であるかのように唐に派遣したと考えられる。それが大使の交代として続日本紀の記述に表れているのではないだろうか。そしてこの遣唐使の副使とされている藤原馬養とは誰あろう藤原不比等の三男、藤原宇合《ふじわらのうまかい》ではないか。不比等と親子一体となって歴史を改竄し筑紫朝廷を滅ぼし藤原王朝を確立しようとしている様が明白に表れている。しかし、不比等も宇合も藤原王朝には誰も、遣唐使として日本国を代表して唐を訪問するだけの能力を持った外交官がいるはずもない。不比等が筑紫朝廷から僻遠の流刑地へ追放されたのはその年十三歳か十四歳の時である。外交官としての十分な素養を身に着けていたとは考えられず、ましてやその息子たちが、どこで十分な素養を身に着けることができたであろうか。この遣唐使には、筑紫朝廷の十分に教育された外交官を随行させることが必要であった。霊亀元年九月、春日宮天皇暗殺という政変が起きて、予定されていた遣唐使を実行するか否か問題となり、そこに政変の首謀者の一人である藤原宇合が乗り込んできて派遣メンバーを入れ替えて遣唐使を強行しようとした。しかし、藤原王朝の者とその協力者だけでは実行不可能とわかり、筑紫朝廷の当初の遣唐使の派遣予定者から選抜した者を随行員とせざるを得なかった。それが阿倍朝臣仲麻呂であったと考える。

　仲麻呂が唐において詠んだとされる有名な歌が古今和歌集に残されている。

唐土《もろこし》にて月を見てよみける

天《あま》の原《はら》ふりさけ見れば春日《かすが》なる三笠《みかさ》の山にいでし月かも

この歌は、「昔、仲麿を唐土に物ならはしに遣はしたりけるに、あまたの年を経て、え帰りまうで来ざりけるを、この国より又使ひまかりいたりけるに、たぐひてまうできなむとていでたちけるに、明州といふ所の海辺にて、かの国の人うまのはなむけしけり。夜になりて、月のいとおもしろくさしいでたりけるを見てよめる」となむ語り伝ふる

（『日本古典文学全集「古今和歌集」』〈小学館〉より）

この歌の添書きにある「仲麿を唐土に物ならはしに遣はしたりけるに」という言葉が、仲麻呂を遣唐留学生とした根拠となったと考えられる。しかしこの添書きは後世のものでありそのまま信用することはできない。この歌は、唐において詠まれた歌ではあるが、仲麻呂が遣唐使の一員として博多港から出航し、その時船上から見た月を思い出して詠んだ歌であると考えられる。天の原の「あま」とは「淡海」を意味し、「原」とは海原を意味している。即ち、天の原とは「淡海の海」即ち博多湾である。かつて山部赤人が「淡路の野島も過ぎ印南つま辛《し》荷《か》の島ゆ我家《わぎへ》を見れば」と詠んだのと同じく、志賀島の手前で南東の太宰府春日を振り返り、太宰府春日に聳える御笠山（宝満山）の上に月が出ていたことを歌っている。

この歌は、仲麻呂の望郷と故郷への決別という相矛盾する気持ち、やるせなくも切ない心境を表した歌である。

遣唐使出立時の状況を次のように考える。

遣唐使出立の前々年霊亀元年九月に、何の前ぶれもなく筑紫朝廷の春日宮天皇即ち、志貴皇子が崩御した。仲麻呂にとって崇拝する天皇、偉大なる歌人を突然失い、同時に日本国と筑紫朝廷は行く末のわからぬ大きな混乱と不安の闇に陥った。その混乱の最中に、自らを藤原党と名乗る、粗野で野蛮な盗賊の軍団が突然現れ、朝廷内に協力者がいたのか特に大きな抵抗のないまま、武力により太宰府を制圧し、宮殿や寺社や貴族の邸宅の宝物が根こそぎに略奪され、次々と人が攫《さら》われ、さらに盗賊たちが宮殿や神社仏閣の建物までも解体し持ち去り始めた。

そのような世の終わりのような混乱する状況の中で、盗賊団の頭目の一人藤原馬養《ふじわらのうまかい》の指図を受け、遣唐使一行は博多港から出航した。

仲麻呂は決心していた。自分は本当の祖国を失った。暴虐で野蛮な盗賊団に支配され破壊された、あの美しい都に二度と戻ることはない。しかし、最後に見た故郷の景色は永遠に自分の心に残る、春日宮天皇も御笠山の上に輝く月のように永遠に自分の心の中に生きていると。

この養老元年（七一七年）に出航した遣唐使一行は、翌、養老二年十二月に帰還している。唐において下賜された金品のすべてを投じて購入した書籍の目的は何だったのであろうか。日本書紀の編纂は七一四年から七二〇年において行われたとされている。遣唐使の帰還は七一八年（養老二年）十二月である。歴史改竄の書・日本書紀は「原日本書紀」に記述されたものをそのままに記述するわけにはいかない。特に舒明天皇の遠征軍や白村江等の朝鮮半島における戦いと日本国における唐占領軍について、唐の史書がどのようにそれを捉え記述しているかを知らずに、歴史改竄が行えるはずがない。この遣唐使の持ち帰った唐の書籍が、藤原不比等の歴史改竄という目的の中心に位置する日本書紀の編纂を完成へと導いたと言えるであろう。養老四年（七二〇年）五月の書紀編纂完成後の八月三日に亡くなった不比等が、この書籍の到着を一日千秋の思いで待ち侘びていたに違いなく、そして筑紫朝廷により準備されたこの遣唐使は、藤原王朝にとってまさに渡りに舟の絶好の機会であった。遣唐使の一行に歴史改竄の中心人物の一人、藤原宇合がいたことは当然のことであり、この重要な目的を達するため、宇合こと馬養が、遣唐使の一行を支配する首領であったことは明白である。

大宝元年に遣唐使として任命され派遣された粟田朝臣真人と養老元年に派遣された遣唐使とは、その性格を大いに異にし、それぞれ派遣した日本の王朝が異なっていることを示している。即ち大宝元年の粟田朝臣真人の使節は筑紫朝廷の遣唐使であり、養老元年の藤原宇合の使節は藤原王朝の遣唐使である。そしてそれは霊亀元年九月の志貴皇子即ち春日宮天皇の崩御が筑紫朝廷の滅亡を意味し、同じく元正天皇の即位が藤原王朝の成立であることを示している。この時、日本国を支配する王朝の交代が行われたのである。さらにこのことは、大宝という年号は筑紫朝廷の年号であり、大宝元年の大宝律令の制定は、筑紫朝廷によって行われたことを意味する。

ここで天武天皇以降の筑紫朝廷の歴史を推理してみよう。

四、天武天皇以降の筑紫朝廷の歴史

六〇七年筑紫朝廷の阿毎多利思比孤《あまたりしひこ》は、その国書において隋帝国の煬帝に対し自らを日出づる処の天子であることを宣言した。即ち、この時代において、すでに天子を戴く筑紫朝廷は年号を制定していたことを意味する。また、九州年号とも称される逸年号群は、筑紫朝廷の制定した年号群の残滓であるとも捉えることができる。そして、年号の改元は新天皇の即位または遷都などの大きな出来事があって実施されたであろう。天武天皇以降の筑紫朝廷の歴史を考える時、筑紫朝廷の制定したと推測される年号群が参考になると考えられる。まずここにその逸年号群のうち、二中歴、海東諸国記、襲国偽僭考に記載される年号を、西暦六〇一年から筑紫朝廷の滅亡と考えられる七一五年まで、西暦、干支と共に掲出してみよう。

西暦	干支	二中歴	海東諸国記	襲国偽僭考
六〇一年	辛酉	願転	願転	願転
六〇五年	乙丑	光元	光元	光元
六一一年	辛未	定居	定居	定居
六一八年	戊寅	倭京	倭京	倭京
六二三年	癸未	仁王	仁王	仁王
六二九年	己丑	なし	聖徳	聖徳
六三五年	乙未	僧要	僧要	僧要
六四〇年	庚子	命長	命長	命長

六四七年	丁未	常色	常色	常色
六五〇年	庚戌	｜	｜	白雉
六五二年	壬子	白雉	白雉	｜
六六一年	辛酉	白鳳	白鳳	｜
六七二年	壬申	｜	｜	朱雀
六八四年	甲申	朱雀	朱雀	｜
六八六年	丙戌	朱鳥	朱鳥	｜
六九五年	乙未	大化	大和	大和
六九八年	戊戌		大長	大長
七〇一年	辛丑		大宝	
七〇四年	甲辰		慶雲	
七〇八年	戊申		和銅	
七一五年	乙卯		霊亀	

天武天皇は、書紀では天武天皇十五年（六八六年）にあたる朱鳥元年に崩御している。次の天皇は、皇太子草壁皇子が六八六年か翌六八七年に即位したと考えられる。即位が六八六年であれば朱鳥元年が即位の年であり草壁皇子が朱鳥年号を制定したと考えられるが、即位が翌年であれば朱鳥年号の制定の根拠が明白ではなくなる。しかし、日本書紀、二中歴、海東諸国記に記載された朱鳥年号と矛盾する朱鳥年号が万葉集に記述されている。

■万葉集四〇番

伊勢国《いせのくに》に幸せる時に、京《みやこ》に留《とど》まれる柿本朝臣人麻呂《かきのもとのあそみひとまろ》が作る歌

あみの浦に　船乗《ふなの》りすらむ　娘子《をとめ》らが　玉裳《たまも》の裾《すそ》に　潮満《しほ》つらむか

■万葉集四一番

釧《くしろ》つく　答志《たふし》の崎に　今日《けふ》もかも　大宮人《おほみやひと》の玉藻《たまも》刈るらむ

■万葉集四二番

潮さゐに　伊良虞《いらご》の島辺《しまへ》　漕《こ》ぐ船に　妹《いも》乗るらむか　荒き島廻《しまみ》を

■万葉集四三番

当麻真人麻呂《たぎまのまひとまろ》が妻の作る歌

我《わ》が背子《せこ》は　いづく行《ゆ》くらむ　沖《おき》つ藻《も》の　名張《なばり》の山を　今日《けふ》か越ゆらむ

■万葉集四四番

石上大臣《いそのかみのおほまへつきみ》、従駕《じゆうか》して作る歌

我妹子《わぎもこ》を　いざみの山を　高みかも　大和《やまと》の見えぬ　国遠みかも

右、日本紀《にほんぎ》に曰《いは》く、「朱鳥《あかみとり》六年壬辰《じんしん》の春三月、丙寅《へいいん》の朔《つきたち》の戊辰《ぼじん》に、浄広肆《じやうくわうし》広瀬王《ひろせのおほきみ》らを以《もち》て留守の官となす。ここに、中納言《ちうなごん》三輪朝臣《みわのあそみ》高市麻呂《たけちまろ》その冠位《かがふり》を脱《ぬ》きて朝《みかど》に擎《ささ》上げ、重ねて諫《いさ》めまつりて曰《まうさ》く、『農作《なりはひ》の前《さき》に、車駕《きよが》未《いま》だ以《もち》て動《いでま》すべからず』とまうす。辛未《しんび》に、天皇諫めに従ひたまはず、遂《つひ》に伊勢《いせ》に幸《いでま》す。五月乙丑《いつちう》の朔の庚午《かうご》に、阿胡《あご》の行宮《かりみや》に御《いでま》す」といふ。

添書きの部分のみを原文で示す。

右、日本紀曰、朱鳥六年壬辰春三月、丙寅朔戊辰、以浄広肆広瀬王等為留守官。於是、中納言三輪朝臣高市麻呂脱其冠位、擎上於朝、重諫曰、農作之前、車駕未可以動。辛未、天皇不従諫、遂幸伊勢。五月乙丑朔庚午、御阿胡宮。

（※万葉集四〇番～四四番は『日本古典文学全集「萬葉集①」』〈小学館〉を参照した）

添書きに「日本紀に曰く」として記述された内容は、現在の日本書紀にどのように記述されているのであろうか。

日本書紀持統天皇六年三月条に、次のとおりある。

三月の丙寅《へいいん》の朔《つきたち》にして戊辰《ぼしん》に、浄広肆《じやうくわうし》広瀬王《ひろせのおほきみ》・直広参《ぢきくわうさむ》当麻《たぎまの》真人《まひと》智徳《ちとこ》・直広肆《ぢきくわうし》紀朝臣《きのあそみ》弓張《ゆみはり》等《ら》を以ちて、留《る》守官《すのつかさ》とす。是《ここ》に、中納言大三輪朝臣《おほみわのあそみ》高市麻呂《たけちまろ》、其《そ》の冠位《かがふり》を脱《ぬ》ぎて、朝《みかど》に擎上《ささ》げて、重《かさ》ねて諫《いさ》めて曰《まを》さく、「農作《なりはひ》の節《とき》、車駕《きみ》、以動《いでま》すべからず」とまをす。辛未《しんび》に、天皇、諫《いさめ》に従《したが》ひたまはず、遂《つひ》に伊勢に幸す。

（※日本書紀は、『日本古典文学全集「日本書紀③」』〈小学館〉を参照した）

この部分を原文で表すと、

三月丙寅朔戊辰、以浄広肆広瀬王・直広参当麻真人智徳・直広肆紀朝臣弓張等、為留守官。於是中納言大三輪朝臣高市麻呂、脱其冠位、擎上於朝、重諫曰、農作之節、車駕未可以動。辛未、天皇不従諫、遂幸伊勢。

となっている。万葉集添書きでは「以浄広肆広瀬王等」となっているところを、書紀では「以浄広肆広瀬王・直広参当麻真人智徳・直広肆紀朝臣弓張等」となっているが、これは添書きの作者が「日本紀」の原文を省略したものと考えられる。また、万葉集添書きでは「農作之**前**、車駕未可以動」となっているところを、書紀では「農作之**節**、車駕未可以動」となっていて、「前」の一字が「節」と表されているところが相違しているが、現在の日本書紀と添書きに記された「日本紀」の文面はほとんど同一のものと考えてもいいものとなっている。しかし両者には大きな違いがある。添書きの「日本紀」には冒頭に「朱鳥六年壬辰春三月」の朱鳥年号の記述があることである。この添書きの作者は朱鳥年号を記した「日本紀」を参照している。即ち、筑紫朝廷の年号を記した書紀「原日本書紀」をその手元に置いているのである。

「原日本書紀」の原文が一部ではあるが、万葉集にその姿を残していたのである。このことからかなりのことが推測できる。現在に残る日本書紀の編纂とは、その原文のほとんどを「原日本書紀」から引き写したものと考えることができる。「原日本書紀」に記述された歴史改竄者にとって不利、不都合な部分を削除あるいは書き換え、あるいは新たに創作した話で差し替えてはいるが、歴史改竄者が創作できない筑紫朝廷の歴史の積み重ねのほとんどを現在の日本書紀に引き写しているということである。

そしてまた、この「原日本書紀」の朱鳥年号は新たな事実を指し示す。「朱鳥六年壬辰」の記述である。朱鳥六年の干支が壬辰であれば朱鳥元年は丁亥となる。西暦六八七年、二中歴、海東諸国記に記される朱鳥年号の二年に該当する。ここで、西暦と書紀のしるす天皇の年号、干支、二中歴及び海東諸国記の年号、添書きにある朱鳥年号、書紀の記す天皇の吉野行幸を一覧表にすると、ある事実が浮かび上がってくる（別表参照）。

書紀は持統天皇が三十一回も吉野行幸したことを記す。しかし吉野行幸の目的は御狩であることを第五章で示し、女性天皇である持統が三十一回も吉野へ行くことはありえないとし、それは天武天皇を継いだ皇太子草壁皇子が天皇に即位して吉野行幸を行ったと述べた。草壁皇子が天皇に即位したのは、「原日本書紀」に記す朱鳥元年即ち西暦六八七年丁亥の年であると考えられる。しかしその朱鳥元年と同二年には吉野行幸は出てこない。朱鳥は二中歴、海東諸国記によれば朱鳥九年まで続いているので、一応「原日本書紀」の朱鳥も九年までとした。書紀による持統の吉野行幸は六九七年まで行われている。「原日本書紀」の朱鳥九年の二年後までである。六八九年から六九七年まで九年間に亘って行われた書紀の吉野行幸は、全体を二年間前にずらすと丁度「原日本書紀」の記す朱鳥年号の元年から九年にピタリと当てはまるのである。このことは、どのようにして現在の日本書紀が「原日本書紀」を改竄したかその手口の一端を明らかにすると同時に、天皇となった草壁皇子がどのような国家経営をしたかも明らかにしている。ここで天皇となった草壁皇子を、一応「朱鳥天皇」と呼ぶことにしよう。その朱鳥天皇は皇太子時代にも毎年吉野へ行き、御狩をすることを何よりも愛していたであろう。皇太子時代の吉野行きは、国の歴史書である「原日本書紀」には記録されなかった。しかし、朱鳥天皇として即位した朱鳥元年からその吉野行きは吉野行幸として国史に記録され、退位した朱鳥九年まで毎年数回、全三十一回もの吉野行幸が記録されたと考えられる。第三章で述べたように、吉野とは現在の大分県九重町《ここのえまち》周辺地域のみを表すものとは考えられない。九重山《くじゅうさん》周辺の飯田《はんだ》高原、瀬の本高原、久住《くじゅう》高原からさらに阿蘇山とその周辺の波野原から祖母山山麓の地域まで、遥かに地平線を望む広大な地域を表していると考えられるのである。朱鳥天皇は吉野行幸に際し毎回大勢の大宮人を動員し、この広大な吉野から狩猟地域を毎回選定して、後世の巻狩りに匹敵するような大規模な御狩を三十一回に亘って繰り返したのであろう。これほどに御狩を愛した天皇が国政を十分に顧みたとは思われない。その天皇の国政に対する姿勢への重臣たちの不満が、伊勢行幸へ反対する朱鳥六年三月中納言三輪朝臣高市麻呂の抗議として噴出したものと考えられる。そしてそれが、朱鳥九年の朱鳥天皇退位へと続くのである。この朱鳥九年は西暦六九五年、干支乙未、二中歴大化元年、海東諸国記大和元年である。日本書紀は、持統天皇が持統十一年（六九七年）八月に文武天皇へ譲位したように記述しているが、これは朱鳥天皇が朱鳥九年八月に次の天皇へ譲位したことを改竄したものと考えられる。次の天皇は誰が立ったか、改竄された歴史書日本書紀と続日本紀からは、それを推測することすらできない。次の天皇は直ちに即位し、改元したと考えられる。それが二中歴の大化元年か海東諸国記の大和元年である。それと同時に新天皇は遷都を決意していた。奈良の都は、唐・新羅との戦いに備えて造られた都である。山岳地帯の中央部に位置し防御には最適であるが、唐との戦いの可能性がなくなった時代には日本国経営のための首都としてはあまりにも政治的・経済的・地理的条件に欠け、都の人々も淡海国《あまくに》の海と共に生きる人々の持っていた開放的な心を失い、行く末に希望を持てぬ、鬱屈した複雑な心境に閉じ込められてしまっている。※かつての首都太宰府は、倭国が海洋国家であることを示す海へ開かれた都であり、海に囲まれた列島である日本国経営の最適地であった。我国は再び海外に開かれた海洋国家への道を目指し、新たな日本国経営の制度・政策を創造・確立し、同時に人心を一新しなくてはならない。そのためには、できるだけ太宰府へ近いところを新しい都とすべき、との考えがあったであろう。それが奈良山を越えての恭仁京《くにきょう》（久邇京）遷都であった。時は、海東諸国記の記す大長元年（六九八年）と考えられる。しかし新天皇はそれに飽きたらず、すぐに再び海外に開かれた海洋国家倭国の首都であった最終目的地、太宰府へ帰還・遷都することを選んだ。それが大宝元年（七〇一年）であり、同時に国政の大改革大宝律令を制定したと考えられるのである。

	日本書紀	万葉集
	5月吉野宮行幸。吉野の盟約。	27番吉野行幸の御製歌。
	正月、8月吉野行幸。4月皇太子草壁皇子死去。	
	2月、5月、8月、10月、12月吉野行幸。正月持統天皇即位。九月「丁亥に、天皇、紀伊に幸す。」	万葉集34番添書き、日本紀に曰はく「朱鳥四年庚寅の秋九月、天皇紀伊国に幸す」といへりとの記載。
	正月、4月、7月、10月吉野行幸。	
	5月、7月、10月吉野行幸。三月伊勢行幸に三輪朝臣高市麻呂反対するが行幸実施。	万葉集44番添書き、日本紀に曰く朱鳥六年壬辰三月三輪朝臣高市麻呂が伊勢行幸を諌めるが天皇従わず行幸すとの記載。
	3月、5月、7月、8月、11月吉野行幸。	
	正月、4月、9月吉野行幸。	
	2月、3月、6月、8月、12月吉野行幸。	
	2月、4月、6月吉野行幸。	
	4月吉野行幸。8月譲位。	

表7-1　別表

西暦	書紀天皇年号	書紀天皇	干支	二中暦	海東諸国記	原日本書紀	
678	天武７	天武	戊寅	白鳳18	白鳳18		
679	天武８	天武	己卯	白鳳19	白鳳19		
680	天武９	天武	庚辰	白鳳20	白鳳20		
681	天武10	天武	辛巳	白鳳21	白鳳21		
682	天武11	天武	壬午	白鳳22	白鳳22		
683	天武12	天武	癸未	白鳳23	白鳳23		
684	天武13	天武	甲申	朱雀１	朱雀１		
685	天武14	天武	乙酉	朱雀２	朱雀２		
686	朱鳥１	天武・持統	丙戌	朱鳥１	朱鳥１		
687	持統１	持統	丁亥	朱鳥２	朱鳥２	朱鳥１	
688	持統２	持統	戊子	朱鳥３	朱鳥３	朱鳥２	
689	持統３	持統	己丑	朱鳥４	朱鳥４	朱鳥３	
690	持統４	持統	庚寅	朱鳥５	朱鳥５	朱鳥４	
691	持統５	持統	辛卯	朱鳥６	朱鳥６	朱鳥５	
692	持統６	持統	壬辰	朱鳥７	朱鳥７	朱鳥６	
693	持統７	持統	癸巳	朱鳥８	朱鳥８	朱鳥７	
694	持統８	持統	甲午	朱鳥９	朱鳥９	朱鳥８	
695	持統９	持統	乙未	大化１	大和１	朱鳥９	
696	持統10	持統	丙申	大化２	大和２		
697	持統11・文武１	持統・文武	丁酉	大化３	大和３		
698	文武２	文武	戊戌	大化４	大長１		
699	文武３	文武	己亥	大化５	大長２		
700	文武４	文武	庚子	大化６	大長３		
701	大宝１	文武	辛丑		大宝１		
702	大宝２	文武	壬寅		大宝２		
703	大宝３	文武	癸卯		大宝３		
704	慶雲１	文武	甲辰		慶雲１		

続日本紀は、文武天皇四年（七〇〇年）六月十七日に、

「浄大参《じょうだいさん》の刑部親王《おさかべのみこ》・直広壱の藤原朝臣不比等《ふひと》・直大弐の粟田《あわた》朝臣真人《まひと》・直広参の下毛野《しもつけの》朝臣古麻呂《こまろ》・直広肆の伊岐《いき》連博徳《はかとこ》・直広肆の伊余部《いよべ》連馬養《うまかい》・勤大壱《ごんだいいち》の薩弘格《さつこうかく》・勤広参の土師部《はじべ》宿禰甥《おい》・勤大肆の坂合部《さかいべ》宿禰唐《もろこし》・務《む》大壱の白猪史骨《しらいのふひとほね》・追《つい》大壱の黄文《きぶみ》連備《そなう》・田辺《たなべ》史百枝《ももえ》・道君首名《みちのきみおびとな》・狭井《さい》宿禰尺麻呂《さかまろ》・追大壱の鍛造《かぬちのみやつこ》大角《おおすみ》・進《しん》大壱の額田部《ぬかたべ》連林《はやし》・進大弐の田辺史首名・山口伊美岐大麻呂《やまぐちのいみきおおまろ》・直広肆の調《つき》伊美伎老人《おきな》らに勅して、律令を選定させられた。」

と記述する。続日本紀も日本書紀と同じように、筑紫朝廷の歴史書を改竄して記述されたことが、粟田朝臣真人と藤原不比等という、その居場所もそのよって立つところも全く異にする二人を、同時に同じ役割で登場させることから明らかとなる。この時の朝廷は恭仁京にあった。即ち現在の福岡県朝倉市三奈木である。この記述から、その後大宝三年遣唐使として唐に渡り唐の朝廷から高く評価された粟田朝臣真人が、この一大国家事業である、大宝律令の立案・制定に携わったことが当然のこととして理解されると同時に、改竄された日本書紀において登場してきた虚像の藤原不比等が、大宝律令制定の中心人物であるかのように記述され、いかにも藤原王朝において大宝律令が制定されたかのように、続日本紀が歴史改竄を行っていることが明白となるのである。

※新庄智恵子著『謡曲のなかの九州王朝』で著者は、古今和歌集を「この歌集は病的なと思える程ひどい嘆きの声の大合唱です」と述べ、さらに同歌集で紀貫之が挙げる六歌仙のうち文屋康秀、宇治山喜仙、小野小町、大伴黒主についてはなぜか生没年不詳で、在原業平についてもその生没年を疑い、そして六歌仙のほとんどが九州にいたのではと記述している。朱鳥天皇の奈良の時代に六歌仙がいて古今和歌集はそのほんどがこの奈良の都において詠まれた歌の歌集であると捉える時、新庄智恵子さんの指摘はまさに正鵠を射ているのである。付け加えて言えば、六歌仙の一人、仮名序で「詞《ことば》かすかにして、始め終りたしかならず」と紀貫之の云う喜撰法師が、古今和歌集にただ一首のみ残す歌、

わが庵《いほ》は都の辰巳《たつみ》しかぞ住む世をうぢ山と人はいふなり

この歌が平安京遷都前に詠まれた歌だとすれば、都の辰巳（南東）に宇治は存在せず、都の辰巳に宇治があるのは、太宰府の南東に宇治のある筑紫朝廷時代の九州ということになり、喜撰法師はあの阿騎の大野である山隈原に庵を構えていたのではと考えさせられるのである。

恭仁京において大伴家持が歌を詠んでいる。

■万葉集七六五番（中西進『万葉集』〈講談社文庫〉より）

久邇京《くにのみやこ》に在りて寧楽《なら》の宅《いへ》に留《とど》まれる坂上大嬢を思《しの》ひて、
大伴宿禰家持の作れる歌一首

一重《ひとへ》山隔《へな》れるものを月夜《つくよ》よみ門《かど》に出《い》で立ち妹《いも》か待つらむ

奈良の都と恭仁京とを隔てる山は奈良山即ち麻底良《までら》山のみであり、一重山とは奈良山をその形状と共に正確に表している。この歌では、恭仁京遷都により大伴家持は恭仁京へ移り、その妻坂上大嬢は奈良の自宅に留まっている。このことからこの歌の詠まれた時期が特定できる。恭仁京遷都は海東諸国記の記す大長元年（西暦六九八年）と考えられるので、六九八年から七〇〇年の間にこの歌は詠まれたということになる。今まで、大伴家持はいつの時代のどういう人物であると捉えられてきたのであろうか。

大伴家持（『ブリタニカ国際大百科事典』）

生　養老二年（七一八年）？　没　延暦四年（七八五年）、八・二十八　陸奥

奈良時代の政治家、歌人。三十六歌仙の一人。旅人の長子。書持《ふみもち》の兄。その妻坂上大嬢《さかのうえのおおいらつめ》は大伴坂上郎女の娘。天平十八年（七四六年）越中守、天平勝宝三年（七五一年）中納言となり帰京、同六年兵部少輔、防人のことなどを司る。同八年の左大臣橘諸兄の致仕、古慈悲の乱、翌年の奈良麻呂の変など、大伴一族の命運にかかわる大事件の連続するなかで、彼は局外者の立場にとどまっていたらしい。その後地方官などを歴

任、宝亀十一年（七八〇年）参議となり右大弁を兼ね、いったん事に座して官を奪われたがやがて復し、延暦二年（七八三年）中納言に進み、翌々年中納言従三位、春宮大夫、陸奥《みちのく》按察使鎮守府将軍で没した。没後も暗殺事件に連座して遺骸のまま追罰されるなど、名門出身の政治家としては不遇であった。歌人としては文学史上きわめて重要な位置を占め、「万葉集」に長歌四十六首、短歌四三二首、旋頭歌一首の万葉歌人中最大の量を残した。「万葉集」そのものの編纂に深く関与していたと考えられ、哀愁をたたえた抒情歌には独自のものがある。

事典によれば大伴家持は養老二年（七一八年）に生まれたのではないかとされている。没年は延暦四年（七八五年）とされ、続日本紀の桓武天皇の延暦四年八月二十八日の記事に、

「中納言・従三位の大伴宿禰家持が死んだ。祖父は大納言で贈従二位の大伴宿禰安麻呂《やすまろ》、父は大納言・従二位の旅人《たびと》である。家持は天平十七年に従五位下を授けられ宮内《くない》少輔に任ぜられた。中央と地方官を歴任した後、宝亀の初めに従四位下・左中弁・兼式部員外大輔に至った。宝亀十一年に参議を拝命し、左右の大弁を経て、間もなく従三位を授けられた。しかし、氷上川継《ひかみのかわつぐ》が謀反を起こした事件で罪を問われ、罷免されて京外に遷された。その後、詔があって罪を許され参議・春宮《とうぐう》太夫に復した。ついで本官のまま京師を出て陸奥按察使に任ぜられ、間もなく中納言を任ぜられたが、春宮太夫はもとのままであった。死後二十余日、家持の屍体がまだ埋葬されないうちに、大伴継人《つぐひと》・大伴竹良《つくら》らが藤原種継《たねつぐ》を殺害、事が発覚して投獄されるという事件が起こった。これをとり調べると、事は家持らに及んでいた。そこで追って除名処分とし、息子の永主《ながぬし》らはいずれも流罪に処せられた。」

と、大伴家持の略歴と氷上川継の事件（延暦元年、七八二年氷上川継の乱）に巻き込まれたこと、死亡直後の大伴氏の関わる暗殺事件で罰せられたことなどが記述され、事典に記載された大伴家持の経歴のほとんどは、続日本紀の記事がその根拠となっていることがわかるのである。

筑紫朝廷の恭仁京遷都は西暦六九八年、藤原王朝の聖武による恭仁京遷都は同七四〇年（天平十二年）、四十二年の開きがある。当然、大伴家持が亡くなったのは続日本紀の記す延暦四年（七八五年）などではあり得ないこととなる。現在に残る万葉集の源泉は、おそらく大伴家持により所蔵されていたものが、藤原氏により押収あるいは略奪されたものであり、藤原王朝下の関西奈良時代において改竄された歴史に合わせて手を加えられ、あるいは削除されて、今日に至っていると考えられる。即ち、大伴家持は最後の万葉歌人である可能性が強く、その没年を推定することは万葉集の本当の編纂の下限を推定することに通ずると考えられるのである。そして大伴家持を考察するには、まずその父親である大伴旅人について検証する必要があるであろう。

大伴旅人（『ブリタニカ国際大百科事典』）

生　天智四年（六六五年）　没　天平三年（七三一年）

奈良時代の政治家歌人。大納言安麻呂の長男。家持の父。養老二年（七一八年）中納言、同四年征隼人持節大将軍に任じられ、隼人の反乱鎮圧に功があった。神亀四年（七二七年）頃大宰の帥となって九州に下り、天平二年（七三〇年）に大納言に昇進して帰京、翌年没。万葉集に長歌一首、短歌五十三首（これに巻五の無署名歌を加える説もある）、漢文の序、書簡「懐風藻」に詩一編を残す。歌は大宰帥になってからのものがほとんどで、漢文学の素養に基づいた構想を持ち、情感にあふれた人事詠に特色がある。

没年は天平三年（七三一年）とされ、これも続日本紀の天平三年秋七月二十五日の記事に、「大納言・従二位の大伴宿禰旅人が薨《こう》じた。彼は難波朝《なにわのみかど》（孝徳《こうとく》朝）の右大臣で大紫《だいし》の位の長徳《ながとこ》の孫であり、大納言で従二位を追贈された安麻呂の第一子である。」との記述がある。また、生年の天智四年（六六五年）については書紀にはそれに関する記述はなく、『懐風藻』に五言一首が載り、従二位大納言年六十七とあることから、従二位になったのは天平三年（七三一年）「正月二十七日正三位の大伴宿禰旅人に従二位を授けた」（続日本紀）という記述を受けて生年を逆算したものと考えられる。生年、没年共に続日本紀の記述がその根拠となっていると言ってもいいだろう。

大伴旅人については、万葉集八一五番から八四六番の歌に「梅花歌三十二首并せて序」と云う表題が付けられ、序文で天平二年正月十三日に帥《そち》の老《おきな》の宅即ち太宰の帥である旅人の家に集まって宴会を開き、旅人と客人たちが梅の花が咲くさわやかな絶好の気候の中で、酒を酌み交わし歌を詠みあったことを述べる、この梅花の宴からまず考察したい。

筑紫朝廷が太宰府に太宰の帥を置いたその初めは、太宰府が唐に占領されていた時期の、書紀が天智天皇六年（六六七年）に都を近江に遷したと記述する、即ち筑紫都督府が太宰府に立てられたと推定される時の前後に、唐占領軍と交渉するため置かれたと考える。その後壬申の乱を経て天武天皇の奈良の都の時代が続き、朱鳥天皇の時代も奈良の都を中心としていたが、朱鳥天皇の次の新天皇の時代に奈良から恭仁京へ遷都し、そして再び太宰府に都が戻ってきた。その奈良の都と恭仁京の時代に太宰府に太宰の帥が置かれていたと考えられる。要するに六六七年から七〇〇年の間だけ、筑紫朝廷の太宰の帥が置かれていたということになる。さらに旅人は太宰の帥の後に奈良の都に戻ったのであるから、旅人の太宰の帥の時期は六六七年から六九八年までに限定される。

ここで、恭仁京遷都に四十二年の開きがあったことを考慮してみる。筑紫朝廷の奈良時代を四十二年間繰り下げることにより関西奈良時代へ持ってくることができる。関西奈良時代の空虚を満たすための一つの手段として、そのような改竄が行われている可能性が十分にある。

旅人が太宰の帥であったのは天平二年、西暦で言えば七三〇年と万葉集の梅花の宴ではされている。これを四十二年前に遡らせると、六八八年ということになる。その翌年旅人が亡くなったとすれば旅人の没年は六八九年である。これは原日本書紀の朱鳥三年であり朱鳥天皇の全盛期ともいえる時期である。そして、懐風藻に記述されるとおり六十七歳の時大納言であったとすれば、旅人の生年は六二三年ということになる。即ち梅花の宴の正しい時期は、繰り下げられた時間に多少の誤差があることを考えると西暦六八八年とその前後数年ということではないかと考えられる。梅花の宴では筑前守山上大夫と表される山上憶良、笠沙弥と表される沙弥満誓らが出席している。山上憶良については第六章でその活動時期は七世紀の後半であることを述べた。淡海《あま》の難波で天智天皇の唐からの帰還を心待ちに待ち、壬申の乱で亡くなった天智天皇を悼んで郭務悰が造らせた仏像を奈良の都へ入京させることを天武天皇へ嘆願し、切なるその願いが叶えられた山上憶良。この六八八年前後とは、壬申の乱からすでに十数年を経て、漸くにして山上憶良が初春の梅花を心から楽しめる時を迎えていたのである。

■万葉集八一八番（『日本古典文学全集「萬葉集②」』〈小学館〉より）

春されば　まづ咲くやどの　梅の花　ひとり見つつや　春日《はるひ》暮らさむ

筑前守山上大夫《ちくぜんのかみやまのうへだいぶ》

六八八年前後において筑紫が筑前、筑後の二国に分かれているはずはなく、当然、山上憶良が筑前守であるはずもない。

梅花の宴の出席者で氏のみが示されその名が示されない者たちがいて、その一人に少弐粟田大夫という者がいる。

■万葉集八一七番（『日本古典文学全集「萬葉集②」』〈小学館〉より）

梅の花　咲きたる園《その》の　青柳《あをやぎ》は　縵《かづら》にすべく　なりにけらずや

少弐粟田大夫《せうにあはただいぶ》

少弐とは、太宰の帥が長官で大弐、少弐と続くので太宰府の三番目の役人ということになる。何も支障がなければ名を出しただろうになぜ出さなかったのか。筑紫朝廷の廷臣でその名が出ると歴史改竄を許さない、その存在の絶対年が明確な人物がいる。唐の歴史書にその名を刻んだ人物、粟田朝臣真人である。書紀、持統天皇三年春正月九日の記事に「筑紫大宰粟田真人朝臣等、隼人一百七十四人、并せて布五十常、牛革六枚、鹿皮五十枚を献る。」とある。持統天皇三年とは西暦六八九年に該当する。他に続日本紀には、元明天皇の和銅元年（七〇八年）に粟田朝臣真人を大宰の帥に任じたと記すが、この時に太宰の帥が置かれていたはずもなく、これは続日本紀による歴史改竄であることは明白である。要するに、書紀の記事から粟田朝臣真人が梅花の宴の開かれたと考えられる六八八年前後に、太宰府の役人として太宰府にいたことは間違いないことがわかる。その真人がどうして梅花の宴に招かれないことがあろうか。この少弐粟田大夫とは粟田朝臣真人に違いなく、歴史改竄者により決して出してはならない真人の名が削られ、特に名を出す必要もない太宰府の一役人でもあるかのように粟田大夫と書き換えられたと考えられる。即ち、梅花の宴は六八八年前後に開かれたことは間違いなく、筑紫朝廷の歴史を約四十年程度繰り下げることにより、藤原王朝の歴史が捏造されていることが明らかとなってくるのである。

さて、大伴家持についてこの四十二年の繰り下げが行われているとした時、その生年と没年はどうなってくるであろうか。生年には疑問符が付けられた七一八年であるが、一応正しいものとして算出すると、六七六年という年次となる。没年については七八五年となっているので四十二年を引くと七四三年という年次となる。満年齢で六十七歳で亡くなっていることになる。父親の旅人は満年齢で六十六歳で亡くなっており、このことで特に問題はないと考えられるが、先の計算で旅人の生年は六二三年とした。家持の生年の六七六年から旅人の生年の六二三年を引くと五十三という数字が出てくる。即ち家持は旅人が満五十三歳の時に生まれたことになるのである。家持には書持《ふみもち》という弟がいる。弟は旅人が五十三歳よりもさらに年を取った時の子であることになる。平均寿命が八十歳を過ぎている現代であれば十分あり得ることであるが、人生五十年と云われた昔の日本において、五十歳を過ぎて第一子を儲けたなどということを信じることはできない。要するに、旅人の生年、没年は四十二年の繰上げで筑紫朝廷の歴史との矛盾を生じないが、家持の没年については、四十二年の繰り下げ以上のもっと大幅な繰り下げが歴史改竄者により行われていると考えられるのである。そこで家持の没年を推定するためには一つの仮説を設定してそれを検証するという方法が必要となる。それは家持の生まれた時の旅人の年齢を仮に設定し、それによって家持の生涯が筑紫朝廷の歴史と藤原王朝の歴史とどのように関わったかを検証してみるという方法である。古代の日本では一般的な男性の結婚年齢は何歳であっただろうか、そして最初の子が生まれる年齢は何歳であっただろうか。私には手元にこのような研究の資料がないので、最初に子が生まれる年齢を仮に三十歳としてみることとする。この三十歳を旅人が家持を儲けた年齢とすると、家持が生まれたのは、旅人の生年とした六二三年に三十年を足した西暦六五三年ということになる。そして先ほどの計算で家持の没年齢を六十七歳としたが、それをそのまま没年齢として採用すると、家持の没年は生年の六五三年に六十七年を足して七二〇年ということになる。この七二〇年という年次は家持の真実の没年に大きくは離れていないと考えられる。恭仁京遷都は六九八年であった。家持の生年を六五三年とするとその時家持は四十五歳となり、妻坂上大嬢を奈良に置く壮年の年齢に適合している。筑紫朝廷の滅亡した七一五年の時は六十二歳、もう老境といってもいい年である。七一五年から七二〇年にかけて太宰府を中心に藤原氏の侵攻を受け、内乱状態が続いたと考えられる。当然、続日本紀は事実をそのままには表さない。時間を変え場所を変え人を変えて、あるいは全く何もなかったかのように歴史改竄を行う。藤原氏の侵攻を受けた時、大伴家持をはじめとする筑紫朝廷の軍団はかつての力を失っていた。筑紫朝廷内にも藤原氏へ内通する者たちがいたであろう。九州の中でも藤原氏を応援する勢力があったであろう。北部九州が一丸となり関門海峡と洞海湾の戦略拠点を守る限り、本州、瀬戸内海方面からの九州侵略は不可能なのである。その不可能を可能にしたということは、九州の中に筑紫朝廷を裏切った勢力がいたということである。私はこの七二〇年という年こそ本当に筑紫朝廷の滅んだ年ではないかと考えている。この時、大伴家持の所蔵していた万葉集が藤原氏に奪われたと考える。そしてこの時を境として、万葉歌人はこの地上から永遠に姿を消してしまったのである。

五、伊勢斎宮の始まりと藤原氏による伊勢神宮の強奪

日本書紀、垂仁天皇二十五年三月の丁亥《ていがい》の朔にして丙申《へいしん》（十日）に、

「天照大神《あまてらすおほみかみ》を豊耜入姫命《とよすきいりびめのみこと》より離《はな》ちまつり、倭姫命《やまとひめのみこと》に託《つ》けたまふ。爰《ここ》に倭姫命、大神《おほみかみ》を鎮《しづ》め坐《ま》させむ処《ところ》を求《もと》めて、菟《う》田《だ》の筱幡《ささはた》に詣《いた》り、更《さら》に還《かへ》りて近江国《あふみのくに》に入《い》り、東《ひむがしのかた》美濃《みの》を廻《めぐ》り、伊勢国《いせのくに》に到る。時に天照大神、倭姫命に誨《をし》へて曰《のたま》はく、『是《こ》の神風《かむかぜ》の伊勢国《いせのくに》は、則《すなは》ち常世《とこよ》の浪《なみ》の重浪《しきなみ》帰《よ》する国なり。傍国《かたくに》の可怜国《うましくに》なり。是《こ》の国に居《を》らむと欲《おも》ふ』とのたまふ。故《かれ》、大神の教《をしへ》の随《まにま》に、其《そ》の祠《やしろ》を伊勢国に立て、因《よ》りて斎宮《いつきのみや》を五十鈴川《いすずのかは》の上《へ》に興《た》てたまふ。是《こ》を磯宮《いそのみや》と謂《い》ふ。則ち天照大神の始《はじ》めて天《あめ》より降《くだ》ります処《ところ》なり。」

と記述される。書紀は、この垂仁天皇の前の崇神《すじん》天皇の時代に、都を磯城《しき》に置いた崇神天皇が、宮殿の中に天照大神と倭大国魂《やまとのおほくにたま》の二神を祭ったことを記す。ところが、この二神の勢いを天皇が恐れ共に住むことができず、天照大神を豊鍬入姫命《とよすきいりびめのみこと》に託して倭の笠縫邑《かさぬひのむら》に祭り、日本大国魂神《やまとのおほくにたまのかみ》を渟名城入姫命《ぬなきのいりびめのみこと》に託して祭らせたことを記す。そして次の垂仁天皇の時に、天照大神の祭りを豊耜入姫命《とよすきいりびめのみこと》から離ち祭ることが倭姫命《やまとひめのみこと》に託されたのである。

倭姫命は、天照大神を鎮め祭る処を探し求め、その候補地を見て廻る。最初に菟田の筱幡《ささはた》に行き、そして戻って近江国へ行き、東の美濃を廻って、伊勢国へ到ったときに天照大神に「この伊勢国は常世からの浪が次々と寄せてくる、国の端にある美しい国である。この国にいたいと思う」と告げられ、天照大神の教えのとおりに、伊勢国にその祠を立て斎宮を五十鈴川の畔《ほとり》に立てられた。これを磯宮と云う。即ち、これが初めて天照大神が天より降ったところである、と書紀は述べるのである。この短い書紀の記述がいくつかの重要な事実を立証し、そしてさらに隠された遺跡のあることも示唆している。まず崇神天皇が都を置いた磯城とはどこであろうか。磯城につ

いては「第五章　神武東征」の中で、神武天皇が八十梟帥《やそたける》と兄磯城《えしき》・弟磯城《おとしき》の軍勢と戦い、その兄磯城・弟磯城の居た所が現在の太宰府宮地岳の西側、宝満山の南側にある阿志岐、吉木でありここが本来の磯城（志紀）の地であろうと述べた。そしてこの磯城は、倭国淵源の地、博多湾周辺地域である淡海国《あまくに》の中にある。伊勢斎宮は第四章で証明したとおり現在の吉野ヶ里遺跡であり、伊勢国とは脊振山南麓の吉野ヶ里周辺から有明海北部の湾岸一帯を表していると考えられる。倭姫命が天照大神を伊勢国へ遷し祭られた時に、書紀が「則ち天照大神の始めて天より降ります処なり」と云うのは、天照大神が初めて淡海国を離れたことを意味し、書紀が記す「天《あま》」とは、天上にある高天原ではなく、この地上にある「淡海《あま》」を意味することを明らかにしている。伊勢国へ打ち寄せる常世の波は、その南方にある常世、即ち雲仙岳のある熊野からの波を意味している。傍国《かたくに》即ち端の国とは、伊勢国が九州の西端に位置していることを表している。倭姫命が伊勢国に立てた祠とは何を意味しているのであろうか。私はそれを天照大神の墓と考える。倭姫命が天照大神を鎮め祭るため各地を廻ったのは、その大神の棺を埋葬するための場所を求めて各地を廻ったと考える。どのような場所を求めたのであろうか。最後の到着地は環壕集落の吉野ヶ里遺跡であった。最初に天照大神が埋葬されたのは高天原即ち邪馬台国である環壕集落であった。倭姫命は、天照大神を鎮め祭るため、垂仁天皇の時代にまだ残されていた、かつての邪馬台国と同じ環壕集落を見て回ったと考えられる。それが菟田《うだ》の筱幡《ささはた》であり、東の美濃であり、そして最後の伊勢国であった。菟田には菟田の高城と呼ばれる環壕集落即ち現在の平塚川添遺跡があった。その後「還《かへ》りて近江国《あふみのくに》に入《い》り」と書紀は記述する。近江とは淡海《あま》を意味するが、何故に淡海を近江と表すのであろうか。これは「近つ淡海」であり、近くの淡海即ち博多湾を意味する。そして、対語となる「遠つ淡海」とは遠い淡海即ち広い範囲の淡海を意味し、「第四章　天孫降臨」で示した「天」の付く別名を持った島々の範囲、現在の島根県隠岐島から長崎県五島列島までの広い範囲の「天《あま》」の地域（海域）が「遠つ淡海」であると考える。当然、「近江」も「あま」と呼ばれ、本来の「淡海」と全く同じ地域を表す。書紀が「還りて近江国に入り」と記すのは、淡海国《あまくに》から出発して菟田に向かい、菟田から再び淡海国へ戻ったことを意味している。そして淡海国から「東の美濃を廻り」、即ち東の美濃国へ向かったのである。

　さて問題は、倭姫命が天照大神の墓地とするための候補地である環壕集落が、現在においてもまだ発見されていない環壕集落が、美濃にあったということをこの記述は表していると考えられることである。

「第六章　壬申の乱」で美濃国の位置を解明した時、万葉集の歌によく意味のわからない不思議なことが述べられていた。

■万葉集三二四二番（中西進『万葉集』〈講談社文庫〉より）

ももきね　美濃《みの》の国の　高北《たかきた》の　八十一《くくり》隣の宮に　日向《ひむかひ》に　い行き靡《なび》かふ　大宮を　ありと聞きて　わが通ひ道《ぢ》の　奥十山《おきそやま》　美濃の山　靡けと　人は踏《ふ》めども　かく寄れと　人は衝《つ》けども　心無き山の　奥十山　美濃の山

百岐年　三野之國之　高北之　八十一隣之宮尓　日向尓　行靡　闕矣　有登聞而　吾通道之　奥十山　三野之山　靡得　人雖跡　如此依等　人雖衝　無意山之　奥礒山　三野之山

「日向《ひむかひ》に　い行き靡《なび》かふ　大宮を　ありと聞きて」とは何を意味しているのであろうか。魏志倭人伝に、帯方郡から韓国を経て、対馬国、一大国、末盧国、伊都国、奴国、不弥国を経て、女王の都する所邪馬壱国に至る行程を述べた後、「次に斯馬国あり、次に己百支国あり、次に伊邪国あり、次に都支国あり、次に弥奴国あり、……」と次々に国の名を挙げて最後に「次に奴国あり。これ女王の境界の尽くる所なり」と記述される。ここに挙げられた国々は、女王卑弥呼につき従う国々であると考えられる。「日向《ひむかひ》に　い行き靡《なび》かふ」とはこのことを表していると考える。「日向《ひなた》」とは、伊奘諾尊《いざなぎのみこと》が黄泉の国から戻ってきた「筑紫の日向の小戸の橘の檍原」の日向であり、小戸の南方、日向川が流れ、日向《ひなた》峠のある高天原即ち女王卑弥呼の都とする邪馬台（壱）国を表している。その女王国に靡く国がここにあったということであり、その大宮がここにあると万葉集三二四二番の歌は伝えているのである。その女王国に靡く国の名は、魏志倭人伝に「弥奴国あり」と出ているではないか。そして、「大宮」とは原文に一字「闕」と記されている。

闕（『新漢語林』より抜粋）
字音　漢音　ケツ　呉音　カチ（クヮチ）
字義
①宮城門外の左右両側に設けた二つの台。その上に楼観（ものみ）を載せて造り、中央がくりぬかれて通路になっている。昔、法令をその上に掲げた。「宮闕」「城闕」

魏志倭人伝は邪馬壱国を次のように表す。

「宮室・楼観・城柵、厳かに設け、常に人あり、兵を持して守衛す。」

この美濃国の大宮も、邪馬壱国と同じ楼観を設けた環壕集落であることを示していると考える。現在の筑後川の北岸、福岡、大分県境に聳える英彦山の南麓に存在したかつての美濃国に、万葉時代まで伝えられていた環壕集落が、おそらく英彦山南麓の樹海の中で今もその発見を待っているのである。

垂仁天皇の時に、この倭姫命が天照大神を伊勢へ遷し祭ったことが伊勢斎宮の始まりとされている。吉野ヶ里遺跡では、第二章で述べたように、その一番北に墳丘墓がありその中に王たちの甕棺が埋葬されているのである。倭姫命は天照大神即ち卑弥呼の甕棺をこの墳丘墓に葬ったと考えられる。しかし、発掘の結果は、墳丘墓には十四の甕棺があり、そのうちの六基から発見された埋葬者の遺骸の一部はいずれも男性のものとされている。他の甕棺のいずれかが天照大神の棺であったのであろうか。確かにその可能性も考えられる。しかし、千三百年前、歴史改竄者即ち藤原不比等を首謀者とする藤原氏により、伊勢斎宮は徹底的に破壊され、移築できる祈堂や楼観などの建物のすべては解体されて持ち去られたと考えられる。不比等の狙いは天照大神を連れ去り伊勢斎宮を藤原京に遷すことである。当然のこととして、墳丘墓は掘り返され天照大神即ち卑弥呼の甕棺は藤原京へ持ち去られた可能性が最も高いと考える。

六、藤原氏による藤原京・関西平城京開設と太宰府侵略

続日本紀の慶雲《きょううん》元年（七〇四年）十一月二十日の記事に、「初めて藤原京の地所を定めた」との意味不明の記述がある。藤原京については、書紀の持統天皇六年（六九二年）五月二十三日に、「浄広肆難波王等を遣して、藤原宮地を鎮祭らしむ」との記事があり、また持統天皇八年（六九四年）十二月六日に「藤原宮に遷居します」との記事があってこの日が、藤原京遷都の日とされている。それが何故に慶雲元年（七〇四年）に初めて藤原京の地所が定められたのか。藤原京を建設する時に参考とした都は、まず倭国の長年の首都であり条坊制で区画された太宰府であったと考えられる。おそらく日田奈良の都も条坊制の都であったと考えられるが、今のところ全くそういった調査研究はされていない。そして、太宰府の大きな特徴として東西南北の社が都の守護神となっていた。東を宇佐八幡、西を鎮懐石《ちんかいせき》八幡、北を四王寺八幡あるいは宇美八幡、南を高良大社が守っていた。この中で東の宇佐八幡と西の鎮懐石八幡は、太宰府政庁跡とその位置する緯度がほとんど同じなのである。特に鎮懐石八幡の場合、太宰府政庁跡の緯度が北緯三三度三〇分五二秒であるのに対し、鎮懐石八幡の緯度は北緯三三度三〇分四〇秒でありその差はわずか十二秒に過ぎない。これは市販されている地図上ではほとんど緯度の違いが判別できないほどである。宇佐八幡の場合はこれほどの精度はないが、それでもその緯度の違いは四十二秒ほどにしか過ぎない。緯度は北極星を観測することにより求めることができるため、これほどの精度が得られたものであろう。即ち、東と西を守護する社については、緯度の一致が意図的に行われていることが明らかとなるのである。ところが藤原京について、太宰府と同じ位置関係にある神社が一社のみ存在する。それが伊勢神宮外宮なのである。伊勢神宮外宮は藤原京の真東にあり、藤原京大極殿の緯度が北緯三四度三〇分八秒であるのに対し、伊勢神宮外宮本殿は北緯三四度二九分一四秒であり五十四秒の違いである。ほぼ同緯度上と言ってもいいであろう。藤原京と伊勢神宮外宮とは意図的に西と東の同緯度上に置かれていると言えるであろう。歴史改竄者藤原不

比等は明らかに何らかの意図があって、藤原京と伊勢神宮外宮をこの位置に置いたと考えられる。即ち、藤原京開設と伊勢神宮外宮建立とがほとんど同時期に行われないと、このような位置関係に置くことは難しい。そして、伊勢神宮内宮は外宮の南東の位置、北緯三四度二七分一八秒にある。藤原京の緯度から南へ二分五十秒も離れている。なぜこのような位置関係になっているのか。吉野ヶ里遺跡即ち本物の伊勢斎宮から持ち去った天照大神即ち卑弥呼の墓を、不比等はどこへ隠したのであろうか。この現在の遷された伊勢神宮両宮の配置と藤原京の位置が何かを暗示しているのであろうか。

続日本紀の慶雲元年（七〇四年）の記事は、本当の藤原京の開設の時期を表しているのではないだろうか。この時同時に、伊勢神宮が遷されたことを表しているのではないだろうか。不比等は藤原京と呼んでいる都を、本当は奈良の都としようとしていた。万葉集五十二番の歌は歴史改竄者により「藤原宮の御井の歌」と題されている。この「あをによし奈良の都の歌」に合わせて、わざわざ大和三山を設定し吉野を設定したにもかかわらず、なぜ奈良の都とせず藤原京にしてしまったのか。その最大の原因は、藤原不比等の息子と考えられる文武《もんむ》天皇の死にある。

西暦六七二年の壬申の乱の戦後処理により、藤原不比等は父中臣金連《なかとみのかねのむらじ》を斬刑で失い、自らは後の藤原京の付近に謀反人の子として配流された。同じく謀反人として処分された左大臣蘇我赤兄《あかえ》も、不比等と一緒に同じ所に配流されたのであろう。不比等の場合は中臣氏の中でただ一人の流刑であったと考えられるが、蘇我赤兄の場合は、その一族郎党を引き連れての流刑地への移住であったろう。なぜなら、不比等の四人の息子たちのうち、長男武智麻呂《むちまろ》、次男房前《ふささき》、三男宇合《うまかい》の三兄弟の母は、蘇我赤兄の兄弟とされている蘇我連子《むらじこ》の娘であるからである。連子の娘とされる不比等の妻も赤兄と共に流刑地へ移住したと考えられる。あるいは、連子の娘ではなく赤兄の娘であった可能性もある。壬申の乱で自殺した蘇我果安の子も配流されており、蘇我赤兄を中心とした蘇我氏は、流刑地である程度まとまった集団を形成していたことになる。その大勢の蘇我氏の中でただ一人、不比等にとって流刑地での最初の頃の生活は極めて肩身が狭く、自尊心の強い不比等にとって屈辱的と言ってもいいものであったろう。この頃から育まれた蘇我氏に対する敵意が、日本書紀編纂における蘇我氏の記述にかなり大きな影響を与えたと考えられる。

文武《もんむ》天皇は、書紀にその記述はないが天武天皇十二年（六八三年）の生まれとされている。父は草壁皇子、母は天智天皇の娘阿陪《あへ》皇女、後の元明天皇とされているが、九州奈良の都にいた草壁皇子が父のはずはなく、また天智天皇の娘たちが藤原の流刑地へ流されるわけもなく、持統天皇も元明天皇も皆、天智天皇の皇女とされていることは歴史改竄の結果であることは明らかである。考えられることは、不比等が藤原にいた豪族の一族を天皇家に仕立て上げ、その娘たちを天智天皇の娘に成りすまさせたということであろう。そして文武の父親は不比等以外の可能性はゼロである。その時の筑紫朝廷の天皇は天武天皇であり、天智天皇の血統は壬申の乱により皇位継承権のある皇統から除外されていたと考えられる。それを利用して不比等は書紀を改竄して、自らの子孫を天武天皇の血統として正統な天皇であるかのように偽装し、筑紫朝廷の志貴皇子、即ち春日宮天皇《かすがのみやてんのう》を、朝敵とされた天智天皇の血統として筑紫朝廷の正統性を毀損しようとしたと考えられる。文武が生まれたとされる六八三年、不比等は二十四歳か二十五歳であり、その男子の成長を待って天皇とし、筑紫朝廷を滅ぼして奈良の都を藤原に開設すれば、積年の恨みを晴らすと同時に、藤原氏の未来永劫への繁栄と日本支配とが実現すると考えていたであろう。また、不比等には蘇我氏の妻との間に三人の息子がいたが、その息子たちを皇族とすれば蘇我氏によって天皇家を奪われ実権を握られる危険性があるため、けっしてそのようなことが起きないように藤原氏の血統と皇族の血統とを明確に区分し、藤原氏はあくまでも天皇家の背後に控えて実権を握る黒幕的な存在として存続し続けるという、二重構造でかつ藤原氏の永続性が保証される実に巧妙で新たな体制を、この時に構想したに違いない。その不比等の造り出した二重構造の体制が、この時から平安時代は藤原氏から平氏へ引き継がれ、鎌倉時代は源氏から北条氏へ、室町時代は足利氏、江戸時代は徳川氏、明治大正時代は藩閥政権、昭和時代前半は軍部というように現代までその二重構造が引き継がれてきて、実権を握る者にそれに応じた責任が伴わないという権力者に都合のよい、国民と国家にとって不都合な、不比等によって発明された悪しき体制が、現代まで連綿として引き継がれてきているのである。

文武を天皇として即位させ、さらにその文武により奈良の都を開設させて、天武天皇に擬《なぞら》えて文武を「奈良の帝《みかど》」とするため、不比等は様々な準備を行った。まず藤原王朝の正統性を示すための歴史書の編纂である。古事記は、文武が正統な藤原王朝の天皇としての歴史的根拠を示すため、筑紫朝廷の歴史を盗用改竄する最初の試みとしてその編纂が着手されたと考えられる。その序文では和銅四年（西暦七一一年）九月に着手し、和銅五年（七一二年）正月に天皇に献上したように記述されているが、わずか数カ月で古事記を書けるはずもなく、文武が即位したとされる六九七年前後にすでに古事記編纂が着手されていたと考える。それとほとんど同じ頃に、藤原の地に奈良の都を設定するため、万葉集五十二番の歌、即ち不比等の父中臣金連の歌に適合するように大和三山と吉野を選定した。しかし、不比等には最大の難題が控えていた。伊勢斎宮の問題である。伊勢斎宮の鎮座するところこそ倭国であり、そして斎宮は筑紫朝廷にとって何よりも大事な朝廷を守る先祖の神々を祭る守護社であり朝廷の淵源を証明する社でもある。その天照大神は、藤原氏が高天原出身の中臣氏として代々祭ってきた淡海・高天原の神でもある。この伊勢斎宮が九州にある限り、いくら奈良の都を開いても誰もそれを本物とは認めないであろう。何としても伊勢斎宮を筑紫朝廷から奪い、日の神である天照大神にふさわしい奈良の都の日出ずるところを伊勢とし、天照大神を藤原王朝の守護神として迎え入れなくてはならない。この六九四年前後から不比等は伊勢斎宮と天照大神の拉致を狙って、筑紫朝廷と九州の状況を探り、徐々に筑紫朝廷へ不満を抱く勢力に取り入る工作なども行い、虎視眈々とその機会を窺っていたであろう。関西藤原で不比等が陰謀をめぐらせていた時、筑紫朝廷は漸く朱鳥天皇下の永い眠りから覚め新天皇が奈良の都から遷都して、再び新たな海洋国家、日本全国を統治する国家としての道を進もうとしていた。そして新天皇は都を太宰府へ戻し、大宝律令を制定しそれを全国に行き渡らせようとした。そのような筑紫朝廷が再び上昇機運にある中では、不比等はその陰謀を達成することはできなかった。しかし大宝三年（七〇三年）、突如新天皇が崩御する事態が生じた。その天皇が誰であったのか、書紀も続日本紀も何も伝えない。新天皇のもとに再出発を図っていた筑紫朝廷に大きな混乱が生じたであろう。大宝三年、天皇の葬儀に志貴皇子《しきのみこ》が御竈《みかまど》長官を務め、その翌年慶雲《きょううん》元年と改元された。誰が即位したのであろうか、志貴皇子がこの時に即位したのであろうか。書紀は、志貴皇子が天智天皇の皇子であるように改竄された。それと併せて、川島皇子《かわしまのみこ》も天智天皇の皇子であると書紀は改竄されている。志貴皇子が改竄された理由は明白である。藤原王朝の元正《げんしょう》を天武天皇の直系子孫と偽って、その時筑紫朝廷の天皇であった志貴皇子を壬申の乱で朝敵となった天智天皇の皇子とすることにより筑紫朝廷の天皇の正統性を毀損し、藤原王朝の正統性を主張するためである。それでは何故、川島皇子も天智天皇の皇子と改竄されているのか。その理由は次のいずれかである。大宝三年に崩御した新天皇が川島皇子であったか、あるいは新天皇の次に即位した天皇が川島皇子であったかのいずれかである。しかしいずれにしても、志貴皇子の前の天皇が川島皇子であったと考えられるのである。

大宝三年の天皇崩御に伴う筑紫朝廷の混乱は不比等に絶好の機会を与えた。伊勢斎宮周辺の外敵からの守りが完全に疎《おろそ》かになっていた。特に海上からの攻撃に対する備えが、この三十年に亘る平和の中で完全に忘れ去られていた。不比等率いる船隊は白昼堂々と伊勢海即ち有明海に侵入、着岸し、斎宮の衛士たちを捕縛し、天照大神の棺の収容と斎宮の解体作業が直ちに開始された。おそらく九州内部の協力者の応援を受け、伊勢と太宰府の間の交通路の封鎖などが行われたであろう。この解体と収容作業はかなり短い期間で終了したであろう。この時の作業で伊勢斎宮と環壕集落跡が徹底的に破壊されたわけではない。完全に破壊され埋められたのは、筑紫朝廷が滅び、藤原王朝により北部九州にあった宮殿、神社仏閣等の主要建築物のほとんどが解体され、宝物や書籍と共に持ち去られた時である。この不比等による伊勢斎宮の強奪は筑紫朝廷に致命的とも言える打撃を与えた。突如として海上から出現した盗賊団により、筑紫朝廷の魂ともその精神的支柱とも言える最高の宝である伊勢斎宮が忽然と姿を消してしまったのである。表面的には何も変わらず政務に携わる大宮人たちもその心に深い傷を負い、朝廷の今まで持っていた目に見えぬ神秘的な求心力を失い、筑紫朝廷全体がただ当所《あてど》なく深い霧の中をさ迷い歩くような状況に追い込まれていった。大伴氏を中心とした武人たちも、朝廷を防衛するための精神の中枢を失いその武人としての気概を衰えさせていった。

以上は推測で記述したが、慶雲元年（七〇四年）の「初めて藤原京の地所を定めた」という続日本紀の記事と、藤原京の真東に伊勢神宮が置かれた時期は、大宝三年（七〇三年）から文武の亡くなった慶雲四年（七〇七年）の間であるに違いないことを併せ考えると、この推測はおそらく真実の的を射ているものと考える。

慶雲元年、奈良の都の大極殿の位置とその真東に置く伊勢斎宮の位置を定めた藤原不比等は、文武による奈良の都開設に向けていよいよ最終段階に入っていた。大極殿建設に着手し、九州の伊勢から強奪した伊勢斎宮の建立も着手させた。

流されて野に伏すこと三十年、耐え難きを耐え忍び難きを忍び、今やかつての流人もこの日本国の中央に一大勢力を築き、漸くにして父の怨みを晴らし、我が藤原氏が日本国の天子として君臨する時を迎えた。

この時の不比等の心境はこのようなものであったろう。しかし日本国を見守る神は、不比等に痛撃を与えた。その息子文武が病に倒れ、慶雲四年（七〇七年）に亡くなってしまったのである。弱冠二十四歳の若さであった。さすがの不比等も大きな衝撃を受けたであろう。この三十数年間待ちに待っていた大願成就の瞬間が目の前から消えていったのである。順調に進んでいた古事記編纂も文武の正統性を示すというその拠って立つところを失い、その状況が古事記の記述に素直に表れている。下巻仁賢《にんけん》天皇以降の記述が急激に減少し、古事記最後尾の推古天皇の記述に至っては「妹、豊御食炊屋比売命、小治田宮に坐して、天の下を治むこと、卅七歳ぞ〈戊子年の三月の十五日癸丑の日に崩りましき。〉御陵は、大野岡の上に在りしに、後に科長の大陵に遷しき。」と記すのみで、編纂中に何らかの事件があったことを示すように、古事記はその徹尾を飾れず、まさに竜頭蛇尾に終わっているのである。

しかし怪物を怪物たらしめる不比等の執念は、この逆境をさらに大きく乗り越えようと、すぐに絶対と思われた既成概念を捨てて新たな解決策へと向かわせた。何も奈良の都を男子の天皇が開く必要はない。藤原王朝はその守護神が倭国の大本を創造した女神天照大神であり、女帝を当然とする朝廷にすればよいのだ。さらに奈良の都を、四つの山に囚《とら》われず、壮大な都が造れる広大な別の地に求めれば、日本国を支配する藤原王朝にふさわしい壮麗な都を建設できるであろう。それが実現すれば、たとえ筑紫朝廷が存続していてもそれを圧倒することができるであろう。直ちに、その考えを実行に移した。文武の母を元明天皇として即位させ、奈良の都を開設させた。続日本紀に和銅三年（七一〇年）三月十日、平城京へ遷都したと記述される。そしてさらに、自分の娘を天皇として即位させて藤原王朝を確立し、同時に筑紫朝廷を滅ぼす計画に着手していた。

その頃、筑紫朝廷内の協力者から「原日本書紀」を手に入れたに違いない。不比等は文武のために編纂させていた古事記に大いに不満を抱いていたであろう。

藤原王朝の編纂する国史は、今生きる人間を読者とするものではない。これから百年先、千年先、万年先の読者を相手とするものである。たとえ今の人間たちに信じられなくても百年先、千年先の読者が信じればいいのである。今の人間は自らの権力で支配できる。人間の記憶が続くのはせいぜい二代か三代、永く続いても十代、二百年というところか。国史があればそれが人間の記憶の代わりを果たす。そこに記述されたことがやがて真実となる。藤原王朝が千年、万年続くためには、国史で藤原王朝の正統性を余す所なく示さなくてはならない。筑紫朝廷の存在を仄《ほの》めかすような記述を一切行ってはならない。新しい国史編纂に当たっては今の人間たちの目を気にすぎている。真実をあまりにも伝えすぎている。古事記はあまりにも今の人間たちの目を気にしすぎている。真実をあまりにも伝えすぎている。古事記の失敗を二度と繰り返さないようにしなくてはならない。千年後の人間たちについては、その一語一語を十分に吟味し、かつ前後に矛盾を生じないように細心の注意を払って、新しい国史の編纂に当たらなくてはならない。

続日本紀の和銅七年（七一四年）の記事に「二月十日　従六位上の紀朝臣清人と正八位下の三宅藤麻呂に詔し、国史を選修させた。」と記される。

国史編纂に着手するのとほとんど同時に、九州の地名を奈良の都を中心にしてどこにどのように割り振るかの調査検討が行われたであろう。古事記編纂時にも一応大まかな割り振りが行われていたが、それを基礎としてできるだけ矛盾を生じないように、何回も検証を行い、併せて現地調査も行いながら各地の地名を詳細に決定していったであろう。その設定された地名に遭遇する時、その徹底したやり方に驚きを禁じえない。例えば、景行天皇の条に出てくる美濃の泳宮（くくりのみや）が、高山（こうやま）の山麓にある福岡県朝倉市杷木久喜宮であると考え、久喜宮（くぐみや）を『日本地名事典』（三省堂）で引いた時、久喜宮は事典に掲載されてなく、久々野町（くぐのちょう）という地名が出てきた。事典には「岐阜県北部、大野郡。飛騨川上流域、高山（たかやま）市の南に接する農林業の町」とある。明らかに、美濃・高山とセットでここが泳宮として設定されたに違いないことが分かる。このように調査すればするほど日本書紀に記された地名が次々と奈良を中心とした関西方面で発見されることとなる。統計的手法で地名から古代史を解明しようとしても、単純に適合する地名の多さ等で判断することはむざむざと歴史改竄者の術中に嵌《はま》ることであり、その地名の付けられた経緯まで究明しなくては真実の解明には繋がらず、単なる統計的手法ではこの恣意的な仕掛け、即ちこの不比等の完全犯罪に対処できるとは考えられないのである。地名設定及び変更の手順としては、まず関西において、国史編纂と同時進行的に日本書紀の記す地名を設定し、筑紫朝廷を滅ぼした後に北部九州の地名を徹底的に抹消し変更していったと考えられる。ただ、全ての地名を抹消・変更することができるわけはなく、藤原王朝の支配が手薄となる奥深い山などの辺境の地の所々に、本来の地名が残されていたのである。しかし不比等という人物のあまりにもの冷酷に計算された用意周到さ、何事も徹底して行う執念の深さには、背筋が寒くなるような恐れを抱かせられる。

不比等が日本書紀による国史編纂と関西方面の地名を設定することを命じ、自分の娘の元正を天皇として即位させることにより藤原王朝を成立させるための準備を着々と整えていた時、九州における不比等の協力者から重要な情報が伝えられてきた。筑紫朝廷では、大宝年間に派遣した遣唐使の次の遣唐使を十年ぶりに派遣する準備を進めており、その出発はこの一両年の間であるとの知らせであった。国史編纂にあたり、朝鮮半島における倭国の戦いの状況を唐の歴史書はどう捉えているか、太宰府の唐占領軍の顛末を唐の歴史書はどのように表しているかを知らずに、国史の最も大事な箇所の歴史改竄は不可能である。筑紫朝廷のこの遣唐使を利用して何としてでも唐の歴史書を手に入れる必要がある。不比等は直ちに息子たちを交えて、これからの方針と計略を話し合ったであろう。四人の息子のうち少なくとも、その後の事件に顔を出す房前と宇合はその場にいたであろう。当然四人の息子、長男武智麻呂《むちまろ》、次男房前、三男宇合、四男麻呂の全員がこの計画に参画した可能性の方が大きい。その結果、筑紫朝廷の遣唐使を横取りして自分たちが遣唐使に成り済まして唐に渡り、唐の歴史書を手に入れること。そのためには武力で太宰府を占領すること。そのためには不比等の最終目標であった、筑紫朝廷の天皇を暗殺し筑紫朝廷を滅ぼすことをこの機会に何としてでも成功させることが必要であると、結論付けられたと考えられる。そして筑紫朝廷の春日宮天皇を暗殺すると同時に元正を藤原王朝の天皇として即位させることも決定されたと考えられる。

不比等の息子たちは数十隻の軍船を用意し兵員を乗せ出発した。当時の大阪は港湾としては全く整備されていたとは考えられず、どこから出発したかは不明である。大阪が多少なりとも整備されたのは、天平十六年（七四四年）偽天皇聖武により恭仁京から難波京へ遷都された時であろう。これも筑紫朝廷の恭仁京から太宰府への遷都をコピーしたものであり、聖武は不比等の生前の指示に従い忠実に筑紫朝廷の真実の歴史をなぞっているのである。

藤原兄弟は九州の不比等への協力者の助けを受け、関門海峡即ち明石大門《あかしおおと》を通過し、洞海湾即ち藤江の浦にその船団を停泊させたであろう。筑紫朝廷は日田奈良時代以降海上戦力の整備が疎かになり、日本国統治に最も重要な戦略的拠点である関門海峡と洞海湾の防衛がほとんど忘れられていたと考えられる。不比等はその弱点を突き、九州の北東部の勢力と協力関係を作っていたに違いない。洞海湾で待機した船団は、筑紫朝廷の春日宮天皇の暗殺を実行するための機会を窺い、太宰府に潜ませていた間諜と朝廷内の内通者からの情報を得ながら作戦を立て、おそらく宇合《うまかい》の指揮で少人数の暗殺団により作戦が遂行されたと考えられる。暗殺成功の知らせを受けて船団は博多港へ向けて出発し、同時に不比等へ暗殺成功の報告が発せられた。この時が、霊亀元年（七一五年）九月である。

霊亀の年号は続日本紀によれば、元明天皇が譲位して元正天皇が即位した時にめでたい亀を得てそれを天からのしるしと受け止めて、和銅八年を改め霊亀元年としたと記されている。藤原王朝で初めて天皇交代と同時に改元がされているのである。即ち、この時初めて藤原王朝が年号を制定したことを明らかにしている。そしてこれは、大宝、慶雲、和銅の年号は筑紫朝廷の年号であることを示しているのである。

続日本紀には霊亀二年（七一六年）八月十一日、二品《にほん》の志貴親王が薨じたと記述されている。しかし万葉集二三〇番の歌の題に「霊亀《れいき》元年歳次乙卯《いつぼう》の秋九月に、志貴親王《しきのみこ》の薨《かむあが》りまししし時の歌一首」とあり、歌の中で「天皇の神の御子のいでましの手火の光りそここだ照りたる」と、志貴親王を天皇である神の御子、即ち天皇として表している。このことから霊亀元年九月の志貴皇子の死去が筑紫朝廷の天皇の崩御であり、同時に藤原王朝の天皇が即位して初めて年号を制定していることから、これが王朝交代であることが明らかとなる。この王朝交代を隠すために、続日本紀の記事は志貴皇子の死を一年遅らせる歴史改竄を行っているのである。ある意味で、続日本紀の歴史改竄は、日本書紀による歴史改竄よりもずっと性質《たち》が悪い。藤原王朝による日本書紀の歴史改竄は、歴史的真実に近い「原日本書紀」がその根底にあるため、たとえ全く嘘の逸話をその中に挿入したとしても、その逸話により「原日本書紀」が敷いている真実の範疇から完全に逸脱することはできない。一つの例として、書紀の皇極天皇三年に藤原不比等の父親とされる中臣鎌足《なかとみのかまたり》（中臣鎌子連《なかとみのかまこのむらじ》）が登場する。その時権勢を振るう蘇我蝦夷《そがのえみし》とその子入鹿《いるか》に対し、中大兄皇子が大極殿に出仕した入鹿を討ち取ろうとするが、中臣鎌足は幇間《たいこもち》を使って蘇我入鹿に太刀を外させたような記述を書紀はしている。この時の「乙巳《いっし》の変」と後に呼ばれるクーデターで、中大兄皇子は蘇我蝦夷と入鹿を討ち取ったように書紀は記述する。ところがその後の壬申の乱直前の体制では、蘇我赤兄臣《あかえのおみ》が左大臣で中臣金連《かねのむらじ》は右大臣とされている。中臣鎌足の登場も「乙巳の変」による蘇我氏の崩壊も全く関係なく、蘇我氏と中臣氏の序列は変わっていないのである。この「乙巳の変」があったとする時の真実の天皇は誰であったか。皇極天皇などではない、偉大なる舒明天皇である。この倭国を代表する偉大な天皇の元で蘇我氏の専横、中大兄皇子のクーデターなど起きるはずがない。この「乙巳の変」の話は全くの作り話、嘘であることは明らかである。しかしこの作り話を挿入しても、書紀は「原日本書紀」の記述に従って元の軌道に戻らざるを得ないのである。ところが続日本紀の場合は全く状況が異なる。すでに筑紫朝廷は滅び、筑紫朝廷の国史を必要としない状況下では、続日本紀を記述する藤原王朝下の役人たちが、一度ついた嘘を隠すため嘘に嘘を重ね、完全に軌道を外れた嘘の歴史を書き続けていくのである。その結果の一つが、大伴家持に関する続日本紀の記述に現れている。前述したように家持は西暦七二〇年（養老四年）頃に亡くなっている。ところが続日本紀は、家持が天平十八年（七四六年）越中守、天平勝宝三年（七五一年）少納言、同六年兵部少輔、宝亀十一年（七八〇年）参議兼右大弁、延暦二年（七八三年）中納言、同四年中納言従三位、春宮大夫、陸奥按察使、延暦四年（七八五年）八月二十八日中納言・従三位大伴宿禰家持死去まで、何と没年を六十五年も引き伸ばしその間の家持の経歴を書き綴り続けているのである。この延暦四年という時はすでに桓武天皇の時代で延暦十三年平安京遷都まで僅か九年を残すのみであり、この頃もまだ歴史改竄が続けられていたことが明らかとなるのである。

筑紫朝廷の天皇暗殺に成功した藤原軍団は、太宰府が暗殺後の混乱に陥るのを確認してその船団を博多港へ突如侵入させたであろう。直ちに軍勢を上陸させ、大極殿を占拠し朝廷の重臣たちを捕縛して太宰府、博多湾周辺をその統治下に置いたであろう。不比等の長男の武智麻呂か次男の房前が全体の指揮を執り、まず遣唐使派遣予定の一行を捕縛して取調べ、その派遣までの準備進行状況、唐とのそれまでの情報交換の内容等をつぶさに聴き取り、藤原氏を中心とする遣唐使へと組み替えたであろう。その遣唐使一行の指揮を執るのは、当然三男の宇合である。藤原氏の占領軍はさらに次の段階へと進み、開設はしたが全く中身のない平城京とその周辺を宮殿、神社仏閣等で満たすため、まず太宰府周辺から移築する建物を物色し、「原日本書紀」にも登場する筑紫朝廷の持つ歴史的建造物を中心に次々と解体し、持ち去り始めたであろう。現在関西奈良を中心に存在する寺社の多くが、この頃即ち西暦七一五年から七二〇年にかけて、藤原京ではなく九州から移築されたものに違いないのである。最初は太宰府周辺からその略奪地域を拡大して行き、現在の宝満川沿いの明日香川原宮とその周辺、さらに奈良山即ち麻底良山西側の日田往還沿いにある朝倉市山後《やまうしろ》、長安寺、三奈木、甘木、秋月などの、かつての山《やま》背《しろ》、宇治、恭仁京《くにきょう》、隠国の泊瀬へと広げ、そして遂に日田奈良の都までも、その範囲は留まるところを知らず、葦原中国《あしはらのなかつくに》であり倭国の中心地であった筑後川即ち飛鳥川流域にあった、美しい甍《いらか》を並べ趣き深い古都の風情を作り出していたであろう、飛鳥、白鳳、天平を代表する建築物の悉《ことごと》くを、その宝物と共に奪い去ったのである。

この藤原氏の暴虐に対する反発は九州で起きなかったのか。当然起きている。しかしその歴史事実も続日本紀により、当然のことに改竄されているのである。

七二〇年（養老四年）の続日本紀の記述に、反乱に関わるような記事がないか見てみよう。

二月二十九日　大宰府が奏言した。

隼人が叛乱を起こして、大隅国守の陽侯史麻呂を殺害しました。

三月四日　中納言・正四位下の大伴宿禰旅人を、征隼人持節大将軍に任命し、授刀助・従五位下の笠朝臣御室、民部少輔・従五位下の巨勢朝臣真人を副将軍に任命した。

六月十七日　次のように詔した。

（最初の部分省略）いま西の辺境の小賊が反乱を起こし、天皇の導きに逆らって、たびたび良民に危害を加えている。そこで持節将軍・正四位下・中納言兼中務卿の大伴宿禰旅人を派遣して、その罪を誅罰し隼人の拠点を一掃させた。（以下省略）

八月十二日　次のように詔した。

隼人を征討する持節将軍の大伴宿禰旅人はしばらく入京させる。ただし副将軍以下の者は、隼人がまだ平定し終わっていないので、留まってそのまま駐屯せよ。

八月三日

この日、右大臣正二位の藤原朝臣不比等が薨じた。天皇はこれを深く悼み惜しまれた。ためにこの日は政務はみず、内殿で悲しみの声をあげる礼を行い、特別に手あつい天皇の勅があった。死者を弔い贈り物をする礼は、他の群臣とは異って盛大であった。大臣は近江朝廷の内大臣・大織冠であった鎌足の第二子である。

九月二十八日　陸奥国が次のように奏言してきた。

「蝦夷が反乱して、按察使・正五位上の上毛野朝臣広人を殺害しました」と。

九月二十九日　播磨の按察使・正四位下の多治比真人県守を、持節征夷将軍に任じ、左京亮・従五位下の下毛野朝臣石代を副将軍に任じ、軍監三人・軍曹二人を配し、従五位上の阿倍朝臣駿河を持節鎮狄《ちんてき》将軍に任じ、軍監二人・軍曹二人を配し、その日に節刀を授けた。

十月二十三日　天皇は詔をして大納言・正三位の長屋王と中納言正四位下の大伴宿禰旅人を遣わして、不比等の邸に出向かせて、詔を伝えさせ、不比等に太政大臣・正一位を、追贈した。

この隼人の反乱と続日本紀が表す戦いに、大伴宿禰旅人を征隼人持節大将軍に任じて派遣したとする記事。前述したように旅人の没年は西暦六八九年頃である。当然、この七二〇年の戦いに出てくる訳もなく、藤原王朝側にその名を出せる将軍などいるはずもなく、筑紫朝廷側の反撃を隼人の反乱として偽り、筑紫朝廷のすでに亡き大伴宿禰旅人を登場させていかにも大伴氏が藤原王朝に仕える武人でもあるかのように偽る、続日本紀によってこの一事だけでも幾重にも亘る歴史改竄が行われている。

そして、八月十二日の旅人一人の入京の意味するところは、大伴氏の誰かがこの時に関西平城京へ送致されたことを云っているのではないだろうか。そう、それ以外に考えられない。この時最晩年の年齢と考えられる大伴家持が藤原兄弟に捕縛され、平城京へ護送されてきたことを云っているのだ。そしてこのことは、家持の所蔵していた万葉集が戦利品として、この時初めて関西平城京へ持ち込まれたことを意味している。不比等の死よりも後の出来事であるにもかかわらず、その前に記述されているということは何を意味しているのか。不比等にとって万葉集の獲得は、その死の床にあってもまだ成就していなかった最後にして最大の願望であったろう。その最後の願望が見事成就したことを示すため、不比等の死の前にそれを持ってきて「万葉集の入京」を暗示する「旅人の入京」として続日本紀は記したと考える。

九月二十八日の陸奥国で蝦夷の反乱が起きたとの記事、これは反乱ではない。反乱を起こしたのは藤原氏である。筑紫朝廷の天皇の持つ神性に忠誠を誓い、その極めて優れた文化に心酔し、自ら日本国の一員であると認識していた東北の人々による、天皇への反逆者であり野蛮な文明破壊者である藤原氏に対する抵抗運動が起きたのである。

十月二十三日の亡くなった不比等の邸へ、長屋王と大伴旅人を詔により遣わしたという記事、大伴旅人は筑紫朝廷のすでに亡くなっている武人であり、なぜここでその旅人と共に長屋王が登場するのであろうか。不比等に太政大臣・正一位を贈るのは藤原王朝の正真正銘の支配者であるから当然のこととして、それに勿体を付けるため長屋王と大伴旅人の名を利用したとも考えられるが、前述の「万葉集の入京」と同じような何か特別なことを続日本紀は暗示している。なぜ長屋王が、ここ関西平城京へ来ているのか。高市皇子の子である長屋王は筑紫朝廷の都太宰府にいたはずではないか。平城京へ入京した大伴旅人は大伴家持の改竄であり、家持の入京と万葉集の入京を併せて表していることは間違いない。それでは長屋王も家持と同じように藤原兄弟によって平城京へ連れてこられたのではないか。それが万葉集の入京と同じように不比等の生前の強い願望であり、二人を不比等の邸に行かせるこの記事が、不比等の願望の成就であることを示しているのではないか。願望の一つは万葉集の入京でありもう一つは長屋王の入京、なぜこれほどまでに長屋王の入京を願ったのか。長屋王は高市皇子の子であり、高市皇子は不比等の父中臣金連を斬首にした死刑執行人であり、まさに親の仇である。その仇を取るため、甘言を用いて長屋王を関西平城京へと招き寄せたと考えられる。長屋王は知っていたのであろうか、藤原王朝の創始者藤原不比等が、あの壬申の乱の謀反人中臣金連の息子であることを。否、知っていればむざむざと討ち取られるために平城京へ来るはずがない。

七、筑紫朝廷の滅亡と藤原氏による長屋王への復讐

そして、藤原王朝にとって記念・祝賀すべきその仇討《あだう》ちの私刑執行を、続日本紀は天平元年（七二九年）二月、詳細に記述する。

二月十日　左京の住人である従七位下の漆部造君足と、無位の中臣宮処連東人らが「左大臣・正二位の長屋王は秘に左道を学び国家を倒そうとしています」と密告した。天皇はその夜、使いを遣わして三関（鈴鹿・不破・愛発）を固く守らせた。またこのため式部卿・従三位の藤原朝臣宇合・衛門佐の従五位下の佐味朝臣虫麻呂・佐衛士助佐の外従五位下の津嶋朝臣家道・右衛士佐の外従五位下の紀朝臣佐比物らを遣わして、六衛府の兵士を引率して長屋王の邸を包囲させた。

二月十一日　巳の時に、一品の舎人親王と新田部親王、大納言従二位の多治比真人池守、中納言正三位の藤原朝臣武智麻呂、右中弁・正五位下の小野朝臣牛養、少納言・外従五位下の巨勢朝臣宿奈麻呂らを長屋王の邸に遣わし、その罪を追求し尋問させた。

二月十二日　長屋王を自殺させた。その妻で二品の吉備内親王、息子で従四位下の膳夫王・無位の桑田王・葛木王・鉤取王らも長屋王と同じく首をくくって死んだ。そこで邸内に残る人々を皆捕えて、左右の衛士府や兵衛府などに監禁した。

二月十三日　使いを遣わして長屋王と吉備内親王の遺骸を生馬山に葬った。そこで天皇は次のように勅した。吉備内親王には罪がないから、例に准じて葬送せよ。ただ笛や太鼓による葬楽はやめよ。その家令や帳内らはともに放免する。長屋王は犯した罪により誅されたのであるから、罪人であるとはいえ皇族なので、その葬り方を醜いものにしてはならない。

長屋王は天武天皇の孫で、高市親王の子であり、吉備内親王は日並知皇子尊の娘である。

二月十五日　次のように詔した。

左大臣・正二位の長屋王は、残忍邪悪な人であったが、ついに道を誤って悪事があらわれ、よこしまの果てに、にわかに法網にかかった。そこで悪事の仲間を除去し、絶滅させよう。国司は人が集って何事かをたくらむのを見逃してはならぬ。

よって二月十二日付で常例にしたがってこれを処理した。

二月十七日　外従五位下の上毛野朝臣宿奈麻呂ら七人は、長屋王と意を通じていたことがとがめられ、いずれも流罪に処せられた。その他の九十人はすべて放免された。

二月十八日　左大弁・正四位上の石川朝臣石足らを、長屋王の弟で従四位上の鈴鹿王の邸に遣わして、次のような勅をのべさせた。

長屋王の兄弟姉妹と子孫、およびそれらの妾のうち連座して罰せられるべき者たちは、男女を問わずすべて赦免する。

壬申の乱で処刑された中臣金連の罪状は、日本国を侵略しようとした唐の手先となって天武天皇を裏切り、かつ亡国の作戦を遂行して天智天皇を自殺へと至らしめた売国奴の大罪であることは明らかであり、逆賊にして謀反人の中臣金連に対する天武天皇による死刑判決、高市皇子による死刑執行は極めて公明正大な当然の処分である。しかもその子を流罪に留めたのは天武天皇の温情というほかない。それに対し藤原王朝の偽天皇聖武と藤原兄弟による計画的な長屋王とその家族全員に対する拷問と殺戮は、何ら正当性の欠片《かけら》もなく、復讐と殺人だけを目的とした、これこそ残忍邪悪としか言いようのない極めて凶悪な犯罪行為そのものである。そして、この事件が藤原王朝とはどのような政権か、その政権が支配する平城京の時代とはどんな悲惨な時代であったのかを雄弁に物語っている。そこは万葉集の和歌の心も天平の文化も何も生み出すことのできない不毛の土地で、盗んできた宮殿や邸宅に住み、身なりだけは皇族・貴族を装った盗賊たちが跋扈《ばっこ》する暴力支配の暗黒世界であったと考えるしかない。このことはまた、流刑地においてその藤原氏がどのようにしてその勢力を増強させていったかをも明らかにしている。即ち、当時の奈良盆地全域を荒らし回る盗賊団としてその富を蓄え、その結果筑紫朝廷をも脅かす一大勢力として台頭していったに違いないのである。

　二月十一日の記事に出てくる一品《いっぽん》の舎人親王と新田部親王とされる皇族たちも、舎人親王の母は天智天皇の娘新田部皇女とされ、新田部親王の母は藤原鎌足の娘五百重娘《いおえのいらつめ》とされ、どちらも偽造された皇族であることがわかる。その舎人親王が日本書紀の編纂を行ったとされるが、どうして天武天皇の皇子が自らの父の偉大なる功績を消し去り、中臣鎌足なる人物を造作して、天皇を遥かに凌ぐようにその人物像を描き出すような、まさに御追《ごつい》従《しょう》も極まれりと言える歴史改竄が行えるであろうか。舎人親王なる人物が、天武天皇の皇子であるなどとは絶対にありえない大嘘であり、間違いなく不比等により造作された皇族である。また万葉集に出てくる彼らの名も当然この平城京の時代に藤原王朝の役人たちによって改竄、加筆されたものである。不比等は絶対に藤原王朝の偽天皇のそばに本物の筑紫朝廷の皇族を置くことはしない。その当時、藤原王朝は不比等の造り出した偽朝廷であることは藤原王朝に所属する者全員が知る常識であったろう。そのような状況下で本物の皇族が近傍にいればどういう結果を招くか、筑紫朝廷に崇敬の念を抱く者は藤原王朝の中にもいたであろうし、それほどの時を経なくてもその皇族を支持する者たちによって藤原王朝が傾くのは、不比等ならずとも自明の理である。しかし偽造された皇族も藤原王朝にとっては禍《わざわい》となる。不比等の遺志を実現して藤原氏による永久政権を確実なものにしようと藤原王朝の中心となってそれを牽引してきた藤原四兄弟が、藤原王朝を磐石の体制とする前の、天平九年（七三七年）天然痘によって次々と倒れる。そしてその後の藤原王朝は、天平勝宝元年（七四九年）聖武天皇がその娘の孝謙天皇へ譲位し、天平宝字二年（七五八年）孝謙天皇は舎人親王の子である淳仁天皇へ譲位するのである。即ちこの時、不比等の直系ではない不比等の造り出した偽皇族の子孫へと天皇の座を渡してしまうという大失態を招くのである。もし四兄弟が健在であれば、そのような事態を招く前に舎人親王とその子孫は抹殺されていたであろう。

　藤原王朝にとって最大の敵は、その存続を妨げる存在となる可能性の強い筑紫朝廷の皇族たちである。その絶滅を目指して藤原四兄弟は太宰府を攻め、志貴皇子を始めとして次々と皇族たちを滅ぼしていったであろう。しかし長屋王に対しては特別の感情を抱いていた。中臣金連を殺した高市皇子の息子長屋王を平城京へと拉致し、不比等の前でその家族諸共に処刑し、不比等の積年の怨みを晴らさなくてはならない。また長屋王は筑紫朝廷にとっても特別の存在であった。一九九八年、長屋王の邸宅跡から発見された木簡に「長屋親王」と記載されていたことから重大な事実が判明する。※その父、高市皇子は天皇であったと考えられる。それでは、いつ高市皇子は天皇となったのか。歴史改竄の書日本書紀は高市皇子の死をいつどのように記述していたか。

持統天皇十年七月の辛丑《しんちう》の朔にして
「庚戌《かうしゅつ》に、後皇子尊《のちのみこと》薨《みまか》りましぬ。」
庚戌、後皇子尊薨。

持統天皇十年（六九六年）七月十日に高市皇子尊が薨去《こうきょ》したと記す。これは前述した「朱鳥天皇」が退位して「新天皇」に譲位した六九五年の翌年である。書紀はこの前にも同じような記述をして邪魔となる重要人物を消している。

持統天皇三年夏四月の癸未《きび》の朔にして、
「乙未《いつび》に、皇太子草壁皇子尊《くさかべのみこのみこと》薨《かむさ》ります。」
乙未、皇太子草壁皇子尊薨。

天武天皇が六八六年に崩御され、翌六八七年に草壁皇子が天皇に即位したと考えられるが、その草壁皇子を書紀は持統天皇三年（六八九年）にたったの一行「乙未、皇太子草壁皇子尊薨」で消してしまうのである。どちらの記述の仕方も記述される時機もほとんど同じである。たったの一行で、その時即位したばかりの天皇を抹消しているのである。

今まで書紀の記述からも続日本紀の記述からも推測することすらできないと考えていた「新天皇」、それが

「長屋親王」と記した木簡から高市皇子が「新天皇」であることが判明したのである。あの壬申の乱で天武天皇の片腕となって天武軍の全軍を指揮し勝利へと導いた高市皇子。草壁皇子の天皇の失政の後を受けて「新天皇」となり、都を太宰府へと遷都し大宝律令を制定して日本国を再び隆盛へと導こうとしていた。唐から独立して日本国を建国した偉大なる天武天皇、その建国の理念の最高の理解者であり真の後継者である高市皇子は、偉大な天武天皇の遺志と気質とを受け継いで、日本国をまさに偉大な国家の完成へと導こうとしていたのである。質実剛健で気宇壮大、深謀遠慮で清廉潔白の、誰からも信頼され敬愛される天皇であったに違いない。もし、その偉大な国家が高市皇子により完成していたとすれば、どのような日本国となっていたであろうか。現代の日本は、その崇高な精神を受け継ぎ世界を平和と繁栄へと導く、真に偉大な国家となっていたのではないだろうか。

※「持統朝廷」以降の「倭国王権」と「新・日本国王権」―長屋王について―いわゆる「長屋王」木簡についてより。

志貴皇子即ち春日宮天皇が藤原氏により暗殺された後、長屋親王はどのような立場にあったのであろうか。筑紫朝廷の皇族たちの中で最高位の位置にあったのではないだろうか。そうすると藤原氏に攻め込まれた戦乱の中で、春日宮天皇の次の天皇に即位したのではないだろうか。即位しなくても藤原氏に抵抗する筑紫朝廷の中心人物として、抵抗運動を指揮する立場にいたのではないだろうか。その抵抗運動が高まれば、関西で力を蓄えた藤原氏といえどもその基盤が磐石ではない中で、筑紫朝廷を打倒するという最終目的が達成できない可能性が出てくる。そのような時に優勢な側が用いるのが奸計である。劣勢な敵陣に潜む間諜や協力者を使っていかにも藤原氏側が穏便で平和的な解決を望んでいるような情報を流し、相手側にいかにも寛大な条件を提示して停戦することを提案する。藤原氏の目的は、決して筑紫朝廷に代わって天皇を立てようなどという考えは毛頭なく、筑紫朝廷の天皇をお迎えして日本国の首都とするために、筑紫朝廷の平城京に倣って新たな平城京を国土の中央に開いたのであり、その目的を達成するために是非とも筑紫朝廷の中心人物である長屋親王に自分たちの都に行幸していただいて新しい平城京において日本国の天皇として君臨していただきたい。それが実現されれば藤原氏は新天皇に対し臣下の礼を取り、直ちに藤原氏の軍勢は平城京へと引き揚げます。そして筑紫朝廷側が武力解除すると同時に、筑紫朝廷の捕虜はすべて解放して今まで奪った宝物は返還いたしますといったような、これまでの状況を冷静に判断すればすぐに欺瞞とわかるような絵空事を並べ立てて筑紫朝廷側に提案したであろう。しかし、劣勢な側はどうしてもその甘言に乗ってしまう。長屋親王も自らが犠牲となって敵の都へ行くことにより、筑紫朝廷を救うことができ、臣下の者たちの犠牲をなくすことができると考えたであろう。我が国開闢《かいびゃく》以来の筑紫朝廷の天子の直系を、この野蛮な藤原氏といえども粗末に扱うことはできないであろうと、自らの平城京への入城を受け入れたであろう。藤原氏の狙い通り、長屋親王がいなくなれば筑紫朝廷はその中心を失い一気に抵抗運動もその力を失ってしまう。藤原四兄弟は提案した条件を当然守るわけもなく、短期間の内に抵抗運動は殲滅されて、侵攻の最終目的であった長屋王の拉致と筑紫朝廷の打倒が達成されてしまうことになるのである。

八、藤原王朝の終焉と光仁天皇の即位

さて、孝謙天皇から譲位を受けた淳人天皇以降の藤原王朝は、どのような歴史をたどったであろうか。

藤原四兄弟の長男武智麻呂の次男である藤原仲麻呂（恵美押勝）の支援を受けて即位した淳人天皇に対し、退位した孝謙天皇は天平勝宝八年（七五六年）に父聖武天皇を失い、天平宝字四年に母光明皇后を失って全く後ろ盾となるものをなくしていた。そのような時に出会ったのが弓削《ゆげ》の道鏡《どうきょう》である。道鏡の出身地は河内国志紀郡弓削とされるが、これはおそらく九州淡海《あま》の河内国磯城《しき》であろう。自らを筑紫朝廷の皇族であると主張したに違いない。藤原王朝が不比等による偽朝廷であることを当然知っていた、太上天皇となっていた孝謙天皇は、不比等の直系でもなく真の皇族でもない淳人天皇を排除して道鏡を天皇に即位させようと考えたか、天平宝字八年（七六四年）、藤原仲麻呂の反乱に勝利すると、直ちに淳人天皇を廃位させて淡路島へ流し、自ら再び称徳《しょうとく》天皇として重祚《ちょうそ》するのである。そして、神護慶雲三年（七六九年）、宇佐八幡宮から道鏡を皇位につけよとの神託が出される。これは称徳天皇も承知していた道鏡を天皇にするための工作の結果であったろう。その神託の真偽を確かめるため、宇佐八幡宮に派遣された和気清麻呂《わけのきよまろ》が、その神託を否定する「我が国開闢より以来、君臣定まりぬ。臣を以て君と為すことは未だ有らざるなり。天つ日嗣は必ず皇緒を立てよ。無道の人は宜しく早く掃除《はらひのぞ》くべし」との八幡神の託宣を受けて持ち帰ってくる。この託宣は道鏡が皇族ではないことを示すと同時に、藤原王朝の皇族も真実の皇統にあらず、天皇となる資格がないことを宣告している。称徳天皇はこの託宣を持ち帰った和気清麻呂に激怒し、清麻呂を流罪として大隅国へ流してしまう。筑紫朝廷を滅ぼした藤原王朝にとって筑紫朝廷の祭る天神をその信仰の対象とすることはできず、仏教をその支えとするしかなかったであろう。しかし仏教は人間一人ひとりの魂の救済をもたらす宗教であり日本国の朝廷の行く末に関わる宗教ではない。そのような中で宇佐八幡宮はかつて筑紫朝廷の都太宰府を護る四つの八幡宮の東の守護社であり、藤原王朝下で唯一その地位を保った神社であった。その日本国の朝廷の守護神である八幡神の託宣により、藤原王朝の皇位継承権が公然と否定されたのである。

称徳天皇没後の藤原氏は、これ以上藤原王朝を続けることは更なる天皇の地位を狙う無道の者たちが現れて無数の戦乱を招き、神意に背いて藤原王朝を続ければ、四兄弟が神罰を受けて次々と天然痘に倒れたように、やがて藤原氏自身が滅亡の危機に陥ると恐れたであろう。即ち、筑紫朝廷の真の皇統を天皇として即位させなくては、藤原氏はその全てを失ってしまうと考えたに違いないのである。

宝亀元年（七七〇年）十月一日、光仁《こうにん》天皇が即位し、神護慶雲の元号を改め宝亀とした。光仁天皇は続日本紀によれば、諱《いみな》を白壁《しらかべ》王といい天智天皇の孫で田原天皇（志貴皇子のこと）の第六皇子とされる。もちろん志貴皇子を天智天皇の子とするのは、藤原不比等の日本書紀による改竄であり、志貴皇子は天武天皇の皇子である。即ち、光仁天皇は天武天皇の孫である。そして光仁天皇の即位を成立させたのは、藤原四兄弟の次男房前の子である藤原永手《ふじわらのながて》と三男宇合の子である藤原百川《ふじわらのももかわ》の働きによるものである。ここに、筑紫朝廷の正統なる天皇が再び日本国の天皇として即位された。ただしそれは藤原氏が自らの存続のために、藤原王朝に替えて筑紫朝廷の天皇を擁立したと考えるべきである。光仁天皇は藤原不比等の直系である自らの皇后と皇太子を廃したが、藤原氏が実権を持つ状況下では、不比等の改竄・造作した歴史を覆すことはすでに不可能であったのである。そして、不比等の造り出した二重構造の体制はこれにより息を吹き返し、より耐久性を増して平安京の時代へと続くのである。

九、鎌倉長谷観音

この最終章も終わりに近づいたが、最後にどうしても私事について記しておかねばならない。

昭和四十二年大学に入学した私に、クラブの先輩が鎌倉見物に連れていってくれたのである。最初に行ったのが、鎌倉観光の定番となっている長谷の大仏で、外国人の観光客に話しかけたりして楽しんでいる先輩を見ながら春の好天に恵まれた大仏見学を自分も楽しんでいた。鎌倉の大仏も一応見るべきところは見たので次にどこに行こうかとなった時、ここに来たからには長谷観音へ是非行かなくてはいけないと先輩が言うので、自分としてはあまり乗り気ではなかったが、すぐ近くにある長谷寺を訪れた。他に見学客は、一人か二人いたであろうか。観音像が納められている高い天井の古いお堂の中に入っていった。中は薄暗く足元は土間であった。自分の立っている土間の真正面の壁を背にして、長谷観音は、自分と同じ土間の上にすっくと立っていた。想像を超える大きな仏像で、自分は像の近くに立っていたのでほとんど真上を見上げるような姿勢で、そのお顔を見た。薄暗いお堂の中でその白いお顔が輝いているように見えた。何とも神々《こうごう》しい不思議な感動を覚えた。なぜ自分がこんなに感動しているのか分からなかった。なぜ鎌倉にこの信じられないような観音様がおられるのか、自分にとって仏像としてではなくまさに神仏《かみほとけ》がそこに存在しているかのように感じられた。その当時の自分はほぼ完璧な唯物論者であった。生命も精神も全て物体の動きによって説明できると信じていた。仏陀の悟りというものも、この世界の全てが無であり、自分というものが存在しないことを知ることが悟りであると考えていた。しかし、この虚無から抜け出す真理はないものか、自我を生み出す真理はないものかと、考え苦しんでいた。その自分がなぜか、訳の分からぬ感動に包まれていた。

そしてその後、鎌倉長谷観音のことはいつも気にしながら、なぜか足が遠のいていた。ただ、なぜ奈良に長谷観音があるのだろう、本物は鎌倉にあるのになぜだろうという疑問は抱き続けていた。

鎌倉にはその後何度も足を運んだが、次に長谷寺を訪れた時、それから四十二年も経過していた。平成二十一年九月二十五日に長谷寺を参詣した。お堂は全く新しく建替えられていた。長谷観音も明るい照明の下で全身が金色に塗られて、かつては古めかしさの中にあの白い顔の謎めいた微笑みを感じたと思ったが、残念ながら今回は感じられなかった。薄暗いお堂の中で見上げた時の、まさに一対一で長谷観音に対面した時のあの感動を今回は受けることはできなかった。しかし、宝物館で展示が行われているというので観覧すると、「相州鎌倉海光山長谷寺事實」という古文書が展示されていて、その中に本尊十一面観音は養老五年に像が作られ、天平八年相模国三浦郡長井浦の海中で見つかったとの記述を読み取ることができた。そこで急いで、入山料を払ったときに頂いた案内書をよく読むと次のように記されていた。

　本尊である十一面観世音菩薩像について、当山の伝える縁起によれば、養老五年（七二一）、大和（奈良県）長谷寺の開山である徳道《とくどう》上人の本願に基づき、稽文會《けいもんえ》、稽首勲《けいしゅくん》と名乗る二人の仏師（不空羂索観音と地蔵菩薩の応化身）により楠の巨大な霊木から二体の観音像が三日三晩にして造顕されたといいます。そのうちの一体が大和長谷寺の本尊となり、残る一体は有縁の地における衆生済度の請願が込められ、開眼供養を修した行基菩薩によって、海中へ奉じられました。

　その後、天平八年（七三六）に至り、尊像は相模国の長井浦（横須賀市長井）の洋上に忽然と顕れ、その旨を受けた大和長谷寺の開基藤原房前《ふささき》（藤原鎌足の孫）によって尊像は鎌倉へ遷座され、当山開創の礎となりました。錫杖を右手に執り、岩座（金剛宝磐石）に立つ尊容は長谷寺に祀られる十一面観音像特有の姿として「長谷寺式」と呼ばれます。

藤原房前の登場でこの事件の真相が直ちに理解できた。

藤原房前は奈良長谷寺の開基、即ち長谷寺を創立したとされている。出家もしていない者が寺を創立するとは、これは明らかに九州から寺院を丸ごと移築したのが房前であることを表している。奈良桜井の長谷寺は、その名のとおり筑紫の隠国の泊瀬即ち現在の秋月から移されたことを示している。養老五年（七二一年）に観音像が造られたということは、その年に長谷寺が九州から移築されたことを意味している。藤原四兄弟が九州を荒らしまわって宮殿、神社仏閣等を持ち去ったのが七一五年から七二〇年と考えられるので、この長谷寺についてもその移設時期がぴったりと適合する。

貝原益軒の『筑前国続風土記』の秋月の説明文の文末に次のような記述があった。

此所に出口四あり。北は八町に、西は長谷山口、南は湯の浦に、東は野鳥口なり、秋月の西なる山を観音山と云。此山にて秋月をかくし、山の外よりは見えず。彌長の方より谷を上りゆけば、秋月ほどの里はあるべしとも見えず。あだかも隠口の初瀬のごとし。

この記述にある観音山の周辺に長谷寺があったか、あるいは秋月に隣接してあった長谷山村について『筑前国続風土記』は次のように記す。

○長谷山村《はせやまむら》

むかし此村の向ひの山上に観音堂あり。故に大和の長谷になぞらへ、長谷山と號す。僧坊六區ありしと云。本尊の観音名作なりしを、天正十五年秋月種實秋月邑を去て、日向國におもむかれし時、観音の像をも携行れける。其後村民むかしの事を慕ひ、新に観音の像を刻ませ、山上の観音堂を山の下に立ぬ。然れども僧坊もなし。観音堂を守る者もなし。此村は観音堂よりむかひ大道の北にあり。観音山の下には非ず。此村に茶を多く産す。此山中にては好品也。またむかひの山上に領主黒田長重より、観音堂を立たまふ。是前にいひし昔の観音堂ありしところなり。

向かいの山上に観音堂があって、そのために大和即ち奈良桜井の長谷に擬《なぞら》えて長谷山と号したと貝原益軒は記述するが、天正十五年（一五八七年）に国替えする領主秋月種實により観音像が持ち去られたとは、その前より観音堂があり、それは、七二〇年頃に藤原房前により長谷寺と観音堂が持ち去られ、その後に同一の場所に建てられた観音堂である可能性が強いと考える。それではなぜ、藤原房前により奈良桜井の長谷寺へと建物諸共に持ち去られたはずの長谷観音像が、三浦半島長井へ流れ着き鎌倉へ持って来られたのか。その原因は長谷観音の大きさにある。鎌倉長谷寺の案内書によれば、本尊となる十一面観世音菩薩は、像高三丈三寸（九・一八メートル）にも及ぶ本邦最大級の木彫仏とのことである。建物は解体すれば陸路でも海上路でも容易に運ぶことができる。しかし九メートルを超える仏像を陸路で運ぶことは難しく、船に乗せて運ぶことはさらに難しい。ここで秋月からどのようにして関西奈良まで運ぼうとしたか、推理してみよう。秋月からはまず泊瀬川即ち現在の小石原川を使うことが考えられる。仏像を薦蓆《こもむしろ》のようなもので覆って縄で縛り、川の流れに乗せて両岸から人足たちが綱を引きながら川を下っていく。筑後川即ち飛鳥川に合流する所で筏のようなものに仏像を括りつけてそれを大型船が曳航する。仏像を曳航した船は有明海へと出るが、そこから北の平戸の瀬戸から関門海峡への航路は取らない。なぜなら、大きな仏像を曳航して、潮流が激しく流れを変える海峡を通過することは、極めて難しいと考えられるからである。船は南へと向かう。薩摩半島を過ぎて太平洋へと出る。黒潮に乗り、四国沖を通過し紀伊半島へと至る航路を藤原房前は選択したものと考える。そしてこの航路は台風の通路でもある。航行時間が長いほど台風の直撃を受ける可能性が高まる。嵐で船から切り離された仏像は太平洋を漂い、時には黒潮に乗り、時には浦々に休息し、約十五年をかけて三浦半島長井へと流れ着いたと考えられるのである。

長谷観音を搬送している船の遭難の報告を受けた房前は直ちに次の対策を立てたであろう。長谷観音をよく知る筑紫の仏師を関西奈良へと送り、楠の大木を見つけ出して現地にて仏像を彫る。別の経路で搬送した長谷寺を組み立て、新に彫った長谷観音像をお堂に納める。奈良桜井の長谷観音像は、「神亀四年（七二七年）徳道上人が聖武天皇の勅願によってご本尊十一面観世音菩薩を東の岡にお祀りになりました」（奈良桜井の長谷寺の案内書より）ということになる。しかし、筑紫の隠国の泊瀬にあった長谷観音像の造立は天武天皇が崩御された年、西暦六八六年である。この観音菩薩像がいつ造られたか、日本書紀にその記録が残されている。

朱鳥元年（六八六年）秋七月、

「是の月に、諸王臣等、天皇の為に、観世音像を造り、則ち観世音経を大官大寺に説かしむ。」

病の床に伏す天武天皇のために、皇族や臣下の者たちが観世音菩薩像を造ったのである。天武天皇は翌々月の九月九日に崩御される。偉大なる天武天皇を偲び讃えるために、天皇縁《ゆかり》の地の大官大寺《だいかんだいじ》に、長谷観音像が造立されたことが理解されるのである。そして、天武天皇の偉大なる功績と人徳にふさわしく、極めて大きな菩薩像になったと考えられる。かつて上宮王に似せて釈迦三尊像が造られたように、この鎌倉長谷寺の十一面観音菩薩像は天武天皇に似せて造られていると考えられる。

さてそれでは、「大官大寺」とは長谷寺であることをここで推理してみよう。大官大寺に関する記述は、書紀の天武天皇二年（六七三年）の記事に初めて現れる。

書紀、天武天皇二年十二月の壬午の朔にして、

「戊戌に、小紫美濃王・小錦下紀臣訶多麻呂を以ちて造高市大寺司に拝す。今の大官大寺、是なり。」

天武天皇二年十二月十七日に、美濃王の紀臣訶多麻呂を高市大寺の築造責任者に任じたとの記事があって、その高市大寺とはその後の大官大寺であることを示している。築造時の寺名が高市となっていることは、築造する場所を表している、即ち高市県でこの寺は建てられていることを示している。高市県は壬申の乱の記事、天武天皇元年七月の記述に現れる。

「金綱井に軍せし時に、高市郡大領高市県主《たけちのあがたぬし》許梅《こめ》、儵忽《にはか》に口閉《くちつく》びて、言ふこと能はず。三日の後に、方《まさ》しに神着《かみかか》りて言はく、『吾は、高市社に居る、名は事代主神なり。又、身狭社《むさのやしろ》に居る、名は生霊神なり』といふ。」

天武軍が金綱井即ち現在の福岡県筑前町当所にあった時に、高市県の県主が神懸りしたのであるから、筑前町当所が高市県かその付近にあったということが考えられ、この記事の高市社とは大己貴神社を表していると考えられるので、現在の大己貴神社の位置はかつての高市県であったと考えられる。即ち福岡県朝倉市秋月から坂を

降ったすぐの場所が高市県の一部であったのである。市《いち》とは「人が多く集る所。原始社会や古代社会で、高所や大木の生えている神聖な場所を選び、物品交換、会合、歌垣などを行った。」（『精選版　日本国語大辞典』）場所であり、高市とはその市が高所にあるところを表している。まさに隠国の泊瀬、現在の筑紫山地の山間の高所の里である秋月が高市県の中心であったと考えられ、大官大寺は、高市県即ち現在の福岡県朝倉市秋月もしくは長谷山にあったと考えられる。即ち、現在の奈良県桜井の長谷寺と呼ばれる寺は、かつての大官大寺を移築したものであることが明らかとなるのである。

更に、奈良県桜井の長谷寺に伝えられてきた「長谷寺銅板法華説相図」に描かれる千佛多寶佛塔が、観世音菩薩像と同時に造られたことが法華説相図に記述される文言により明らかとなる。※この銅板の法華説相図はおそらく千佛多寶佛塔に埋め込まれていたものであろう。筑紫の隠国の泊瀬の大官大寺即ち長谷寺に設置されていた千佛多寶佛塔を、移動することが不可能であったため藤原房前により銅板のみが引き剝がされ不都合な文言を切り取って、現在の奈良県桜井の長谷寺へと建物諸共に持ってこられたと考えられる。破壊された千佛多寶佛塔の残骸が現在の朝倉市秋月か長谷山周辺に埋められている可能性が大である。

※ウィキペディア「長谷寺銅板法華説相図」を参照。法華説相図の最後の三行に「歳次降婁漆菟上旬、道明率引率捌拾許人、奉為飛鳥清御原大宮治天下天皇敬造。」の記述があり、「戊年七月上旬に、僧・道明が八十人ほどを率いて、飛鳥浄御原に天下を治めている天皇のために造立した。」と解釈される。飛鳥浄御原に天下を治めた天皇とは天武天皇と次の朱鳥年号の天皇即ち草壁皇子の天皇とが該当するが、ここは明らかに天武天皇を指している。即ち戊年とは丙戌の年、西暦六八六年を示している。その年の七月に観世音菩薩像が造られたということは、千佛多寶佛塔と観世音菩薩像とがほとんど同時に、病の床に伏す天武天皇のために造られたことを意味している。

天平八年（七三六年）相模国三浦郡の長井浦に巨大な仏像が流れ着いたとの報告を受けた藤原房前は、直ちに現地へ急行したであろう。当然何が流れ着いたか房前は知っていたし、到着前にその理由も考え出していたに違いない。しかし、現地に到着した房前は、流れ着いた長谷観音像をとても心穏やかに見ることはできなかったであろう。この仏像があの恐るべき霊能者として知られた天武天皇の生き写しの像であることを知っていた房前は、もうすでに海の藻屑となって永久に自分の前からその姿を消したと信じていた仏像が十五年も経って突然その姿を現すとは、中臣氏を滅亡の淵に追いやった恐るべき天武天皇が、筑紫朝廷を滅ぼした藤原氏を再び討ち滅ぼすため筑紫から自らの意思でここまでやってきたのかと、心底恐れ戦《おのの》いたであろう。そして、「仏師により二体の観音像が彫られ、その一体が有縁の地における衆生済度の請願が込められて海中に奉じられた」とのいかにも歴史改竄者が得意とする理由付けをした上で、天武天皇の祟りを恐れ平城京から遠く離れたこの相模国に置くしかないと考えたに違いない。その結果鎌倉長谷寺へ、我が国に現存する仏像の中でもその最高峰に違いない十一面観音菩薩像の、唐土《もろこし》にまでその霊験《れいげん》が伝えられたという本物の長谷観音が、筑紫《ちくし》の隠国《こもりく》の泊瀬《はっせ》から遷座して奇跡的に今日に至っているのである。

そして長谷観音像が相模国に流れ着いた翌年、天平九年（七三七年）まず四月に藤原房前、七月に四男麻呂、長男武智麻呂、八月に三男宇合の順に九州から流行したという天然痘により藤原兄弟が次々と命を落とすのである。この藤原四兄弟の死去の結果、藤原王朝の早期の終焉を招くこととなる。

この四人の兄弟の生涯はいずれも凄惨な一生であったろう。たとえその祖父中臣金連とその父藤原不比等のもたらした宿命の因果とは言え、幼少の頃より盗賊団の一味として悪に染まり、奈良盆地一帯を荒らし回って財物を略奪し人を殺し、さらに太宰府に侵入して天皇暗殺の大罪を犯したことを皮切りに、殺人、暴行、略奪、誘拐等悪逆の限りを尽くした。その悪逆の様は、藤原氏自らによる歴史書、続日本紀の記述する長屋王一家惨殺事件がその実態を曝《さら》け出している。そして、彼らの悪逆の中でも最大の罪は、父不比等と共に日本書紀を使って、地名を移し歴史を改竄したことである。このことにより、天武天皇により建国された日本国は正しい歴史の基盤を失い、その歴史に反逆者の偽りが埋め込まれて正常な歴史と歴史感覚を日本国と日本国民から奪い去った。それが原因となって、数多くの戦乱、天変地異と飢饉・飢餓の受難を経て、今もなお世界の歴史のなかで日本国とその歴史は暗黒の迷路をさ迷い続け、無益な大戦に巻き込まれて人類史上初という二発の原爆の洗礼を受け、そして再び史上最大の原発事故の悲惨にも遭遇する。しかし世界史上二つとない大きな悲劇を繰り返しその身に受けながら、それを歴史の教訓とすることもできず再び同じ悲惨な道にいつの間にか戻ってしまう。国民は国を誤った方向へと導く歴史改竄者即ち藤原不比等の後継者とも言える悪人、悪党たちの大嘘に騙され続け、悪人たちの許すべからざる悪行をいかにも正義でもあるかのように取り違え、過去に何回も歩かされた地獄への道を再び辿《たど》ろうとしている。

自ら建国したこのさ迷える日本国と日本国民を、まさに天武天皇の像である長谷観音像は、鎌倉において見守っている。長谷観音像がこの鎌倉に鎮座して約四百五十年後、鎌倉幕府が開かれて日本国の中心となり、この鎌倉において日蓮が法華経を唱え外国からの侵略の危険を説き、その法華経とは大官大寺で説かれた観世音経でもあって、鎌倉幕府は、一二七四年文永の役、一二八一年弘安の役の蒙古襲来と呼ばれる外国からの侵略をかろうじて防ぐのである。

壬申の乱で、天武天皇は唐占領軍を追い払い日本国の外国からの侵略を防ぎ日本国の真の独立を確立した。その天武天皇が鎌倉に長谷観音として鎮座されて、自ら建国した日本国の守護神となってその行く末を見守り、このさ迷える日本国と日本国民に対し、早く正しい歴史に目覚めよ、そして正しい道を進めよと、今も天武天皇が呼びかけていると私は確信する。

長谷観世音菩薩、大聖飛鳥清御原天皇、天武天皇陛下

どうぞ日本国と私たち日本国民が、早く真実に目覚め、自ら永遠の平和と繁栄への道へと進み、そして世界を真の平和と繁栄へと導く日本国となることができますように、どうか私たちをお導きください。この書を捧げ、心からお願い、お祈り申し上げます。

あとがき

この本を書きながら気づいたこと、書き終わってから気づいたことなど、本文で言及しなかったことがいくつかある。その一つを紹介しておこう。

太宰府には菅原道真がその歌に詠んだ観世音寺《かんぜおんじ》という寺がある。この寺は源氏物語にも登場する。源氏物語玉葛《かづら》に「清水の御寺、観世音寺」とされている。観世音寺は太宰府政庁跡の東に位置する。

古事記大国主神のところで、大山咋神《おおやまくひのかみ》は近淡海国の日枝山《ひえのやま》に坐すとされている。近淡海国《あまくに》とは博多湾とその沿岸地域を表し、日枝山とは太宰府の北東に聳える宝満山を指している。

太宰府の東、宮地岳と基山との間にある坂が相坂（逢坂）であることが判明し、その先の太宰府の南東にある甘木がかつての宇治であることが判明した。

太宰府の南を筑後川が東から西へと流れ、その筑後川の南岸に高良山があり高良大社がその中腹にある。高良山には神籠石があり、高良山の南に同じく神籠石のある女山（ぞやま）がある。このことからかつて高良山は男山と呼ばれたことが推測できる。

ここまで書けばこの本を読了された方は、私の言おうとしていることが凡そ推測できると思う。

平安京都の清水寺は太宰府観世音寺を表し、京都北東の比叡山は太宰府の宝満山を表し、京都の東の相坂は太宰府の東の相坂を表し、京都の南東に宇治があり太宰府の南東に宇治があった。京都の朝廷は、淀川の南岸の山を男山としそこに宇佐八幡から勧請した石清水八幡を建立した。

桓武天皇は、藤原王朝の偽《にせ》奈良の都から筑紫《ちくし》朝廷の都であるべき平安京へ遷都することを拒否した。筑紫朝廷の都、太宰府から直接平安京へ遷都することを望んだ。太宰府をそのまま平安京へ遷すことを考えたのである。

他にも気づいたことがいくつかあるが、是非読者の方々ご自身にて考えてみてほしい。必ず、気づくことがいくつか出てくると思う。

この本を書き終えて改めて感じることができたこと。それは日本の古代の姿があまりにも崇高で美しく気品に満ち溢れ、その中に生きる人々の、日本国を作り上げてきた人々の、劇的で美しく真摯な生き様が、万葉集の和歌や古代から伝わる芸術、その時代の精神を表す仏像、建築物等によって今日の我々に伝わっていることである。日本国の美の原点は古代にあった。筑紫朝廷の作り出してきた究極の美といえるものがそこに存在していた。そこに現代の我々が美しいと感じるすべての根源があったのである。

志貴皇子崩御から千三百年、さきの大戦から七十年にあたる、平成二十七年九月

著者記す

主要参考文献

中西進『万葉集（一）』講談社文庫
中西進『万葉集（二）』講談社文庫
中西進『万葉集（三）』講談社文庫
中西進『万葉集（四）』講談社文庫
中西進編『万葉集事典』講談社文庫
小島憲之、木下正俊、東野治之校注・訳『萬葉集①』小学館日本古典文学全集
小島憲之、木下正俊、東野治之校注・訳『萬葉集②』小学館日本古典文学全集
小島憲之、木下正俊、東野治之校注・訳『萬葉集③』小学館日本古典文学全集
小島憲之、木下正俊、東野治之校注・訳『萬葉集④』小学館日本古典文学全集
山口佳紀、神野志隆光校注・訳『古事記』小学館日本古典文学全集
西宮一民校注『古事記』新潮社
中村啓信訳注『古事記』角川ソフィア文庫
小島憲之、直木孝次郎、西宮一民、蔵中進、毛利正守校注・訳『日本書紀①』小学館日本古典文学全集
小島憲之、直木孝次郎、西宮一民、蔵中進、毛利正守校注・訳『日本書紀②』小学館日本古典文学全集
小島憲之、直木孝次郎、西宮一民、蔵中進、毛利正守校注・訳『日本書紀③』小学館日本古典文学全集
小沢正夫、松田成穂校注・訳『古今和歌集』小学館日本古典文学全集
片桐洋一、福井貞助、高橋正治、清水好子校注・訳『竹取物語　伊勢物語　大和物語　平中物語』小学館日本古典文学全集

古田武彦『「邪馬台国」はなかった』角川文庫
古田武彦『失われた九州王朝』朝日新聞社
古田武彦『盗まれた神話』朝日新聞社
古田武彦『日本古代新史』新泉社
古田武彦『人麿の運命』原書房
古田武彦『「君が代」を深く考える』五月書房
古田武彦『古代史の十字路』東洋書林
古田武彦『壬申大乱』東洋書林
古田武彦『法隆寺の中の九州王朝』朝日文庫
米田良三『法隆寺は移築された』新泉社
米田良三『建築から古代を解く』新泉社
米田良三『列島合体から倭国を論ず』新泉社
米田良三『逆賊磐井は国父倭薈《いわい》だ』新泉社
川端俊一郎『法隆寺のものさし』ミネルヴァ書房
川端俊一郎「隋唐帝国の北東アジア支配と倭国の政変」北海学園大学論集127:1-13
内倉武久『太宰府は日本の首都だった』ミネルヴァ書房
新庄智恵子『謡曲のなかの九州王朝』新泉社
安本美典『天照大御神は卑弥呼である』心交社
韓国教員大学歴史教育科著・吉田光男監訳『韓国歴史地図』平凡社
小和田泰経『朝鮮三国志』新紀元社
大塚初重『装飾古墳の世界をさぐる』祥伝社

いき一郎編訳『中国正史の古代日本記録』葦書房
石原道博編訳『魏志倭人伝　他三篇』岩波文庫
石原道博編訳『旧唐書倭国日本伝　他二篇』岩波文庫
佐伯有清編訳『三国志記倭人伝　他六篇』岩波文庫
申叔舟著・田中健夫訳注『海東諸国紀』岩波文庫
宇治谷孟『続日本紀（上）』講談社学術文庫
宇治谷孟『続日本紀（中）』講談社学術文庫
宇治谷孟『続日本紀（下）』講談社学術文庫
丸山裕美子『正倉院文書の世界』中公新書
瀧浪貞子『奈良朝の政変と道鏡』吉川弘文館
柏原精一『邪馬台国物産帳』河出書房新社
森弘子監修・㈶古都太宰府保存協会編『太宰府紀行』海鳥社
下山正一、松本直久、湯村弘志、竹村恵二、岩尾雄四郎、三浦哲彦、陶野郁雄「有明海北岸低地の第四系」九州大学
理学部　研究報告『地球惑星科学　第18巻　第2号　別冊』平成6年12月
下山正一「有明海北岸低平地の成因と海岸線の変遷」
片岡直樹「長谷寺銅版法華説相図の銘文について」２０１２年7月　新潟産業大学経済学部紀要　第40号別刷

作田　正道（さくだ　まさみち）
昭和22（1947）年5月福岡県八幡《やはた》市三条一丁目（現在の北九州市八幡東区高見）に生まれる。昭和42年3月横浜市立大学商学部卒業。昭和42年4月～平成18年12月横浜市役所勤務

あをによしの発見

2015年12月17日　初版発行
著　者　作田正道
発行者　中田典昭
発行所　東京図書出版
発売元　株式会社 リフレ出版
〒113-0021　東京都文京区本駒込 3-10-4
電話（03）3823-9171　FAX 0120-41-8080
印　刷　株式会社 ブレイン

ISBN978-4-86223-894-8 C0021
Printed in Japan 2015
落丁・乱丁はお取替えいたします。

ご意見、ご感想をお寄せ下さい。
［宛先］〒113-0021　東京都文京区本駒込 3-10-4
東京図書出版